顛倒的民國

臺灣和中國都不提起的近現代史

知名歷史作家、處女作《火與冰》暢銷百萬冊、「亞洲出版協會最佳評論獎」得主
余杰 著

大是文化

目錄

第二部

「中華民國」是誰發明？誰統一的？

第三部

「民國」原來是黨國、也是軍國——345

推薦序一

開放中國近現代史的解釋空間

中央大學中文系助理教授／胡川安

二〇一九年是值得重新檢視歷史的一年，如果我們往前回顧歷史，一百年前剛好是中國五四運動發動的那一年。從宏觀的角度來看，五四運動乃因巴黎和會而起。一九一四到一九一八年的第一次世界大戰死傷人數相當龐大，戰後美國總統威爾遜提出了「民族自決」，希望每個民族都有決定自身未來的權力。

百年來，不管是中國或臺灣都經歷了巨大的變局，在現代化的過程裡，兩者走向不同的道路，而往前回顧歷史是定位現在最好的方式。雖然二〇一九年是值得重新檢視歷史的一年，但東亞各國間因為對近代史的糾結，還有各式各樣複雜的因素，讓我們檢視歷史時，充滿了疑團和禁忌。

在兩岸的教科書中，都將一八四〇年的鴉片戰爭視為中國近代史的開端。由於滿清政府無法處理當時的國際局勢，強權侵逼、內部腐敗、維新不力，導致後來一九一二年的辛亥革命。然而，辛亥革命之後的中華民國政府歷經多次政權替換，如果再加上滿洲國和北洋軍閥等政權，我們可以知道這段時間歷史的複雜度，遠超過我們的想像。

百年以來的歷史由於政權的更迭，加上意識形態的綑綁，還有民族國家的概念籠罩在歷史論述中，使得一八四〇至一九四九這段百年史更加複雜。清末以來，受到西方的影響，民族國家成為一個國家現代化的重要標誌。知識分子開始重寫民族國家觀點下的中國史，梁啟超是第一個用啟蒙的歷史敘述寫中國歷史的人，他以西方從中世紀獲得解放的歷史為樣板，複製出古代、中世紀和現代三個歷史時期，這種三段式的劃分法廣為中國的史學家接受。

知名的美籍歷史學家杜贊奇（Prasenjit Duara），嘗試要將歷史從民族國家中解救出來，原因就是民族主義的影響下，使得歷史書寫成為民族主義的傀儡。在梁啟超的歷史敘述中，可以簡略的劃分為：古代是中華民族的創造時代，也是民族的本源，先秦和兩漢的燦爛文化和帝國的創造成為中華民族的核心；中世紀是衰退期，由於外族入侵和大量的動亂破壞了中華民族的純潔性，但民族文化的核心保留下來，移到南方；現代則是再生的時代，需要彌補中世紀的斷裂，與過去的歷史連接。

也就是說，要和中世紀的混亂切割，我們繼承的是古代先賢的傳統與歷史，以實現「中華民族的偉大復興」。這種線性的中國歷史是為了說明中華民族自古以來的一貫性，以說明在中國建立民族國家的合法性，以免中國被視為一個被世界列強瓜分的領土，而不是一個連續的民族主體。

清末以來的知識分子不只在建立中國史的敘事上，費盡心力嘗試將中國古代史的書寫硬塞入「中國」的架構中，從一八四〇年之後的歷史也是如此處理。美國教授李懷印指出中國近代史的書寫：「主要是出於個人所面臨的現存挑戰和關懷的一種回應；他們書寫近（現）代中國，主要是為了追尋此國家當前問題的歷史根源，以求正當化其解決辦法（solutions），而非一種追求真理的過程，或是為了重建真正發生的過去。」

依照李懷印教授的想法，二十世紀以來的中國近代史，主要有兩種敘事方式，一種是現代化的敘事，強調中國走向現代化過程的挫折；另一種則是革命敘事，主角是中國共產黨的崛起與奪權的過程，敘事方式偏向浪漫主義，歷史是被帶向一個共產烏托邦的過程。不管是哪種敘事方式，都帶有強烈的現實考量。

如果將視角從中國學者的論述移開，看一下日本學者的論述，在《這才是真實的中國史》中，教授岡田英弘和宮脇淳子從內亞（Inner Asia）史的角度出發，重新思考中國史。他們認為以往所謂的中國史，長期被勝利者把持，中國近代史更是被政治和意識形態壟罩。比如將鴉片戰爭作為中國近代史的開端，並不是理所當然、眾所皆知的，而是在戰爭八十年後，才由毛澤東塑造出的史觀。

歷史的說法有很多種，詮釋方式也很多元，但過去兩岸各有各的「正統」史觀，黨同伐異，不允許其他的詮釋方式存在。臺灣在一九八七年解嚴後，逐漸開放歷史的解釋權，歷史的論述百家爭鳴；然而，中國對於中國近代史的論述，仍只允許「正統」，限制言論自由，甚至對歷史詮釋上有不同意見時，還會有身家性命的危險。

本書分為三部，第一部從晚清說起。一開始顛覆鴉片戰爭的性質，指出英國為了捍衛自由貿易而發動戰爭，並非以往所說的侵略戰爭。接下來分析清末的幾件大事，為過往的歷史成見翻案；第二部並非以孫文領導的辛亥革命為主軸，而是從以往被誤解的北洋政府說起，最後談被國民黨政府吹噓的北伐，並不是蔣介石的雄才大略，而是援引外國勢力打擊自家人的戰爭；第三部則從民國政府開始說起，讓國民黨編織的近代中國神話破滅，解碼孫文、還汪精衛公道，一路說到抗日和國民黨為什麼會丟掉中國。

余杰老師筆耕不輟，除了各位正在讀的這本書，還有好幾本關於中國近現代史的論述。就我的淺見，余老師以一人之力戰兩岸官方的意識形態，嘗試建立一套中國近現代史的史觀，**動搖現有的史觀，讓長久陷於成說定見的近現代史，開放出新的可能。**

推薦序二

「我寫你思考」，思考維度才能深入海底

「歷史說書人History Storyteller」粉專創辦人／江仲淵

自從我開始寫作後，撰寫的主題總離不開中國近代史，我陶醉於這段過渡期般的歷史，在東西方的交錯間翩翩起舞，有意無意的研讀歷史。

辛亥革命後，建立起來的民國是一個文化束縛還未褪盡，西方學術卻悄然確立，一切都是既古老又新鮮的年代。在這個死亡與浪漫交織、現實與傳奇並存的亂世歲月，孕育了一批呼風喚雨的政壇領袖，他們的個性、主張、命運，演繹成一個個不朽傳奇，為後人津津樂道。然而，除了這些「表面上看得到的歷史」以外，近代史還有什麼好探討的？

不知道各位讀者是否曾聽過維琴尼亞．薩提爾（Virginia Satir）的冰山理論（Iceberg Theory），這套想法除了能解釋心理學之外，也能套用在歷史上。我很喜歡用冰山來比喻民國史料，冰山外表高聳雄偉，當我們看見冰山上層那些「官方認證」的資料，就以為這是全部了，興高采烈的往上攀登，意圖捉摸清楚這宏壯的冰山。但其實想要了解它，不是要向上走去，而是向下探究，我們忽略了冰山在水底下體積更龐大的冰層，而這些看不到的事情，往往決

定了歷史的命脈與轉折。

「誰控制了過去就控制了未來，誰控制了現在就控制了過去。」歷史為政治服務是不可避免的，不僅東亞一隅，全球亦然。歷史教材凸顯有利當權者的內容，人物評價自然也要看其是否為政權的合法性背書。政治往往令人失望，但這是不可避免、權宜之下的產物，要是像我一樣不站在過往歷史教科書的立場寫書，或讓青年自行思考、琢磨出道理，那天下豈不大亂？

不過，即使真相將打破眾人對於過去美好的幻想，我們也不能放棄思考。原始歷史是為了宗教神話服務、封建歷史是為了當權者服務，那近代的歷史呢？史學不再需要為了誰而刻意粉飾真相，只需要將最直白、最詳盡的歷史公布在世人面前。

同理，讀史要將視野放得宏觀，不要一味接受某項歷史觀點的知識。出於意識形態鬥爭，現今史學者大都失去客觀性，他們選擇性的忽略史料，只是從簡單的立場出發，以偏頗的治學原則處世。凡是有利於政治思想的內容，就加以發揚光大；凡是不利政治思想的內容，即使是客觀描述的史實，也均斥之為後人偽造。

正如歷史學者袁偉時所說：「對歷史教科書而言，比掩蓋真相更可怕的是讓學生放棄獨立思考，而這恰恰是中國歷史教科書的最大弱點。」要讓自己追求真相，最重要的是強化懷疑意識、堅持獨立思考，不受限於單一史料。

本書中做得特別好的一件事，**就是拋棄「我寫你讀」，採用「我寫你思考」，以特殊的**

觀點呈現歷史，以大量的史料印證觀點；提出舊有主張，比照現今看法，使讀者在閱讀之際，能對照、回想之前所學，並顛覆既有思想。

歷史並沒有真相，但倚靠史料，我們可以無限的接近真相，只有拋棄信仰與偏見，堅持懷疑和批判精神研讀，我們的思考維度才能深入海底。

埋藏在深暗洋流的歷史，正等著我們去發掘。

自序
讀什麼樣的歷史，成為什麼樣的人

香港評論家陶傑在〈歷史，與歷史教科書〉一文中分析：「在『歷史』（History）和『歷史事實』（historical facts）之間，有時已經有點白馬非馬（按：中國戰國時期被提出的辯論問題，最著名的論據是由公孫龍提出，他辯解『馬』是指形狀，『白』是指顏色，顏色不等於形狀，所以白馬不等於馬）的意思；**『歷史』與『歷史教科書』（history textbook），更可以是指鹿為馬的戰場**。」

自由或專制，端看國家要你讀哪種歷史教科書

教科書是出版社指定某些人寫出來的。教科書是賺大錢的生意，有利益傾向，而一個政府的教育部，可以指定學校使用某教育出版社的產品。譬如香港殖民地時代，英國人指定香港的名校，一定要使用立場親英的「齡記」、「人人」兩家出版社的歷史教科書；而立場親中的左派學校，一定使用「商務印書館」和「中華書局」出版社的中國歷史教科書。所以這兩家出版社的教科書一講到太平天國、義和團，評價就不一樣了（例如，左派評論義和團是

愛國運動；而親英派的評論則為排外運動）。

陶傑認為，英國殖民時代的歷史教科書如此，中國人的「歷史學」，也一樣不可靠，因為最早的孔子編春秋，令「亂臣賊子懼」。講歷史，只要說事實即可，為何強調要令亂臣賊子感到害怕？誰來定義何人為亂臣賊子？很明顯，是由孔子來定義。孔子編春秋，不是述史之簡單，而是注入了他的政見。孔子為權力服務，**成王敗寇，敗的一方，就是亂臣賊子**。

支持陶傑文章論點的最好論據，是《關鍵評論網》（香港）記者陳娉婷寫的一篇題為〈九〇後的政治青春〉的採訪報導。該記者成功訪問到一名二十多歲的社區幹事、香港建制派（親中派）政黨民建聯（民主建港協進聯盟）新人劉鎮海（Corey）。

劉鎮海來自中港矛盾最深的地區——上水（上水為香港最接近深圳的一個區，大量陸客來此地購買奶粉和日用品，為當地居民帶來巨大困擾），他的「師父」是北區區議員蘇西智。劉鎮海的核心觀點是「我是愛國分子，不容民主凌駕民生」、「我是愛國的，我對國家的感情、民族觀念比較重」。他說，他對港人以及中國人的身分認同，皆是十分滿分。

記者問劉鎮海的出身，才知道他的家族從祖父一輩已在香港土生土長，親戚與內地不常聯繫，記者便好奇問他，從小就這麼愛國嗎？劉鎮海連忙點頭回答：「是從讀中史開始。」又嘆道：「好可惜，現在中史不是必修科。」

他理直氣壯的說：「你以為逼你唱國歌就愛國、仰望國旗就愛國？讀中史是必要的，了解國家的興衰，知道為何中國今日變成如此，你自然而然就對國家有感情……這一刻共產黨一定要撐住，中國才會繁榮。」

對於劉鎮海這個有趣的「愛國標本」，香港評論家盧斯達在〈「懷抱天下」的中國人，是世界和平的永恆威脅〉一文中評論：「學校教的那套中史，其實很誤導人。因為大多數人以為『歷史』二字記載了『事實』，但其實不是。**大多數人被『歷史』耍了一生，卻不知道自己讀的是演義**。」換言之，讀者（學生）以為自己真心誠意的追求真理，殊不知自己正不知不覺的被洗腦和奴化。

劉鎮海讀的歷史，當然是共產黨救國救民、為人民服務的歷史，而不是共產黨禍國殃民、六四屠城的歷史。這樣的歷史讀多了、讀久了，當然就成為愛國愛黨（在香港不能直接加入共產黨，只能加入共產黨的「兒子黨」民建聯）的「乖孩子」。

在此意義上，歷史書寫是一場攸關生死的靈魂爭奪戰。你的靈魂屬於上帝，還是屬於撒旦；**你是一個熱愛自由的公民，還是一個熱愛獨裁的奴隸，端看你閱讀和接受哪一種歷史書（包括歷史教科書）**。所以，當我逃離中國、到了自由世界後，立即拿起筆來寫中國歷史，就好像柏楊一離開火燒島（按：柏楊是歷史評論家，火燒島指過去囚禁政治犯的綠島）就動筆翻譯《資治通鑑》、撰寫《中國人史綱》。我深知，拯救身處「文化集中營」的華人的最佳方式，不是勤練武功，讓自己變成蝙蝠俠、鋼鐵人那樣的超級英雄，而是寫出具有顛覆性的歷史書。

中國是歷史大國，歷史科目在科舉考試中的重要性僅次於儒家經典。但長期以來，中國的歷史書寫秉承文以載道，文史哲不分，歷史為道德倫理服務、為統治者服務（所謂「資治通鑑」），它的終極目標是分辨善惡（**按儒家標準確立的善惡，而不是真正的正義**），真實更在其次。

因此，盧斯達感嘆的說：「這種由家到國，由個人修養到大帝國的構造、『關懷天下』的道德化歷史觀，形成完整的儒教王權的宗教。在這一套價值體系中，『大一統』是不證自明、不能反駁的最高真理。

「中國人很容易產生一種對自身文化的無條件高舉、無條件自信，那是一頭深海中久不久就冒出來食人的怪物，而其他人只是正當自衛、追求自由，就成了弒君或者分裂國家的大罪人。」

在「成王敗寇」和「大一統」的歷史上打洞

國民黨和共產黨的近現代史書，雖然冠以三民主義、民族主義、馬列主義（馬克思列寧主義）等，新式意識形態的「指導原則」，但其本質上仍然是在修建一面成王敗寇、大一統、天下帝國的高牆。

比如，海峽兩岸的歷史教科書中，孫文（孫中山）與陳炯明的分歧，被描述成正義與邪惡、主人與叛徒的二元對立，我從小就對這一套敘述深信不疑。多年之後，我在北京大學圖書館查證許多第一手文獻史料，才發現歷史的真相原來是顛倒過來的：孫文才是剛愎自用、詭計多端、自我偶像崇拜的未完成的獨裁者，他驅使軍隊製造西關慘案，遭到廣州民眾唾棄；反之，陳炯明信奉民主法治、為官清正廉明、實踐地方自治、深受廣東人愛戴，根本不是「陳逆炯明」。

凡是人云亦云的地方，一定要多打個問號。論及中國政治和歷史，胡適大部分時候都是清醒者，這種清醒卻讓他幾乎每次都成為少數派。孫陳決裂後，胡適在《努力週報》上發表文章評論：「本週最大的政治變化是廣東的革命和浙江的獨立。孫文與陳炯明的衝突是一種主張上的衝突……孫氏使他的主張，迷了他的眼光，不惜倒行逆施以求他的目的……遠處失了全國的人心，近處失了廣東的人心，孫氏還要依靠海軍，用炮擊廣州城的話來威嚇廣州的人民，遂不能免這一次的失敗。」他對孫文從來不給予好評。

這番議論自然引來一片喝斥之聲，國民黨左派的《民國日報》，接連發表〈不贊成《努力週刊》記者的談話〉、〈荒謬絕倫的胡適〉、〈叛逆與革命〉和〈胡適的倫理〉等文章，批評胡適抑孫袒陳的言論，指責陳炯明發動六一六事變是叛道、悖主、犯上。

胡適主張全盤西化，認同西方民主政治的規則。他看到以上論述，自然莫名驚詫。他立即反駁道，國民黨的立論「是舊道德的死屍的復活」，而陳炯明的行動「是一種革命」。他辯解：「我們並不是替陳炯明辯護，陳派的軍人這一次趕走孫文的行動，也許有可以攻擊的地方；但我們反對那些人抬出悖主、犯上、叛逆等舊道德的死屍，作為攻擊陳炯明的武器。」

這也是我闡釋歷史資料和事實的基本立場：**人的獨立、自由和尊嚴，是歷史應當關注和弘揚的首要目標**，國家、民族等宏大概念是為個人存在，而不是相反。以此衡量，窮兵黷武的統一是一種負面價值，和平競爭的分裂是一種正面價值。

中國近現代史最大的悲劇，是未能像土耳其那樣，正面迎接多民族的鄂圖曼帝國的解體，並轉型為小而美的現代民族國家。清帝遜位後，無論是北京的北洋政府還是南京的國民黨政府，以及以後的共產黨政權，都以維持清帝國的疆土為統治合法性的重要來源，結果作繭自縛、窮於應付，陷入永遠的危機中。

不是漢族的成功史，而是少數族群的血淚史

戊戌變法失敗後，梁啟超流亡日本，接觸翻譯為日文的西方史學著作，這才恍然大悟：「**二十四史非史也，二十四姓之家譜而已**……吾國史家以為，天下者，君主一人之天下，故其為史也，不過敘某朝以何而得之，以何而治之，以何而失之而已，舍此則非所聞也。昔人謂《左傳》為『相斫書』（按：互相砍殺的書），豈惟《左傳》，若二十四史，真可謂地球上空前絕後之一大相斫書也。」

我要顛覆的，正是這種「帝王將相的家譜」，歷史應為凡夫俗子的悲歡離合留下生命痕跡。在太平天國動亂中，兩軍彼此廝殺，造成上億人口損失。共產黨的歷史書將洪秀全描述

為農民起義的英雄，因為毛澤東崇拜「砸破舊世界」的洪秀全；國民黨的歷史書則將曾國藩描述成捍衛傳統的中流砥柱，因為蔣介石尊崇「立德立功立言三不朽，為師為將為相一完人」的曾國藩。

然而，**歷史的真相是，無論洪秀全或曾國藩，都是不亞於希特勒的大屠殺策劃者和實施者**。中國的官方歷史書，不會花費一個字記載，死於他們之手的上億無辜者的悲劇。

在中文世界的歷史教科書以及各種歷史讀物中，讀者同樣很難讀到，一代代「低端人口」像被螞蟻一樣掃除的歷史。不是「天地不仁，以萬物為芻狗」，而是中國的統治者鐵石心腸，從來不顧民眾死活：

在光緒三年的「丁戊奇荒」中，天災加上人禍，使中國北方數省損失了一千三百萬人，「人吃人」成為常態；在中日戰爭期間，蔣介石和唐生智（按：一九三五年受銜陸軍一級上將，詳見本書第二十四章）自欺欺人的宣稱當局有能力守住南京，不採取任何撤退計畫，致使數十萬潰兵和市民無處可逃，而守在長江對岸的友軍未接到撤退命令，居然向逃難同胞開槍，自相殘殺，死者數萬人。

中國人殺死的中國人，未必少於日本人殺死的中國人。日軍還沒有打過來，蔣介石就悍然命令工兵掘開花園口黃河大堤、張治中就匆匆下令長沙焚城（詳見第二十三章），造成數十萬平民死於水深火熱之中。這些掌權者的殘酷暴虐，比古羅馬暴君尼祿有過之而無不及。

中國人日復一日、年復一年的要求日本為侵華戰爭道歉，卻從來不敢誠實面對自身的幽暗歷史——中國政府每天都在對手無寸鐵的人民發動內戰，二二八是大屠殺，六四同樣是大屠殺。

中國的近現代史，被書寫成受西方列強蠶食鯨吞、以「華人與狗」並列來百般羞辱的悲情史。然而，即便在國力最孱弱的時候，中國人也沒有放棄推動帝國擴張的夢想。

晚清四大名臣之一、湘軍將領左宗棠寧願向西方銀行借高利貸，也要完成媲美衛青、霍去病的「西征」，一路上毫不留情屠殺數百萬計的回民、維吾爾人和其他少數族群；在被神聖化的辛亥革命中，革命者和暴民屠殺數十萬滿人的歷史被遮蔽了；北洋時代，皖系將領徐樹錚率兵北上逼迫蒙古「內附」，並殺戮不服從者的歷史，更被「愛國賊」津津樂道為「維護祖國統一」。

中國歷史學者葛兆光認為，大清國勢由盛而衰有三個重要原因：第一，帝國龐大疆域和複雜族群，造成控制成本過大；第二，思想文化與意識形態無法面向世界，越來越僵化；第三，歸根究柢，是皇權或國家權力過於集中，封殺了變革的可能性。

大清如此，中華民國也是如此，表面上從帝制轉型成為共和制，卻不願縮小為現代民族國家，非要繼承大清遺產，標榜「五族共和」，卻難以有效管理不同族群和廣大疆域，難以使不同族群民眾同質化並且認同一個國家。「這種棘手的問題，也許至今還仍然棘手。」

在「中華民族的偉大復興」的旗號下，一切殺戮都可以被原諒、被縱容。晚年梁啟超為當初創造出「中國」和「中華民族」等概念、將魔鬼從潘多拉的盒子中放出來而深感懊悔，可惜他再也沒有能力將魔鬼抓回來、關進去了。他欠下的債，卻要由子孫幾代人來償還，梁氏家族在中華人民共和國統治下，（文革時）家破人亡、無人倖免。

中國近代史必須推倒重寫

馬克思主義以及形形色色的左派思想傳入中國後，「反帝」成為中國近現代史敘事的主流。然而，反帝只是獨裁者和野心家對民眾實施集體催眠的工具，在反帝的口號治下，催眠者所有的暴行都被合理化、合法化且迅速遺忘。二二八屠殺變成清除居心叵測的「皇民」的正義行動，六四屠殺變成消滅「亡我之心不死」的西方帝國主義走狗的必要措施。

我們的腦袋和心靈充滿豆渣和雜草，像是武俠小說中被點了穴道不能動彈的犧牲品；我們是受害者，卻又自願去充當加害者。**我們真的以為鴉片戰爭是為了鴉片的戰爭，而不知道它原來是一場「自由貿易」的戰爭**，自由貿易、法治、人權的觀念，是英國透過戰爭的手段強迫清帝國接受，受益者是清帝國的普通民眾；**我們真的以為孫文是中華民國國父，而不知道武昌起義跟孫文毫無關係**，南京臨時政府並不具備當年北美獨立戰爭期間「大陸會議」的合法性——相反的，袁世凱才是如假包換的中華民國國父，其推動現代化的功勛讓孫文望塵莫及；我們真的以為蔣介石有「運籌帷幄之中，決勝千里之外」的本領，**卻不知道北伐不是蔣介石打贏的，而是指揮蔣介石的蘇俄名將加倫將軍（Vasily Blyukher，布柳赫爾元帥）等**

人打贏的；我們真的以為是共產黨打敗國民黨，迫使國民黨逃到臺灣，卻不知道是蘇聯的東亞戰略騙過和勝過美國，左傾的羅斯福輕信史達林，放任東歐和中國成為蘇聯的「盤中餐」。

如果我們了解真實的中國近現代史，就不會認為諾貝爾和平獎得主劉曉波「中國做三百年殖民地才能實現現代化」的說法驚世駭俗、石破天驚。**當左宗棠的軍隊在所謂的「新疆」（原名應為東突厥斯坦，中國新占領並打造的「奴隸集中營」）大肆殺戮時，是俄國駐伊犁使館的外交官出面制止**。俄國只是一個處於西方邊緣的「半西化」國家，還殘留很多蠻族習性，但看不下去清帝國更野蠻的屠殺。

在清末以來無休止的內亂中，**最聰明的中國人都選擇住在租界**，包括政客孫文和周恩來、知識分子魯迅和鄒韜奮，**口頭上最愛國，身體偏偏愛租界**。當初選擇住進租界的中國人，跟現今移民西方國家的中國人一樣，都是用腳投票（中國人沒有投票權，不能用手投票，卻竭力移居至外國人治理的租界或國外，就是用腳投票），這訴諸於趨利避害之本能，無可厚非。

所以，對帝國主義和殖民主義抱有好感的李鴻章、袁世凱、汪精衛、周作人，都不是「漢奸」，不應該落得千夫所指的下場。若他們身在日本，就是帶領日本脫亞入歐的明治維新英雄。

因此，所謂「擁抱殖民」，簡單的說，就是讓中國融入普世價值和條約體系，進而像日本那樣成為西方世界、文明國家之一員——這個過程，中國至今尚未完成；曾被荷蘭和日本先後殖民近百年的臺灣完成了一半；被英國殖民百年的香港同樣完成了一半，卻又被中國拖回那片鱷魚潭之中。

如果你從小讀國民黨、共產黨、左派製作的歷史書，你會成為什麼樣的人？你會成為被吆屍人驅趕的僵屍。中國旅德流亡作家廖亦武寫過一本關於「吆屍人」的小說，那是關於中國這個「必須分裂的帝國」的隱喻：共產黨和國民黨的歷史書就如同「蠱」，中了蠱的人會變成喪屍，喪屍咬到活人，活人立即變成下一具喪屍，如此這般，喪屍數量呈等比數列擴散。

吆屍人趕著千萬具喪屍出征，屍海戰術，無往不勝：屠殺西方宣教士和中國基督徒的義和團、在淮海戰役（徐蚌會戰）中幫助共產黨運糧食和彈藥的農民，和在朝鮮戰爭戰場上身穿薄衣發起死亡衝鋒的解放軍士兵、在文革中揮舞毛澤東紅寶書並打人和抄家的紅衛兵、以及現今出征蔡英文臉書的「帝吧」小粉紅（按：現今網路上傾向民族主義的中國青年），還有遍及世界各地跳廣場舞的中國大媽……你願意成為他們的一員嗎？

中國的近現代史需要推倒重寫。對我來說，重寫中國近現代史，與其說是要實現司馬遷所說的，「究天人之際，成一家之言」的雄心，不如說是要努力普及高中生應當知道的常識：**無須反帝，擁抱殖民，脫亞入歐，全盤西化，才是中國這個東亞大陸文明和秩序的窪地，其唯一的出路**。

如果你想要「因真相，得自由」，不妨翻開這本書。你不必同意書中每一個章節、每一個觀點，但我盼望作為讀者的你，由此開啟一趟通往自由的旅途——一路上，有暴風驟雨，也有風和日麗；有枯樹昏鴉，也有小橋流水；有「杏花疏影裡，吹笛到天明」，更有「莫愁前路無知己，相逢盡是自由人」。

第一部

清朝怎麼亡的？孫文有點狀況外

第一章 「鴉片戰爭」不是鴉片的戰爭，而是貿易的戰爭

臣查西洋諸國惟利是視，但知貿易，無他技能……英吉利……並無禮樂刑政，亦不爭城略地。

——裕謙（清帝國第三任剿英夷欽差）

被中國和臺灣大部分歷史學家稱為「中國近代史的開端」的「鴉片戰爭」，發生在道光皇帝旻寧在位期間。諷刺的是，中國和臺灣的歷史教科書絕對不會記載這個真相：**以節儉著稱、被史家稱為「治家有餘，治國不足」的道光皇帝，自己最喜歡吸食鴉片。**

道光皇帝和恭慈皇太后都是鴉片鬼

旻寧在登基之前，還在當親王時，是一名喜歡吟詩作賦的文藝青年——文藝青年靠吸毒來尋求靈感由來已久。這位白馬王子創作了一本厚厚的文集，名叫《養正書屋全集》。其中，

有一篇文章這樣寫道：最近天氣不錯，心情也好，每天看看書，也沒什麼事，累了就拿煙管來，吸個幾口，立馬神清氣爽（原文：「新雪初晴，園林風日佳麗，日惟研朱讀史，外無所事，倦則命僕炊煙管吸之再三，頓覺心神清朗，耳目怡然。」）。

旻寧當了皇帝後，不確定他是否繼續吸食鴉片。但根據宮廷資料記載，他有一天早上上朝時，精神萎頓，不斷打哈欠，大概是未吸食鴉片的緣故，因此受到恭慈皇太后鈕祜祿氏責怪。

而紫禁城中更大的祕密是：**恭慈皇太后晚年與鴉片形影不離**。太后並非旻寧的親生母親，但太后收養自幼喪母的旻寧後，視如己出，母子關係親密。旻寧能繼承皇位，太后也有擁立之功。太后去世後，旻寧不顧自己年邁體衰，堅持為太后守靈，導致生病，一個月後就駕崩了。

太后吸食鴉片，似乎也很合理。恭慈太后不像後來的慈禧太后那麼喜歡干涉朝政，她每天在後宮無所事事，在太監的推薦下，加入吸鴉片大軍，慢慢養成煙癮。

道光皇帝宣布禁煙後，許多吸煙的皇族都被罷官，太后卻是例外。為了防止禁煙之後弄不到煙了，**道光皇帝私下命北京的官員，專門幫太后準備購買鴉片的管道，保證太后能按時吸到煙**。同時，道光皇帝告誡宮中所有人，不可以告訴太后朝廷施行禁煙令之事，以免太后尷尬。

這就好像共產黨時代，全國禁止鴉片，但解放軍「戰神」林彪元帥為了緩解戰爭時代的傷痛，享有特供的鴉片。中國的事情，向來是「刑不上大夫」，法律的實施因人而異。上梁不正下梁歪，鴉片在清帝國氾濫成災，不是沒有原因的。

有歷史學家認為，鴉片的傾銷是清帝國衰亡的重要原因。但法國漢學家包利威（Xavier Paulès）指出，這種說法顛倒了因果關係。鴉片流行於十九世紀的清帝國，因為「從中國購買茶葉的英國，需要平衡雙邊的貿易額」。**鴉片滲透到清帝國每個領域**，當然帶來不良影響，**但這是清帝國國力衰落的症狀，而非國力衰竭的原因**：「早在十八世紀末，帝國官僚機器就已經運轉不靈了，鴉片並不應該被認作是唯一的元凶。」

在經濟層面，由於清帝國的人口在乾隆皇帝統治期間開始快速增長，**傳統的農業生產無法滿足增長人口的基本衣食需求**，這對穩定的社會秩序來說，是巨大的壓力。而鴉片對清帝國沉重負荷下的財政曾起了積極作用，鴉片一度扮演著「增強國力的角色」。從一八五〇年代起，**鴉片貿易所得的稅收，成為國家用來整合經濟的工具**。朝廷對西北用兵和建立海軍的軍費，很大一部分來自於鴉片貿易的稅收。

至於鴉片對社會的影響，包利威認為，鴉片在清末兩百年，曾是「易貨交易的催化劑」、「為財富的集中提供了便利條件」、「加強稅收的有力工具」，甚至為在外患內亂中的民眾，帶來麻痺與慰藉，鴉片消費可以緩解人的失落感。

大清官府是世界上最大的走私集團

當一七二九年雍正皇帝頒布第一個禁煙詔令時，雖然雍正皇帝行事強硬，其詔令卻被官僚系統束之高閣。

到了嘉慶年間，從一七九六至一八一三年，嘉慶皇帝在短短十七年裡，下了六次禁煙令。第一道禁煙令後，清帝國每年進口的鴉片增加到一千八百一十四箱。到第三次禁煙後，每年進口的鴉片再增加到四千一百一十三箱，可見買賣雙方都藐視禁令。之後嘉慶皇帝又連下三道禁令，等這三道令下完，鴉片卻越禁越多。

嘉慶皇帝不得不承認，**抵抗禁令的原來是清帝國的官僚系統**：「朕終於明白了，鴉片屢禁不止，廣東官吏們脫不了干係，要嚴懲那些監督失職、默許鴉片進來的人。」

廣東官吏們收到措辭嚴厲的禁令，不僅不緊張，反而拿著聖旨跟英國商人抬價：「你們看，皇帝發話了，你們的鴉片賣不了了。這樣吧，你們每箱再多給我們一百元好處費，我們就保護你們的買賣安全……。」

官僚集團表面上支持禁煙，實際上別有用心：**朝廷越是禁煙，廣東的官員越是可以從英國人手裡百般敲詐勒索**——如果鴉片開放了，他們怎麼從英國商人手裡收賄賂？長期在中國海關工作的美國人馬士（Hosea Ballou Morse），在《中華帝國對外關係史》裡說：「廣東官員們發現，在禁令之下，他們可以得到更多的好處，他們不但可以敲詐更大的數額，而且所徵收的款項都不用上報。」

道光皇帝的禁煙令傳到廣州，當時的兩廣總督是聲譽卓著的鄧廷楨。鄧廷楨是有名的書法家，對鴉片貿易採取睜一隻眼、閉一隻眼的不干涉政策，而且他的兒子是廣州最大的鴉片商之一，他怎麼會認真執行禁令？英國海軍上尉賓漢（Bingham, J. Eliot）在《英軍在華作戰記》裡說：「鄧廷楨禁煙，僅是禁止別的船做鴉片生意，他自己有四艘水師船，專門用來走私鴉片。」於是，他把禁煙這個「不可能完成的任務」，交給水師副將韓肇慶負責。

韓肇慶是何許人也？他是廣東鴉片走私活動的保護傘。韓肇慶接到任務後，召集英國和當地的鴉片販子開會，告訴他們：「現在皇帝又下令禁煙了，我不能不為皇帝辦事。為了讓我向皇帝交差，除了以前的款項之外，每萬箱鴉片，你們再多交給我百箱，我保你們順利過關。」兩國的鴉片販子們紛紛點頭稱是。韓肇慶大撈一筆之後，甚至調用水師的戰船，幫鴉片販子運煙進口。

韓肇慶後來有沒有被朝廷撤職查辦？**恰恰相反，他因為禁鴉片有功，被拔擢升官，賞戴孔雀花翎。廣東水師全體官兵，基本上人人發財，而鴉片的進口數漲到每年四、五萬箱**。

在現今的歷史書上，鄧廷楨被稱為「民族英雄」，因為他後來跟林則徐一起並肩作戰，在廈門一度擊退來犯的英軍，但他和他的家族仍持續從鴉片貿易中牟利。現今的歷史學者大都選擇性的遮蔽這些讓民族英雄蒙羞的歷史細節。

廣州的海關監督也不落後。粵海關監督名叫豫厚庵，他聽說皇帝又下禁煙令，立即抓了幾個本地的鴉片商人，抓他們的目的不是對皇帝盡忠，而是為了罰款——這些罰款不會進入國庫，都落入他和同僚的私人腰包。

由於豫厚庵罰得太多，鴉片販子們感到不滿，不願交罰款。豫厚庵很生氣，後果就嚴重了：他派兵丁把鴉片販子的船全都砸毀，把鴉片搶過來自己賣。他造了四艘船，再調來一些官船，專門用來販賣鴉片。光是那一個月，運到廣州的鴉片就多達三千箱，比不禁煙的時候還誇張。那時，英國的鴉片船直接開到廣州港口，豫厚庵再派人去碼頭接貨。

不單廣東如此，福建水師全靠協辦走私鴉片為業，甚至「夷船之鴉片一時不能進口，往往寄頓於炮臺附近」。浙江官軍也不甘落後，英國政府藍皮書稱：「在過去二十年中，中國高級官吏與政府人員公開的默許走私鴉片，前任和現任巡撫都從中取利，聽說北京的軍機處也暗中允許。」、「他們縱容煙販從外國船上取走鴉片，有時甚至將官船借以轉運。」

馬克思在美國報紙上發表評論：「那些縱容鴉片走私、聚斂私財的官吏的貪汙行為，都逐漸腐蝕著這個家長制的權力，腐蝕著這個廣大的國家機器，其各部分間的唯一精神聯繫。」政府高官竟然在光天化日之下從事鴉片貿易，這是清帝國政治的「潛規則」，**大清官府已然淪為世界上最大的走私集團**。

乾隆年間來訪的馬戛爾尼（George Macartney）使團中，有個名叫喬治・湯馬士・斯當東（George Thomas Staunton）的十三歲小孩，是使團副使喬治・倫納德・斯當東（George Leonard Staunton）的兒子，這個小孩由於學中文學得快，還被乾隆皇帝獎賞過。在英國對清帝國開戰前夕，他如此評論：

> 我們進行鴉片貿易，是否違反了國際法？沒有。當清政府的兩廣總督用他自己的船運送

毒品時，沒有人會對外國人也做同樣的事感到驚訝。

中方的史書一說到鴉片貿易，就說是英國人走私。但在鴉片貿易過程中，英國人從不認為自己是在走私——他們把鴉片運到清帝國，來接頭的難道不是廣東的官員大吏和水師官兵嗎？誰會直接跟政府官員和軍隊搞走私？這明明是「走公」啊！

林則徐哪是反毒功臣，根本見解有夠瞎

清英戰爭中，清帝國潰敗，最大的責任者是一直在戰和之間首鼠兩端、在後方胡亂發布指令的道光皇帝，第二大責任者是「虎門銷煙」的欽差大臣林則徐。

中共官方歷史學家范文瀾指出：「林則徐是滿清時代開眼看世界的第一人。」這成為歷史課本中對林則徐的定論。然而，林則徐真的是「近代睜眼看世界的第一人」嗎？

從一八三八年南下廣東執行道光皇帝的禁煙令，到一八五〇年奉咸豐帝之命，赴廣西鎮壓「會匪」、「蕩平群醜」而在路上病逝，林則徐從未睜開眼睛，看到英國和西方國家的真貌。

在禁煙期間，林則徐寫了一封致英國維多利亞女王的信，質問女王明知鴉片有害，本國不產鴉片，也嚴禁國民吸食，卻在其管轄的印度種植生產鴉片，批准國民在清國進行鴉片貿易。他要求女王去除印度的鴉片，並通知女王，中國已通過《欽定嚴禁鴉片煙條例》。

但實際上，英國當時未訂立禁止國民吸食鴉片的法令，鴉片在西方社會並不被視為毒品，當時幾乎每個英國人都在生命的某一段時期服用過鴉片，就像喝酒或抽菸一樣是生活的一部分。鴉片是醫學上治療腹瀉和鎮痛的良藥，英國近代不少名流都是嗜好鴉片的癮君子。近代醫學的奠基人西登漢姆（Thomas Sydenham）更熱烈歌頌：「我忍不住要大聲歌頌偉大的上帝，這個萬物的創造者，為人類的苦惱帶來了舒適的鴉片。」

林則徐對英國鴉片政策的了解，來自一場不美麗的誤會。幸好這封信在送往英國的途中遺失，並未送達維多利亞女王御前，只有副本在中國留了下來。

一八三九年，穿鼻之戰（按：第一次鴉片戰爭爆發前夕的中英戰鬥）結束後，水師提督關天培向林則徐報告，已方大獲全勝，擊沉英國幾艘艦船，英國五十多人死傷。這是清國軍中謊報軍情之慣例，林則徐不加查證、信以為真，立即向皇帝上書報捷。實際上，英軍在穿鼻之戰中無任何人員傷亡，參加這場戰役的一名英軍將領在給家人的書信中寫道：「清軍的炮臺就像是在放煙火」。

林則徐一直以為勝券在握，在給道光的奏摺中寫道：「夷兵除槍炮之外，擊刺和步伐都不是他們的長處，他們的腿足裹纏、束縛嚴密、膝蓋屈伸不便，到了岸上便無所作為，我們有制伏他們的辦法。」他又認為，如果英國要攻清帝國，只能乘船而來，英國的船隻要是敢入內河，一則潮退水淺使船膠膨裂，再則伙食不足，三則軍火不繼，英國人猶如魚躺在乾涸的河床上，是白來送死。

他還認為，洋人嗜吃牛、羊肉，若沒有從清國進口的大黃、茶葉以輔食，將會消化不良而死：「大黃、茶葉、湖絲（按：明清時期，浙江湖州府出產的蠶絲）等類，皆中國寶貴之產。外國若不得此，即無以為命。」也就是說，西方離不開中國的貨物，中國則不必進口西方的產品。這種說法，儼然是昔日乾隆皇帝，高傲回答英國使者馬戛爾尼的名言翻版——「天朝大國無所不有，原不藉外夷貨物以通有無。」現今的中美貿易戰中，中國的「喉舌媒體」也繼續發表類似言論。

林則徐以為英國不敢派兵來華。等到英軍攻陷定海並揚帆北上，惶惶不可終日的道光帝在奏摺中以硃批斥責：「你說對外可以斷絕通商，卻從未斷絕；你說對內查拿罪犯，卻未能除盡，無非是空言搪塞，不但毫無實際成績，反生出許多波瀾，我想到這裡就非常憤懣！看你還有什麼話說！」遂將林則徐撤職查辦。

比起被後世罵為「賣國賊」的琦善（奉旨接替林則徐為兩廣總督）等穩健派，自以為是的主戰派林則徐才是「害國賊」。中國歷史的書寫，遵循道德原則，罔顧事實真相。只要是主戰派都被譽為「愛國者」，而隻字不提其盲目主戰，帶給國家和民眾怎樣的危害與損失。

十年後，林則徐的思想觀念仍無進展。英方要清廷執行《南京條約》，英國人要進入條約中被列為通商口岸的福州城，受到福州官民百般攔阻。對於這種違背條約的做法，當時剛回鄉不久的林則徐大力支持，致信福建巡撫徐繼畬，要求效法廣州，驅逐英人。徐繼畬是通曉「夷情」的開明派，主張遵守條約，以免再啟戰端。

林則徐遂再次上書，一連提出十二個問題，表明不惜為阻止兩名英國人入城而引發大戰。**當年在廣東，他明明已經見識過英軍勢不可擋的實力，卻並未吸取戰爭慘敗的教訓**。曾任北京大學歷史系教授的茅海建，在《天朝的崩潰》一書中評論：「歷史已經證明，用這種方法不能『制夷』，只能『制於夷』。」

英國向清帝國開戰，是為了捍衛自由貿易

林則徐為了執行道光皇帝的禁煙令，下令將三百五十名外籍商人軟禁在商館中長達四十七天，並以數千武力圍得水泄不通。他毫無近代法治觀念，不管這些外商有罪無罪、不管他們是否跟鴉片買賣有關，統統剝奪人身自由。他更不知道，英國早在六百年前就通過了《大憲章》，非經法院許可，即便是英國國王，也不得隨意剝奪國民的人身自由和私有財產。

當時，即有較為明事理的人士指出，林則徐「失敗之主因，多由於對外知識之淺陋，以為英國毫不足畏，欲以武力恫嚇解決，乃不辨明有罪無罪，一律圍困之於商館，使其餓而繳鴉片」。

林則徐如願以償得到英國商人交出的鴉片，**並上演了一齣有聲有色的「虎門銷煙」這場「戲」**。他卻不知道，英方的商務監督義律（Charles Elliot）向英國商人做出保證，這些鴉片已不再是英國商人的私人財產，**而是英國女王政府的財產**，遵循自由貿易原則的英國女王政

府，必定會使用武力，將被外國政府非法沒收的財產追討回來。一八四〇年一月十六日，維多利亞女王在國會發表演說強調：

在中國發生的事件，已經引起我國臣民與該國通商關係中斷，朕已極嚴重注意，並將繼續注意這一影響我國臣民利益與王室尊嚴的事件。

第一次鴉片戰爭斷斷續續打了兩年，清帝國一敗再敗，被迫簽訂城下之盟《南京條約》。由此，**清帝國被西方列強拉進近代條約體系，開始由古老帝國向現代民族國家的艱難轉型**。所謂「不平等條約」，對於清帝國治下「君叫臣死，臣不得不死」的國民而言，卻從中得到了兩千年來聞所未聞、見所未見的近代觀念：人身自由和私有財產神聖不可侵犯；國民有宗教信仰自由、有在國境內的遷徙權和出入國境的權利。就貿易而言，西方國家強加給中國的條款，在一個半世紀之後，中國卻在加入世界貿易組織的談判中，主動向西方國家索求。

英國打這場戰爭，不單單是為了鴉片貿易，更是為了自由貿易。鴉片貿易確實有不道德的一面，與林則徐對抗的英國商務監督義律，本身是態度堅定的鴉片貿易反對者。英國政治家沙夫茨伯里伯爵（Shaftesbury）公開指出：「我充分相信這個國家慫恿這種罪惡的交易是極壞的，也許比慫恿奴隸貿易更歹毒。」托．阿諾德（T. Arnold）博士認為，英國允許鴉片貿易「如此邪惡以致它是最大的民族罪孽」。一八六八年，英國制定了《毒品藥店法案》，對英國本土的鴉片貿易給予一般性限制。一九一四年，英國立法禁止鴉片。

當英國國內的法律和輿論轉向查禁鴉片之後，一批有識之士促成國會通過了終結鴉片國際貿易的法案。一九〇七年，英國主動向清帝國提議逐步終止鴉片貿易，並透過談判，與清政府達成了逐步減少直至禁絕鴉片出口的《中英禁煙條約》。從一九〇八年起，英國按照既定的時間表落實了削減政策，並提前停止了對華鴉片出口。

對於清帝國來說，打這場戰爭，不是為了拒絕鴉片輸入，而是要**堅持閉關鎖國**。在道光朝關於鴉片是「禁」還是「弛」的爭論中，曾任廣東按察使的許乃濟，提出與林則徐截然相反的看法：「鴉片這東西，禁是禁不了的，越禁，官員們貪得越多，我建議不如索性開放鴉片貿易。如果我們自己種，自給自足，我們的白銀就不會外流了，洋人賺不到我們的錢，他們自己就會離開。」許乃濟主張鴉片種植、買賣和吸食合法

清帝國與英國簽訂《南京條約》。

化。結果，他的觀點遭到強硬派的駁斥，他本人因此遭到降職。

其實，這種政策對清帝國來說不失為一個好辦法。馬克思在《鴉片貿易史》中寫道：「中國最有名的政治家之一許乃濟，曾提議使鴉片貿易合法化而從中取利。」中共編纂的近代史，不會記載他們的「老祖宗」馬克思支持許乃濟、認為許的辦法對中國經濟很有利的說法。

這場戰爭之後，尤其是《天津條約》簽訂後，清廷對鴉片貿易採取默許態度，同時默許國人種植鴉片，還對煙土（按：未經熬煉的鴉片）徵稅。在進口鴉片數量的高峰期，**中國僅西南各省自產的鴉片數量，就比進口的鴉片還多**。

根據光緒十一年（一八八五年）的記載顯示，清廷規定洋煙每百斤收稅銀八十六兩，而對土煙徵收六十兩。土煙徵稅低，大大鼓勵了國產鴉片的種植和貿易。發展到後來，國產鴉片不僅價格遠低於進口鴉片，而且品質也越來越高，逐漸排擠進口鴉片，**清末甚至走出國門，出口到東南亞等地區**。

一八七八年八月十八日的《紐約時報》，專門發表題為《罪惡的鴉片貿易》的評論，論及大清政府在幾週前頒布，迄今為止最嚴厲的禁止罌粟種植的法令，但質疑大清政府在這件事上究竟有多大誠意，並擔憂的發現：

大清國持續不斷向美國移民，同時這些移民也帶來了對這種毒品的消費，這種現象正在使鴉片問題，也成為美國的重大問題。

到了今天，中國成為向美國走私鴉片類產品芬太尼（Fentanyl）最多的國家，致使美國每年數萬人因此而死亡——在美國政府與中國政府的貿易談判中，該問題被列為其中一項重要條款。

中國所命名的「鴉片戰爭」，香港的大多數英文教科書一直都稱為「英中商務戰爭」（British-Chinese Commercial War），直到一九九七年中共統治香港之後，才在中共的壓力下陸續改變為「鴉片戰爭」，與中國「併軌」。

中國誇大了這場戰爭對中國的影響。實際上，這場戰爭的規模、波及地域以及傷亡人數都相當有限，生活在清帝國內陸的絕大多數民眾對此一無所知。這場戰爭算不上「中國近代史的開端」，太平天國暴亂、日清甲午戰爭以及庚子事變這一連串互相關聯的事件，才是中國近代史的開端。這場貿易戰爭並未驚醒清帝國這頭沉睡的獅子，牠被蚊子叮了一下，起身瞪了瞪眼睛，又沉沉的睡去。

《南京條約》簽訂之後十八年，清帝國的統治者仍然不願履行條約中規定的若干條款，比如洋人進駐各通商口岸城市、英國等國的使者到北京面見皇帝。從皇帝到各級官員，用種種手段敷衍、搪塞乃至欺瞞洋人，如同今天的中國加入世界貿易組織多年後，只願意享有權利，而不願意盡義務。

於是，所謂「第二次鴉片戰爭」的戰火又被點燃——這一次的戰爭更跟鴉片無關，它的導火線是外國使者堅持進京遞交國書、交換條約。咸豐皇帝早已失去了祖輩康熙、乾隆的大度和自信，對洋人避之如瘟疫，說什麼也不願意見到金髮碧眼的外國人。雙方經過長期的僵持、爭執，終於又演變成一場戰爭。更準確的說，這場戰爭應當是「換約戰爭」。

這一次，清帝國遭到更沉重的打擊和羞辱：英法聯軍施施然的攻入北京城，並焚燒了號稱「萬園之園」的皇帝夏宮圓明園。咸豐皇帝及整個中央政府都逃往承德避暑山莊，咸豐帝從此再也沒有回到北京城。只要在避暑山莊依然可以花天酒地，他才不管北京市民的死活。

第二章　英法聯軍為何火燒圓明園？

有隻小巧的北京狗被人發現蜷縮在衣櫃裡，一名英國軍官將牠帶回英國獻給維多利亞女王。她很愛狗，這隻後來取名「Looty」（掠奪來的小東西）的北京狗，成為她最愛的寵物之一。但最奇怪的發現，出現於圓明園裡的一間馬車房。劫掠的士兵在那裡無意中發現，一七九三年使華的馬戛爾尼勛爵，送給清朝皇帝的大批禮物，像是全尺寸的英國製禮車、天文與科學儀器、兩門十二磅英國榴彈炮、數箱彈藥，全是馬戛爾尼代表英王喬治三世，送給咸豐帝的曾祖父乾隆的禮物。這些禮物全都原封不動，象徵著一段看來從未得到領情的友誼。

——裴士鋒（Stephen R. Platt）

如果說「第一次鴉片戰爭」（清英貿易戰爭或商務戰爭）的主戰場，遠在南方沿海地區（廣東、福建、浙江、江蘇），只算是「外夷」的小型騷擾，對清帝國尚未傷筋動骨；那麼「第二次鴉片戰爭」（清帝國與英法之間的「換約戰爭」），則如同尖刀一樣直插在帝國的心臟地帶：帝國的首都北京淪陷了，帝國的威望遭到毀滅性打擊——這場戰爭的頂峰，是**英法聯軍火燒圓明園**，燒掉的不只是美輪美奐的園子，更是皇帝的面子。

「五四」之後中國的歷史敘事以民族主義為中心，將一八四〇年以來的中國近代史，描述成「落後挨打」的悲情史，以刺激民眾的愛國之心。英法聯軍火燒圓明園必然被當作「國恥中的國恥」。我最早知道火燒圓明園的歷史，不是來自歷史教科書，而是來自小學時，學校包場觀看的電影《火燒圓明園》。我在考上北京大學後，與同學一起騎著自行車去春遊時，才第一次到斷壁殘垣的圓明園遺址憑弔。

電影《火燒圓明園》偽造歷史，煽動排外

《火燒圓明園》的導演李翰祥，是第一個受邀到中國拍電影的香港導演。為了統戰的需要，中國政府為之大開方便之門，開放紫禁城等名勝重地及諸多珍貴文物供其拍攝，百官上朝、軍機議政、木蘭秋狩、圓明殘垣，皆是實地實景實物展現，其恢宏氣勢、歷史實感堪稱前無古人、後無來者。

李翰祥是香港著名導演，有澳門賭王投資、中共協助調動大量人力物力，他甚至花費六十多萬元，搭建一座仿真圓明園並真的燒掉，使電影取得巨大成功，也達到中共渴求的宣傳效果。一九八〇年代中期，看歷史大片《火燒圓明園》，每個中國觀眾都感到義憤填膺。洋鬼子之可惡可恨，少年的我不禁高聲朗誦岳武穆豪情萬丈之誓言：「壯志飢餐胡虜肉，笑談渴飲匈奴血。」（多年後才知道《滿江紅》是明人的偽作。）

那時，我只知道女主角是著名的四川女演員劉曉慶（其名言是：做人難，做女人難，做名女人更難），對男主角梁家輝則不甚了了。一九八二年，李翰祥請二十四歲的梁家輝到《火燒圓明園》劇組，梁家輝以為自己要做導演助理的打雜工作，結果被剃了頭去演咸豐皇帝。

在劇組中，「皇帝」身兼多職，茶水燈光一肩挑，甚至是最早起床催工的人。在伺候「角兒」後，梁家輝穿著戲裡龍袍，站在城牆上看故宮夜景。他覺得那時「很幸福」，突然就入了戲，也入了世——榮獲第三屆香港電影金像獎最佳男主角，成為金像獎歷史上最年輕的「影帝」。他也是中國改革開放後，第一個到中國拍戲的香港演員——當然也為他帶來很大的負面影響：臺灣的國民黨政權因為梁家輝「為匪宣傳」，將其封殺，使之好幾年沒戲拍，星途險些夭折。

雖然電影《火燒圓明園》確實很好看，李翰祥也自稱邀請多名清史專家為之把關，「絕對尊重歷史」，但電影的情節與真實的歷史卻有天壤之別。

火燒圓明園是一八五六年十月至一八六〇年十月，延續四年的英法聯軍之役的顛峰和終點。戰火是在廣州點燃的，英、法、美、俄四國要求遵照條約進入廣州，設立領事館，展開貿易，誰知清帝國認為條約只是緩兵之計，根本沒有打算認真遵守。僵持多年，終於演變成一場戰爭。英法聯軍攻陷並占領廣州，整整歷時一年又兩個月。

一八五八年四月，英法聯軍北上，很快占領天津，清廷被迫同意在天津談判。英國提出「北京駐使、內地旅行、長江通商」三項要求，清廷屈服，簽訂《天津條約》。

《天津條約》只是咸豐皇帝迫於壓力暫時答應，並不打算履約。其中的焦點，是決不能讓外國公使駐北京，以免皇帝與外國公使打照面。

一八五九年初，新任英國駐華公使卜魯斯（Frederick Bruce）和法國駐華公使布爾布隆（Alphonse de Bourboulon），奉命進京換約。清廷命令直隸總督恆福照會兩人，指定他們在北塘登岸，經天津去北京，且隨行人員不得超過二十人。但英法公使堅持按照原定計畫，從大沽口進京換約。清廷斷然拒絕此一要求。**經過咸豐皇帝、怡親王載垣，以及朝廷最具戰鬥力的猛將、蒙古僧格林沁親王多次密謀，決定不宣而戰**。僧格林沁帶兵在大沽口攻擊英法艦隊，造成英法聯軍傷亡數百人。

清廷為這場小小的勝利喜出望外，以為夷人並非不可戰勝。誰知，英法兩國政府迅速增派援兵來華，準備狠狠懲罰清帝國。一八六〇年八月一日，英法聯軍兩百餘艘戰艦，載著陸軍一萬七千人在北塘登陸，一路摧枯拉朽，迅速占領大沽口和天津，並從天津向北京開進。

「親遞國書」之爭：皇帝不能見夷人

一八六〇年九月四日，英法聯軍與清廷在通州展開談判。咸豐皇帝派怡親王載垣與英法代表團談判。載垣等人接受英法代表團所提的條件，與英國首席代表巴夏禮（Harry Smith Parkes）達成停戰協議。巴夏禮是少數精通漢語和滿語的外交官，身材矮小、頭大如斗、脾氣火爆、精力充沛，年僅三十二歲，已是英國駐華最高階外交官之一。

九月十七日，**巴夏禮提出英國使節向清帝當面遞交國書的要求**。載垣等人認為「此事關係國體，萬難允許」，而且此前的會晤中巴夏禮並無此說法。巴夏禮則認為，親遞國書乃國際慣例，所以此前沒有列入談判內容。雙方各持己見，相持不決。

拒絕外國公使駐京，是清國皇帝維護其「叩頭外交」和「朝貢體系」的第一道防線。當第一道防線被英法聯軍強大火力突破之後，咸豐皇帝又企圖設定第二道防線：即使西方公使駐京，亦不能「親遞國書」。在通州談判的最後關頭，英方在照會中堅持公使向皇帝「親遞國書」，等於突破了皇帝的第二道防線。

今天看來，見外國公使有什麼可怕的？但在那個時代，按照「天下一統」觀念，清帝國是世界的中心，皇帝為天下共主，所有國家都是清帝國的藩屬，所有人見到皇帝都必須磕頭下跪。中華傳統外交的主旨就是讓夷狄們前來磕頭，由此建立一套懷柔遠人的「朝貢體系」——儘管此模式讓帝國在財政和貿易上得不償失，但滿足了帝王和士大夫的虛榮心。

然而，英法等已近代化的歐洲國家，並不認同這套觀念。駐華使節拒絕向皇帝叩頭，表面上看只是一個小小的禮儀，**卻足以讓千年一貫的「天下一統」觀念遭到顛覆**。

此時，清帝國正處於內憂外患、風雨飄搖之中。叛亂的太平天國定都南京後，繼續攻占蘇州、常州等城市，威脅上海，東南半壁江山盡入其手。英法聯軍集結通州，隨時可能進攻北京，屢戰屢敗的僧格林沁再也不敢誇口。

然而，咸豐皇帝下定決心不在叩頭問題上退讓半步，若不能達成協議，清廷將不顧自身力量虛弱而背水一戰。其實，英方提出遞交國書一項，只是按照國際法慣例行事，當清廷提出見皇帝必須叩頭時，被他們以國家之間一律平等的理由加以拒絕。多年以後，清國的帝王將相、士農工商才明白過來，導致通州談判破裂的直接原因「親遞國書」一項，只是西方各國的通常做法，並沒有特別為難皇帝的意思。

這是兩種文明觀念和思維方式的衝突，即**奉行「叩頭外交」的清帝國，與奉行近代「萬國平等」國際慣例的英法兩國的衝突**。不同時空中產生的知識系統，決定了兩種文明觀念和思維方式背道而馳。

載垣等人向咸豐皇帝報告談判內容之後，咸豐皇帝做出了一個致命的錯誤決定。九月十八日，咸豐皇帝下旨給前線指揮官僧格林沁，將英方談判代表巴夏禮等人「羈留在通（州），勿令折回以杜奸計」。僧格林沁立即派出騎兵，捉拿了正在返回路上的巴夏禮等一行三十九人，其中英國人二十六名、法國人十三名。扣留談判代表及其隨行人員，在各國外交史上均十分罕見。但咸豐皇帝和僧格林沁都不覺得有何不妥。

巴夏禮等人被扣留之後，英法聯軍隨即發動張家灣戰役。英法聯軍四千名官兵，對上僧格林沁兩五千萬名騎兵。僧王奏報皇帝說，「斃賊無數」，中國的現代軍事著作據此總結為「給敵以重大殺傷」。然而，英法的戰報是：聯軍連傷帶亡共三十五人，清方在戰場上留下一千五百具屍體。

九月二十一日，決定性的八里橋大戰打響。英法聯軍八千人、僧王軍隊三萬人。僧王精銳盡出，大有滅此朝食（滅了敵人再吃早餐）之勢。然而，短短數小時之後，清帝國最後一支勁旅灰飛煙滅，英法聯軍的戰報是：聯軍共陣亡五人、負傷四十六人，清軍死亡兩千人，剩下的潰不成軍，不再是一支可以作戰的軍隊。

為什麼會出現這樣的結果？僧格林沁的蒙古騎兵是清帝國最後的希望，僧格林沁的祖先成吉思汗縱橫歐亞大陸，所向無敵。並不是蒙古騎兵的戰鬥力下降了，而是**他們遇到了裝備新式武器、採用新式訓練和戰術的歐洲軍隊**——英軍首次在戰場上使用阿姆斯壯大砲（Armstrong Gun），此砲以創新的膛線設計，射程達八公里，而且射擊相當精準。其發射的十二磅砲彈，炸開後變成四十九個尖銳碎片，方圓數十公尺內，無不血肉橫飛。

於是，戰場變成單方面的殺戮場，成群結隊的滿蒙騎兵還沒有接近敵人

僧格林沁的蒙古騎兵與英法聯軍戰於八里橋，慘敗。

就遭到擊斃，就連逃逸也找不到生路。一名冷靜的英國軍官寫道：「我們的砲兵朝後撤的敵人開砲，威力十足。開砲慢條斯理，每一發阿姆斯壯大砲都在他們之間爆炸，一次就撂倒一群敵人。」一名英軍士兵在家書中寫道：「這場戰役給人做夢一般的感覺。我們光打死別人，自己卻幾乎絲毫無損。」

自此，北京門戶大開，無險可守，也再無勤王精兵。咸豐帝色厲內荏的宣布「朕今親統六師，直抵通州，以伸天討而張撻伐」，實際上卻是虛晃一槍，欺騙百姓而已。九月二十四日，咸豐帝不顧子民的安危，逃出承德避暑山莊，留下六弟恭親王奕訢與洋人求和。

「自己破壞自己的規矩」：兩國交兵，虐死來使

九月二十二日，恭親王奕訢告知英法聯軍，他受命為全權欽差大臣，要求英法停火談判。次日，英法聯軍回答，必須釋放巴夏禮等談判人員，才停止進軍。

恭親王表示，所有俘虜都平安（這完全是說謊，此時很多人質都已被折磨致死），但要等到和議達成後才能釋放他們。恭親王的想法是，釋放人質，手中就沒有牌了。

兩天後，聯軍總司令額爾金伯爵（James Bruce, Earl of Elgin）說，若三天內放還全部談判人員並接受聯軍的條件，就停止進攻；否則一定要奪取北京，此一做法並不違反國際法。

奕訢沒有得到皇兄的允許，不敢輕易答覆。如果當時奕訢讓步，停止折磨人質，即便不

能避免聯軍入京，或許也不會發生火燒圓明園的悲劇。然而，包括思想最開明的恭親王奕訢在內的清帝國統治階層，眼中並沒有國家利益和國際法這些近代觀念，**只考慮如何做到「不失國體」**，也就是不能讓皇帝丟臉，因而堅持不肯先釋放人質。

九月三十日，英法聯軍兵臨北京城下，在城外安營紮寨。十月五日，聯軍休息整頓後，準備攻城。在熱兵器時代，厚重的城牆已無法拱衛京城，破城之日，屈指可數。此時，朝廷的文武百官和有錢人大都逃離京城，全城陷入潰兵和流氓肆意燒殺搶掠的無政府狀態。

十三日，北京打開城門，向聯軍投降。

從十月八日至十六日，恭親王先釋放巴夏禮等人，然後陸續釋放其他人。**最初總共被扣留的有三十九人，活著回來的只有十八人，二十一人被虐待致死——有些人的屍體被大卸八塊、有些人的屍體腐爛得認不出來，還有些人根本找不到屍體**。

「兩國交兵，不斬來使」，這不僅是近代國際法的規定，也是中國自己古已有之的戰爭法則之一。然而，清帝國偏偏要「自己破壞自己的規矩」。巴夏禮在回憶錄中，記載他被囚禁期間的遭遇，他親身體驗了「東方人尊重法律和正義的方式」。最初，他被帶到僧格林沁面前，僧格林沁大笑著對他說，你不願向皇帝叩頭，我就讓你向我叩頭。於是，僧王命人按著巴夏禮的頭，在地面上連續叩響頭。

巴夏禮抗議說：「我是談判人員，打著休戰白旗從你們防區經過，且得到你們明確承諾，給予通行安全。你們現在為什麼不守信用？」僧格林沁不予理會，繼續命令手下按住巴夏禮的頭，又是一頓猛叩，直至其頭破血流。

隨後，巴夏禮等人被押送到北京，以「叛逆罪」投入大牢。清帝國竟然把外國人當自己的臣民來定罪，這在世界上恐怕是絕無僅有的。這種定罪方式，恰好說明清帝國堅持的「天下一統」觀念之荒謬：**皇帝認為這個世界上所有國家都是其屬國，所有的人類都是其屬民**。英法聯軍對中國的進攻，並沒有被看成是侵略、入侵或是戰爭，而是被當作「叛亂」——跟南方如火如荼的太平天國叛亂相同。因此，清廷對英法開戰，被理直氣壯的宣布為「剿夷」、「討逆」。

巴夏禮和額爾金勛爵的私人祕書洛奇級別較高，被關到刑部大牢，待遇相對較好。洛奇出獄後，在回憶錄中表示，雖未遭受酷刑，但在獄中最擔心的是捆在手上的皮繩。那皮繩被用水沾溼，越勒越緊，勒幾天後手腕即開始腐爛並且生蛆。

其他俘虜被關在圓明園，據說咸豐皇帝曾祕密審訊過他們——這個說法恐怕不可信，咸豐皇帝最害怕見到洋人，不可能親自審問這些骯髒的人質。

俘虜雙手被捆，整日下跪，三天水米未進。他們被百般拷打、肆意凌辱，其中包括《泰晤士報》記者鮑爾比（Thomas Bowlby）。鮑爾比在第四天死去，屍體被放在牢房三天，之後被扔到野地裡，被野狗吃了；安德森中尉（Lieutenant Anderson）的手腳被勒得生出蛆蟲，他看著蛆蟲在身上蔓延，覺得既噁心又害怕，在精神錯亂中大叫三天後死去。

這些西方外交人員在監獄中還受到殘酷的心理折磨。清廷通知巴夏禮等人，中國決心死戰，他們將被立即處死，有兩個小時寫遺書。待巴夏禮等人寫完遺書之後，清廷又說將處死日期改在第二天，而第二天又沒有行刑。行刑日期一拖再拖，對於已被宣布死刑的人來說，心理壓力越來越大。清廷對他們施加巨大心理壓力的目的，是想迫使他們屈服之後，向聯軍寫信，讓聯軍停止進軍。

當九死一生的人質回到聯軍軍營時，他們講述的悲慘遭遇、他們殘缺的身體，以及他們帶回的屍體，激起了聯軍對亞細亞式殘暴的普遍憤怒。牧師莫吉（R.J.L.M. Ghee）報告：

> 我從未見過比這更讓人憐憫的情景了……他們幾乎不能走路，拖著雙腿向前挪動。他們的手以一種痛苦的姿勢放在胸前，這還能叫手嗎？都已經被扭曲得變了形，有的手腕上的傷口已經潰爛、有的手上被繩索捆綁造成的腫脹還沒有消下去、有的手就像鳥爪子一樣蜷曲著，看上去好像已經壞死萎縮了……人們還了解到，他們身體的畸殘狀況，是由於手腳被浸溼的繩子緊緊捆在一起而造成的。
>
> 這些俘虜就這樣被捆綁著，任憑風吹日晒雨淋，而且長時間內得不到食物和水。由於四肢的血液循環被截斷，肌肉腫脹潰爛，傷口化膿，生滿了蛆。這些倖存者的證言全部或部分的發表在英國議會文件或戰爭記載裡，它們表明所有的死者，都是由於這種虐待的結果。

格羅男爵向法國外交大臣圖韋納爾報告：「您完全可以想像出聯軍軍營中那種極度的憤

怒和激動，我們需要盡可能的保持慎重和冷靜，以阻止可怕的報復行為損害我們的事業。有人想燒掉北京，讓每一名清國官員都受皮肉之苦。」

巴夏禮在寫給妻子的信中說：「我們那些戰俘受到的待遇實在太殘忍了，必須對加害者嚴懲不貸，以儆效尤。」聯軍占領北京後，巴夏禮當面用滿語叱責被俘的清國刑部尚書說：「一個人如果利用敵人的不幸對他進行人身侮辱，就喪失了每一個文明國家的尊重，應當被逐出正直人的社會。」然而，飽讀詩書的刑部尚書大人，不懂他在說什麼。

火燒圓明園僅是懲罰皇帝，不是國恥

英法兩國被澈底激怒，召開會議，討論懲罰清帝國的方式——按萬國公法規定，凡使臣性命不保，他日城破，雞犬不留。但是，兩國提出的懲罰方式迴異。

英國統帥額爾金伯爵的意見是，這些可憐的俘虜是在圓明園內受虐待，必須將這個園子夷為平地。法國公使葛羅則認為，圓明園沒有設防，嚴格說來非交戰區，若燒圓明園，不如直接燒掉紫禁城，這才是對皇帝最好的懲罰。額爾金反駁說，若燒紫禁城，火勢很容易蔓延到全北京城，受害的將是北京的無辜百姓，**這些被皇帝拋棄的百姓歡迎聯軍進城**，聯軍承諾過給他們以安全保障。

由於英軍是主力，英國的意見占了上風。為了說服法國，額爾金特別撰文闡述其理由：

> 第一，被囚諸人，手足縛系，三日不進飲食，其受如斯野蠻之待遇，即在此地。第二，若對於清國政府所為不顧國際公法之殘酷行為，不予以久遠之印象，英國國民必為之不滿。若現即與之媾和，訂約撤兵而退，清國必以吾國人民為可以任意捕殺無忌，在此點上必須警醒其迷夢也。皇帝避暑行宮固已被掠，然其所蒙損失，在一月內即可恢復原狀。圓明園宮殿之為要地，人所共知。毀之所以予清國以打擊，造成慘局者為此輩而非其國民，故此舉可謂為嚴創清國政府，即就人道而言，亦不能厚非也。

額爾金又說：「要想取消毀壞圓明園，若單要求賠款，在這種擾亂的情形中，清國政府，除了民脂民膏以外，也付不出大筆款項。其次，或是要求清政府交出那些苛待英人和破壞和約的人，一些可憐的屬員，也許要被呈獻出來當替身。假若要求交出僧格林沁本人，清國大約不能答應，更決不能實行。尋思推衍的結果，只有毀壞圓明園，似乎是唯一的方法，而且這種責罰，僅降在咸豐皇帝本身，與人民無關。」

十月十八日放火燒燬圓明園之前，額爾金在北京城內張貼告示，說明火燒圓明園的原因和預定的放火時間：「任何人，無論貴賤，皆需要為其愚蠢的欺詐行為受到懲戒，十八日將火燒圓明園，以此作為皇帝食言的懲戒，作為違反休戰協定之報復。與此無關人員皆不受此行動影響，惟清政府為其負責。」

額爾金的這番解釋純粹是多此一舉。北京居民看到告示後，絲毫沒有為即將發生的事情憂心，而是對其蹩腳的語法大笑不已。住在圓明園附近的民眾，早已在皇帝和圓明園的管理人員撤離、英法聯軍抵達之前，闖入園中大肆掠奪。他們對皇帝驕奢淫逸的生活心存怨恨，敢怒而不敢言，在這個千載難逢的機會，當然要出手撈一筆。這場戰爭是皇帝的戰爭，圓明園是皇帝的財產，百姓才不願捨身「衛國」呢！

關於圓明園被燒，還有一則軼事：晚清詩人、自強思想的鼓吹者龔自珍的兒子龔半倫精通英文，帶領英法聯軍進入圓明園，後來又當英國公使的翻譯，陪同英國公使與恭親王談判，在談判中，處處幫著英國人。

恭親王怒斥：「你等世受國恩，卻為虎作倀甘做漢奸！」龔半倫有洋人撐腰，居然不怕一人之下，萬人之上的恭親王，當場回嘴：「我們本是良民，上進之路被爾等堵死，還被貪官盤剝衣食

英法聯軍火燒圓明園。

不全，只得乞食外邦，**今你罵我是漢奸，我卻看你是國賊**。」恭親王頓時羞愧萬分、無言以對。

火燒圓明園的恥辱，大部分都是中華民國和中華人民共和國的左派宣傳家，在「反帝」和民族主義意識形態的支配下渲染出來的。**圓明園跟普通人有什麼關係？他們終其一生也沒有資格踏入其中一步**。

然而，對於清帝國統治者來說，**燒掉圓明園的英國和法國等遠道而來的「夷人」並非心腹大患，因為「夷人」是可以拿金錢和好處來收買的，他們也不會奪取皇帝和官僚們的寶座；而真正要顛覆他們代代相傳的統治的，是已奪取東南半壁江山及帝國精華之區的叛匪——太平天國**。

圓明園被燒掉的一八六〇年，太平天國叛亂正進入第九年，清廷似乎看不到結束叛亂的盡頭。比起圓明園的火光，東南各省的暴亂之火更驚心動魄，數千萬人已經喪生其中，還有數千萬人在此後的幾年裡喪生其中。

第三章 洪秀全不是基督徒，而是共產黨

爺哥帶朕坐天國，掃滅邪神賜光榮。
西洋番弟聽朕詔，同頊爺哥滅臭蟲。

——洪秀全

兩次「鴉片戰爭」的規模和損害，跟太平天國之亂的後遺症相比，如同九牛一毫，幾乎可以忽略不計。英法軍隊也幹過燒殺劫掠的暴行，但總體而言算是文明之師，至少沒有幹過近代意義上，針對平民的大屠殺（集體屠殺）。

而作為明清戰爭以來規模最大的戰爭，太平天國運動橫掃全國三分之二的省分，攻克過六百餘座城市。**太平天國和清軍彼此屠殺，也都大肆屠殺平民**，在邁入近代門檻之前的戰爭中，**這場中華帝國的內戰奪走的人命堪稱史上之最**。

根據中國學者於一九九九年發布的一項研究估計，在一八五一至一八六四年間，受太平天國之害最嚴重的東南五省（江西、湖北、安徽、浙江、江蘇），其人口一共減少八千七百萬人。其中，五千七百萬人直接死於戰爭，其他人則是因為降低的出生率而無緣出生；關於

這場戰爭在所有省分造成的人口衝擊，學者推測有七千萬人死亡，並讓清帝國的人口總共少了一億多人。這場內戰死亡的人口，超過二十世紀的中日戰爭、國共內戰等外戰和內戰。

美國歷史學者裴士鋒在《天國之秋》一書中指出，太平天國戰爭幾十年後，創傷仍未治癒，晚至一九一三年，清帝國已覆亡，中國人口仍未回到一八五〇年之前的水準。在這場被認為是人類史上奪走最多人命的內戰中，中國蒙受的破壞和社會混亂乃前所未見。

馬克思說，太平軍就是魔鬼的化身

對於受外來思想刺激的近代農民起事，中學歷史教科書是如何記述的？有人比較中國和臺灣的歷史教科書，發現差異巨大。臺灣課本用一整節的版面介紹太平天國運動，且在對該運動下定論時，認為「太平天國起事後曾盛極一時，但卒歸失敗，原因雖多，主要為其愚妄殘暴、措施荒謬，違背歷史文化與人性情理，引起一般知識分子與社會大眾極大的反感」，因此稱之為一場「動亂」。而對太平天國領軍人物洪秀全，則用中性詞「首領」稱呼。

中國的教科書也花了一整節的版面介紹太平天國，但對其極為推崇，將其定義為「起義」，推至「反侵略、求民主」的高度。其中，十分強調《天朝田畝制度》反映的平均主義思想，評論其為「幾千年來我國農民反封建鬥爭的思想結晶」。運動後期的《資政新篇》，則被認為是「先進的中國人首次提出的在中國發展資本主義的設想」。

臺灣的教科書雖然比中國的教科書客觀公正，但兩岸教科書都並未秉持民主自由的普世價值。中國的教科書對農民階級懷有虛偽的同情心，對太平天國運動讚不絕口，對其失敗深表遺憾。臺灣的教科書站在歷朝歷代統治者的立場，尤其是捍衛中國傳統文化的立場（也是蔣介石「中國文化復興運動」的立場），對破壞中國傳統文化的太平天國運動評價較低。

中國評論家老愚在《金融時報》中文網的專欄文章中，更比較民國時代「開明版」歷史課本，與當今中國歷史課本記述太平天國之差異：二者篇幅均約為四千字，讀者得到的卻是迥然不同的知識。前者講述客觀存在過的歷史，資訊詳實而豐富、細節逼真、立論端莊，大都令人信服，文字雅正、娓娓而談、親切有趣；後者以論帶史，大都為概括性敘述，乾癟無味。

關於洪秀全，中國歷史課本的敘述為：應考不中的洪秀全得到一本宣傳基督教的小冊子，由此創立拜上帝教。一八五一年起義，建號「太平天國」，不久稱「天王」，分封諸王。一八五三年攻克南京，定為國都。北伐西征，攻城略地，進入全盛時期。然後發生內訌，楊秀清、韋昌輝、石達開相繼死去。洪秀全提拔青年將領陳玉成和李秀成，洪仁軒總理朝政。李秀成東征，湘軍攻陷安慶，陳玉成戰死，洪秀全「病逝」，太平天國運動失敗。

此記述以毛澤東在《中國革命和中國共產黨》中的觀點為主：「在中國封建社會裡，只有這種農民的階級鬥爭、農民的起義和農民的戰爭，才是歷史發展的真正動力。」**這與馬克思的看法大相逕庭**，那個被中共當成老祖宗的德國人在〈中國事件〉一文中，嚴厲批評太平天國：

除了改朝換代以外，他們沒有抱定什麼任務、他們沒有提出什麼口號。他們所給予民眾的驚惶，比給予舊有當權者的驚惶還更厲害……顯然，**太平軍就是中國人的幻想所描述的那個魔鬼的化身**。但是，只有在中國才能有這類魔鬼。這類魔鬼是停滯的社會生活的產物。

洗腦者篤信喬治·歐威爾（George Orwell）的極權定律：誰掌握了歷史，誰就掌握了現在和未來。老愚感嘆的說，將**歷史課程變為認識歷史的障礙**，這就是編撰者們所要做的事情。由於拒絕轉型，骨子裡的合法性危機就轉化成執政焦慮，於是以更強硬的姿態對抗世界，以蠻橫對抗文明，以歪理強辯而維持其支離破碎的意識形態帝國。被如此修改的歷史——按照孤獨的革命者的邏輯剪裁，呈現的是一副荒唐、滑稽的面孔，一個正常智商的人無法接受這樣的洗腦。但是，中國人當中有多少人具有正常的智商？

洪秀全是一個精神分裂的共產黨員

洪秀全在二十五歲時第三次應試落第，歸途中遇到第一代華人基督徒梁發，贈送他一本宣教小冊子《勸世良言》。梁發跟隨第一個到中國傳教的英國新教傳教士馬禮遜（Robert Morrison），成為第一個被馬禮遜施洗並按立為牧師的華人。但梁發的文化程度有限，對基督教教義的理解也不準確。《勸世良言》基本上是《聖經》經文片段、梁發個人感悟以及中國儒家道德教化之大雜燴。

受落第之打擊，洪秀全重病一場，一度陷入昏迷。病中幻覺來到一廣廈，莊嚴如宮殿，有一金鬚黑衣之老人對他說：「命你到人間去斬妖除魔，救濟一切兄弟姊妹。」又見一身長超過一丈之士人，自稱其長兄，以掃除妖魔之事吩咐之。從此，洪言語沉默，舉止怪異。此為「丁酉異夢」。

六年後，洪秀全再度參加廣州鄉試，仍以落選告終。絕望中，他再次翻閱《勸世良言》，將書中內容與以前大病時的幻覺比較，認為自己受上帝之命下凡誅妖。由此，他創立拜上帝教，尊耶和華為天父、耶穌為天兄，自稱耶穌之弟、天父之次子，宣稱耶穌為「天媽」所生、自己為「亞媽」（指其凡間肉母）所生。

根據洪秀全遺留下來的詩文來看，文字粗陋不堪，邏輯混亂矛盾，不忍卒讀。如此水準，在科舉考試中落第亦在情理之中。**但洪秀全極度自戀、自視極高，這種「自我認知障礙」遭遇現實的沉重打擊之後，很容易發展成人格分裂。這個不可一世的天王，其實是一名嚴重的精神病患者**。

臺灣歷史學者盧瑞鍾在《太平天國的神權思想》一書中，對洪秀全的病症做了深入研究，並根據美國精神病學會出版的《精神病診斷與統計手冊》，認為洪秀全患有「狂躁型躁鬱症」。他列舉該病症的診斷標準，與洪秀全的病狀一一對照，共有十三項相符合。

洪秀全離開教會之後，決意發動武裝起義。新政權名為「太平天國」，一路勢如破竹，衰朽的八旗和綠營不堪一擊。太平天國占領南京後，立即大興土木，修建比北京紫禁城大一倍的「天王府」，搜羅數以千計的美女安置其中。

洪秀全關門當起皇帝來，他正式冊封的妻妾有一百多人，因人數太多，以編號稱之。他甚至下令天下「所有少婦閨女備天王選用」，連他九歲的兒子也分配到四個老婆。史學家唐德剛斥之為「性變態」：

你看他率領號稱五十萬的大軍，自武昌乘風破浪攻向南京時，在那個戰志飛揚、軍書傍午的時刻，天王洪秀全總司令在「龍舟」中所寫的諭旨，竟然只有一件嚴禁隨征將士在御舟之側偷窺天王娘娘的詔書，奇怪不奇怪呢？

在太平天國內部，對權力的爭奪遠高於對信仰的追求。在「天京事變」中，此「王」對彼「王」的殺戮，殘酷程度也遠遠甚於與清兵之間的血腥廝殺。在號稱純潔美好的「天國」背後，是慘不忍睹的「地獄」。權力，赤裸裸的權力，成為唯一衡量力量的標準。太平天國後期，洪秀全一口氣冊封兩千七百多個「王」，為亙古所未有。此「天國」乃是邪惡的天國，此「天王」乃是邪惡的天王。

與其說洪秀全是基督徒，不如說他是共產黨：他號稱一切土地財物都是天父所賜，人人共用，可謂「共產共妻」之先驅。結果，洪氏家族貴戚和諸王，人人腰纏萬貫；南京城內貧苦百姓，只能忍飢挨餓，喝從天而降之「甘露」。太平天國在其統治區內推行比滿清帝國更嚴密的戶籍制度，將統治區居民當作一顆顆螺絲釘管理。

洪秀全命令實行禁慾主義，取消婚姻制度，男女分居，不准許基層士兵和普通老百姓建立家庭。與馬克思同時代的洪秀全，雖然沒有讀過馬克思的著作，卻將馬克思虛構的共產主義制度，在現實中加以完整的實踐。此後的毛澤東和紅色高棉的波布推行的共產制度，亦比不上洪秀全如此徹底。背離人性的共產制，必然導致絕對的腐敗與獨裁。

太平天國既非一場階級革命，也非由「根正苗紅」的農民擔任領袖。太平天國早期的諸王，包括洪秀全本人在內，或為落第文人，或為幫會頭子，或為渴望龍袍加身的土財主，少有「鋤禾日當午，汗滴禾下土」的農民。與中國歷史上歷次「農民起義」一樣，其首領大都是野心勃勃的「流氓無產者」，農民只是被脅迫參與其中，且多處於低端的「被統治者」地位。

身處饑荒與苛政夾縫之中的農民，不造反是死，造反也是死，只好奮不顧身的放手一搏。更多農民一有機會便成批逃亡，或投降清軍，並不具備無產階級的「革命自覺性」。

與其說太平天國是農民的革命，不如說是「流氓的豪賭」。流氓最大的夢想就是：殺死王公貴族，自己取而代之。攻城掠地有所收穫、小朝廷暫時穩固之後，人們很快發現，這些新興的「萬歲」、「千歲」們與滿清的皇帝和王公們相比，其腐敗和暴虐有過之而無不及。洪秀全公然宣稱：「生殺由天子，諸官莫得違。」這完全是儒家「君讓臣死，臣不得不死」綱常觀念的老調重彈。

西方傳教士判定洪秀全不是信徒

一八四七年初，落魄的洪秀全曾經到美國傳教士羅孝全（Issachar Jacox Roberts）在廣州的禮拜堂，並要求受洗。羅孝全不同意他對以前大病時所見「異象」的見解，認為他對教義的認識錯誤，拒絕為其施洗。後來，羅孝全說：「我相信他是一個精神錯亂者，特別在宗教的事情上，我不相信他對於任何事件有確實的理性。」

洪秀全及其部下內心並不信奉基督教，所謂「拜上帝教」只是其捏造出來的「四不像」。洪秀全以御用硃砂墨潦草寫的詔書貼滿南京城，有一則寫道：「逆吾者亡，順吾者生，人皆無所逃於吾三人：天父與二子（二子是耶穌和天王本人）。」另一則寫道：「我在天堂邊緣打，我在地獄打，我為人類生存而打，我為消滅魔鬼而打。」

當時，馬禮遜之《聖經》譯本將「聖靈」譯為「聖神風」，洪秀全不懂得三位一體的觀念，認為「聖神風」另有所指。一八五三年，他將「聖神風」、「勸慰師」等頭銜一併賞給楊秀清，由此埋下禍根。楊秀清從此以「聖神風」自居，經常假裝天父附體，以此脅迫乃至羞辱和責打洪秀全，引發兩人之血腥拚鬥。

自一八五三年四月下旬英國公使文咸（Bonham S. G.）訪問天京後，法國公使布林布隆（M. de Bourboulon）和美國公使馬沙利（H. Marshall）相繼抵達，獲得大量太平天國宗教的直接資訊，包括已出版的所有太平天國書籍。

一八五四年，李文・寶寧（Lowin Bowring，新任駐華公使寶寧〔John Bowring〕的兒子）使團，在天京向太平天國提出三十個包括宗教、政治、軍事戰略在內的問題，太平天國「閉戶三日」作答，並反問了五十個問題，許多都涉及基督教基本教義。

在這則歷史性問答中，太平天國勾勒了一個有形的上帝：身材高大、長著紅鬍鬚、穿著黑龍袍；否定了三位一體，認為上帝是上帝，耶穌是上帝的長子；上帝還有洪秀全等若干親生子；上帝和耶穌還有各自的配偶「天媽天嫂」；「聖神風」即聖靈不是三位一體的一格，而是楊秀清，楊秀清和蕭朝貴享有天父、天兄附體傳言的特權，他們所說的那些「天父天兄聖旨」，在太平天國享有和《聖經》同等的神聖和權威……一八五四年六月十四日，美國新任駐華公使麥蓮（Robert M. McLane）在《訪問太平天國報告》中的一句話，反映了和太平天國近距離接觸後，西方世界對洪秀全和拜上帝會的看法：「**他們既不信仰、也不了解基督教**。」

太平天國官方肆意修改《聖經》為其所用。楊秀清以天父下凡名義，宣布《聖經》「有訛當改」，下令停止《聖經》出版。一八六〇年，太平天國出版發行洪秀全執筆篡改的《聖經》，將《新約》改名為《前約》，要點為否定上帝和耶穌屬靈觀，駁斥三位一體論。此後又頒布《真約》，為拜上帝教之最高經典。

一八六一年，英國翻譯官富禮賜（Robert J. Forrest）就洪秀全修改《聖經》一事憤然的說：「我們最好的蘇格蘭譯本，被他用朱筆在每頁的空白處胡亂寫上天意，搞得面目全非。」

一八六〇年，抱著到太平天國境內傳福音的幻想，洪秀全的宗教啟蒙老師羅孝全專程赴天京。經過一番交談之後，他發現洪秀全既否認三位一體，也不承認《聖經》的絕對權威，居然宣稱「約書不好些當去」、「朕來乃是成約書」。洪秀全的上帝還有個了不起的孫子——洪天貴福，他不僅是洪秀全的兒子，還被過繼給耶穌，成了耶穌和洪秀全的雙料繼承人。

此時，高高在上的洪秀全不肯接受羅孝全的教導，反而勸說羅背棄基督教轉投拜上帝教。羅為昔日沒有給這個偏執狂施洗感到慶幸，在南京生活十五個月之後，他確認這個人與這個政權均無可救藥：「一到宗教的觀點上以及其他政治與民事的汙點上，其黑暗的景況，使得我心中異常苦惱，立刻要離開他們。但我很憐憫這些貧苦百姓，他們也有靈魂，並且是真正的受苦者。」

次年，另一位傳教士艾約瑟牧師（Joseph Edkins）來到南京，他失望的發現：「絕大多數太平軍對基督教一無所知……這種無知是由叛軍首領不幸的錯誤造成的。」這一時期，先後訪問天京的還有美南浸信會的花雅各牧師（J. L. Holmes）、倫敦會的楊篤信牧師（Griffith John）和慕維廉牧師（William Muirhead）等，他們都發現洪秀全不是有瑕疵的基督徒，而是瘋狂殘暴的瘋子；拜上帝教不是中國本土化的基督教，而是徹底的異端邪教。

太平天國的暴虐有甚於滿清，直追阿富汗塔利班

清末革命黨領袖孫文從事反清活動之初，一度以洪秀全為榜樣，後來發現洪秀全既非基

督徒，亦非革命者：「洪氏之覆亡，知有民族而不知有民權，知有君主而不知有民主。」但孫文之行事為人，早已打下洪秀全之烙印。

中國歷史上任何一個王朝，都是依靠暴力和流血建立，作為一個中途夭折的王朝，太平天國將暴力和流血發揮到駭人聽聞的地步；中國歷史上任何一個王朝為了「穩定」，都會嚴密控制民眾的思想和言論，太平天國將緊箍咒直接戴在其統治區內所有臣民頭上。

太平軍所到之處，姦淫擄掠，無惡不作。在浙江象山縣，有位目擊者描述了一個新娘遭數十個太平軍官兵輪姦並殺害之事：他們還把新郎開膛破肚，然後揚長而去，讓兩人痛苦而死。文人王彝壽記載道：「有剖腹而飲其血者，有剁四肢者，有挖心而食者……種種慘狀，筆不忍書。」太平軍搶女人、強拉少年入伍，甚至將童子訓練成殺人機器，跟當代非洲盧安達大屠殺中的軍閥如出一轍。

有共產黨御用學者苦苦搜尋，發現太平天國有過「男女平等」、「解放婦女」的豐功偉績。事實真的如此嗎？且來看看洪楊統治下婦女的命運：洪秀全在南京修築「天王府」之後，試圖製造一群太監為宮廷服務。但太監制度乃是中國一悠久的文化累積，非一時可以掌握。不得已，他們只好徵召婦女擔任宮廷服務員兼保鏢，數以萬計的婦女淪為奴隸勞工。

一位慕名而來的西方傳教士觀察到，比起滿清帝國的統治區，太平天國的統治區內色情業更「繁榮娼盛」。在江南鄉村尤其是太湖流域的一些市鎮，由太平天國的地方官員和本地地痞流氓糾集的槍船武裝操控下，妓船與賭場渾然一體。

一八六一年秋，浙江秀水縣的河面上，停泊著兩百餘艘妓船，琉璃窗，錦繡帳，簫管聲聲，晝夜不息。總理「蘇福省」民政的太平天國「左同檢」熊萬荃路過此地，鄉官局請酒看戲。熊氏縱情聲色，賞賜唱戲的優伶一百元，還花五百元買了一名妓女。假如那些被蹂躪、被戕害的女子，看到後世學者對太平天國「男女平等」、「解放婦女」的溢美之詞，一定會唾其面、批其頰！

建立太平天國的洪秀全。

太平天國具有某種強烈的「反近代化因素」。這場動亂毀滅了江南地區數百年的文化累積，殘害了無數無辜者的生命，近代史學者郭廷以在〈太平天國的極權統治〉一文中分析：「太平天國是一個低級的迷信、絕對的暴力集團，神權、極權、愚昧的統治，只為滿足自己的無限欲望，絲毫不顧及大眾的福利，所造成的是遍野的白骨、滿地的荊棘。」

太平天國的殘暴統治不可能持久，其拜上帝教的瘋狂宗教也宛如建在沙灘上的城堡。學者蕭建生在《中國文明的反思》一書中指出：

洪秀全絕不是什麼「追求西方真理的先驅」，而是一個典型的邪教教主的化身。從洪秀全身上，我們可以看得很清楚，中國的一些人根本沒有什麼宗教的觀念，對宗教純粹是採取一種實用主義的態度。他們本身根本不相信基督教。所以，太平天國被鎮壓下去以後，拜上帝會也銷聲匿跡。

宗教是經常被極端主義者利用的工具。在亞洲，昔有東亞的太平天國，今有中亞阿富汗之塔利班。這兩個政權具有諸多相似之處：它們都打著「替天行道」、「解放窮苦大眾」的旗號，首先爭取底層民眾的支持，卻建立起更加暴虐的政權。

塔利班政權崩潰之後，人們走進其精神領袖奧馬爾（Mullah Omar）的住宅，不禁為豪華的裝飾眼花撩亂。阿富汗是中亞窮國，奧馬爾教育人民謹守教義、艱苦樸素，他本人卻過著海灣石油國家國王般的奢華生活。其住宅占地達數公頃，天花板一律以水晶裝飾，牆身用豪華的大理石製作，還掛著精美的壁毯。奧馬爾禁止人民享受一切娛樂活動、剝奪孩子們受教育和女性工作的權利，他本人卻是揮金如土的享樂主義者。

對於這種驚人的落差，作家伍立楊感嘆：「凡是專制成性的獨裁者，沒有一個是把老百姓放在心上的，並千方百計阻斷民眾與世界潮流的聯繫。一旦他的蠱惑矇騙漸成氣候，則其腐化、其墮落、其愚弄民眾而奴役之的惡行，即與其起家時的謊言形成強烈的反差對照。但凡暴政的始作俑者，不論是如何塑造其清教徒形象，幾乎沒有一個是可信的。」

洪秀全利用基督教、毛澤東利用馬克思主義、奧馬爾和賓拉登（Osama bin Laden）利用伊斯蘭教，在本質上都一樣——他們企圖建立的，是以自己為神的獨裁專制的權力模式。

在此意義上，太平天國首先是被自己打敗的，其次是被以曾國藩為代表的漢族儒家士紳，所組織的新式地方武裝「鄉勇」打敗的。

在這場血腥戰爭中初次登場的，還有一支奇特的外國雇傭軍。戰爭初期，作戰雙方的軍隊中都有洋人的身影，雙方都向洋人購買新式武器、聘請洋人幫忙打仗；到了戰爭後期，西方各國政府從中立立場轉向全力支持清廷，在太平天國服務的西方傳教士和冒險家紛紛離開，而與清軍併肩作戰的西方雇傭兵，成為痛宰太平軍的決定性力量。

第四章

打敗太平天國的，不單是曾國藩，還有外國雇傭軍

中國有不能戰而好為主戰之議者，皆當斬首……中國人民耐勞易使，果能教練，可轉弱為強。

——戈登（Charles George Gordon）

外國雇傭兵不是清末才第一次出現，「師夷長技以制夷」也不是晚清才有的應急策略。唐朝安史之亂時，朝廷重金聘請吐蕃和回鶻軍隊幫助對抗安祿山和史思明叛軍；南宋時，朝廷也曾拿錢收買金國對付西夏，之後又聯合蒙古對付金國。

三千年未有之變局，催生西洋「常勝軍」

在鎮壓太平天國的過程中，清帝國的統治模式被動的發生劇變：由於八旗和綠營腐敗不堪、無力征戰，朝廷不得不重用曾國藩、左宗棠、李鴻章、胡林翼等漢族大臣，組建湘軍、

淮軍等「鄉勇」，**這種新式的漢族地方武裝成為鎮壓太平天國的主力**。由此使得「同治中興」之後，權力由中央下移至地方，封疆大吏各自為政，中央政令不出紫禁城，以致在義和團拳亂期間，出現拒絕遵從慈禧太后「與萬國開戰」詔書的東南互保運動。

另一方面，洋人開始成為這場戰爭中一股舉足輕重的力量。在朝廷與太平軍的對峙中，洋人站在哪一邊，決定著哪一邊能在這場漫長而血腥的內戰中取勝。

就在清廷與太平天國在南方苦戰的同時，北方又烽煙四起，英法聯軍打進北京城，咸豐皇帝逃往承德避暑山莊。清廷被洋人狠狠的教訓後，放下身段，與西方列強展開貌似平等的「外交」，簽訂和約，並用非正式的方式，**請求洋人出兵幫助鎮壓太平軍。於是，就有了以外國雇傭兵為主體的「常勝軍」**。

美國歷史學家R・J・史密斯（Richard Joseph Smith）在《十九世紀中國的常勝軍——外國雇傭兵與清帝國官員》一書中指出：「常勝軍身為展現東、西方共同分享的新合作精神，而出現的第一批中西制度性的組織之一，集中反映出合作政策背後的衝突與妥協。」

在「三千來未有之大變局」中，這支西洋雇傭兵身分特殊、敏感且張力十足：他們與清帝國不僅存在種族和國籍的差異，更有著文化與制度的天壤之別。或更直接的說，是文明與野蠻的差別。諷刺意味十足的是，雙方所定義的文明與野蠻是顛倒的。清國人認為自己是文明人，洋人是野蠻人；洋人則認為自己是文明人，清國人是野蠻人。

一八四〇年以來，清帝國在與西方的對決中屢戰屢敗，但統治階層只承認「技不如人」，不承認本身在文明核心上是低劣、落後的，所以只願意採取「師夷長技以制夷」的應對策略。

美國研究中國史的權威費正清（John King Fairbank）指出：「常勝軍擁有的外國大砲和連發步槍，以及它運用的、由長江三角洲水路上的明輪蒸汽船實施的兩棲戰術，使該軍在中國軍事史上，占有新的技術方面的重要地位。」這些新技術以及建立在此之上的新戰術，讓常勝軍贏得了一連串輝煌的戰役。

常勝軍的成功，讓李鴻章等清帝國開明派官員意識到武器和技術的重要性。一八六三年，李鴻章說：「一旦中國擁有兩件東西——迫擊炮和蒸汽船——西方人就不得不收回干預之手！」清帝國願意購買西方先進的槍炮和船艦，進而加以模仿製造，以此縮小與西方在軍事上的差距。

但船堅炮利並不足以讓清帝國「站起來」，中俄伊犁爭端（按：俄國趁西境混亂，出兵包含伊犁在內的中國領土）和在此之前的臺灣危機（按：因《天津條約》，清廷陸續開放淡水、基隆、安平、打狗四港），證明李鴻章目光短淺和盲目樂觀。「中體西用」不是靈丹妙藥，而是致命毒藥。捨本逐末，無法脫胎換骨，但在軍事領域有限的進步，至少可以取得擊敗太平天國的優勢。

而太平天國的失敗則是必然的——它自身的內訌、腐敗及戰略錯誤，和以曾國藩為首的漢族士大夫階層對滿清朝廷的支持，以及常勝軍的參戰，是三個關鍵原因。

美國學者裴士鋒指出，不能說清朝打贏了反太平天國的戰爭，應當說是清朝獲救了——

靠曾國藩的省級民兵隊，和英國人的隨意干預兩者聯手而獲救。這兩股勢力——一來自內部，一來自外部——彼此猜疑甚深，但他們各自攻打太平天國的行動，事後來看，似乎像是在協同作戰。

兩者都為拯救清朝而戰，因為他們基於不同的原因，都深信清朝的存在比較有利於他們各自的未來：對曾國藩等士大夫來說，是要維繫其信奉的儒家文明及秩序；對於西方人而言，是要維持對華貿易的穩定增長，將清帝國納入近代條約體系。

第一任常勝軍隊長華爾「歸化入籍」大清

在常勝軍的歷任指揮官中，最受清帝國的皇帝和官員們青睞的是其創建者、美國冒險家華爾（Frederick Townsend Ward，漢名華飛烈），而比華爾更著名的戈登則常常與中國人發生衝突，「忠誠度」大打問號。

除了兩人性格上的差異以外，更重要的是**華爾入籍清國，而且娶漢族女子為妻**。在中國士大夫眼中，雖然其「夷狄」的種族特性無法改變，但經過其後天的不懈努力，至少可以算是半個「自己人」。

華爾入籍清國，並非他死心塌地效忠清國皇帝，而是以此規避法律上的困境。他剛到清國時，想要投奔太平天國——冒險家跟叛軍之間似乎更有精神契合點。只是一直未能聯繫上太平天國將領，因囊中羞澀，他才勉強答應上海地方官員和士紳的邀請，幫朝廷打仗。

當時英美各國對清國內戰持中立政策，華爾身為美國公民，招募英國士兵組建軍隊幫助清廷打內戰，違背了這一外交政策，受到英美兩國政府追捕。在等候判決期間，華爾得到清國官員的幫助而逃亡。然後，華爾宣稱放棄美國國籍，入籍清國，美國政府不再具有管轄權。

不知道華爾是不是第一個主動宣稱入籍清國的美國人，不過在他發出此聲明時，清國並未履行此手續。直到一八六二年，華爾指揮洋槍隊（這時已經不是外國傭兵，而是招募華人）取得松江大捷、保住岌岌可危的上海後，同治皇帝才親自批准華爾入籍清國，賜予四品頂戴，之後又提升為三品，並將其洋槍隊賜名為「常勝軍」。

華爾娶漢族女子為妻，成為「清國女婿」，並非出於驚天動地的愛情。華爾得到朝廷重賞之後，華爾的金主、上海銀行家楊坊「慷慨」的將女兒楊常梅嫁給他。楊常梅曾許配人家，還未成婚，未婚夫就去世了。

在當時的環境下，出身官宦之家的楊常梅不可能再許配給其他有身分的男子，只能一生悲慘的守活寡。唯有洋人華爾不在乎儒家的「三綱五常」，因為就連美國國父華盛頓，也是娶了有孩子的富裕寡婦，西方人並不會為此大驚小怪。

楊坊與華爾各有其盤算，這樁婚姻主要是利益的結合。對銀行家楊坊來說，他把華爾緊抓在身旁，有助於確保華爾的忠誠（他不幸的女兒除了嫁給洋人外，在上海商界眼中毫無價值）；對於華爾來說，這有助於確保楊坊資助他的民兵隊。位於兩個男人中間的楊常梅的想法如何，無人知曉。

那個時代，嫁給洋人算是破天荒之舉，但總比孤獨一生要好。楊常梅為華爾刻了一個印章，銘文是「切勿相忘」四個字。然而，她的苦難還沒有結束，她與華爾結婚半年後，華爾即在浙江慈溪的一場戰鬥中戰死沙場。無論他們的婚姻是否美滿，都只是曇花一現的緣分。此後，楊常梅一生成謎，唯一留下的遺物，是現今擺在美國塞勒姆（麻薩諸塞州）一間博物館的少許首飾。

更有趣的是，華爾並不因為入籍清國，就放棄本該得到的權益和報酬。普通的中國平民，哪敢跟朝廷討拖欠的獎賞？華爾是在美國長大的白人，在多年的拚殺中，已得到十八萬兩白銀的犒賞。

但他在臨終前，向守候在身旁的下屬波格爾上尉斷斷續續留下唯一的遺囑：「上海道臺欠我十一萬兩；泰記（即其岳父經營的錢莊）欠我三萬兩，總共十四萬兩。**我的愛妻常梅得五萬。其餘由我弟和妹平分**。何伯提督（James Hope）及蒲安臣公使（Anson Burlingame），我請他們任我的遺囑執行人。」後來，其遺囑執行人為此打官司，但對方矢口否認欠款，雖然華爾的家人勝訴，卻拿不到欠款。

接下來故事宛如電影劇本：一八六六年、一八七二年、一八八〇年，美國駐華公使蒲安臣、助理國務卿赫爾芝．華盛頓、新任駐華公使安吉立（James B. Angell）等人，三次與清廷交涉華爾遺產問題，均無結果。一八九六年，李鴻章周遊世界，來到美國紐約。華爾的弟媳聞訊後，直闖李鴻章寓所，這算是第一起洋人上訪事件。李鴻章講了許多客氣話，盛讚華爾的功績和能力，但對解決債款緘口不提。

到了一九〇二年，美國政府在致清廷的一份外交照會中指出：

大清國皇帝在詔書中，承認華爾副將對中國所作出的偉大貢獻，追給榮譽以資紀念，這詔書是公諸全世界的，無疑是出諸誠意；然而，假若銀錢債務沒有清償，則大清國對這位勇士所欠的情誼，沒有完全予以報答。

這一手果然奏效。當這個案子直接影響到皇帝的「面子」時，清廷就無法再推諉下去，被迫答應從庚子賠款中予以償付，一九〇四年全部付清，共支付了相當於三十六萬八千兩百兩白銀的美金的華爾「賣命錢」。由於遺囑繼承人華爾的妻子及其弟弟、妹妹已先後死去，這筆債款付給其弟媳亨利·華爾夫人。

故事還沒有結束。亨利·華爾夫人拿到巨款後改嫁他人，有人為之憤憤不平。一九〇八年，紐約律師甘迺迪致信在上海

常勝軍第一任隊長華爾。

處理公務的美國律師銳斯，請他幫助調查華爾的中國妻子與華爾是否遺有子嗣、近親是誰、按中國法律繼承人是誰等事宜。

後來，銳斯找到楊常梅的哥哥，此人已白髮蒼蒼，素來對外國人極其反感，堅決否認華爾的中國妻子是他妹妹。他說：「華爾的妻子是他在一次對太平軍作戰勝利後，太平軍逃跑遺留在營帳裡的一個女人。」就這樣，他放棄了繼承部分遺產的可能性。至此，延續四十多年的華爾遺產糾紛案最終平息。

從華爾的故事可以知道，直到清末，華人仍是頑冥不化的種族主義者，所謂「非我族類，其心必異」。學者黃文雄在《儒禍》一書中指出：「中國人數千年來一貫視其他民族為夷狄。」戊戌變法時，維新派人士欲聘請伊藤博文任政治顧問，請教其明治維新成功祕訣，伊藤博文列出第一條：「首先，**不可再稱外國人是夷狄。」這個合理的要求，幾乎要了華人的命**，華人絕對不能接受——你這個日本人還是「東夷」呢！至今，中國人仍沉浸在天朝大國的迷夢之中，並未反省、改正此一根深蒂固的種族歧視觀念。

李鴻章殺降，戈登無法容忍毀諾

就清政府的目標和願望而言，它需要西方的援助卻又憎惡外國的干預。然而，西方雇傭軍雖然「拿人錢財，與人消災」，卻不是朝廷如臂使指的奴才與「皇軍」，他們有所為，也有所不為。李鴻章感嘆的說，不知者以為常勝軍是好幫手，其知者以為「磨難星」也。

這一點在華爾的繼任者、比華爾取得更大軍事成就的英國軍官戈登身上表現得尤其突出。作為英國軍隊的一名軍官，戈登在認同英國《大憲章》和普通法的認知下長大，接受英國軍隊近代化的訓練和薰陶，自有其堅持的原則及道德立場。他到中國來冒險並成為「中國的戈登」（Chinese Gordon），如同「阿拉伯的勞倫斯」一樣，不只是為了追求金錢，更是為了追求「名譽和榮譽」。

戈登在正式成為常勝軍統領時，寫信給母親：「我是經過考慮後才接受的。我認為，任何人貢獻力量，鎮壓這場叛亂，就是完成了一項仁愛的任務，並且認為，這樣做也會極大的幫助中國趨向文明。」英國歷史學家伯納特．M．艾倫（Bernard. M. Allen）在《戈登在中國》一書中指出：「戈登帶領常勝軍對中國叛黨進行鬥爭的經歷，屬於英國軍事史上最富戲劇性的一頁，而跟他共事的那些殘酷與狡詐的中國同僚們，更襯托出這位英國青年司令大公無私的理想精神。」

戈登也預料到，他所尊崇的文化和價值，必然與清帝國的文化和價值發生劇烈摩擦乃至衝突，正如史密斯所論：「戈登和常勝軍前幾任指揮官一樣，不能擺脫當時儒學思想的羈絆。他雖具有強烈的責任感，但他仍是西方人，並由此表現出令中國人反感的外國人的全部特性。」那麼，中國人眼中，西方人的「傲慢與偏見」是什麼？

最激烈的一次衝突是「蘇州事件」。攻下蘇州，戈登出力最大。太平軍守軍四面楚歌之際，由戈登出面談判，太平軍守將願意投降，戈登確保他們的生命安全。**但是，當李鴻章的部將程學啟占領蘇州之後，立即誅殺大批繳械投降的官兵。**

戈登認為，處決投降的太平軍將領是不可思議的背信棄義行徑，他為此感到極度悲痛和氣憤。他打算直抵李鴻章大營，用武力逮捕李鴻章，然後逼李鴻章辭職，並向北京朝廷控訴李鴻章犯下的奸詐罪行。萬一李鴻章拒絕下臺，戈登就要將蘇州交還給太平軍，給李鴻章的軍隊致命打擊，甚至拋棄支持清帝國的事業，並率領部隊加入太平軍。

英國高級將領勃朗提督隨即與戈登見面，勸他不要有極端舉動。勃朗在給英國駐北京公使的函件中說：「戈登少校對於撫臺卑鄙惡毒的行為，感到義憤填膺、厭惡之極，無法用筆墨來形容。」

李鴻章知道了戈登的反應，一度不敢與之會面，派部將與之疏通，甚至願意拿重金收買。「**但無論是戈登氣憤的程度，還是氣憤的原因，李都未必能完全理解**」。勃朗提督在與李鴻章會面之後，在給卜魯斯爵士的信中寫道：「英國人民和全世界一切文明國家，都將悲憤交集的譴責他的殘暴與奸詐。」

李鴻章若無其事，不認為自己做錯了什麼，他在給郭嵩燾的信中說，誘殺太平天國十名高級將領、解散四十萬太平軍官兵，「猶有古人之遺意」，他為此洋洋得意，「而戈登與英提督嘵嘵辯爭，欲挾常勝軍與我為難，訟言於總理衙門，不知何時定此疑案」。

朝廷當然站在李鴻章一邊，得知蘇州被攻克的消息後，立即欽賜李鴻章黃馬褂，並加封太子少保。李鴻章在給朝廷的《駢誅八降酋片》中說：「惟洋人性情反覆，罔知事體，如臣構昧，恐難駕馭合宜。設英公使與總理衙門過於爭執，惟有請旨將臣嚴議治罪以折服其心。」他以退為進，料定了朝廷不會將其治罪。

而飽讀詩書的曾國藩竟然稱讚這種行徑：「此間近事，惟李少荃在蘇州殺降王八人最快人意。」、「殊為眼明手辣。」

此一事件背後的根本分歧在於：「西方人傾向於將它視為原則問題，但中國人把它看作是方法問題，而且認為外國列強不應該過問此事。」**儒家將「信義」掛在嘴邊，卻從未實踐「信義」。偏偏是戈登這個「夷狄」，相信「千金一諾」**，為了抗議李鴻章殺降，**斷然拒絕皇帝給他的巨額賞金**。

中華帝國沒有對人性幽暗面有深刻認識的基督教文化，對人性抱有樂觀而虛妄期待的儒家，無法在生活中實行「仁義禮智信」，實際上主導中國社會運行的「潛規則」是「厚黑學」（按：民國初期由學者李宗吾提出之學說，宣揚臉皮要厚而無形，心要黑而無色，才能成為「英雄豪傑」），被中國人視為「戰爭聖經」的《孫子兵法》，基本上就是宣揚如何瞞與騙。

華人自古以來也有「殺降不祥」的說法，但它只是權衡「殺降」是否對自己有利，「不祥」的主體是自己一方的利益；在是否殺害俘虜的考量中，華人並無對生命本身的珍惜和尊重，也從不信守承諾和契約。移居挪威的香港作家鍾祖康在《來生不做中國人》一書中指出：

中國發展之所以長期拆東牆以補西牆、權宜度日反覆沉淪，到今天國不將國，人不似人，探本溯源，中國人宗教信仰之支離破碎與功利化是一大病源。我們的祖先怎樣處理宗教呢？誠如中國文化大師梁漱溟所說，中國人拜孔子為師，企圖以道德取代宗教！結果是，也必然是，宗教半死不活，道德更是劣冠全球。兩樣都落空了。

由於缺乏德國哲學家史懷哲（Albert Schweitzer）所說的「敬畏生命的倫理學」，兩千年來，中華帝國一直淪為「殺人如草不聞聲」的屠場。

常勝軍未能帶動清帝國全面的軍事變革

清帝國的軍隊逐漸擁有了常勝軍的武器和戰術，但戰鬥力遠不如常勝軍，至關重要的是人的因素。朝廷缺乏足夠能勝任軍事指揮官職務的人才，不只在購買和製造武器方面，而且關於訓練，有時在指揮軍隊方面都必須依賴外國人。清國軍隊未能擺脫「內戰內行，外戰外行」狀態：面對外敵，潰不成軍；屠戮婦嬰，綽綽有餘。所以，帝國軍隊從未得到民眾的尊重和愛戴。

中國軍隊對外國顧問的嚴重依賴，一直到國民黨和共產黨掌權時代都未澈底解決：國民黨先是利用蘇俄的軍事顧問、武器和經援發起北伐，顛覆北洋政府，建立南京國民政府；又依賴德國和美國的軍事顧問組建現代化軍隊，以對抗共產黨和日軍；共產黨則依賴蘇聯的軍事顧問、武器和金錢，在內戰中打敗國民黨；然後模仿蘇聯模式組建海陸空三軍，在韓戰戰場上以人海戰術與美軍對峙，直至與蘇聯鬧翻，甚至在北方邊境發生小規模的軍事衝突，才逐漸走上國防自主之路——所謂「自主」，乃是用各種方式竊取各國先進技術，生產仿冒的飛機、坦克。

中國軍事的現代化延緩了半個多世紀。**儘管從華爾到戈登的多名常勝軍指揮官，都懷有幫助清帝國實行全面軍事變革的願望，而不只是協助其打敗太平軍，但這一願望落空了。**十九世紀末，中國人迫於財政匱乏和漸增的排外主義壓力，在尚未訓練出足夠軍官來替代外國教官的情況下，就終止了與外國人的合作。二十世紀初，中國軍隊近乎處於不同發展階段的、水準參差不齊軍隊的雜燴。數量有限的新式軍隊，成為武昌起義的主力和清帝國的掘墓人。

清帝國晚期，不僅軍事現代化遙遙無期，其他改革也步履維艱。曾國藩等「中興名臣」們使國內局面安定下來，但朝廷並未改變腐敗與守舊之風，全面改革拖延不決。相比之下，明治維新後的日本，如火如荼展開一場工業化和社會轉型計畫，成功「脫亞入歐」，成為亞洲第一個現代化國家。

一九〇九年，日本改革運動的「總設計師」伊藤博文接受英國記者訪問時說：「你們西方人，特別是你們英格蘭人，與中國交往時所犯下最大錯誤，就是協助滿清鎮壓太平天國。」

他認為，發生太平天國叛亂時，滿清已是山窮水盡，而戈登及其常勝軍阻止它遭推翻，進而阻擋了一個正常、有益的過程。自那以後滿清的所作所為，無一證明他們值得一救。而等到滿清垮臺，由於垮臺是必然且不久後就會發生，動盪將更為暴烈，而且拖得更久，因為帝國政權垮臺被延遲太久，老早就該發生。

伊藤博文接受訪談後僅過了兩年，滿清就覆滅了，由中華民國取而代之。但中華民國很快陷入永無休止的內戰。伊藤博文似乎有未卜先知的本領，他對滿清的厭惡自有其道理。

不過，戈登幫助清帝國恢復統治秩序的選擇，乃是在「壞」與「更壞」之間迫不得已的選擇——太平軍叛亂的首領洪秀全顯然是一個殘暴的狂徒，他完全沒有能力建立秩序井然的政府。毫無疑問，戈登盡力顛覆「天王」於南京奠定的暴虐與血腥的政權，乃是對清國做出卓越貢獻。

戈登的故事在他離開中國之後尚未結束：他繼續其冒險家生涯，**被英國政府任命為蘇丹總督**，在任上禁絕奴隸貿易，騎駱駝行八千五百英里，走遍蘇丹全境，勵精圖治、知人善任、修路築橋、輕賦減刑。當蘇丹出現財政困難時，他主動減少自己的薪水，可見他並非貪財之人。

後來，「蘇丹版的洪秀全」馬赫迪（Mahdi）發動近代第一次伊斯蘭原教旨主義（按：某些宗教群體試圖回歸最初的信仰運動，或指嚴格遵守基本原理的立場）「聖戰」，戈登在總督府戰鬥到最後一刻，以身殉職。英國首相威廉．格萊斯頓（William Ewart Gladstone）因為處置失當，導致蘇丹情勢惡化、援兵遲遲不至，而遭國會杯葛，黯然下臺。

戈登幫助清帝國擊敗太平天國，深受太平天國軍隊荼毒的清國民眾對其感恩戴德，他在旅華的西方僑民社群中亦享有崇高聲譽：天津租界修建了宏偉的「戈登堂」，天津和上海等地也都有「戈登路」。

然而，共產黨政權卻將戈登妖魔化為一名十惡不赦、雙手沾滿中國人鮮血的帝國主義者。一九六四年，中共總理周恩來訪問蘇丹時，在戈登殉難的總督府，即如今的蘇丹總統府發表演講：「曾經鎮壓中國太平天國革命運動和蘇丹民族革命運動的帝國主義者戈登，最終受到了蘇丹人民的懲罰。」二〇〇四年，素有「紅衛兵外長」之稱的中國外長李肇星在訪問蘇丹時說：「中國人民欠蘇丹人民一個人情。」浸淫於反西方的民族主義狂潮的中國，不惜與伊斯蘭恐怖主義和達佛種族屠殺的劊子手站在一起。在此意義上，共產黨確實是太平天國和義和團的精神傳人。

戈登沒有殺死或扳倒李鴻章、沒有給清帝國帶來更大的改變。他離開中國後，李鴻章青雲直上，執掌大權。在「同治中興」那一代重臣中，李鴻章是唯一幾起幾落、生命與權勢延續四十年的「常青樹」。李鴻章宛如清帝國的擎天一柱，但他清楚的知道「裱糊匠」不能妙手回春。

第五章 李鴻章——大清帝國裱糊匠

我不想批評美國，但只有一件事讓我吃驚或失望。那就是你們國家有形形色色的政黨存在，而我只對其中一部分有所了解。其他政黨會不會使國家出現混亂呢？你們的報紙能不能為了國家利益，將各個政黨聯合起來呢？

——一八九六年李鴻章訪問美國時接受《紐約時報》採訪

一九〇一年《辛丑合約》簽訂後兩月，心力交瘁的李鴻章溘然辭世，死前一個小時，俄國外交官還來到他暫居的賢良寺，強迫他在一份密約上簽字。

制度如此，困獸猶鬥

兩個月後，流亡日本三年的梁啟超完成了關於李鴻章的第一本傳記。是年二十九歲的梁啟超，以通緝在案的維新派流亡領袖的身分，為七十八歲含恨而死的在朝洋務派領袖作傳，其間大有深意焉。

從某種意義上說，維新運動是洋務運動的延續，洋務運動是經濟改革、維新運動是政治改革，兩者都先後失敗了。梁啟超說：「吾敬李鴻章之才、吾惜李鴻章之識、吾悲李鴻章之遇。」這倒印證了李鴻章對自己一生的概括：「予少年科第，壯年戎馬，中年封疆，晚年洋務，一路扶搖，遭遇不為不幸，自問亦未有何等隕越；乃無端發生中日交涉，至一生事業，掃地無餘，如歐陽公所言『半生名節，被後生輩描畫都盡』，環境所迫，無可如何。」

梁啟超視李鴻章為「中國近四十年第一流緊要人物」，「故吾今此書，雖名之為『同光以來大事記』可也」。梁氏認為，李鴻章是有才氣而無學識之人，有閱歷而無血性之人。「做一日和尚撞一日鐘」為中國官僚政治的通病，中國朝野上下之人心，莫不如此，李為其代表者。梁氏預見到清帝國前景悲涼，且再無像李鴻章的強人為之保駕護航：「後此內憂外患之風潮，將有甚於李鴻章時代數倍者，乃今也欲求一如李鴻章其人者，亦渺不可復睹焉。念中國之前途，不禁毛髮栗起，而未知其所終極也。」

晚年，李鴻章承認自己一生所做的事，「都是紙糊的老虎」，並自我開脫說，「制度如此，實亦無可如何之事也」。李鴻章從青年時「丈夫只手把吳鉤，意氣高於百尺樓。一萬年來誰著史，三千里外欲封侯」的豪邁，變成晚年「秋風寶劍孤臣淚，落日旌旗大將壇」的悲涼，

自嘲是大清帝國的裱糊匠：

我辦了一輩子的事，練兵也，海軍也，都是紙糊的老虎，何嘗能實在放手辦理，不過勉

強塗飾，虛有其表，不揭破，猶可敷衍一時。**如一間破屋，由裱糊匠東補西貼，居然成一間淨室，雖明知為紙片糊裱，然究竟決不定裡面是何等材料**。即有小小風雨，打成幾個窟籠，隨時補葺，亦可支吾對付。乃必欲爽手扯破，又未預備何種修葺材料，何種改造方式，自然真相破露，不可收拾，但裱糊匠又何術能負其責？

大清「猶如老屋廢廈加以粉飾」，滔滔之勢，豈能禁遏、豈能不漏！

李鴻章指出自己失敗的原因是制度的限制，但究竟是什麼制度，他欲語還休。梁啟超流亡海外，擁有完全的言論自由，全盤托出乃是專制獨裁制度。

自漢武帝「罷黜百家，獨尊儒術」以來，歷朝歷代都實行譚嗣同所說的「秦制」，也以此為國民教育之中心點。「天下一於郡縣，採地斷於世襲，內外彼此，互相牽制，而天子執長鞭以笞畜之」，導致群臣「雖有國家大事，明知其利當以身任者，亦不敢排群議逆上旨以當其衝。諺所謂做一日和尚撞一日鐘者，滿廷人士，皆守此主義焉」。

清帝國外交第一人：不算賣國賊，卻也救國無方

李鴻章以一介詞臣入幕，平內亂、辦洋務、創海軍、主外交，位極人臣，其見識才具，遠超同僚之上。他創建了清帝國的第一支現代化艦隊，且為了與現代海軍整合，他建立水師

學堂、武備學堂、船塢、兵工廠、技術培訓學校。

為了振興中國的經濟，他還創建一連串工商企業：第一個輪船公司、第一條鐵路、第一條電報線、第一座棉紡廠、第一座近代金礦……為了表彰他的貢獻，清廷在一八七三年授予他文華殿大學士銜（有清一代只有兩個滿人、兩個漢人享有過此一名譽銜），一八七九年加太子太傅，一八九四年賞戴三眼花翎（此前這一榮譽只授予滿洲王公）。

然而，觀其一生功業，論武功，**內戰內行外戰外行**；論洋務，**知其然而不知其所以然**；論外交，僅靠玩弄「戰國策」式的、合縱連橫的伎倆。作為新事物與舊事物的混血兒，李鴻章固然為一時人傑，但外在環境嚴峻，列強環伺，兵臨城下，他哪能力挽狂瀾、轉敗為勝——最終，簽字畫押、割地賠款的事情，都輪到他來替皇帝承擔。

在外交場合，**李鴻章是唯一受西方尊重的中樞重臣**。他訪問英國時，維多利亞女王頒發伯爵勛章給他；訪問美國時，前總統格蘭特（Ulysses S Grant）的夫人將總統的名貴手杖贈給他。歷史學家劉廣京在《李鴻章評傳》中認為：「李鴻章是一個弱國的外交大師，在能採取堅定立場的少數情況下，他採取了堅定的立場；在不可能的時候，便做出最小的讓步。」

但李鴻章儘管聰明過人，手上掌握的資源卻有限。外交是實力的推展，外交官一般「多財」方能「善賈」、「長袖」方能「善舞」。由於沒有國家實力在背後支撐，反倒有很多敵對派系在背後牽制和搗亂，李鴻章落入「裡外不是人」的尷尬境地。

李鴻章最大的敵人，既不是太平天國，也不是更難以對付的西方列強，而是昏聵無能的

君王和口蜜腹劍的同僚——比如心胸狹窄、見識短淺，並挪用軍費、開支無度的慈禧太后，再比如那些年輕氣盛、吟詩作賦、大言不慚的「清議派」。

清議批評者所理解的李鴻章，是一個因缺乏愛國心，而不斷向外部敵人出賣國家利益的人。這種理解當然是錯誤的，李鴻章是在傳統儒家教育中成長的忠君愛國者。如果按照他的思路展開對日外交，給中國帶來深刻恥辱的甲午戰爭就有可能避免；如果不是他在生命最後時刻抱病與列強周旋，義和團拳亂所帶來的災難，真不知如何收場。

李鴻章的實用主義態度不被「清議派」理解和認同。「清議派」占據道德制高點，掌握輿論主動權。他們什麼事情也不幹，甚至惹出漏子讓別人處理，卻永遠以正確、光榮、理直氣壯的樣子出現在世人面前。他們對李鴻章及其近代化事業造成致命傷害。清議派提出的理由，在很大的程度上，是建立在經書基礎上的僵化思想意識。他們拒絕承認「外夷」無比強大的現實，選擇的行動方針很少切實可行。

「清議派」代表人物張之洞，等到自己當上封疆大吏，親身處理洋務及外交問題時，才發現以前的想法一無是處。歷史學家劉廣京如此批評那些「口頭上的愛國者」：「由於他們設想中國可以在許多選擇中做出抉擇，而為了國家的尊嚴和完整，中國必須採取堅定的立場，即使可能帶來災難性的後果也在所不惜，他們就不僅盲目無知，而且是不負責任的了。」

當然，李鴻章身上確實存在著，個人品質的嚴重缺陷和難以逾越的時代局限性。他殺害放下武器投降的太平軍官兵，讓篤信守約的英國雇傭軍首領戈登差點跟他翻臉。他也缺乏恩師曾國藩的清廉，深陷於清帝國官場的腐敗風氣中，如果沒有巨額財富，他不可能維持權力並保有自身和家族的安全。有報導說，甲午戰敗後，李鴻章被褫職奉命進京時，為了保護自己不被政敵所傷害，被迫在朝廷大臣及各色人等中，花了一筆八百萬兩銀子的巨款。

一八九六年，李鴻章在紐約會見已故格蘭特總統的兒子時，首先問的問題是小格蘭特是不是很富有，而小格蘭特做出否定的回答，表明「我只是靠自己的勞動生活的普通美國人」。李鴻章對此驚訝的說：「你的意思是說，你父親在歷時五年的戰爭中，身為美軍最高將領並使戰爭獲得勝利，之後又兩度當選為美國總統，而你，他的兒子，卻很貧窮！嗚呼，我真不理解這怎麼可能！」**李鴻章在全國各地擁有無數房產、農莊及現金珠寶**，除了皇室之外，他堪稱全國最富有的人。這，恰恰就是清國與美國的制度差異。

1896 年，李鴻章與英國首相（左）。

當李鴻章訪問俄、德、法、英、美、加六國之後，被歐美文明深深震撼，「忽經新氣之感動，此心意一往而深」，但他只關注科技和軍事領域，沒有意識到中西方在政治制度、文化理念和宗教信仰等方面的深層差異。他也沒有在推動清帝國的深層變革時，做出卓有成效的嘗試和努力。於是，他曾經輝煌的事業，全都可悲的擱淺了。

李鴻章是庸眾中的傑士——雖然比同時代的官僚更優秀，但若將他與同時代的、親身打過交道的三名外國首相——日本的伊藤博文、德國的俾斯麥、俄國的維特（威特）相比，則黯然失色。

李鴻章與伊藤博文：易地而處，成敗若何？

伊藤博文是日本第一位內閣首相，曾四次組閣。作為明治憲法之父，他還是日本第一位樞密院議長、貴族院院長。李鴻章與比他年輕一代的伊藤博文有過多次交鋒，亦敵亦友，**兩人之成敗形成鮮明對照，也展現出日本和清帝國近代化的殊途異夢**。

一八八五年四月，伊藤博文因朝鮮「甲申政變」，作為日本政府全權代表，到天津與李鴻章會談。此次談判達成《中日天津條約》，其核心內容是：今後朝鮮若有動亂等重大事件，兩國或一國要派兵，應先互行文知照。換言之，日本在朝鮮享有與宗主國清帝國相同的權利，為日清甲午戰爭爆發埋下伏筆。時年，李鴻章六十二歲，伊藤博文四十四歲。

談判之後，李鴻章專門向總理衙門提交了一份祕密報告《密陳伊藤有治國之才》，他認為伊藤博文「實有治國之才」，「大約十年內外，日本富強，必有可觀」。李鴻章看到這位比自己年輕十八歲的對手身上的無窮潛力：當年十二月，伊藤博文出任日本內閣總理大臣兼宮內大臣，並著手制定憲法。

一八九五年二月，清帝國在甲午戰爭中慘敗，被迫求和。李鴻章受命作為全權大臣，赴日本馬關議和，談判對象正是伊藤博文。一晃過了十年，當兩人再次見面時，李鴻章已年過古稀，伊藤博文也過了知命之年。更恍若隔世的是：十年前會面，兩人尚能平等交鋒；此番，則已乾坤倒轉。對李鴻章，伊藤博文給予相當的尊重；但對清帝國，他磨刀霍霍、毫不手軟。

在第三次談判之後，李鴻章在回住處的路上遇刺，臉頰中彈，當即昏迷。他醒來之後，不顧滿面鮮血，對隨從說：「慌什麼，都不要哭，我死不了！此血可以報國矣！」他不准醫生動手術，只簡單縫合傷口。三天後，他頭裹白紗布，坐在談判桌前。世界輿論為之譁然，同聲譴責日本。最終，伊藤博文同意將賠款金額由三億兩白銀調至兩億兩。三月二十三日，《馬關條約》正式簽訂。

漫長的談判期間，兩人在私下有一番長談。伊藤博文問：「十年前我在津時，已與中堂談及貴國之改革，何至今一無變更？本大臣深為抱歉！」

李鴻章唯有嘆息：「我國之事囿於習俗，未能如願以償。當時貴大臣相勸，說中國地廣人眾，變革諸政應由漸而來。今轉瞬十年，依然如故。自慚心有餘、力不足而已。貴國兵將悉照西法訓練，甚精。各項政治，日新日盛。此次本大臣進京與士大夫相論，亦有深知我國必宜改變方能自立者。」

伊藤博文道：「天道無親，惟德是親。貴國如願振作，皇天在上，必能扶助貴國如願以償。

蓋天之待下民也，無所偏倚，要在各國自為耳！」

李鴻章說：「我若居貴大臣之位，恐不能如貴大臣辦事之卓有成效！」伊藤博文表示：「若使貴大臣易地而處，則政績當更有可觀。」李鴻章連稱：「**貴大臣之所為，皆系本大臣所願為。然使易地而處，即知我國之難為有不可勝言者。**」伊藤博文說：「要使本大臣在貴國，恐不能服官也。凡在高位者都有難辦之事，忌者甚多，敝國亦何獨不然！」

伊藤博文理解李鴻章所處的外部環境遠比自己惡劣。日本自古即為有容乃大的海洋文明，而中國是閉關鎖國的大陸文明，這是兩國的重大差異。

甲午戰爭之後，日本有扶助清國走向近代化的意願。明治維新以來，日本積極「脫亞入歐」，但國內仍有不少「興亞」主義者。他們認為亞洲是亞洲人的亞洲，西方列強是日本的主要敵人，應聯合中國對抗白人入侵。日本有責任維護和協助清國，但清廷太腐敗、太守舊，必須將它打痛收服，再予以結盟。伊藤博文總體上支持這種看法，他說：「中國強，日本才能強。中國好，日本才能好。」

戊戌變法期間，光緒帝曾策劃聘請伊藤博文和英國傳教士李提摩太（Timothy Richard）擔任國策顧問。一八九八年九月，伊藤博文以私人身分訪問清國，九月二十日在紫禁城受到光緒帝召見，兩人相談甚歡。

第二天，發生戊戌政變，慈禧太后再次臨朝「訓政」，光緒帝被囚。梁啟超逃入日本使館，日本公使林權助因無東京指令，不知所措。正在現場的伊藤博文當即表態：「救他吧！

救他逃往日本，如至日本，由我來照顧他。梁這位青年，對清國來說，實在是寶貴的人物。」伊藤博文堪稱梁啟超的救命恩人。

伊藤博文又與李鴻章見面，為被捕的維新派大臣、曾任駐日公使的張蔭桓求情。經過李鴻章的奔波，張氏暫免一死，發配新疆。兩年後庚子之亂時，張氏仍難逃被朝廷賜死的厄運。

對此次中國之行，伊藤博文曾談了一番感想：

中國的改革並不是不可能。但是在那麼廣大的國家裡，對於數千年來繼承下來的文物制度、風俗習慣進行有效的改革，絕不是一朝一夕所能辦到的。要想決議改革，我認為一定要有非常英邁的君主及輔弼人物，像革命似的去澈底改革才可。

鐵血宰相俾斯麥勉勵大清「副國王」

甲午戰敗，李鴻章苦心經營的北洋海軍灰飛煙滅。這場不是整個大清帝國，而是束手束腳的李鴻章與已實現近代化的日本之間的戰爭，早已注定必敗無疑。李鴻章一直反對開戰，卻又要付出為戰敗而身敗名裂的代價。他被剝奪實權之後，為了躲避言官的攻擊，選擇出國考察。

李鴻章是清末最早出國訪問的最高級官員，也開啟了近代政客下野就出洋考察的先河。

「勞勞車馬未離鞍，臨事方知一死難。三百年來傷國步，八千里外弔民殘。」從李鴻章在沿途所寫的詩句中可以看出，一路上他的心情頗為傷痛、灰暗。

旅行歐美的重要一站是德國。漢堡商會對李鴻章發出熱情邀請，希望以此打開龐大的中國市場。李鴻章擔任過的最高職務是「直隸總督」，**德國翻譯官不懂「直隸」之意，直接譯為「副國王」，無形中抬高了其身價**。

李鴻章受到德皇威廉二世（Wilhelm II）接見，並提出希望拜會已退休的前首相俾斯麥。在李鴻章心目中，俾斯麥「歷相三君，化邦為國；德之榮名，忽焉蓋世」。德皇雖頗為不快，卻不方便拒絕；俾斯麥聞訊，則興奮異常。

當時，俾斯麥退居家鄉歐姆勒的福里德里斯魯莊園。他掌權時，德意志帝國政府在莊園附近，為他專門鋪設了一條直通柏林的私用鐵道，李鴻章便坐著火車沿著此鐵道前來拜會。

俾斯麥在私邸大門口以最高禮遇迎接李鴻章，穿著威廉一世皇帝賜予的軍禮服、佩上軍刀，制服上掛著黑鷹星章和鐵十字勛章。

兩人一見面，李鴻章即誇獎：「早就聽說您的大名和偉大功績，今天能見到您，看到您的眼神，更覺得您的偉大。」俾斯麥回敬：「我也很高興能招待一個建立偉大功勛的總督。」李鴻章謙虛的表示：「不能與閣下相比，您的貢獻有世界意義。」

吃飯時，俾斯麥不讓李鴻章隨從攙扶李鴻章，而是親自扶著李鴻章的手臂走到飯廳。之後談話進入正題，李鴻章說：「我這次很高興來到您這裡，有一個問題想向您請教——如何在清國進行變革？在我們那裡，政府、國家都在製造困難和障礙給我，我不知該怎麼辦。」

俾斯麥回答：「反對整個朝廷是不行的。如果最高層（指皇帝）完全站在您這一方，許多事您就可以放手去做。如果不是這樣，那您就無能為力。」

李鴻章又問：「如果皇帝一直受其他人影響、接受他人的意見，那我該怎麼辦？」那時，光緒皇帝寵信李鴻章的政敵翁同龢，讓李鴻章倍感頭疼。俾斯麥伯爵忽然用一句法文來回答：「Toutcom-mecheznous（跟我們這裡一樣）。」看來，俾斯麥對遭到德皇威廉二世罷黜仍心懷忿恨。

李鴻章接著說：「但您有堅強的性格。那麼，您如何平和的化解這些矛盾？」俾斯麥一語道破天機：「怎樣能夠把上面的旨意貫徹到下面，並讓下面服從？軍隊決定一切，只要有軍隊就行。兵不在多，哪怕只有五萬人，但要精。」若沒有軍隊，「鐵血宰相」就是紙老虎。

李鴻章說：「我們有的是人，就是缺少受過訓練的部隊。現在我終於看到了德國優秀的部隊。即使以後我不在任上，我仍將在能力範圍之內根據閣下的建議施加影響。」李鴻章未能實現的願望，三十多年後，蔣介石替他實現了——**蔣介石的嫡系軍隊，引入德國軍事顧問、配備德國武器，儼然以德為師**。

俾斯麥又建議：「問題不在於把軍隊分散在全國各地，而在於您是否能把這個部隊掌握在自己手中，自如的調動他們，使他們很快的從一地到另一地。」不過，俾斯麥和李鴻章都未能實現這一願望——擁有完全屬於自己的現代化軍隊。

兩人有相似的地位和人生經歷，相談甚歡。到告別時，兩人依依難捨。當俾斯麥聽說，李鴻章在家不太願意運動，就勸告他：「要經常走路，對身體有好處。」李鴻章說：「也希望您多多保重！」

最後，李鴻章忽然真誠的說：「對我目前遇到的阻力，我已經無能為力了。」真是人之將死，其言也「真」——失去實權的李鴻章，還剩下最後四年時間，再也無法改變清帝國崩壞的趨勢。

後來，關於此次會面，還有一段未經證實的傳說：俾斯麥會見李鴻章後，告訴身邊的人，若未來中日再度開戰，一定是日本勝、中國敗。為什麼？因為連中國最聰明的大臣李鴻章，到德國也只知道購買槍炮、艦船、機器；而日本使團到德國則購買並翻譯歷史、政治、法律、軍事方面的著作。勝負可想而知。

李鴻章與維特的《中俄密約》，有黑箱交易嗎？

維特是俄皇亞歷山大三世和尼古拉二世時期的宮廷重臣、俄羅斯帝國政治家，歷任交通大臣、財政大臣、大臣委員會主席和第一任大臣會議主席，是俄國內政外交政策的制定者和實施者，被譽為俄國現代化之父。

有人說過：「在超過一個世紀的時間裡，俄國政治體制只培養侏儒而不是巨人，它只能靠這些侏儒充實官僚隊伍。」這句話更適用於清帝國：因為維特不是侏儒，而是巨人，儘管是有優點和缺點的巨人；但在維特面前，李鴻章只能算是侏儒。

維特的經濟規畫在廣度和深度上，都具備前瞻的戰略眼光，他構想了一個從長遠看，將惠及全體的工業化俄國。但他與李鴻章一樣，都未能拯救帝國專制體制。

維特堅持推動俄國的現代化，堅信俄國擁有必要的精神力量和物質資源完成這一旅程。這個旅程需要的是毫不動搖的決心，因為假如不能保持應有的進步速度，俄國將淪為二流國家。但是，維特沒有特別關注現代化過程引發的附帶效應。

專制政體會倖存下來嗎？土地貴族享有的顯赫地位會得以延續嗎？農民生活的結構能夠維持嗎？他沒有料到資產階級的成長，將會發生分享權力的訴求，不斷壯大的中產階級和工人階級將會選擇革命。這也是李鴻章的盲點所在。

一八九六年，維特得知李鴻章已在出訪歐洲的路上，立即派出烏赫托姆斯公爵趕到蘇伊士運河——趕在李鴻章乘坐的輪船抵達其他國家之前，邀請李鴻章先到俄國訪問。見面之後，維特對於李鴻章有如此評價：「我在國務生涯中見過不少國務活動家，其中有些人是要名垂青史的。我認為李鴻章是這些人中比較卓越的一位，他的確是一位傑出的國務活動家。」

維特與李鴻章談判多日，達成一份《中俄密約》。當時，關於李鴻章收受俄國賄賂之說滿天飛舞。維特在回憶錄中特別澄清：「李鴻章在彼得堡沒有收取任何賄賂。李鴻章根本沒有談到什麼好處的問題。」但維特的傳記作者指出，維特向李鴻章這個「難纏的談判」對手，提供了三百萬盧布的「饋贈」，其中三分之一將在協定簽署後支付，「諸如此類的『饋贈』，在與中國人打交道時並非不同尋常，它們沒有買通中方，但按預期可使談判更加順暢」。

顯然，簽約是因為「賄賂發生了作用」，俄國所得甚多：中國授予俄國關東地區二十五年承租權，旅順口將成為俄國海軍基地，大連灣將成為商用港口及中東鐵路支線的終點站。

這一條約的文本包含了不無詭詐的、保留面子的、油嘴滑舌的語言，聲稱其中沒有哪一條款會損害清帝國的主權，並聲稱，條約旨在增強俄國保護中國北方海岸的軍事與海軍能力。尼古拉二世對於此結果大為欣喜，在隨後的元旦，他向參與條約談判的幾位大臣表示讚賞之意，維特是其中功勞最大的一位。

進入二十一世紀，隨著大量俄文檔案解密，俄國學者對李鴻章受賄問題做了深入的研究。最新研究顯示：**李鴻章的確收受過俄方賄賂，不過不是在《密約》簽訂前，也並沒有傳說的三百萬盧布之多，而是一百六十萬九千一百二十盧布**。

這筆錢有整有零，分兩次送到李鴻章的手裡：第一次是《密約》簽訂後的第二年，即一八九七年五月，由華俄道勝銀行董事會成員烏赫托姆斯基，專程來中國「萬分小心的」交給李鴻章，為一百萬盧布；第二次是一八九八年，俄方為了加快與中國簽訂《東省鐵路公司續訂合同》而賄賂李鴻章，數目為六十萬九千一百二十盧布。

對於李鴻章來說，收取「好處費」是官場的慣例，拿本國官僚和商人的錢，跟拿外國人的錢，並無本質差別，**他沒有意識到此舉涉嫌「賣國」**，所以不會有道德壓力。他本人生活簡樸、飲食簡單，但他相信「有錢才有權」，他視財富為向權力奮鬥的基本工具。

維特在回憶錄中，描述了一個與李鴻章有關的、饒有意味的細節：在沙皇加冕典禮前夕，將要舉行遊樂會的霍登廣場發生一起慘禍，在可怕的擁擠踩踏事件中有兩千多人傷亡。

次日，李鴻章詢問維特：「請問，是否準備把這一不幸事件的全部詳情稟告皇上？」維特說，當然，這毫無疑問要稟告皇上。李鴻章搖著頭對他說：「你們這些當大臣的沒有經驗。我任直隸總督時，我們那裡發生鼠疫，死了好幾萬人，**可我在給皇帝的奏章中，一直都說我們這裡太平無事**。當有人問我，你們那裡有沒有什麼疾病？我答覆說，沒有任何疾病，老百姓健康狀況良好。」

說完這句話後，李鴻章停頓了一下，接著又說：「您說，我幹麼要告訴皇帝我們那裡死了人，讓皇帝苦惱？如果我是貴國皇帝的官員，當然也不會讓他知道這一切，何必使可憐的皇帝苦惱？」這段話讓維特目瞪口呆。維特感嘆的說，我們已經走在中國前面了。

第六章 左宗棠是民族英雄，還是種族屠殺的侵略者？

現肅州實無一回（回族）屬親，其甘州、涼州各回（回族）死亡殆盡，亦無遺種。

——左宗棠

近代以來，在西方最有名的中國人是誰？不是毛澤東、蔣介石、孫文，或者李小龍、姚明、朗朗，而是左宗棠。

左宗棠跟「左宗棠雞」毫無關係

與曾經出訪歐美、見過世面的李鴻章不一樣，左宗棠畢生未曾到過美國。但在美國，卻無人不識左將軍（General Tso）大名（左將軍比到訪過美國、並被美國媒體大肆報導的李鴻章更有名），因為人人都能在中餐館點到香辣有勁、外酥內嫩，又帶著絲絲甜蜜的「左宗棠雞」（General Tso's Chicken）——日本最有名的中餐是麻婆豆腐，美國最有名的中餐當之無愧是「左宗棠雞」。

縱使不少美國人認為左宗棠是個大鬍子的蒙古元帥，或是毛主席麾下的將軍，而不知道他是鎮壓太平天國、平陝甘回亂、征服新疆的晚清湘軍將領，也無損於他們對「左宗棠雞」的喜愛。

實際上，**左宗棠跟「左宗棠雞」毫無關係，左宗棠生前並未吃過「左宗棠雞」**。美國紀錄片導演伊恩·切尼（Ian Cheney）花了三年時間，拍了一部名為《尋味「左宗棠雞」》（*The Search for General Tso*）的紀錄片——不是尋找左宗棠，而是尋找「左宗棠雞」。導演考證出，「左宗棠雞」的發明者為湖南人彭長貴。

彭氏十三歲離家出走，在曾任國民政府行政院院長譚延闓家廚的湖南名廚曹藎臣手下當學徒。二戰結束後，彭氏被任命為國民政府國宴廚師長。一九四九年，彭氏隨國民政府移居臺灣。

在一九五五年臺灣海峽危機期間，美國參謀長聯席會議主席、海軍上將亞瑟·雷德福（Arthur Radford）訪問臺灣，彭長貴第一次為美國貴客發明了這道菜。**受「反攻大陸」口號的啟發，他用湖南老鄉、「常勝將軍」左宗棠的名字為這道菜命名**。

多年以後，已大大改良、適應美國人口味的「左宗棠雞」，在美國中餐館大行其道。偏偏是「老祖宗」彭長貴赴美國開店卻失敗了——美國人不能接受這道菜「正宗」的味道。《紐約時報》評論，在左宗棠和彭長貴的故鄉湖南找不到的「左宗棠雞」，成為審視華裔美國人如何融入美國、異國烹飪法的有益適應性，以及文化傳承的複雜形成過程其一個典範案例。

或許，左宗棠與左宗棠雞之間唯一的相似性就是：每一個中餐館做出來的左宗棠雞都是不一樣的味道，而每一個人、每一個政權（甚至同一個人、同一個政權在不同時期）對左宗棠的評價都大大不同，甚至可能如同「烙餅翻面」。

在「晚清四大名臣」曾國藩、左宗棠、李鴻章、張之洞當中，曾國藩是早一代人、張之洞是晚一代人，作為同代人的左宗棠和李鴻章最有瑜亮情結，兩人一生政見不同、彼此攻擊。不過，李鴻章為左宗棠所寫的輓聯，倒也情真意切：

周旋三十年，和而不同，矜而不伐，惟先生知我；
焜耀九重詔，文以治內，武以治外，為天下惜公。

以心狠手辣、剛愎自用而論，左宗棠更甚李鴻章。年長李鴻章十一歲的左宗棠（一八一二年生），比李鴻章早死十六年（一八八五年去世），幸運的沒有像李鴻章那樣被推上甲午戰爭必敗的戰場，更沒有看到庚子拳亂中，八國聯軍占領北京的慘景。李鴻章只比左宗棠長壽五歲，偏偏應了「壽多則辱」這句話——《馬關條約》和《庚子條約》都由他顫抖的手來簽字。

在「同治中興」那群名臣中，左宗棠是唯一同時參與鎮壓太平天國和同治回亂的關鍵人物。**清末損失人口最多的戰爭和動亂，並非與西方打的五場戰爭**（被錯誤的命名為「第一次鴉片戰爭」的「清英貿易戰爭或商務戰爭」、被錯誤的命名為「第二次鴉片戰爭」的「換約戰爭」、清法戰爭、清日甲午戰爭以及八國聯軍遠征義和團），**而是太平天國內亂及同治回亂**。

同治回亂為同治年間發生在陝西、甘肅、寧夏、青海等西北地區，一場以回族（按：「回民族」的簡稱）為主體的反清暴動，持續時間長達十一年，死亡人數超過兩千五百萬人，僅次於太平天國運動。歷史總是以不同的方式被解讀，對這場戰爭的命名和闡釋就是如此。西方史學家稱之為「東干戰爭」，認為這是伊斯蘭教徒對異教徒的一場「聖戰」；清廷稱之為「回亂」；中華民國稱之為「同治回亂」。

毛澤東時代，中共官方奉行階級論，稱這場回漢兩個民族的雙重悲劇，為農民無產階級反對封建統治階級的「反清大起義」或「回民起義」。作為奉朝廷之命的鎮壓者，左宗棠就被定位為「滿清反動朝廷的爪牙」，中共予以嚴厲批判。

左宗棠曾歷討伐太平天國、同治回亂等事件。

近年來，中共弱化馬列原教旨主義，強化大國崛起、民族復興的論述。中共以兩千年一以貫之的中華帝國的正統繼承者自居，對左宗棠平定農民及回民起義、開拓疆土的「豐功偉績」給以高度讚揚，譽之為「民族英雄」。

左宗棠在鎮壓陝甘回亂的最後階段出兵西域，追擊回民領袖白彥虎，並順勢剿滅突厥民族創建的洪福汗國（按：原為哲德沙爾汗國），**進而將天山南北、整個西域納為清帝國新的省分「新疆」**。明帝國末年國土面積為三百五十萬平方公里，清帝國擴張到頂點時，國土面積為一千三百一十六萬平方公里，清朝結束時為一千一百三十五萬平方公里。

左宗棠征服「新疆」及周邊地區，使清帝國及其繼承者的統治區域擴大了將近五分之一。凡是中華帝國的擁護者都肯定左宗棠，梁啟超稱讚左宗棠為「五百年以來的第一偉人」，中共派駐新疆的悍將王震也肯定的說：「左宗棠西征是有功的，否則，祖國西北大好河山很難設想。」

那麼，左宗棠究竟是民族英雄，還是種族屠殺的屠夫及侵略者？

左宗棠在陝西和甘肅對回民的大屠殺

陝甘回亂先由陝西開始。經過元、明、清三朝移民，西北地區的回民日益增多。回民和漢人之間，因為土地、經濟、文化和宗教等方面的差異一直都有摩擦，摩擦越來越嚴重就發展成聚眾械鬥。

當地官員大都是漢人，處理衝突時通常偏袒漢人。這種偏袒加劇了回民的不滿情緒，信仰伊斯蘭教又處於弱勢地位的回民，更加團結並敵視清帝國和漢人。處於社會主導地位的漢人，則普遍存在歧視回民的現象。左宗棠在奏摺中承認：「陝回之禍由於漢回構怨已久，**起釁之故實由漢民**。」

據楊毓秀在《平回志》中記載，同治元年（一八六二年）四月，渭南縣回民與漢民發生械鬥，漢民稱「回回造反」，回民說「漢人滅回」，一場殘酷劇烈的民族衝突迅速蔓延開來。回亂初期，由於清軍力不能及，回族和漢族民眾陷入無政府狀態下的互相廝殺。關中各縣，有的是回民先起來反抗漢民，有的是漢民團練洗劫回民。回族以伊斯蘭教為精神凝聚，且有習武傳統、精通馬術，故人數雖少，卻能常常占據上風。而清廷忙於鎮壓南方的太平天國，任由事態失控。

一八六六年，清廷剿滅太平天國之後，才騰出手來處理西北亂局。清廷派遣在鎮壓太平軍時戰功卓著、自詡為「今亮」（當今諸葛亮）的左宗棠，率大軍進入陝西。經過兩年苦戰，左宗棠平定了陝西全境的戰亂。

這場不分軍民、不分前線與後方的戰爭之殘酷，後世已很難想像。左宗棠在給慈禧太后的奏摺中稱：

以陝回人數計之，從前無事時散處各州縣，地方丁口奚啻數十萬，現計除西安城中土著兩三萬外，餘則盡族。而行陝西別無花門遺種。即合金積、河、狄、西寧、涼州等處現剩陝回計之，丁口亦不過數萬，其死於兵戈、疾疫、飢餓者蓋十之九，實回族千百年未有之浩劫。

九成以上回民死亡，遠遠超過二戰中納粹德國屠殺猶太人的比例。陝西巡撫劉蓉亦言：「西安同州鳳翔三府，地最饒沃，古稱陸海，今土地之開墾者十不二三，而人民之死亡者十居六七……向日繡壤相錯之地，樹木叢生，丫杈成拱，或行數十百里不見一椽一屋一瓦之覆。炊煙晝絕，豺獾夜嗥，氣象殆非人境。」此描繪讓人讀來毛骨悚然。

根據復旦大學《中國人口史．第五卷清時期》的數據分析，浩劫過後，原本總人口一千三百多萬人的陝西，共有四百六十六萬人死亡，其中回族的死亡人數是一百八十六萬人，漢族的死亡人數是兩百八十萬人。

此前，關於陝甘漢回人口的比例，《秦隴回務紀略》卷一中有「陝則民七回三，甘則民三回七」的說法。根據復旦大學路偉東的論文《清代陝甘回民峰值人口數分析》，一八六二年，陝西回民估計在兩百萬人左右，約占陝西總人口的一四%。

到回亂結束時，省城西安尚有兩萬多位回民，沒有受到戰亂影響的漢中、安康等地，可能還有兩萬位回民，另約有六萬位回民逃到甘肅，之後被左宗棠集中安置在甘肅平涼、會寧等地（「其死於兵戈疾疫饑荒者蓋十之九」），加上有一些逃到河南、內蒙古、四川、新疆等地，和隱瞞回民身分留在原籍的回民，估計戰後分散在各地、倖存下來的原陝西回民不足十四萬人。

一百多年後的一九九〇年，陝西回民總人數僅有十三萬二千人（第四次中國全國人口普查數據）。由此可見回族人口損失之大。

陝西戰事結束後，左宗棠進軍甘肅。當初，陝西回亂剛爆發，甘肅回民立即群起響應。清代的甘肅包括今天的甘肅、新疆、青海、寧夏等省區的部分範圍。由於駐守甘肅的清軍數量不多，不到四年，除了省城蘭州和少數幾個城市外，差不多整個甘肅都被回民軍隊占領。

甘肅的戰爭較陝西劇烈，驍勇的回族軍隊頑強抵抗清軍，**卻不敵左宗棠配備大量洋槍洋炮的新式軍隊**。當地回軍首領馬占鰲戰敗投降後，被左宗棠編入清軍，這支軍隊在庚子事變中曾赴北京勤王，並護送慈禧太后和光緒皇帝到西安避難。馬占鰲的後代有馬步青、馬步芳、馬鴻逵、馬安國等人，他們在民國時代被稱為「西北五馬」。

最激烈的戰鬥，發生在回族領袖馬化龍苦心經營的大本營金積堡。清軍對金積堡的主攻從一八六九年九月開始，但進展緩慢。一八七〇年二月十四日，負責進攻金積堡的主帥、左宗棠的愛將劉松山中彈身亡，此消息震動朝廷，讓朝廷一度考慮撤換左宗棠。所幸的是，劉松山的侄子、年輕的劉錦棠比叔叔更善戰，同年九月，劉錦棠率部隊完成對金積堡的合圍。次年一月，彈盡糧絕的馬化龍投降，金積堡之戰結束。

隨即，**左宗棠下令將馬化龍及親屬、親信一千八百多人全部處死**，其餘三萬四千人被遷往苦寒之地安置。左宗棠還下令將被俘的回族青壯男子盡行閹割，使他們斷子絕孫。這種野蠻的殺降、閹割俘虜的行為，與李鴻章攻占蘇州之後，殺害投降的太平軍將士如出一轍。李鴻章受到雇傭軍將領戈登的譴責，**左宗棠軍中卻沒有戈登這一號人物，所以左宗棠毫無後顧之憂**。

對於飽讀儒家經典、篤信「身體髮膚，受之父母，不敢毀傷，孝之始也」的左宗棠來說，殺戮和閹割並無半點不妥——在其眼中，作為異族的回族，是隨意處置的「犬羊」，其生命和身體完全不在儒家倫理和朝廷秩序的看顧與保障範疇內。

甘肅戰事結束後，左宗棠如此描述甘肅東部的情形：「平、慶、涇、固（平涼、慶陽、涇川、固原）之間，千里荒蕪，彌望白骨黃茅，炊煙斷絕，被禍之慘，實為天下所無。」《平定關隴紀略》一書中亦記載：「死者既暴骨如莽，生者復轉徙之他。蝗旱繼之，癘疫又繼之，浩劫之餘，孑遺有幾？方是時，千里蕭條，彌望焦土。」

根據《中國人口史‧第五卷清時期》分析，一八六一年，甘肅人口為一千九百四十五萬人。復旦大學路偉東認為，回民約為三〇％，即六百萬人。一八八〇年，甘肅人口僅剩四百九十五萬人，減少了一千四百五十五萬人，人口損失高達七五％。英國學者貝爾（colonel Bell）則估計，甘肅亂前的人口約為一千五百萬人，亂後人口銳減至一百萬人，境內漢人十分之九、回人三分之二均被屠殺。

左宗棠的勝利奠定在種族屠殺的基礎上。遭到左宗棠軍隊屠殺的回民超過三百萬人，當時的童謠唱道：「殺得十村九村煙，血水成河骨成山。回軍損失幾十萬，見回不留血洗完。」

同治年間陝甘地區的這場浩劫，**短短七年間，就有兩千多萬人死於種族大屠殺**，相當於納粹屠殺猶太人（六百萬人）的三倍、柬埔寨紅色高棉大屠殺（兩百萬人）的十倍、盧安達種族大屠殺（一百萬人）的二十倍、毛澤東時代大饑荒中「非正常死亡」人口（四千萬人左右）的一半。

漢族、回族包括滿族在這場浩劫中，都不是贏家。漢人的死亡人數高於回民，回民人口損失的比例則高於漢人，因為漢人人口基數大。滿族不是戰鬥的主力（主帥左宗棠是漢人，左宗棠之前的清軍主帥多隆阿則是滿族），但滿族代表著下令征伐的朝廷，回民對滿族充滿種族仇恨。**這種仇恨長期潛伏，在辛亥革命之際終於爆發**——西安城內的回民屠戮放下武器的滿族守軍及婦孺家眷，**使得西安成為辛亥革命期間，全國屠殺滿族的重災區**。

以追擊白彥虎為名，左宗棠進軍西域

在左宗棠軍隊的壓力下，被推舉為回民「十八大營元帥」之一的白彥虎率軍轉向河西，再退往西域。**左宗棠故意放縱白彥虎西遁，目的是率大軍跟隨其後，趁機征服整個西域**；後來蔣介石故意放縱紅軍從西南到西北一路逃竄，也是處於類似考量——藉機讓中央軍勢力，進入被地方軍閥控制的西南諸省。

《劍橋中國晚清史》指出，左宗棠的遠征是中華帝國最後一次向「西域」大舉征伐。具有諷刺意義的是，此時清帝國國力衰落，後來中華民國和中華人民共和國的史書慣於打悲情牌，渲染那時中國如何受西方帝國主義欺凌，由此激發反西方的民族主義情緒。

但即便在國力下降的時刻，清廷仍不惜耗費巨資支持左宗棠出兵占領西域，將「新疆」劃為行省，建立極為劣質的殖民統治——如果說歐美列強對清朝是恃強凌弱，那麼，對於西域的原住民及各少數族群而言，左宗棠和清帝國的武力征伐和種族屠殺，難道就是「回歸祖國」的福音嗎？

左宗棠的軍隊前後耗費軍餉高達一億一千萬兩白銀（其中平定陝甘花六千萬兩、占領新疆花五千兩百萬兩），這麼一大筆費用極大消耗了清帝國的國力。西征使清帝國的疆域大大拓展，但本來就很衰弱的病人若再度失血，必然加速其死亡。

當時，清帝國內部有過一場「海防」與「塞防」的爭論。李鴻章提出，應當放棄西北，承認洪福汗國為清帝國之附庸國，將省下來的資金用來建設海軍，防範日本人和西洋人從海上而來的攻擊。如果朝廷吸納李鴻章的主張，打造一支更強的北洋艦隊，日清甲午戰爭的結局是否會不一樣？

當時清廷在鐵路、現代化工業方面投入的資金不夠多，也與西北戰場的耗費太大直接相關。如果清廷有足夠的預算修築鐵路，不與民爭利，或許不會因「鐵路國有」政策觸發四川「保路運動」，進而誘發武昌起義，導致帝國滅亡。

好大喜功的朝廷接受了左宗棠的塞防論。同治帝向左宗棠發布多道上諭，**命其迅速進軍**

西域，乘勝追殲白彥虎。同治十二年十月七日的上諭指出：

關外回匪竄擾巴（巴里坤）、哈（哈密）兩城，哈密被圍甚急……惟此股回逆人數甚眾，悍賊尤多，非厚集兵力，難圖剿洗……該大臣仍當稟遵前旨，速撥勁旅數營，赴巴、哈兩城，迅掃賊氛，毋得顧此失彼。彼金順一軍，屢次嚴諭，克期出關，現在哈密被圍情形如此緊急，若再遷延不進，致誤事機，定將金順從嚴治罪。

即便皇帝催逼，左宗棠並未迅速西進，他決定採用「緩進速決」戰略。「緩進」，就是用一年半時間籌措軍餉、積草屯糧、整頓軍隊。「速決」，就是考慮國庫空虛，為了緊縮軍費開支，大軍一旦出發，必須速戰速決，力爭在一年半左右獲取全勝。

在籌措軍費的手段上，**以愛國者自居的左宗棠不惜向洋商借款**。他透過在上海的代理人胡雪巖，向外國行號舉債三百萬兩。與此同時，清帝授權左宗棠向外國商量借款五百萬兩。一八七七年，左宗棠從英國匯豐銀行借到五百萬兩，分七年償還，而以廣州、福州、上海和漢口的海關收入做抵。他為了達成個人建功立業的野心，此時突然變得不再仇恨外夷。

更有甚者，左宗棠宣揚塞防論時，指出西北「自撤藩籬，則我退寸而寇進尺」，尤其招致英、俄滲透。在進軍西域時，其策略為「欲收伊犁，必先克迪化」，言下之意是暫時不去處理沙俄占領伊犁的問題。等攻占迪化城、「我威維揚」之後，「即不遽索伊犁，而已穩然不可犯矣。烏城形勢既固，然後明示以伊犁我之疆索，尺寸不可讓人」。不過，這番話只是說給朝廷聽的。

當時，沙俄在與英法支持的土耳其戰爭中敗北，虛弱不堪，左宗棠的部將金順建議乘虛襲取伊犁，但左宗棠認為「師出無名，反遭其謗」，決定留下不打。左宗棠的邏輯讓人費解：攻打被沙俄侵占的伊犁師出無名，難道攻打西域其他地方就師出有名？

原來，**左宗棠在進軍西域的過程中，曾得到俄國大力幫助**。早在一八七五年，一位俄國官員在拜會駐節蘭州的左宗棠時，提出願意向清軍提供五百萬斤糧食，價格極其公道。一八七六年中期，三百萬斤糧食被發往奇台，這可不是一個無足輕重的幫助，因為當地市場上幾乎粒米不見。

左宗棠還不惜耗費巨資向西方國家購買新式武器，包括一萬五千支來福槍、克虜伯的撞針槍（按：克虜伯〔Krupp〕公司是德國的大型重工業公司，撞針槍又稱中央點火式火槍），以及被左宗棠本人炫耀為「能致遠數里外，自空而下，以打步馬隊之成團者最妙」的歐洲大砲。

左宗棠在蘭州修建了一座兵工廠，儘管產品品質不佳，也還勉強可用。正是靠著德國製造的大砲，迪化堅固的城牆才轟然倒下。左宗棠在奏章中說，此役有六千名回民被殺，只有白彥虎等少數幾個人逃脫。

一八七七年十二月，白彥虎率回民軍殘部兩千多人，越過恰克馬克山口退入中亞楚河流域。這些半難民、半民兵的「陝西回回」，在今天哈薩克首都阿拉木圖西邊約兩百公里的楚河岸邊紮下營盤，播種從陝西老家帶來的麥種和菜籽，繁衍生息。他們自稱東干人。「東干」指陝西方言的「東岸」，意思是東方。

一百多年後，東干人固守著家鄉的傳統，說陝西方言、沿襲晚清陝西的風俗習慣，甚至還唱秦腔。與成吉思汗類似，被左宗棠和清帝國恨之入骨的白彥虎，被東干族敬奉為「東干人之父」。

消滅阿古柏「哲德沙爾汗國」、屠殺維吾爾人

陝甘回亂爆發時，長期受清帝國苛待的西域各族民眾紛紛揭竿而起。先是維吾爾人和回民聯合起義，攻占庫車、和闐、喀什、吐魯番等地。不久，曾任中亞浩罕汗國將軍的穆罕默德·雅霍甫·伯克（Muhammad Yaqub Bek，漢文史料稱之為「阿古柏」）應邀出兵。

阿古柏頗具將才，先後攻占喀什噶爾、英吉沙爾、葉爾羌等城。一八六五年，阿古柏扶持號稱「聖裔」的布素魯克為傀儡，建立「哲德沙爾汗國」（意即「七城汗國」，包括喀什、英吉沙、葉爾羌、和闐、阿克蘇、庫車、烏什等回部七城）。

一八六七年，阿古柏統一南疆，宣布取消「哲德沙爾汗國」，建立「洪福汗國」（又稱「畢杜勒特汗國」），自稱「畢杜勒特」（意即「洪福之王」）。一八七一年，整個西域基本上被阿古柏控制。清軍僅存塔城、烏蘇等少數據點。

在這種情況下，英國、俄國和鄂圖曼土耳其帝國均承認阿古柏政權。一八六八年，英國派遣使者會見阿古柏，承認其政權的獨立性。維多利亞女王親筆致信阿古柏，與其修好；一八七三年，英國特使福賽斯送來幾千支英屬印度兵工廠製造的舊式滑膛槍；一八七四年二月二日，《英阿條約》簽訂，規定雙方互派大使。

早在兩年前，俄國就與阿古柏簽訂《俄阿條約》，條約共五款，包括俄國承認洪福汗國、洪福汗國給予俄國貿易權。阿古柏隨即派遣使者回訪聖彼得堡，並訪問鄂圖曼土耳其帝國。身兼伊斯蘭教領袖哈里發的鄂圖曼蘇丹阿卜杜勒·阿齊茲，封阿古柏為「埃米爾」，此舉使**洪福汗國在伊斯蘭教法上獲得合法地位**。蘇丹還給阿古柏送來一份重禮：三千多支來福槍、三十門大砲和三名土耳其教官。阿古柏希望用歐洲的方式訓練四萬多人的軍隊，並向英國新設中亞通商洋行購買現代武器。

然而，阿古柏的統治並不穩定。作為外來的塔吉克人（與生活在西域的維吾爾人同為突厥民族），與白彥虎及西域本地的回民貌合神離，彼此不能同舟共濟。

隨著左宗棠平定北疆、揮師南下，阿古柏的時間不多了。他的軍事力量在人數、武器裝備方面都無法與清軍相比，其失敗是必然的。俄國間諜索思諾夫斯基根據收集到的情報判斷：「就連阿古柏本身亦不會相信他有獨立自主的前途，這是大可以肯定的事。」

清軍與阿古柏打了三次戰役，時間很短，戰鬥不如與白彥虎那麼激烈。

達坂是南疆的門戶。清軍抵達城下，用開花大炮轟擊。一炮彈墮落城內彈藥房，「一聲巨響，山摧地裂，大風颳起，火焰更張」。城內軍民驚慌失措，守軍奪門而逃。

清軍占領託克遜城也未經激烈戰鬥，「據託克遜城纏回報，安酋（安集延酋長，即阿古柏）聞達坂已失，大小頭目無一幸脫，驚懼不已，急圖逃竄……賊眾驚潰，舉火自焚存糧火藥，棄城而逃。」

之後，左宗棠麾下的張曜、徐占彪部進攻吐魯番，守軍很快乞降。

當清軍占領達坂城時，俘虜了哲德沙爾汗國的「大通哈」（大總管）愛伊德爾呼里等六名高級官員。他們「自請公同上書酋長帕夏，擒陝西回逆白彥虎，獻還南八城，再懇恩宥。劉錦棠許之，令其各選親信數人，同所遣南八城纏回前去」。

阿古柏聞訊，見大勢已去，在庫爾勒服毒自殺。阿古柏死後，次子海古拉用牛皮裹其屍體，率夥黨西逃，沿途遭維吾爾人截殺，紛紛鳥散。海古拉在庫車被其兄伯克．胡里殺死，伯克．胡里之後西逃喀什噶爾。

一八八一年，洪福汗國（哲德沙爾汗國）滅亡。三年後，**清帝國將「新疆」設立為行省，意味著西域淪為清帝國的新殖民地**。英國記者克里斯蒂安．泰勒（Christian Tyler）在其著作《西部中國：對新疆的馴服》中，依據大量歷史資料，證實**在清帝國吞併新疆的過程中，有超過一百萬名維吾爾居民遭到清軍屠殺**。

清帝國統治此一區域長達二十七年，直到清帝國覆亡。此後，中華民國僅對新疆維持名義上的宗主權，直到一九四九年中共解放軍西進，才實現對新疆實質性的統治。

如果用「一將功成萬骨枯」（按：一代名將是踩著無數人的屍體而成名）形容左宗棠的軍功，那麼左宗棠西征中的「萬骨」跟中國歷代的內戰頗有不同：數百萬計回族、東干族、維吾爾族軍民的骨骸，在漫漫荒漠中控訴屠夫的罪惡。左宗棠吞併新疆，享有了「揚朝廷威德越五萬里，聲名遠震海東西」之美譽，卻讓清帝國如頭重腳輕的泥足巨人，很快轟然倒下。

新疆問題至今成為中華人民共和國不能轉型為現代民族國家的癥結之一。西班牙帝國、葡萄牙帝國、鄂圖曼土耳其帝國、奧匈帝國等都在二十世紀解體、分裂、新生，成功轉型為小而美的現代民族國家。而**全球僅存的、轉型尚未完成的帝國只有兩個：中國和俄羅斯。執著於太過廣大的疆域，就如同背著一大袋黃金渡河，最後的命運是因貪婪而溺斃**。

第七章 丁戊奇荒——食人國的食人文化

人死，人食。人食人死。人死成疫。人疫，死人。食疫人，人復死。死喪繼踵。

——〈四省告災圖啟〉

同治回亂期間，左宗棠對陝甘用兵，並乘勝「西征」，拓展了疆域，卻替北方帶來嚴重的後遺症。龐大的西征軍隊持續索求和壓搾陝西、山西、河南等省分的糧草，使這些地方的民眾陷入三餐不繼的困境，農業生產也遭受巨大破壞。

歷史遺忘了一千三百萬人死亡大饑荒

光緒初年，華北大旱。從一八七六至一八七九年，直隸（今河北）、山東、河南、山西、陝西等省，以及蘇北、皖北、隴東、川北，持續四年遭受**大面積乾旱**，**農產絕收**，田園荒蕪，「餓殍載途，白骨盈野」。因以一八七七年（丁丑年）和一八七八年（戊寅年）最為嚴重，故稱此次饑荒為「**丁戊奇荒**」。其中，河南、山西災情最嚴重，所以又稱「晉豫大飢」。這場饑荒始於自然災害，又因統治階層腐敗無能，演變成**清帝國立國兩百多年來最大的人禍**。

一八七七年，華北旱情急劇升級，尤其是山西，旱荒空前。山西巡撫曾國荃向朝廷奏報稱，「晉省迭遭荒旱……赤地千有餘里，飢民至五六百萬之眾，大祲（按：音同今，大祲指嚴重歉收）奇災，古所未見」，「詢之父老，咸謂為**二百餘年未有之災**」。

一八七八年，英國傳教士李提摩太赴山西，發現這個省分已淪為人間地獄，他在日記中記載：

> 一月二十九日，太原以南一百四十里：經過了四個躺在路上的死人。還有一個人四肢著地在爬行，已經沒有力氣站起來了；碰上一個葬禮：一位母親肩上扛著已經死去大約十歲的兒子，她是唯一的「抬棺人」、「神父」和送喪者，把孩子放在城牆外的雪地裡。
>
> 一月三十日，距太原兩百七十里：路過兩個顯然剛斷氣的人。一個衣服鮮亮，卻死於飢餓。往前走沒幾里路，發現一個大約四十歲的男人走在我們前面，搖搖晃晃像是喝醉了酒，被一陣風吹倒後，再也沒有爬起來。
>
> 一月三十日，距太原兩百九十里：看到路邊躺著四具屍體。其中一個只穿著襪子，看來已沒什麼分量，一隻狗正拖著移動。有兩個是女人，人們為她們舉行過葬禮，只是把臉朝地安置而已。路人對其中的一個更仁慈一些，沒有把她的衣服剝去。第三具屍體成了一群烏鴉和喜鵲的盛宴。隨處可見肥胖的野雉、野兔、狐狸和豺狼，但男人和女人卻找不到食物維持

> 生命。
>
> 二月一日，太原以南四百五十里：半天內就看見六具屍體，其中四具是女屍。一具躺在一個敞開的棚子裡，赤身裸體，腰上纏著一條帶子；一具躺在小河溝裡；一具浸在水裡，由於野狗的拖曳，半身暴露出冰面上；一具半身穿著破破爛爛的衣裳，躺在路邊的一個洞口旁；還有一具已被食肉的鳥獸撕碎，吃掉了一半。還碰上兩個十七、八歲的年輕人，手持拐杖蹣跚而行，看起來就像九十多歲的老翁。
>
> 二月二日，太原以南五百三十里：在下一個城市是我所見過最恐怖的一幕。清早，我到了城門。門的一邊是一堆男裸屍，像屠宰場的豬一樣被放在一起。門的另一邊同樣是一堆屍體，全是女屍。她們的衣服被扒走換吃的去了。有馬車把屍體運到兩個大坑旁，人們把男屍扔到一個坑裡，把女屍扔到另一個坑裡。

丁戊奇荒期間，山東、山西、直隸、河南、陝西等地區，受旱災及饑荒嚴重影響的民眾**多達一億六千萬至兩億人，約占清帝國總人口的一半**。直接死於饑荒和疫病的人數約為一千三百萬人。據西方學者威廉．丹多（William Dando）估計，十九世紀全球有兩千五百萬人死於饑荒，那麼**僅是丁戊奇荒就占這個數字的一半以上**。

依清廷戶部人口清冊統計，一八七七年山西人口為一千六百四十三萬三千人，到一八八三年僅為一千零七十四萬四千人，淨減五百六十八萬九千人。其中，太原府災前人口為一百萬人，災後僅剩五萬人。在某些縣，人口損失了八〇%。

然而，**這場饑荒卻被歷史徹底遺漏或故意遮蔽**。在中國的歷史教科書中，這場饑荒從未被提及，學術圈之外的中國人很少知道「丁戊奇荒」這個詞。有人說，中國文化中最發達的科目是歷史，中國的歷史著作滿坑滿谷，中國人以歷史為信仰。

然而，丁戊奇荒靜悄悄的消失在歷史中，一千三百萬人的生命，甚至比不上正史中某個官員的升黜榮辱更值得記載，這正從反面說明，中國人的歷史觀是扭曲的、是用謊言堆砌而成的，中國人的歷史書寫乃是讓人遺忘。

「雖曰天災，實由人事」

李提摩太對清廷在賑災中的表現很不滿，他嚴厲指責：「如果中國政府不那麼自負，聲稱只有自己是文明的，從野蠻的西方人那裡學不到任何東西，數以百萬人應當能夠得到拯救。確確實實，一位清政府的高官發布過一個公告，禁止人們遷往滿洲，雖然那裡的穀物便宜很多，而這發生在土地的價格只能賣到實際價格十分之一的時期；同樣真實的是，鄰省的某些官員禁止向山西出售糧食。這使得饑荒的狀況更惡化了。」可見，政府完全不顧民眾的死活，封疆大吏亦各自為政，但求自保。

一八七八年，位高權重的李鴻章在給友人的書信中承認：「朝廷日事禱祈，靡神不舉，而片雲不起。若清明前後仍不獲甘霖，數省生靈，靡有孑遺，我輩同歸於盡，亦命也夫！」龐大的帝國官僚機構，面對嚴峻的饑荒，所做的事情難道只能是祈禱求雨嗎？

丁戊奇荒為什麼會造成上千萬人死於非命？除了因為人口過快成長，導致華北本來就脆弱的生態失衡之外，若考查清帝國的政治和社會現實，就不難發現，這場觸目驚心的大災害，既是天災，又為人禍，正如曾國荃所說：「此次晉省荒歉，**雖曰天災，實由人事**。」

首先，華北饑荒前將近三十年的戰爭，消耗了國家和各省的財政，擾亂了國家大部分區域的貿易、商業和農業，**並將政府注意力從重大事務（如保持穀倉存儲、修路和築堤）上轉移**。曾國藩曾說：「近年從事戎行，每駐紮之處，周歷城鄉，所見無不毀之屋，無不伐之樹。」美國學者艾志瑞（Kathryn Edgerton-Tarpley）指出：「太平天國起義、捻軍起義和中國西南、西北部兩處大型的穆斯林叛亂聯合造成的財政影響是巨大的。軍事開銷占了政府支出的將近四分之三。」

丁戊奇荒發生時，「海內窮困已極」、「內外庫儲俱竭」，儘管多方籌措，仍捉襟見肘。賑災款中，屬於部撥、協撥及截留的公款很少，受惠最多的山西僅獲得三百一十七萬兩，不足全部賑災款的三分之一。

其次，清帝國政治腐敗，**國家糧食儲備制度崩壞**。自古以來，完善的倉儲制度和充足的糧食儲備是國家穩定的重要保證。清帝國在各省、州、縣設置糧倉，並形成一套完備的管理制度。但隨著清末政治日益腐朽，倉儲制度也漸趨衰敗。各級官吏非但沒有及時採買倉穀，反而借機變賣、挪用、侵盜官方儲存的糧食。

一八六〇年，戶部檢查全國糧倉儲備情況時赫然發現，全國只存有糧食五百二十三萬石，不及法令規定數量的兩成。無怪當丁戊奇荒爆發之際，災區處處缺糧，周邊省分也無太多餘糧，致使災民「哀鴻遍野、嗷嗷待哺」，很多人被活活餓死。

第三個原因是，「同治中興」那一代領袖逐漸凋零，**中樞缺乏強有力的領導者**。一八七五年初，年僅四歲的光緒被慈禧太后扶上皇帝寶座。慈禧以此全面掌握權力，卻讓「兒皇帝」的合法性相當脆弱。

太平天國戰亂之後，清帝國將更多注意力轉向東南沿海，逐漸拋棄華北內地，因而將帝國曾經的中心區域變成貧窮的外圍。一個明顯的例子是，李鴻章和總理衙門守衛著被指定給海防和其他自強項目的、已經稀缺的資源。饑荒中，他們試圖防止其權限下，相當可觀的資金從海防轉移到饑荒賑濟上。這又導致自強派與清流派的激烈辯論。「飢餓的家庭被迫選擇哪些家庭成員被保存、哪些被遺棄。一八七〇年代晚期，晚清政府面臨同樣艱難的選擇。」

第四個原因是，為了增加賦稅和財政收入，清廷於一八五九年頒布《徵收土藥稅釐條例》，**允許並鼓勵民眾種植鴉片**。此前，李鴻章等人提議，既然「洋藥不能禁其來」，不如「開洋藥之禁以相抵制」，也就是以自種自產鴉片的方式與進口鴉片抗衡。幾年後，鴉片種植遍及若干省分。

山西農民因為種罌粟比種糧食賺錢，「棄田之半以種罌粟」，「往往以膏腴水田遍種罌粟，而五穀反置於貧瘠之區」。御史劉恩溥描述山西的狀況是「數十萬頃膏腴之田，幾無樹藝五穀之土」。時人估計：「自罌粟盛行，每縣之田種罌粟者不下十之三、四，合全省土田計之，應占十五萬頃。」《申報》分析：「山西自廣種罌粟以來，五穀所產漸少，民間毫無蓋藏，一遇旱荒立見奇拙，此尚謂害而不由於罌粟，其誰信之？」曾國荃之後的山西巡撫張之洞也說，山西遍地種植鴉片，「幾於無縣無之」，「垣曲（山西運城境內）產煙最多，餓斃者亦最多」。

一八七七年，山西耕地面積約為五百三十萬畝，有超過六十萬畝種植鴉片。鴉片種植氾濫，以山西最烈，同屬災區的河南、山東也是本土鴉片的重要產區。這種畸形的農村「經濟發展模式」，不僅侵占良田和勞力，造成糧食不足；而且誘使相當部分農民自種自吸食，影響了健康和勞動能力。

「寧可食夷肉，不可食夷粟」

關於丁戊奇荒最重要的一本歷史著作，不是中國人完成的，而是艾志瑞所寫的《鐵淚圖：十九世紀中國對於饑饉的文化反應》。

《鐵淚圖》這個書名，來自於當時參與賑災的江南士紳謝家福和田子琳設計並印刷，其名為「河南奇荒鐵淚圖」的宣傳小冊子。這本小冊子由十二幅木板印刷的圖畫組成，描繪了河南省的饑荒狀況。為了號召人們致力於賑災，這些圖畫描述的是極端的狀況，即使是「鐵人」看後也會灑淚。

上海《申報》評論，這些圖畫是籌集善款的一種創新方法。一八七八年，「鐵淚圖」的小冊子被譯為英文在倫敦出版。有教會背景的「中國賑災基金委員會」的英國成員們，希望它打動有慈善心的英國人，讓他們慷慨解囊，幫助遠方的中國災民。

然而，「家醜外揚」並非這本小冊子創作者的初心。捍衛儒家傳統的中國士紳們，不希望西人介入賑災事務。艾志瑞指出：「這場饑荒揭示了在晚清中國轉型的關鍵階段，對創傷考慮的競爭背景。」**長久以來，真正統治中國鄉村的不是帝國政府，而是儒家士紳**。

然而，「食人主義」的圖像在晚清饑荒文本中如此普遍，暗示饑荒當地觀察者害怕這樣大規模的災難不能被理解，儒家核心價值（如「孝順」）在接二連三死亡的重壓下，變得支離破碎。即便如此，**並沒有證據表明災區民眾由於大災難，開始質疑傳統價值，或要求社會改革**。災區民眾也沒有反抗朝廷，這種情形印證了學者大衛·阿諾德的觀點，為了在創傷時刻活下來，「**人們可能會更加緊緊抓牢，他們先前生活的文化和社會殘骸**」。

此時，西方傳教士以經濟優勢介入賑災事務，而賑災也是他們傳福音的方式之一。這讓士大夫倍感威脅，這不只是面子問題，更是一場生死存亡的文化戰爭。謝家福寫道：「西人在山東賑災，打的是救災恤鄰的幌子，暗地裡幹的是收拾人心的陰謀。若不採取措施，恐怕會導致民心流失、異教橫行，終為中國之大患。」

謝家福對洋人賑災活動的抗拒，代表了士大夫的主流意見。蘇州士紳袁遂回信說：「西人想要領養饑荒孤兒，那是萬萬不可……我們若能多收養一名，則少一人入教，功德尤其大。」另一名名叫尤春畦的紳士，在聚會上發言：「**小孩餓死尚是小事，為天主教誘去，則大不可**，能否引之出堂，亦宜酌量，事卻甚好。」謝氏也以此鼓勵自己：「生平滅夷之志，刻不能忘。」

這種抗拒態度，同樣流行於清廷高層。一八七八年四月間，河南學政瞿鴻禨（後來成為軍機大臣）聽到洋人賑災的消息，立即上奏，指責洋人「其居心則險不可測」，目的是趁我「民多愁困」，借機「收拾人心」，以實現其不可告人的陰謀。清廷接到奏摺後，指示山西、河南兩省巡撫，要他們只要碰上外國人進入災區，必須「婉為開導，設法勸阻」。

上行下效，災民們抗拒洋人賑濟的情緒同樣強烈。史料記載，光緒三年（一八七七年），山東昌樂縣災民「弗受洋賑」；山東樂安縣災民「俱情願餓死，不受洋人之賑」。河南的災民態度最為決絕，不但不肯接受賑濟，還極力抗拒傳教士的「心懷叵測」。西人在《申報》上刊文描述：

> 河南地方飢民大不解事，於教士所分給之銀，不肯領取，意謂西教士意在買服人心，誘人入教，故特給我等銀錢，慎勿墮其術中。彼此相戒，竟無一人肯領。且仿鐵淚圖之式，造作諸般惡狀，謂教士誘人入教，如此虐待。亦分貼多張，以冀煽惑人心，該省官憲無可如何。

能夠仿照「鐵淚圖」製作宣傳畫，並廣為宣傳，不是愚夫愚婦所能做的事情，背後必然是地方鄉紳在操縱和策劃。

河南開封居民聞知傳教士花國香等人到達，遂遍貼告白，有「**寧可食夷肉，不可食夷粟**」之句，更有某書院罷課宣稱「要與西人打仗」。傳教士們不得不放棄在河南賑災的打算。河南省做到了不讓西方人在其域內發放賑濟物資這件事，饑荒中亦不忘排外，打造一道銅牆鐵壁。可見，在本土鄉紳眼中，提防洋人比拯救災民更重要。

朝野上下一直排斥洋教並不讓人意外，此前已有太多教案讓帝國政府焦頭爛額。但事情的悲劇性在於：當一種異域文明希望以一種文明方式（賑災）被接受時，它反而遭到比使用野蠻手段（戰爭或武力）時更為決絕的抵制。

此次饑荒最嚴重的山西、河南兩省，恰好是二十多年後義和團暴亂最猖獗、屠殺西方傳教士和本土基督徒最血腥的兩省，這一重合絕非偶然。

有人評論：「一八七八年前後的中國，被一種很古怪的『民族主義』所籠罩，甚至掩蓋了大饑荒的死氣，最後，竟然起了為千瘡百孔的清帝國『保駕護航』的作用——而

申報

《申報》為中國近代發行時間最久的報紙，在 1949 年停刊。

類似的這種政治手段，後世一再模仿襲用，並不陌生。」毛澤東時代，中國政府閉關鎖國，向外界隱瞞大饑荒真相；唐山大地震後，中國政府拒絕外國參與救援，比清帝國有過之而無不及。

地獄之變相：以父而食其子，以女而食其母

一八七八年，山西巡撫曾國荃在奏章中寫道：「今日晉省災荒，或父子而相食，或骨肉以析骸，所在皆有，莫之能禁，豈非人倫之大變哉？」同年，他致書兩廣總督劉坤一說：「古人形容飢民，輕則曰菜色，重則曰鵠面鳩形，均尚未能逼肖。以今日觀之，**直無異地獄之變相**。」饑荒初期，人們瘋狂搜尋一切「可以吃」乃至「不可以吃」的東西充飢。「不可以吃」的東西，比如絕望的民眾**取小石子磨粉**，和成麵狀吃下，或掘觀音白泥充飢。結果，不數日間，泥性發脹，腹破腸裂，疼痛而亡。當沒有東西可以吃時，**「人吃人」的慘劇便發生了**。

先是吃死人。成群結隊的飢民到處挖屍體、搶屍體為食，導致人們把裝有親人屍體的棺材放在家裡不敢聲張。在甘肅東部、四川北部以及山東地區，「炊煙斷縷，雞犬絕聲，父棄其子，兄棄其弟，夫棄其妻，號哭於路途。是冬及次年春，或舉家悄斃，成人相殘食，殣殍不下數萬」。

據當時的記載，**各災區都曾出現公開販賣人肉的市場**。曾有一個吃人肉的婦女被抓後，

反問審訊的官員：「既然狗吃人肉都可以合法，那為什麼對於我們這些沒有食物可吃的人來說，吃人肉就是犯法？」官員無言以對。

再進一步就是殺死活人作為食物充飢。《山東通志》稱全省「大旱，民飢」，一些災民「飢則掠人食」，過境者往往失蹤，人們為此「相戒裹足」，不敢遠行。最嚴重的是**骨肉相食**。常言道，虎毒不食子。在極端情況下，有些父母為了活命，什麼道德底線都沒有了。

一八七八年正月，山西平陽府報告有食人案十餘件，其中城內一案、城外一案，都是婦女殺死自家幼童以取食。還有一些不忍心吃自己的孩子的，和其他父母交換孩子吃，即「**易子而食**」。由此，艾志瑞提出「食人主義」的概念，他發現，在饑荒歌謠、石刻碑文和縣誌中，出現大量「食人主義」描述，這些報告非常生動，詳細到身體的什麼部位被吃，大膽說明人們在吃活人——既有陌生人，也有家庭成員。

描述丁戊奇荒中所有饑荒作品，充滿了與饑荒相關的食人主義以及苦難婦女的圖像。《運城災異錄》的作者聲稱，他親眼看到家庭內部食人主義的情況，以及人肉出現在市場上的可怕景象：「兄吃弟弟吃兄余親眼見，妻吃夫夫吃妻提起心酸……集會上賣人肉指甲出現，父吃子子吃父逆理滅天。」

此類細節不僅在此時此刻出現，在中國的正史和小說戲曲中比比皆是，「吃人」上升為一種文化和主義——就連表達方式也極為特別：通常表達食人肉的中文短語是生硬的三個字，留下的空間太少，使人無法混淆，它們甚至沒有在標準的中文詞典中出現。表示食人肉的現代中文短語「吃人肉」和它的古文表達「人相食」，兩者都被丁戊奇荒的觀察者最普遍的運用，包括了「人」這個角色以及動詞「吃」這個特徵。

自從魯迅一九一八年在其小說《狂人日記》中，創造的「舊的吃人的中國」成為二十世紀中國民族的寓言後，**「人吃人」不僅象徵著一八七六至一八七九年饑荒，還有整體上的中華帝國**。魯迅將食人主義作為「解釋傳統中國文化和社會負面總體的有力比喻」。

韓裔美國學者鄭麒來寫過一本名為《中國古代的食人》專著，區分了「求生性吃人」與「習得性吃人」兩種不同的吃人模式，饑荒中的吃人屬於前者，更惡劣的是，這並非出於飢餓或保命而吃人——吃人已經「進化」成一種高級的文化，比如《本草綱目》中，就記載人的某些器官可以作為藥來治病。

一八九五年以記者身分到臺灣報導當時島內情勢（**臺灣剛剛割讓給日本**）、一八九七至一九〇三年出任美國首任駐臺領事的達飛聲（James W. Davidson），於一九〇三年出版了《福爾摩沙島的過去與現在》一書，在書中嚴厲譴責了華人的吃人惡習。他指出，**島內的原住民雖有「出草」習俗**，即砍掉外來者的首級，但他們不會吃人，**吃人的反倒是來自清帝國的移民**：

一個以擁有高度文明和宗教情懷而自豪的民族，本應對此蠻行深覺罪惡，但這卻是千真萬確。他們殺了一個番人後，通常砍下首級公開展示，給那些來不及看到先前殺戮、支解過程的民眾觀賞。接著，捉捕者分食軀體，或賣給富有的中國人，甚至賣給高官，以同樣方式處置。腎、肝、心和腳掌是人們最想要的部位，一般切成小塊，煮熟了熬成湯吃。肉和骨頭也加以熬煮，人肉則做成某種「番膏」。

中國人依據自古以來的迷信，堅稱吃番人肉能強身固精，甚至增加氣魄。某些人或許以此作為袒護這種可怕習俗的藉口，但這禁不起檢驗，詳細思量，世上最野蠻部落的食人文化正是以迷信為根基。一八九一年山區戰亂期間，番人肉如豬肉般被裝在籃子裡送來，並在大嵙崁市場當著外國人在內的所有人面前公然叫賣；有些番人肉甚至被外銷到廈門販售。

可見，魯迅所說的中國歷史上寫滿「吃人」兩個字，不只是一個隱喻或象徵，更是中國古往今來、屢見不鮮的現實。只是，魯迅未曾想到的是，在他死後，還有更慘烈的「人吃人」事件在共產中國上演。

丁戊奇荒成為掩蓋毛澤東時代大饑荒的「歷史他者」

二〇〇一年，艾志瑞在山西田野調查的時候吃驚發現，「光緒三年，人吃人，犬吃犬」的韻文被很多受訪者提及。原來，他們在大躍進時代的中小學教材中學到過丁戊奇荒的歷史。如果丁戊奇荒的晚清觀察者，聽到一九六〇年代早期課堂演講，一定會感到驚奇，**一八七七年災難中的食人主義圖像，被運用來構造一個令人恐懼的「歷史他者」**。

德國學者文浩（Felix Wemheuer）在《饑荒政治》一書中指出：「在一九五七年社會主義教育運動中，飢餓成了一個禁忌的話題。中國政府把喊餓當作一個政治問題，看作對社會主義制度的攻擊。」那麼，兩年之後，當大饑荒突如其來時，中共如何掩蓋劉少奇對毛澤東說的「人相食，你我要上史書」的真相？

艾志瑞發現了中共宣傳術的祕密：共產黨的宣傳機構將大饑荒描述成一次價值中立的事件，使用「三年自然災害」、「三年困難時期」這樣的說法。作為這場自然災害中應對苦難經驗的一部分，山西省級官員從當地的史志辦派遣工作人員，到鄉間收集關於丁戊奇荒的資料文獻。

在這些文獻中，食人主義隱約出現，縣級官員和教育者運用這個事實，將人們在一九六〇年面對的困難輕描淡寫。在關於丁戊奇荒的文獻匯編的序言中，匿名的作者寫道：「在黨和毛主席領導之下，今天我們的社會已起了翻天覆地的變化。即使我們今天也還遭受了連續三年的大災，但光緒三年餓死人、人吃人的悽慘情況，是一去不復返了。」

由此，在面對一九五九至一九六一年中共自身製造的饑荒時，中國政府召喚了光緒三年的餓死鬼來支撐其論點——舊社會是食人主義的，將人變成鬼；新社會是社會主義的，將鬼變成人。由此，中共將它「餵養」中國人民的總體性失敗輕描淡寫。在一九六〇年代發表的與饑荒相關的文章中，丁戊奇荒的圖像被用來將過去和現在拉開距離，並用來強化將舊中國作為「黑暗的歷史他者」。

艾志瑞出版《鐵淚圖》一書時，旅美華裔作家依娃還未開始創作口述歷史《尋找大饑荒倖存者》、《尋找逃荒婦女娃娃》、《尋找人吃人見證》系列。依娃受楊繼繩巨著《墓碑》的激勵，歷時五年，先後走訪甘、陝地區二十多個縣的兩百五十多名大饑荒倖存者，完成了大饑荒口述史三部曲。

若艾志瑞讀了《尋找人吃人見證》中大量的第一手資料，會不會寫一本《鐵淚圖》的續集？在依娃的書中，較多細節的是：人餓死後的屍體被其他飢民剮下肉來，也有不少人眼看著家人奄奄一息，而將其殺死分食——有父母殺孩子，有祖母殺孫輩，還有將同村鄰居孩子或過路行人抓住殺害吃掉。更多有名有姓的人吃人的細節，讓人讀後做噩夢：

甘肅省通渭縣雞川鎮上店子村農婦靜娃的母親，給兒子煮了三個人腦髓，說：「就這個吃上好。」用人腦髓救下了兒子的命。

甘肅省通渭縣雞川鎮上店子村，一戶農家餓得不行，男人將自己還有一口氣的女兒拖到場裡捏死，然後拿回家剁開煮食，她的母親，村人叫她「毛巧媽」，一邊吃自己女兒的肉一邊說：「吃我自己的娃娃，我心上疼得很。」再咬一口，又說：「吃我自己的娃娃，我心上疼得很。」

在一次新書發表會上，有讀者問依娃：「你恨大饑荒中吃人的人嗎？」

依娃回答：「這是一個很痛苦的問題，如果你五年前問，我會回答：人怎麼可以吃人呢？禽獸不如！但今天捫心自問，我沒有資格指責被剝奪吃飯權利的人，沒有資格恨掙扎在死亡線上隨時斃命、人肉成了最後活下去的食物的人。」

那麼，是誰把他們逼到那樣的境地？真正該恨、該問罪的，是誰？毛澤東在大躍進時期留下一些名言，比如：「大家吃不飽，大家死，不如死一半，讓另一半人能吃飽。」、「人要不滅亡那不得了。滅亡有好處，可以做肥料。」、「餓死事小，失節事大。中國有幾億人口，餓死幾千萬人算啥大不了的事呀！讓婦女敞開生孩子，死的幾千萬人，過幾年又不回來啦！

我們憑啥吃赫魯雪夫的嗟來之食？」

這些是只有魔鬼才會說出的話。依娃說，她同情和敬重中國農民所受的苦難，只譴責和痛斥剝奪農民糧食、農民吃飯權利的暴政統治，她只問罪毛澤東和他所領導的政黨。毫無疑問，是毛澤東一手製造了逼人為獸、人吃人的慘劇，而且是數以萬計，為人類吃人史之冠。

第八章 翁同龢——書法大師何以成為禍國元凶？

養成筆力可扛鼎，準備花時要索詩。

——翁同龢

在清末政壇上，翁同龢是一位重要人物，以傳統價值標準衡量，其家世、道德、學問、書法，都超過「晚清四大名臣」中李鴻章和左宗棠。

翁同龢的父親翁心存當過咸豐皇帝的老師；翁同龢是咸豐皇帝欽點的狀元，故被稱為「天子門生」；他先後充任同治和光緒兩個皇帝的老師，故又被稱為「門生天子」；他一生都任京官，不曾外放，當過刑部、工部、戶部的尚書，曾於「楊乃武與小白菜」一案中發現諸多疑點，說服慈禧太后下令重審此案，讓蒙冤者得以昭雪；他出生江蘇常熟，長期掌管財政大權，入值軍機，成為大學士，一度深受光緒皇帝信賴，權傾天下，故又被尊稱為「常熟相國」。

作為傳統的士大夫，翁同龢實現了「洞房花燭夜，金榜題名時」之夢想，更實現了「立功、立言、立德」之「三不朽」人生目標。他應當為此心滿意足嗎？

翁同龢為何遭光緒皇帝罷黜？

然而，想當「太平宰相」的翁同龢，偏偏遇到滄海橫流、疾風暴雨的轉型時代，被驚濤駭浪衝到天涯海角。他被動的捲入「后黨」與「帝黨」對峙，想左右逢源而不得，在最輝煌的人生頂點，突然遭朝廷罷黜，晚年幽居鄉里，門可羅雀，「淒涼到蓋棺」。

與李鴻章相比，翁同龢沒有留下什麼值得稱道的政績，他的一生，表面是一名狀元「生不逢時」之悲劇，卻可以成為探索中國近代化為何「屢戰屢敗」的樣本。翁同龢留下篇幅巨大的《翁同龢日記》，與李慈銘的《越縵堂日記》、王闓運的《湘綺樓日記》並稱「晚清三大日記」。

翁同龢並非支持光緒皇帝大刀闊斧改革的維新派，而是謹守「祖宗之法不能變」的守舊派。翁同龢之所以遭到罷黜，並非守舊派的慈禧太后要除掉改革派光緒帝身邊的羽翼，而是**光緒帝不能忍耐翁同龢的守舊與僵化，主動下旨將他趕出決策圈子**——此時，兩人十多年來的親密師生關係已瀕臨破裂。光緒帝在罷免翁同龢的聖旨中，一點也沒有給老師留情面：

> 協辦大學士翁同龢近來辦事多不允協，以致眾論不服，屢經有人參奏，且每於召對時，諮詢事件任意可否，喜怒見於詞色，漸露攬權狂悖情狀，斷難勝任樞機之任。本應察明究辦，予以重懲，姑念其毓慶宮行走有年，不忍遽加嚴譴，翁同龢著即開缺回籍，以示保全。

翁同龢跟康有為私底下並無太深的交流。翁同龢成為維新派領袖，這身分是戊戌變法失敗之後，流亡海外的康有為為了提高自己的身價而「拉大旗作虎皮」虛構出來的——跟「衣帶詔」一樣是徹頭徹尾的謊言。康有為在翁同龢死後將他譽為「中國維新第一導師」，反正翁同龢不能從地下起來，摘掉這頂「康冠翁戴」的帽子。

翁同龢不是改革派，而是僅次於慈禧太后，導致戊戌變法失敗、清帝國繼續衰敗的第二位罪人。翁同龢也是清帝國在日清甲午戰爭中戰敗的直接責任人之一，他大權在握卻不明世界大勢和自身軍備狀況，自以為可以調兵遣將、討伐東夷，卻讓清帝國遭受了建國以來，歷次對外戰爭中最慘痛的一次失敗。

此前，翁同龢任戶部尚書、掌握帝國財權期間，處處刁難北洋水師，削減軍費、剋扣糧餉，《中國海軍大事記》光緒十七年載：「四月，戶部決定：南北兩洋購買洋槍、炮彈、機器事，暫停兩年，所以銀子解部充餉。」翁同龢這樣做，只是因為他與李鴻章之間存有私人恩怨。這種以私害公的做法，禍國不淺。

翁同龢是謹守「祖宗之法不能變」的守舊派。

當時，民間有一副對聯譏諷翁李二人：「宰相合肥天下瘦，司農常熟世間荒。」上聯「合肥」指合肥人李鴻章，下聯「常熟」即常熟人翁同龢。翁同龢的財政政策守成有餘、開拓不足，完全無法適應轉型時代的要求。

主戰派比主和派更誤國

光緒皇帝親政，翁同龢以帝師身分成為朝廷的決策者。甲午戰爭期間，翁同龢是堅定的主戰派。他占據道德制高點，讓旁人為之側目。**若不能戰而強行戰，主戰派的危害遠大於主和派。**

具有諷刺意義的是，主戰派往往並非「雖千萬人，吾往矣」式的勇敢者，反倒是怯懦自私、膽小如鼠的人物。歷史學家高陽寫《翁同龢傳》，從翁同龢早年的日記中發現其軟弱的個性：翁同龢當上帝師後，有一次請假回故鄉常熟探親，一路頗為風光，各地官員辦差應酬，極為巴結。

他經海道由上海換船回常熟時，是依靠小火輪（小輪船）拖帶兩艘新式「無錫快」，由城東繞城北，高調炫耀「衣錦還鄉」。經崑山時，翁同龢在日記中說，他並不想走這條路，害怕前來歡迎的地方官和民眾耽擱行程，又擔心這樣做，會成為其他人仿效的不良風氣。但船夫說，這樣走可節省數十里路，堅持這條路線。結果，果然陸上有很多民眾喧譁圍觀，讓他深感不安和羞愧。

走這段近路，既擾民，又過於張揚，確非明智之舉。但船家依仗東家的勢力，悍然不顧。江南的紳權特重，有「文采風流、武斷鄉曲」之號。這一次，翁同龢身不由己的上演一齣「狐假虎威」大戲，可惜他是戲劇中被狐狸利用的老虎。對此，高陽評論：「翁同龢雖然是正人君子，卻明知其不善而不能阻止，**此性格中姑息懦弱的一面，是他以後誤國誤君的致命傷。**」連一名小船夫都不能控制的人，一旦掌握國家大權，焉能不壞事？

日清開戰前夕，李鴻章清楚知道清國的海陸軍都不能戰；翁同龢掌管財政大權，當然知道軍費幾何，也知道清軍的戰力究竟如何。但是，在和戰問題上，翁同龢主戰的態度，始終不變。

一開始，他的本意是「求乾綱大振，致君於有為之地」，也就是說，打贏一場勝仗，讓光緒皇帝立威、集權，將實權從慈禧太后那裡拿回來，並以此為基礎，幫助光緒皇帝創建堪比康熙皇帝的豐功偉業。

到了戰爭的第二階段，他明知事不可為，為了自己的名聲，固執己見，變成「為主戰而主戰」，實不能不謂之誤國。到了日軍長驅直入、如入無人之境的**戰爭後期，翁同龢又變成縮頭烏龜，竭力推卸責任，**讓朝廷派遣李鴻章出面與日本談判，使李鴻章備受羞辱——他甚至為李鴻章成為這場敗仗的替罪羊而偷樂。

國家的戰和政策，居然成為高層派系鬥爭和私人恩怨的籌碼。《蜷廬隨筆》中記載了翁同龢的一句名言：「正好藉此機會讓他（李鴻章）到戰場上試試，看他到底怎麼樣，將來就會有整頓他的餘地了。」對此，學者蘇同炳在《中國近代史上的關鍵人物》一書中指出：「翁同龢因與李鴻章之間久懷宿怨屢謀報復，李鴻章不欲戰而迫其戰，在他看來正是挫抑之而困頓之的良好機會，又豈能放過？至於萬一試而不效，淮軍挫敗，私怨雖報而國事已壞，則就不是翁同龢所著急的問題了。」若真是如此，不殺翁同龢不足以謝天下。翁氏只是被罷官回家，所遭處罰實在太輕了。

若非翁同龢橫加干涉，而由李鴻章全權處理對日外交，清廷不至於落得「戰和皆無可恃」的境地。比較翁同龢的手足無措、袖手旁觀，高陽對李鴻章的處境充滿同情：

> 當時最痛苦的是李鴻章。好比一場賭局，明知輸定了，而仍然不能不悉索敝賦，湊賭注押在「死門」上。而且輸光了還不能一走了之，猶須善後；他早已料定了，將來談和仍舊是他的事。**當時如非翁同龢的牽制**；則上有慈禧太后作主，內有恭王及軍機支持，且外亦必有劉坤一、張之洞的默許，應該可以少輸當贏，**早就和得下來的**。

看來，翁同龢真是成事不足、敗事有餘的廢物。

甲午戰敗後，慈禧重新起用恭王，恭王領軍機後，第一件事是請撤書房，這完全是針對翁同龢而發，「因為翁同龢之在書房，猶如美國總統的特別助理，權侵政府，為恭王所不能容忍」。這是翁同龢由盛而衰的轉折點。

翁同龢在中樞經營多年，透過擔任主考官選拔不少人才，但並未形成一個鐵桿派系，時人形容，翁同龢「為人好延攬而必求其為用，廣結納而不能容異己」，所以他無法像曾國藩、李鴻章和袁世凱那樣，在槍林炮雨中鍛造出嫡系人馬、成就一番事業。

維特、李鴻章與翁同龢的「三人行」

翁同龢與李鴻章的私怨，源於鎮壓太平天國叛亂期間，曾國藩及李鴻章上書朝廷，檢舉翁同龢的哥哥、時任安徽巡撫的翁同書兵敗棄守逃亡。封疆大吏守土有責，若「棄城喪師」，則為死罪。

兩江總督何桂清就是因此被「斬立決」，《清史稿》評論：「以才敏負一時之望，膺江表重寄。桂清無料敵之明，又失效死之節。身名俱隕，罪實難辭。」翁同書的情形與之大致相似，咸豐帝硃批「貽誤取巧，苟且偷生」，議政王大臣擬「絞監候」（即死刑緩期執行）。《清史稿》載：「同治元年正月，丙午（日），前安徽巡撫翁同書以失壽州、定遠，褫職逮問，尋論斬。」後因其父翁心存病故，朝廷體恤，改為發配新疆。

李鴻章揭發翁同書是秉公辦事、無可厚非，但翁同龢由此對李鴻章恨之入骨。由此，翁同龢一生事業的枯榮與李鴻章緊緊糾纏在一起。

近代以來，為禍中國最烈的兩大強國為俄國和日本。在清末，俄德勾結，軍事外交並用，三翻四覆，波詭雲譎，而穿針引線，哄嚇騙詐，成於李鴻章之手，但翁同龢應負最大責任，因為洋務、財政的大權都在他手裡，如同維特在俄國的地位。

當時，**中國與俄國的外交，不脫於維特、李鴻章與翁同龢之「三人行」**。只是維特遠比李鴻章高明；李鴻章則遠比翁同龢高明。高陽將翁同龢視為「庸臣」，認為庸臣握權，誤國甚於奸臣。膠州灣事件若交由李鴻章處理，賣國會適可而止；翁同龢不懂裝懂，對李鴻章指手畫腳，遂致事態不斷惡化。

維特不僅是俄羅斯帝國工業化過程的主導者及俄羅斯憲法之父，更是俄國遠東政策的制定者。一八九五年日清甲午戰爭之後，維特發起「三國干涉還遼」，積極主張俄羅斯向東、向南擴展，以滿洲為其勢力範圍。維特與李鴻章簽訂《中俄密約》之後，俄國在中國成立華俄道勝銀行、修建中東鐵路。

有人以「俄國的李鴻章」形容維特，確實，在更寬廣的歷史視野中，他們兩人都是現代化道路上的失敗者——他們縫縫補補的兩個帝國都崩潰了。不過，李鴻章在清帝國推動現代化的成就，哪裡比得上維特在俄國成就的尾巴？

如果說翁同龢是深陷於傳統文化沼澤地的「舊派人物」、李鴻章是「半個舊派、半個新派」，那麼維特就是已邁入近代世界的政治家，而不是「最後的古代大臣」。維特的教養是歐洲貴族普遍應用

維特是俄羅斯憲法之父，更是俄國遠東政策的制定者。

的教養，跟儒家士大夫的教養截然不同。翁同龢具備儒家士大夫的最高教養，高陽如此描述翁同龢的「大臣之風」：被黜以後，翁「雍容自在，毫無怨望；料理雜務，一如平常之仔細負責」。

然而，這種處變不驚的道德修行，對於處理轉型時代瞬息萬變的外交事務並無幫助。翁同龢不通西學，老冤家李鴻章曾嘲笑他「**目不觀西籍，但知善奔走東華門耳**」，東華門即紫禁城東門，此處指皇宮，翁同龢平步青雲，主要憑藉其帝師身分而非其經世致用的才略。

翁同龢不喜歡外國人，包括有留洋背景的人物。光緒二十二年四月初三，他見到第一代留學生容閎，在日記中寫道：「江蘇候補道容閎，純甫，久住美國，居然洋人矣。然談銀行頗得要。」從「居然洋人矣」這一句感慨，可知他對外國人和西化人士打從心底反感。

翁同龢對西方器物、技術也持負面看法。光緒十四年除夕，翁同龢在日記中記載：

火輪馳騖於昆湖，鐵軌縱橫於西苑，電燈照耀於禁林，而津通開路之議，廷論譁然。朱邸之意漸回，北洋之意未改。歷觀時局，憂心忡忡。忝為大臣，能無愧恨？

翁氏的「愧恨」，是針對自強運動之後火輪（汽船）、鐵軌、電燈等風行一時，造成「人心不古」。他對修鐵路更是堅決反對。

光緒十八年正月初五，李鴻章七十大壽，初六，其子李經進早夭。翁同龢在日記中記載：

聞合肥相國之幼子（頌閣之婿，今年十五，極聰慧），於初六日病卒，三日病耳。相國初五日壽，將吏雲集，致祝之物，爭奇競異，亦已泰矣。倚伏之理可畏哉，相國篤信洋醫，此亦為其所誤。

翁同龢視李鴻章為仇人，在李鴻章遭遇喪子之痛時，還不忘落井下石加以嘲諷，最後一句嘲諷反倒顯示出其見識鄙陋——他敵視洋醫（西醫），只是他敵視整個西洋文明的一部分。

在戰爭與和平的問題上，**翁同龢是主戰派，李鴻章和維特則是主和派**。事實證明，就當時清帝國和俄羅斯帝國面臨的國際國內局勢而言，主戰是錯的，主和是對的——儘管前者占據道德制高點，後者在辯論時被迫處於下風。

日俄戰爭剛一開打，維特就預見到俄國將戰敗。他在給參謀總長庫羅帕特金一封情緒激動的信中指出，因為戰爭的緣故，俄國已淪為二流國家，俄國處於「革命的第一階段」，迫切需要「快速且持久的和平」去應付動亂並休養生息。

庫羅帕特金則聲稱愛國主義需要戰爭的延續——這也是翁同龢的立場，儘管他還沒有學會使用「愛國主義」這個時髦的話語。維特則回答，他知道庫羅帕特金堪稱「十足的愛國者」，可是，他也愛著祖國，況且，因為愛國，所以他想要為「貧窮、可憐、可愛、仁厚的俄羅斯同胞」爭取和平。

甲午戰敗後，主戰的翁同龢推卸責任，主和的李鴻章偏偏被派到日本簽訂《馬關條約》。與之相似，維特在俄國海陸軍都慘敗後，出任俄國和談團的首席特命全權代表，到美國普利茅斯參加由美國總統老羅斯福主持的日俄和談。他當然知道這個新職位隱含的陷阱——十年前，李鴻章也不得不踏入翁同龢為之設計的陷阱。維特對友人說：「想要通過陰溝，他們就派維特去；可一有光鮮的美差（能得到好處的差事），就有一幫人跑出來。」當年，李鴻章大概也有過類似的嘆息吧！

士大夫、科舉制和儒家文化整體性的失敗

翁同龢是清代的書法大家，其書法縱橫跌宕，為世所重。徐珂在《清稗類鈔》中評論：「叔平相國（翁同龢）書法不拘一格，為乾嘉以後一人……晚年造詣實遠出覃溪（翁方綱）、南園（錢澧）之上。論國朝書家，劉石庵（劉墉）外，當無其匹，非過論也。光緒戊戌以後，靜居禪悅，無意求工，而超逸更甚。」譚鍾麟更推崇：「本朝諸名家，直突平原（顏真卿）之上，與宋四家馳騁者，南園（錢澧）、道州（何紹基）、常熟（翁同龢）而已。」

然而，翁同龢的悲劇在於，本來其才能適合做一名書齋中的學者和書法家，偏偏被推到宰相的位置，處理超過能力範疇的帝國政務。書法只是技術和藝術，書法好並不意味著人品好，更不意味著此人擁有經世致用的才幹。

翁同龢沒有受過基本的理財訓練，卻當上戶部尚書；對外部世界一無所知，卻當上總理各國事務衙門大臣。對內，他不能整治暮氣沉沉的官僚系統，處理丁戊奇荒之類的天災人禍；對外，他不能審時度勢，應對朝鮮變局和日本威逼，避免打甲午戰爭這場必敗無疑的戰爭。才不配位，這是科舉制度造成的一個「美麗誤會」。

翁同龢一錯再錯，且從來不覺得自己有錯，用恭親王的話來形容，是「聚九州之鐵不能鑄此錯者」，也正如高陽的批評：「守禮安分是翁同龢的第一長處，但**守禮安分者每短於應急濟變之才**。時勢所趨，甲午以後，莫知其然而然地用其短，此真清祚不永的氣數使然了。」

太平宰相好當，不太平時代的宰相則需要特殊的才能與意志。晚清洋務幹才張蔭桓與日本公使矢野在一次密談中指出，光緒皇帝一開始很信任老師翁同龢，後來見到翁氏主張的諸多政策，不合時宜、抱殘守缺，因此轉而疏遠乃至罷黜翁氏。

翁同龢與光緒皇帝觀念上的分歧，

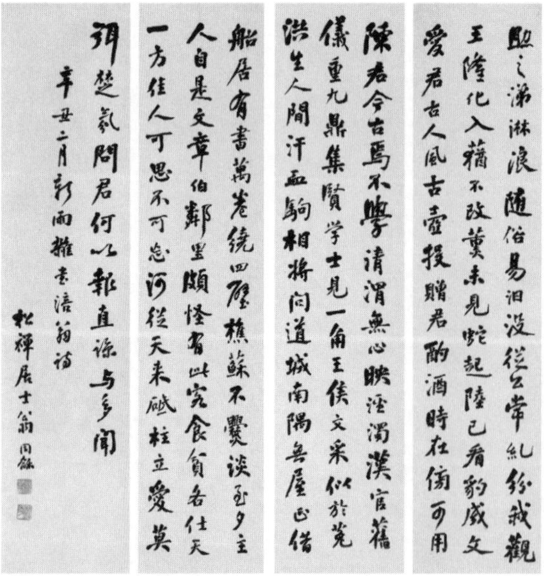

翁同龢以書法名世。

從一個小細節可看出來：德國亨利親王訪華，光緒帝要與之行握手禮，在朝廷掀起軒然大波。翁同龢堅守儒家倫理，激烈反對，與光緒皇帝產生嚴重衝突。

翁同龢對張蔭桓起草的、符合西方世界慣例的禮儀深感不滿。當德國客人來到皇宮，翁同龢親自攔阻亨利親王的衛隊進入南配殿，其舉動之粗魯，與主人和儒生的身分不合。在殿廷之上，他大聲喝斥對方，又威脅說要捆人，其驕橫跋扈之狀形之於辭色，難怪光緒帝會生氣。

此後，德國公使海靖邀請慶親王、李鴻章、翁同龢與張蔭桓四名負責清帝國外交的重臣去德國使館赴宴。其他三人欣然前往，唯獨翁同龢故意缺席，並不是有其他無法抽身的事務，而是興致勃勃的跑去品嘗友人贈送的鰣魚和熊掌，其對外人的輕蔑無禮，暴露無遺。

翁同龢大概不知道，德國已是歐洲第一強國，剛奪走膠州灣等地，如果德國願意，隨時可以派兵從山東打到北京，清國毫無招架之力。他在微不足道的禮儀上贏得面子、羞辱對方，難道就能改變國力強弱的鮮明對比嗎？

翁同龢這樣做，背後有根深蒂固的文化和倫理觀念驅動。日本學者佐藤慎一在《近代中國的知識分子與文明》一書中指出，**中國士大夫的學問對象局限於按經史子集分類的古典世界**。關於人與社會的真理記述在經書中，解決問題的先例則積蓄在史書中。士大夫的任務就是正確的解釋這些書籍，發現確切的答案。在古代世界，尚可「資治通鑑」；在現代世界，卻已無法「刻舟求劍」。換言之，舊有的知識體系無法應對當下的時代議題：

十九世紀後半期的士大夫盡其所能、傾其所學，雖然提出了無數的對策，終究不能找到確切的解答。這是因為經過產業革命與政治革命而成長起來的西方諸國的力量——政治力、經濟力與軍事力——在人類歷史上本身就是前所未有的，如何翻閱中國的古典也不可能找出確切的解答來。

以翁同龢為代表的儒家精英階層，始終不願承認他們無法解決清帝國面臨的危機。**承認古典或先例中不存在正確的解答，關係到士大夫的自我否定**。正是因為在古典或先例中，常存在著正確的解答這一大前提，精通經書或史書的士大夫，才能具有作為社會指導者的權威。如果指明即使精通經書或史書，也未必能得到正確解答，士大夫的權威就會大受傷害。

所以，自發的進行這種行為，對士大夫而言幾乎是不可能的。換言之，任何一個士大夫都不太可能主動、積極否定自身存在的根基，轉而去尋找新的價值皈依。

外部世界一日千里，以不變應萬變就是坐以待斃。傳統士大夫不斷引經據典，頑固的反對一切變革，「摸索危機的士大夫們無非是從古典或先例中尋求答案。這如同試圖在沒有出口的迷途中尋找出路。他們越是盡其所能、傾其所學的尋找正確答案，就越是浪費時間、加深危機。如果他們不是那種有能力的人，倒可能會及時注意到中國文明的積蓄及自身能力的界限，而試圖從完全不同的方向尋求出路。在這種意義上，甚至可以說甲午戰爭敗北象徵的中國近代化挫折，正是由於士大夫有能力而引起。」**這是科舉制的全然失敗，也是士大夫的**

全然失敗，歸根到底是儒家意識形態的全然失敗。

這一點在翁同龢身上展現得最為突出：他最大的成功（狀元及帝師身分），偏偏成了他最大的失敗。他是儒家倫理的囚徒，既不能像左宗棠、李鴻章，可以在戰場上運籌帷幄甚至身先士卒，也未能像沒有功名、出身卑微的袁世凱，全身心擁抱西化浪潮並開風氣之先。

甲午戰敗後，李鴻章成為替罪羊，翁同龢巋然不動。但民間有一個流傳很廣的段子，說翁同龢「滿面憂國憂民，滿口假仁假義，滿腹多忌多疑，滿身無才無識」。若翁同龢親耳聽到此種酷評，不知作何感想？

清廷鎮壓了太平天國的反叛，與西方列強簽訂了一連串條約後，久違的和平來臨了，清帝國再次在「同治中興」的美好感覺中昏昏睡去。這正是翁同龢登上政壇乃至執掌中樞的時代背景。在萬國競爭、不進則退的國際環境中，清帝國定位於「高度內傾型」的國家結構，拒絕像日本那樣大步走向近代化，其作為東亞地區「話事者」的地位，注定了會被後來居上的日本所取代。

學者王鼎傑在《復盤甲午》一書中分析，「晚清始終沒有也不願直面一五〇〇年以來的國際政治事實，甚至遲遲不願承認這世界還存在對等的外交對手」，「晚清的身軀雖然進入了這個新時代，頭腦卻還停留在有內政、無外交的傳統格局中，始終無法形成敏銳的外交感，自然難以捕捉現代國際政治的實質，如此勢必影響到國家戰略的制定」。

作為朝廷決策者之一的翁同龢，受儒家傳統文化和道德觀念束縛，不能吐故納新、與時俱進，故而「身與名俱滅」。翁同龢在百日維新前夕被罷官，回到故鄉江蘇常熟，這是他的不幸，也是他的幸運——若他仍在位，住在北京，庚子拳亂那道門檻必定過不去。他會是跟著慈禧太后和光緒皇帝逃往西安（慈禧太后和光緒皇帝恐怕不願帶他同行），還是自殺殉節？

當義和團拳亂席捲北方之際，南方的督撫和士紳們一起策動東南互保運動，使得東南半壁江山得以保全，在地方官員管束之下的翁同龢也是受益者之一。之後，翁同龢又活了四年，於一九〇四年病逝（無子嗣），那時袁世凱已經掀起轟轟烈烈的清末新政，而離清帝國崩潰僅有八年時間。

第九章

大清不是亡於辛亥革命，而是亡於「東南互保」

就目前計，北事已決裂至此，東南各省若再遭蹂躪，無一片乾淨土，餉源立絕，全域瓦解，不可收拾矣。惟有穩住各國，或可保存疆土。

——李鴻章、劉坤一聯名電奏慈禧太后

日清甲午戰爭中清帝國的慘敗，給清帝國士大夫帶來的心理震撼，遠大於一八四〇年的清英貿易戰爭、一八六〇年的「換約戰爭」以及一八八三年的清法戰爭——龐然大物的清帝國居然被彈丸之地的日本打敗，這是盤古開天地以來未有之奇事。

保護百姓的生命才是真愛國

甲午戰爭的失敗催生了戊戌變法。然而，心浮氣躁的戊戌變法未能像日本的明治維新那樣取得成功，反而讓譚嗣同等六君子付出血的代價。戊戌變法失敗以後，朝廷和民間同時陷入歇斯底里的「排洋」情緒，義和團拳亂席捲北方以及朝廷與之聲氣相投，在歷史的脈絡中似乎是瓜熟蒂落。

一九〇〇年，庚子年，北方參加義和團的無知農民開始「造反」（口號「扶清滅洋」，不是造朝廷的反，乃是造洋人的反），與此同時，帝國南方的官員們在另一個意義上「造了反」。清帝國風雨飄搖，南北的「造反」形勢各具奇趣。清帝國大地出現奇怪的一幕：華北地區，清軍和義和團奉旨與八國聯軍浴血奮戰，烽火連天、生靈塗炭；**東南地區，與「敵國」簽約條約，兩不侵犯、互保平安**，人民安居樂業、洋人來去自如。毫無疑問，**保護民眾的生命和財產安全才是真愛國**。家亡之後，國豈能不破？

五四運動之後，民族主義的歷史敘事成為學術和輿論、教育與宣傳的主流。義和團被馬克思主義史學賦予「反對帝國主義」的崇高使命。因此，南方數省封疆大吏反對義和團、與西方列強達成東南互保，被扣上「賣國」的帽子，這些大臣們長久的被國共兩黨痛斥為「一群出賣民族利益的無恥之徒」。

這些帝國南方大員的職務和名字是：湖廣總督張之洞、兩江總督劉坤一、閩浙總督許應騤、四川總督奎俊、福州將軍善聯、大理寺卿盛宣懷、浙江巡撫劉樹棠、安徽巡撫王之春等。兩廣總督李鴻章雖因奉旨北上議和而沒在文書上簽字，但他是最先支持「互保」的重臣之一，更何況早先他就有了「賣國賊」的惡名，所以再次成為「愛國賊」們齊聲譴責的對象。

實際上，被左派史學和道德史學汙名化的**東南互保運動，是中國現代化的重要開端**。從某種意義上說，**清帝國不是亡於辛亥革命，而是亡於東南互保**。東南互保之後，中央集權名存實亡，清帝國最後十年憲政改革之動力出自地方而非中央。

如今，應當是為東南互保正名的時候了，正如憲政學者高全喜所說，這是一個重大的樞紐，晚清政治中的一連串重大問題，諸如南中國與北中國、中央與地方、改革開放與泥古守舊、中外關係、古今之變等，俱在其中。支撐這個轉型政治的力量，並非僅靠南方督撫們的個人之力，而是凝聚著全社會積極求變的力量。

高全喜認為，東南互保開啟了一個晚清政治大變革的前奏。在國家危難之際、北方中央政府面臨瓦解之時，東南諸省審時度勢，外借國際法之有限空間在列強中騰挪輾轉，內憑南方之財政軍事實力在國是綱要上縱橫捭闔，取得巨大成效。從國家轉型和國家構建的政治憲法學的視角來看，東南互保的成功，揭示了中國古今轉型與制度變革的內外法政邏輯，它昭示著一個古老舊制可能存在的新生——挽狂瀾於既倒，開新政於朽腐。

資訊時代的來臨：誰掌握電報局，誰就掌握決策權

近代以來，電報及電話的發明，讓人類進入資訊時代。那個時代，電報和電話對人類生活翻天覆地的改變，如同今天的網路和手機。

一八七九年，跟隨李鴻章辦洋務的盛宣懷建議朝廷建立電報事業，李鴻章採納此建議並

任命其負責。一八八一年，盛宣懷被任命為津滬電報陸線總辦，從此清國引入近代電訊業。次年，盛宣懷負責建立上海至廣州、寧波、福州、廈門等地的電報線。

一八八三年，盛宣懷督理天津海關，大膽挪用海關收入資濟電報事業，因此受到處分。但事實證明，此舉頗具前瞻性。**清帝國在朝鮮壬午兵變中能做出迅速的反應，「實賴電報靈捷」**。清法戰爭中，「朝廷指揮軍事萬里戶庭，機不或失……電線與有功焉」。

一九〇〇年春夏之交，大理寺卿兼電報局督辦盛宣懷，最先看到朝廷指示南方各省大員「召集義民、驅逐洋人」的電報。**一向不遵守官場慣例的盛宣懷，把朝廷的電報扣押下來**（也正是因為其我行我素的性格，日後強行推動鐵路國有政策，激起四川「保路運動」及武昌起義，加速了清帝國的覆亡）。

盛宣懷知道事態嚴重，立即給老上級、時任兩廣總督李鴻章發去一封電報。這是一封重要的電報，它準確預測到帝國政局的發展趨勢，首次提出「聯絡一氣，以保疆土」的建議：

千萬祕密。廿三署文，勒限各使出京，至今無信，各國咸來問訊。以一敵眾，理屈勢窮。俄已據榆關，日本萬餘人已出廣島，英法德亦必發兵。瓦解即在目前，已無挽救之法。初十以後，朝政皆為拳匪把持，文告恐有非兩宮所出者，將來必如咸豐十一年故事，乃能了事。今為疆臣計，各省集義團禦侮，必同歸於盡。欲全東南以保宗社，諸大帥須以權宜應之，以定各國之心，仍不背廿四旨，各督撫聯絡一氣，以保疆土。乞裁示，速定辦法。

李鴻章立即把這封電報轉給劉坤一、張之洞，與他們商量應對之策。此前，南方官員們一致反對義和團、反對朝廷支持義和團，「見太后所行，自招滅亡之政策，極為焦慮，發電力阻」；「莫不謂拳匪釀禍，貽誤國家，疾首痛心，同切憂懼」。他們直言不諱的向慈禧太后表達了「堅決剿滅，以絕後患」的主張。

在慈禧太后對外宣戰的前一天，朝廷接到兩廣總督李鴻章的一封電報：「眾議非自清內匪，事無轉機。」所謂「眾議」，說明南方大員之間經過協商並達成一致，強烈要求慈禧太后「宸衷獨斷，先定內亂，再弭外侮」。然而，李鴻章的這封電報到達北京時，德國公使克林德已橫屍崇文門街頭，朝廷對外開戰已是箭在弦上、不得不發。

朝廷宣戰前四天，英國駐漢口代理總領事法雷斯奉英國外交大臣的指令，去見湖廣總督張之洞。法雷斯說：「如果長江流域發生動亂，英國政府可以提供切實的軍事援助。」在外交辭令的背後，含義很明白：如果義和團蔓延到長江流域，洋人的生命財產受到威脅，英國將向這個地區出兵，幫助維持秩序。

張之洞立即回答，他有能力防止義和團勢力在此地蔓延，不需要英國出兵，他已經明確下達對義和團「實力彈壓」命令：「湖北已添重兵，貼出告示，嚴飭各州縣，禁謠拿匪，敢有生事者，立即正法，所有洋商教士，有我力任保護！」

就在東南各督撫與列強談判的關鍵時刻，傳來慈禧於六月二十一日「向萬國宣戰」的消息。從法理上講，從此日起，清帝國所有地區都與列強處於戰爭狀態。若以中央政府的立場而論，**東南各省若繼續與列強進行外交談判，形同叛國**。但是，東南各省的封疆大吏仍堅持唯有推動東南互保，才能確保東南半壁江山不至糜爛。

盛宣懷擔心宣戰上諭一旦公開，與列強的談判將功敗垂成，建議張、劉令各電報局不准公開此諭，只能「密呈督撫」。一直到六月二十八日，即東南互保的《章程》簽訂兩天後，**朝廷的「宣戰」諭旨才在上海公布，南方無人將其當真**。

另一方面，張之洞、劉坤一在與列強簽約的同一天，聯銜電奏慈禧太后，瀝陳苦衷，有理有據。奏章由張之洞起草，一開始就明確表示，不贊同朝廷向各國「宣戰」和招募義和團民的政策，並勸朝廷改變政策：「此次大患在與各強國一齊開釁」，「拳會僅持邪術」，不可能以血肉之軀戰勝列強的炮火。「以京師之重地，作孤注之一擲，危迫甚矣。」、「論兵力，一國焉能敵各國，不敗不止。論大勢，各國焉肯輸一國，不勝不止。」結果必然是「各國大隊直入京城，宗社乘輿何堪設想。此臣等痛哭流涕，不忍言而不

湖廣總督張之洞與多位東南督撫實行東南互保。

敢不言，不得不萬叩以請朝廷亟思變計者也」。

張之洞抓住聖旨中有「各督撫互相勸勉，聯絡一氣，共挽危局」的字句，將東南互保說成是符合聖旨的「聯絡一氣，共挽危局」之舉。最後，他們特別強調朝廷不要將駐外使臣召回，「若使臣下旗回國，即是明言決裂，自認攻毀各國人命物產，以後更難轉圜，似宜仍令暫駐各國為宜」。

與洋人簽訂的「準條約」，高於皇帝的「亂命」

當南方的官員封鎖朝廷的宣戰詔書時，朝廷又發來要求各省派遣兵力「北上勤王」的聖旨。作為朝廷命官，如何應對此聖旨？

南方督撫中膽量最大的李鴻章，獨自一人發一封電報給朝廷，公然聲稱：「**此亂命也，粵不奉詔**。」

「亂命」一詞是李鴻章精心選擇的政治術語，意思是**所抗之「旨」是不真實的「偽詔」**，因此不存在反叛朝廷的意圖。隨即，其他督撫紛紛附和。張之洞表示：「惟有謹遵保守疆土、聯絡一氣之旨，並無可恃，義民（義和團拳民）惟有嚴拿重辦。」劉坤一表示：「無論北事如何，總當與香帥（張之洞）一力擔承，仍照所議辦理，斷不更易。」

普天之下，皇土之上，朝廷的官員曾幾何時敢說皇帝的詔書不合法？在大清帝國的歷史上，居然出現這樣一種局勢：幾乎有一半封疆大吏宣布朝廷的聖旨是假的，並明確表示不予執行，這是讓人難以置信的意外。

「此亂命也，吾不奉詔」，這句話擲地有聲，它標誌著**在帝國內具有近代政治意識的官員，第一次在國家政治事務中做出獨立思考和判斷**。一八四〇年以來，南方日益活躍的商品貿易和經濟活動，以及在與西方國家交涉過程中吸納的近代法治精神，使南方官員和士紳的思維方式和行為模式，發生了前所未有的劇變。

在拒絕朝廷命令的同時，東南互保運動有條不紊的展開。經張之洞、劉坤一指派，以上海道余聯沅為代表、盛宣懷為幫辦，於六月二十六日在上海正式就東南互保事宜與各國領事談判。

所謂「互保」，即南方官員絕不支持義和團殺洋人的舉動，不承認朝廷《宣戰詔書》的合法性；反之，南方各省會採取各種措施保護洋人在華的安全和利益，列強亦不得向南方派兵，與南方維持和平狀態下正常的商業貿易關係。

雙方簽訂的《東南互保章程》內容共有九款：

一、上海租界歸各國共同保護，長江及蘇杭內地均歸各督撫保護，兩不相擾，以保全中外商民人命產業為主。

二、上海租界共同保護章程，已另立條款。

三、長江及蘇杭內地各國商民教士產業，均歸南洋大臣劉（劉坤一）、兩湖總督張（張之洞），允認真切實保護，並移知各省督撫及嚴飭各該文武官員一律認真保證。現已出示禁止謠言，嚴拿匪徒。

四、長江內地中國兵力已足使地方安靜，各口岸已有的外國兵輪者仍照常停泊，惟須約束人等水手不可登岸。

五、各國以後如不待中國督撫商允，竟至多派兵輪駛入長江等處，以致百姓懷疑，藉端啟釁，毀壞洋商教士的人命產業，事後中國不認賠償。

六、吳淞及長江各炮臺，各國兵輪不可近臺停泊，及緊對炮臺之處，兵輪水手不可在炮臺附近地方練操，彼此免致誤犯。

七、上海製造局、火藥局一帶，各國允兵勿往遊弋駐泊，及派洋兵巡捕前往，以期各不相擾。此軍火專為防剿長江內地土匪，保護中外商民之用，設有督巡提用，各國毋庸驚疑。

八、內地如有各國洋教士及遊歷洋人，遇偏僻未經設防地方，切勿冒險前往。

九、凡租界內一切設法防護之事，均須安靜辦理，切勿張惶，以搖人心。

該章程得到諸多南方省分認可。在浙江，巡撫劉樹棠一開始不敢附和，布政使惲祖翼明確表示：「浙江必須在互保之內，無論中丞有電與否，明日無請一同畫押。」在其勸說之下，劉樹棠電告盛宣懷：「浙省自接峴帥（劉坤一）電，力任保護，及通飭各屬並飭關道會商領事，並無宣戰札文。」隨後派代表赴滬，加入此約。

在福建，閩浙總督許應騤致電盛宣懷：「敝處早經會各領事力任保護，與江鄂辦法不謀而合。」隨後與各國駐福州領事「仿照兩江等省之例，議立保約」。

在山東，巡撫袁世凱仿照南方的做法，派兵保護口岸，「至內地各洋人均派兵妥護」，山東是唯一按照東南互保方式行事的北方省分。

西南的四川雖未正式簽約，但四川總督奎俊明確表示遵照協議行事。

由此，超過一半省分以各種形式參與了東南互保運動。

東南互保未能順勢締造「大清國協」

東南互保運動表明，清帝國中樞的控制力已迅速減弱，在如此重大問題上，地方大臣竟敢並能夠聯手抗衡朝廷。從某種程度上說，**大清已名存實亡**。

南方大員和新興士紳階層使出渾身解數，抗衡朝廷幾近瘋狂的戰爭決策，實現東南互保，使得東南最富庶繁華之地、為數不多的新式工商業最集中之區，人心和社會秩序大體穩定，免於被戰火破壞；同時，也阻止了列強出兵南方，造成更大損失。

不過，即便從清廷的角度來看，東南互保作為了朝廷後來「轉圜」、與列強議和、慈禧太后被免於懲罰的重要鋪墊。當朝廷與列強議和之時，當初強烈主戰的頑固派大臣，如載漪、載勛、剛毅、毓賢、徐桐、趙舒翹等人，必須受到嚴懲（「逞凶」是列強議和的先決條件，東南互保的重臣亦多次聯名上奏，要求朝廷「懲辦首禍」：「各省有釀成拳禍殺戮無辜之員應行重辦」，「議定重辦首禍，即速再通發全國」、「惟必重懲首禍，方足為真心悔過之據」）。

反之，東南互保的核心人物張之洞、劉坤一等人大受表彰。張賞加太子少保銜，劉賞加太子太保銜。一九〇九年，張之洞病故，清廷在褒獎上諭中不忘提此一筆：「庚子之變，顧全大局，保障東南，厥功甚偉。」

東南互保意味著政治層面自一八六〇年以來的地方化傾向成型、社會層面士紳勢力正式走上歷史前臺，以及法治層面清帝國接受「萬國公法」（國際法）規定的權利和義務，它是之後清末新政、辛亥革命、聯省自治等**近代化歷程的先聲**。

首先，東南互保是晚清地方化的結果，也將地方化推向一個新的階段。一八六〇年，太平天國叛亂、與英法的「換約戰爭」、西北回亂、丁戊奇荒，造成全國性的大崩潰，舊有的國防軍（八旗、綠營）不堪一擊，中央已無法控制局面。清廷只好將權力下移給地方重臣，靠曾國藩、李鴻章、左宗棠等人辦新式的地方團練，才得以恢復基本秩序。

地方督撫權力的擴張，意味著清帝國權力地方化趨勢的開始。另一方面，皇帝不敢或不願處理與西方列強的外交事務，將這些事務交給南洋和北洋大臣以及地方官員處理，由此形成晚清「二重外交體制」，這使得東南互保、地方大員繞過中央，能直接與列強簽訂某種「準條約」。

東南互保顯示地方化趨勢已發展成熟。東南互保的關鍵人物張謇（按：音同簡）的言論最能展現這一傾向：「愛國者，不如愛其所生省分之親，人情所趨，未可知何也。」清末的《雲南》雜誌明確宣稱：「我為滇人，當以滇事為己任……滇之存亡當以滇人責任心之有無為斷。」《新湖南》一文聲稱：「湖南者，吾湖南人之湖南也。」《新廣東》也宣稱：「廣東人實為廣東之地主，則廣東之政權、財權、兵權、教育權、警察權、鐵路礦山權、土地所有權、森林權、海權，莫不宜自操而自理之。」福建的報紙說：「鐵道之於福建，又全省安危得失之所寄也，我閩人宜保勿失，非特為一省計，亦為全國計。」

由此可見，「省」原來只是中央政府臨時派出到地方的機構的名稱，如今人們對「省」的認識已發生根本性變化，形成一種對中央集權具有顛覆性的、立足於一定地域經濟文化認同和自身利益的「省意識」。這種地方化趨勢的成型，為之後的地方自治乃至聯省自治模式奠定了基礎，以一種更具活力的國家結構形態推動了近代化。

其次，東南互保也是**清末紳權擴張**的結果，同時也讓紳權擴張得以鞏固和深化。東南互保得以實現的基礎在於，隨著近代化的推進，以士紳為代表的民間力量逐步壯大，他們不滿足於在鄉村維持秩序，將代替傳統的官僚，成為改革的中堅力量。新式士紳在之後的清末新政和辛亥革命中都發揮了重要作用，而紳權擴張的關鍵便是東南互保。

一九〇五年，推動東南互保的重臣張之洞、袁世凱成功推動清廷下詔廢除科舉制。之後，地方上的士紳進入城市，轉變為商紳、學紳，從商業、工業、現代教育等領域推動近代化。

以上海為例，上海總人口在清末新政的十年間從五十萬增長至三百萬人。因清末新政而被設立的諮議局，是仿照西方設立的地方議會之雛形，在全國二十一省的一千六百四十三名議員中，士紳占將近八成，導致**辛亥革命發生的四川「保路運動」，就是以士紳為主體的地方諮議局推動**。

武昌起義之後不久，馮國璋北洋大兵壓境，攻占漢陽和漢口，困守武昌的革命黨在軍事上岌岌可危。真正瓦解帝制的力量，來自於諮議局推動的各省獨立，其中**最早獨立的十二個省中有十個是諮議局推動的結果**，這種局勢讓兵強馬壯的北洋方面意識到，僅靠武力已無法讓清帝國「復原」。

第三，在清帝國走向近代「法治社會」的意義上，如果把東南互保視為自成一體的重大歷史主題，甚至把義和團運動視為東南互保的「反面前奏」，而把東南互保作為現代中國之古今中西交會之轉型的中心議題，那麼，東南互保就不僅具有「準國際法條約」的法學意義，而且還關涉一種根本性的制度變革，堪稱現代早期國家構建與轉型中，難得一見富有積極成效的制度創新，為晚清新政、國家轉型鋪了道路，其內涵的法政邏輯即便在今天也還具有借鑑意義。這就是「新制起於南國」。

法學家高全喜指出，東南互保之演變及其結果，表明它是一種法律上的大成功。南方開明官員和士紳，在過去數十年與西方交涉的過程中發現，西方人信守法律，西方人對華人首要的要求就是遵紀守法。所以，這一次他們主動與西方簽署對雙方都有約束力的「準條約」，這不是「師夷長技以制夷」，而是「彼此都在法律之下」。

南方諸省在全國面臨硝煙戰火的危機時刻，把對外的政治、經濟和軍事問題，轉化為一種國際法層面上的法律問題，這意味著國際法的意識與責任已穿透傳統幕帳進入清帝國，國際法進而嵌入國內法、甚至嵌入國內的政治秩序，並慢慢修改乃至矯正國內法治的內容與形式。中國的現代法治尤其是現代憲制，不是從中國內產生，而是來自外部力量的衝擊塑造出來的，由外而內催生中國法治的主體性，這是中國近現代法制史和憲制史的基本特徵。

遺憾的是，歷史沒有厚待中國，或者更準確的說，中國兩千年一以貫之的「秦制」的堅冰實在太厚，東南互保未能澈底打破此一堅冰。如果堅冰解凍，或者**西方列強再幫中國一把**——廢黜逃亡在西安的、奄奄一息的小朝廷，在北京扶持一名弱勢君主；那麼，一九〇〇年的清帝國就有可能借著東南互保的春風，提早十一年實行實質性的君主立憲制，東南互保則順勢演變為憲政之下的聯省自治，一個類似於「大英國協」的「大清國協」就能出現在東方。

這個「大清國協」若具有太平洋彼岸的美利堅合眾國（美國）那樣的體質，甚至能成功抵禦共產極權主義的侵襲，就不會像「先天不足，後天失調」的中華民國那樣中途夭折了。

第十章 天下未亂蜀先亂——沒有「保路運動」就沒有武昌起義

收民路歸國有，政策也；政策以達為主，不當與人民屑屑計利。且聞川人爭路款，頂戴先帝諭旨，勢洶洶而意未悖，尤須謹慎。

——張謇

一九一一年九月七日，入秋的川西平原溽熱依舊，蟬鳴煩心。保路同志會正副會長、四川省諮議局正副議長蒲殿俊、羅綸等人受四川總督趙爾豐之邀，前往位於督院街的總督衙門看郵傳部的回電。此前，蒲、羅等人上書中央，請求改變鐵路收歸國有政策，趙爾豐及四川各級官員都聯名表示支持。

是暴動嗎？不，這是革命

對於蒲、羅等人來說，上任僅一個月的四川總督趙爾豐是老相識。自一九〇三年隨四川總督錫良由山西入川以來，出生於滿洲的趙爾豐即長期在四川任職，一步步靠政績升遷。

趙爾豐的前任正是其兄趙爾巽，兄弟倆先後出任同一省分總督，有清一代只有趙氏兄弟。趙爾巽是知名學者，在四川總督任上與四川立憲派士紳互動良好，入民國後主持編纂《清史稿》。四川開明士紳猜想，趙爾豐的政治立場與他哥哥大概差不多。事後證明，這是一個想入非非的誤判。

不疑有他的蒲、羅等人，在總督衙門二堂見到身著官服的趙爾豐。趙爾豐一改平日的客客氣氣，神色嚴峻冷漠，向他們出示的文件，不是郵傳部的回電，而是措辭嚴厲的上諭：「迅速解散，切實彈壓，切勿蔓延為患。」蒲、羅等人為之愕然。趙爾豐不由分說，一聲令下，大批督標新軍湧入，當場將蒲、羅等人逮捕收監。與此同時，趙氏派出士兵和警察，查封川漢鐵路公司、保路同志會。他以為，如此手段可迅速平定四川局勢。殊不知，此做法宛如揚湯止沸、抱薪救火。

清末，古來富庶的四川，**除了承擔西南各省餉銀的「常捐輸」之外，還要增加因對外賠款而新設的「新捐輸」，巧立名目的稅項層出不窮**。農民擔糞入城要「糞稅」、娼妓要繳「花捐」……負荷之大筆墨難形，民怨之烈已近臨界點。「保路運動」偶然成為壓垮駱駝的最後一根稻草。

「**天下未亂蜀先亂，天下已治蜀後治**」，這兩句古語說明了四川特殊的地理位置和文化傳統。古稱「天府之國」的四川由於資源富饒，地形上得天獨厚，再兼以民風強悍，是各代亂世避難地，卻也常是亂源之始。

在清代學者顧祖禹的名著《讀史方輿紀要》中，列舉了秦先併蜀而兼諸侯，晉先舉蜀而後滅吳，桓溫和劉裕有問中原之志皆先從事於蜀，宇文泰先取蜀遂滅梁等，**各代據蜀而得天下**之往事，得出「以四川而爭衡天下，上之足以王，次之足以霸」的定論。在滿清覆亡前夕，四川扮演了一個關鍵角色。

蒲、羅等屬於立憲派的保路運動領袖，並不知道這場運動將導致什麼後果；趙爾豐這位清帝國在四川的代理人及保路運動的鎮壓者，也不知道事態將如何演變。兩週多以後的九月二十五日，**榮縣石破天驚第一個宣稱獨立**，清帝國崩解的第一塊骨牌被推倒。

法國大革命的導火線是民眾攻占巴士底監獄。當天晚上，拉羅什福科公爵進入國王路易十六的寢宮，向國王報告這個壞消息。這時留下一句名言，雖然真實性並不可靠：被弄醒的國王問公爵：「是暴動嗎？」公爵回答：「不，陛下，**這是革命！**」

而榮縣這個清帝國最低一級行政區宣告獨立的消息，甚至沒有被四川總督趙爾豐上報到北京的皇宮中，直到半個月後武昌起義爆發，滿清統治者才聽到「喪鐘為你而鳴」。

這是民間自發的反抗，而不是革命黨人的精心策劃。同一天，遠在海外的孫文在一封給國內同黨的信中寫道：

> 近日四川省起大風潮，為民眾政府之間發生鐵路爭端所引起。我黨在華南的總部諸君大

末代四川總督趙爾豐。

為激動，因為謠傳四川軍隊已捲入紛爭。如所傳屬實，則我黨人擬策動雲南軍隊首先回應。而廣東軍隊亦將繼起。但我不相信此一傳聞，因我們從未打算讓四川軍隊在國民運動中起首倡作用，這方面它尚毫無準備。

可見，**孫文**對如脫韁野馬般發展變化的國內形勢，**從「保路運動」到武昌起義，基本上都是局外人（狀況外）**。

「保路運動」的要害——捍衛私有財產

清末，中國境內的鐵路多為外商集資建造。有清一代，修建鐵路約九千四百公里，外國直接或間接控制的占八成。川漢鐵路最早是由英國、日本、德國等國提出：一九〇三年，三國政府照會清廷，策劃投資修築連接漢口、沙市、重慶三國租界的鐵路，即川漢鐵路。

為了與西方競爭，清廷決定自己修川漢鐵路。一九〇四年一月，「官辦川漢鐵路總公司」在成都成立。在四川民眾強烈爭取下，四川總督錫良上書提出「自辦鐵路」計畫，獲得上諭許可，光緒皇帝在上諭中有兩句話說得很明白：「庶政公諸輿論，鐵路准歸商辦。」這顯示庚子事變之後，實行新政的中央政府有了新氣象。

一九〇五年七月，川漢鐵路由官辦改為官紳合辦。一九〇七年三月，再改為商辦，定名為「商辦川省川漢鐵路有限公司」，設立股東會，選舉董事局，續訂章程五十九條，加緊籌建。這是一間完全由民間集資，只召本國人入股、不借外債，也不招洋股的鐵路公司，並特別聘請「中國工程之父」詹天佑為鐵路總建築師。

「蜀道之難，難於上青天」，這條預估耗費五千萬兩白銀的鐵路，修建資金從何而來？無論朝廷還是民眾，都不懂得什麼是資本主義。川漢鐵路公司名義上是「商辦」，但清帝國並沒有歐美國家龐大的富裕商人和資本家階層，尤其是地處西南、商業貿易和工業欠發達的四川，富商士紳數量有限，大部分是傳統的地主，有錢都投資在土地上，擁有的流動資金有限，即便自願認購公司股份，也是九牛一毫。

四川官員想出一條「便宜之計」：以政府命令的形式，**向民眾強制攤派「租股」形成「商產」，此舉大大加重農民的負擔**。不過，這也使得農民的款項占集資的七成以上。換言之，川漢鐵路的投資，大部分是透過向七千萬四川人徵收特別稅金匯集而成。六年間，四川一地集資的銀兩即高達九百多萬。

然而，有錢未必能辦成事。以當時四川的現代化水準，無論是大型民營公司的組織運作，還是在崇山峻嶺之間修築鐵路的技術，都毫無經驗，強行上馬如同拔苗助長。川路公司的名稱和所有權模式更改三次，卻換湯不換藥。

於是六年一晃眼過去，由於公司管理混亂和路線設計錯誤，造成三百萬銀兩巨額虧空。不僅川路公司如此，清末全國各地的很多民營公司都是如此，地方官員與豪紳勾結，蠶食鯨吞，無所不為，光緒皇帝在上諭中無可奈何的指出：「降及今日，人心愈幻，作弊愈工，寵賄官邪，比比皆是。或假新政之名，肆行侵蝕，或以官缺為市，巧試奸欺……非上虧國帑，即下劫民財。」

針對川漢鐵路的危局，中央政府決定出手幫忙，實施鐵路國有政策。這本不是壞事，即便在高度自由化和市場化的美國，當二〇〇八年全球金融危機爆發之時，美國聯邦政府也曾出手，暫時接管瀕臨倒閉的三大汽車廠及房利美、房地美等公司，雖然沒有宣布國有化，卻也注入大筆政府資本，政府成為最大股東。

對於掌握川漢鐵路股權的四川立憲派紳商來說，雖是「國進民退」，但能將這個爛攤子交出去，也不失是一個好的結果，總比最後一發不可收拾、走向破產要好。

不過，好事若讓壞人來辦，好事也會變成壞事。主持這次鐵路國有政策的郵傳部尚書（類似今日的交通部長）**盛宣懷**，是跟隨李鴻章辦洋務起家的官僚，其**貪腐之名早已傳遍海內外**。盛宣懷一再堅持**不接受此前公司的虧空**，宣稱已動用的民間款項，由日後發行股票低價抵收。其強勢作風激起川人強烈反彈。消息傳出，各界譁然，紳商和農民的利益同時受損，故不斷抗議。

此時，一八四〇年以來的歐風美雨，尤其是經過庚子年的東南互保運動，使得兩種新觀念在清帝國民眾當中廣泛傳播：一是地方主義和「利權」意識（利權一詞來自日文翻譯，類似於今天使用的物權、產權，修築鐵路權即為利權之一）。以修築鐵路為例，從一九〇二至一九〇七年，在各省自辦鐵路的浪潮中有十六家鐵路公司成立，其中商辦的十家、官辦的兩家、官督商辦或官商合辦的四家。

可見，由紳商和普通民眾所有的鐵路公司，遠多於國有官辦的。當朝廷或曖昧不明的「國家」利益與地方利益發生衝突時，人們寧願捍衛地方「小共同體」。比如，浙江諮議局敢於為維護鐵路公司董事局而對抗聖旨，公開表示：「浙民之愛國，故今日與其阿順以失立憲國民之資格，寧死守以受朝廷不測之責也。事關本省權利廢存事件，應在諮議局權限之內。」湖南的一部分士紳也表示：「信賴北京政府勢將亡國，湖南為湖南人之湖南」。

其次，**私有財產不可侵犯的意識深入人心**。民眾從洋人對法律的尊重中得出一條真理：朝廷也應當遵守法律。清帝國的民眾雖然不敢宣稱「風能進，雨能進，國王不能進」，但不再像近代之前的臣民那樣「人為刀俎，我為魚肉」。朝廷仍固守「普天之下，莫非王土，率土之濱，莫非王臣」的統治方式，於是，朝堂與民間日漸勢同水火。

與此同時，有人傳言，清廷將鐵路收歸國有之後，要賣給外國人。正巧此時清廷向英國等國借款五百萬英鎊，讓人們相信該傳言屬實，一時群情激憤，「保路運動」由此爆發。

為了爭取朝廷認同，川人推舉預備立憲時設立的四川諮議局議員蒲殿俊和羅綸，為保路同志會正、副會長。幾天之內，省內大小城市紛紛成立保路同志分會，人數竟高達數十萬人。**參與者雖打著愛國旗號，其實乃是捍衛自身利益**，其中不少土豪劣紳是害怕此前公司運作中的一筆爛帳被清查。保路運動未必那麼高尚，卻無意中成為清帝國的掘墓人。

就保路運動的實際目標而言，它未能保住路權，川路公司在民國初年還是國有化了，從中華民國交通部獲得的條件，並不比當初清帝國開出的條件優惠。一九一二年，川路公司代表到北京與民國政府交通部平等談判善後事宜，半年後將公司轉制為國有。

不過，誰也沒有想到，川漢鐵路的修築計畫未再啟動，整整延宕近百年之久。歷經滿清、民國、中華人民共和國三朝，**直到二〇一〇年十二月二十二日，川漢鐵路的關鍵路段宜萬鐵路才最終開通**。

那麼，保路運動失敗了嗎？歷史學家秦暉指出，保路運動成功了：

其意義就在於爭得了「必須經過我同意」的權利，即民主權利。國會徵稅經過民選代表討論同意，稅款使用也受民權監督，這就比「皇糧國稅」有了道義合法性。公共資產由民選政府主持，在公共參與下「民主私有化」，就是比黑箱操作的權貴化公為私更有公信力。

這也正是英國保守主義思想家埃德蒙．伯克（Edmund Burke）的觀點。與「狠鬥私字一閃念」的共產黨口號截然相反，捍衛私有財產是自由社會公民的一項最偉大事業，不必羞答答，與之相比，其他的高言大志都是海市蜃樓。

伯克認為，從最早的時代起，英國為自由進行的偉大鬥爭，主要是針對課稅問題。在英國，在賦稅問題上，最有才情的筆、最雄辯的舌頭，都曾試練過最偉大的精神，也曾為之行動、受難。作為英國國會議員的伯克，理所當然為美洲殖民地民眾的反叛鬥爭辯護：美洲人民相信在英國運行無阻的「無代表，不納稅」的真理，也應當在美洲得到實現，「在那些普遍的法則中，他們也有股份」。就此而言，「保路運動」跟美國獨立革命一樣崇高而神聖。

對於「趙屠夫」來說，「成都血案」原本只是小菜一碟

漢軍正藍旗出身的趙爾豐，是清末封疆大吏中少有的「血誠任事」、「身先士卒」之才。一九〇五年五月，時任駐藏大臣的鳳全在巴塘遇害，趙氏受命招募兵勇，平定地方土司叛亂。他「剿辦巴塘七村溝，搜殺藏民達數百人，屍體拋入金沙江，且將其中七個暴動首領，剜心瀝血，以祭鳳全」。

緊鄰的鄉城出兵支援巴塘，趙氏又圍剿鄉城，一千兩百一十名僧俗居民被殺，清軍將「鄉城桑披寺、巴塘丁林寺焚毀，將寺內佛像銅器，改鑄銅元，經書拋棄廁內，護佛綾羅彩衣，均被軍人纏足。慘殺無辜，不知凡幾。以致四方逃竄者，流離顛沛、無家可歸」。那是一個誰狠誰就上位的時代，趙氏因軍功充任川滇邊務大臣，自此獨當一面，在西康強制推行「改

土歸流」（按：廢除原本統治少數民族的土司頭目，改由中央政府派任流官）。

一九〇九年，趙氏進軍西藏，風雪兼程，勢如破竹。達賴喇嘛聞訊逃往英屬印度。趙氏上書請求乘勝平定西藏全土，並建議在藏區推行「革教易俗」政策。清廷擔心其舉措過激，沒有允許——多年後，共產黨軍隊進軍西藏，占領西藏全境，才著手實施全面漢化策略。

趙爾豐親手打造了一支配備新式武器、經過嚴格訓練、擁有五千之眾的「邊軍」。在清帝國境內，這支軍隊的戰力僅次於袁世凱在小站和張之洞在武漢訓練的新軍。趙爾豐憑著這支軍隊，討伐川邊和藏區各少數民族，對四川全境實行鐵腕統治。

四川袍哥（按：即哥老會，清朝三大祕密結社之一）眾多，在地方上的勢力不亞於官府。趙爾豐擔心會黨與革命黨合流，不惜殺人立威。他到地方上視察，首先打開監獄、清點囚犯，「連同各屯團總送來的所謂匪徒，在『送來不誤，有名即殺』的原則下，不問是否冤曲挾嫌，即令全數屠殺示威」。

趙爾豐原本就擔心保路運動威脅帝國秩序，既然得到北京許可，如同猛虎下山，抓人封館，雷厲風行。消息傳出，成千上百成都及周邊地區的男女老幼，頭頂光緒牌位，手持焚香，湧至督署請願釋放蒲、羅等人質。豈料**趙爾豐竟下令清兵對人群開槍**，**當場射死三十多人**。

然而，民不畏死，奈何以死懼之。要求與蒲、羅同囚的請願民眾，仍舊蜂擁前來。趙爾豐手下有一位喪心病狂的營務處總辦田徵葵，下令士兵開大砲轟擊民眾。幸而成都知府于宗潼撲身炮口，嚎啕大哭，這才阻止了更大規模的屠殺。挺身而出的成都知府于宗潼，宛如一九八九年北京屠殺時站在坦克車前的無名氏。迷信武力的趙爾豐，為清廷覆亡前留下一筆血債——「**成都血案**」，同時也宣告了自己死刑。

成都血案發生後，為了避免黨人聯絡聚集，趙爾豐斷絕郵電交通，進入戒嚴狀態。成都民眾發動罷市抗議，趙氏怒曰：「我不是趙爾豐，卻是張獻忠，若不開市，與我剿兩條街，則自然皆開市。」於是，「趙屠」之說不脛而走。

為了打破封鎖，成都民眾發明了「水電報」——這是一百多年前的「翻牆術」。他們將「趙爾豐先捕蒲、羅，後剿四川，各地同志，速起自保自救」這句話寫在木板上，用桐油浸泡以防止字跡被水沖洗掉，再外罩油紙，數百個這樣的木板被放入流經成都的長江支流錦江中。

很快的，木板被沿江民眾撈起，之後有數量更多的木板被投入，幾天之內「成都血案」的消息傳遍全川。滎縣、華陽、新津、灌縣**相繼起義**，**集結軍隊人數達二十萬人**，**準備趕赴成都血戰清兵**。

清廷以軟硬兩手處置四川危局，宛如臺灣「二二八」事件時蔣介石的做法：一邊將趙爾豐免職查辦以安撫民心，一邊急調頗具威望的湖廣總督端方署理四川總督，並率湖北新軍入川鎮壓。

趙爾豐被罷官，端方的軍隊還在路上，成都一度陷入群龍無首狀態。十一月二十二日和二十五日，**成都召開官紳代表大會**，**宣布脫離清帝國**，自行獨立，隨即成立大漢四川軍政府。原咨議局議長蒲殿俊任都督，陸軍第十七鎮統制朱慶瀾任副都督。

在各界壓力之下，趙爾豐被迫將政權移交給蒲殿俊。後來，趙氏策動兵變，一度重新掌權。十二月二十一日，二十七歲的新軍標統尹昌衡率兵進攻總督府，衛兵不抵抗，趙爾豐束手就擒，然後被押至貢院明遠樓當眾斬首。

頗具諷刺意義的是，在相當長一段時間裡，中華民國和中華人民共和國政府因為肯定辛亥革命，必然也肯定保路運動，對趙爾豐的評價極為負面。兩岸教科書中均稱趙氏是「屠夫」、「劊子手」或「殺人王」。

但近年來，中共對邊疆少數民族的壓制升級，所作所為與當年的趙氏毫無二致；同時，在「大國崛起」的語境下，鼓吹「階級鬥爭」的毛主義意識形態褪色，「天下帝國」的傳統觀念再度復活。於是，中共官方對趙爾豐的評價發生一百八十度的大轉變，官方御用文人讚美：「若不是他，不知還要耗費多少人力與時間，將西藏這塊面積廣闊的寶地收歸中國，他雖不是革命的推動者，卻是中國國土統一的推動者，就憑這一貢獻，他便是中國的首要功臣。」

端方之死與大清必亡

比趙爾豐早差不多一個月斃命的，是率兵前往四川平亂的新任四川總督、尚未進入成都的總督府的末代總督端方。

在清朝統治的最後十年，如果說袁世凱是漢人中的第一能臣，端方就是滿人中的第一能臣。端方年僅四十歲就成為封疆大吏，曾出洋考察，支持立憲，先後出任兩江總督和直隸總督，與袁世凱一同推動新政。

一九〇九年，慈禧太后、光緒皇帝雙雙死去，中樞政局發生劇變，袁世凱和端方先後遭罷黜。英國駐華公使朱爾典（Sir John Newell Jordan）在給英國外交部的一九〇九年中國年度報告中說，一九〇九年以一個進步的、有影響力的政治家（指袁世凱）的解職為開端，而以另一個在外人看來，其自由傾向僅次於袁世凱的進步政治家端方的革職為終結。

當四川保路運動風潮越演越烈之際，清廷任命端方為督辦川粵漢鐵路大臣，前往平定風潮、收回路權。這一任命是端方沒有料到的，因為他一直不甚贊同「鐵路國有」的主張。拖至六月二十九日，在朝臣和上諭的催促下，端方才頗不情願的離京南下。

不久，四川局勢逐漸失控。九月十二日，朝廷又下旨命令端方署理四川總督，率領湖北新軍最精銳的兩千人入川彈壓。正是這一軍隊調令，使湖北的「維穩」（按：全稱為維護國家局勢和社會的整體穩定，實際上是中共全方位管控可能改變當局施政的社會運動）系統出現漏洞，留下的新軍官兵乘機發動武昌起義且一舉成功。

十一月十三日，端方率領部隊抵達四川資州。這支部隊並非端方的親兵，臨危受命的端方

清末爆發保路運動時，端方奉命署四川總督前往鎮壓。

難以像曾國藩控制湘軍那樣統御。此時，四川新軍中的鄂籍同志與端方率領的湖北新軍取得聯繫，武昌起義的消息在入川部隊中流傳開來，軍心開始浮動。端方陷入進退兩難之窘境。

十一月二十七日凌晨，端方的行轅一片喧嘩，兵變突然發生。端方被麾下官兵從被窩中拖出來，推到側屋。然後，將領們自行開會，用投票方式決定投向武昌軍政府並處決端方。隨即，眾人將端方帶到行館大門邊的一個小屋內，亂刀砍死。端方的弟弟端錦也被亂刀砍死。士兵們將兩人首級砍下，找來一個能密封的木桶，盛滿煤油，將首級浸泡其中。

端方是晚清屈指可數的金石學大家，與之有交往的國學大師王國維寫下長篇悼詩《蜀道難》，內有「朝趨武帳呼元戎，暮叩轅門詬索虜。徹侯萬戶金千斤，首級還須贈故人……**首在荊南身在蜀**，歸魂日夜西山麓」的句子，生動描繪了端方殉難場景。早上官兵還尊稱端方為元帥，晚上卻包圍其住處辱罵他是韃虜。接著，王國維用項羽烏江自刎的典故形容端方冤死：項羽窮途末路之際，看見從小一起長大的玩伴呂馬童也在漢軍中，就說：「若非吾故人乎？」呂馬童不敢直視，轉頭背對項羽。跟另外一位軍官王翳說：「此項王也。」項羽說：「吾聞漢購我頭千金，邑萬戶，吾為若德（我送禮給你）。」於是自刎而死。

援川鄂軍從資州東返武昌期間，沿途各縣鎮起義軍民都要求開匣參觀端方兄弟的人頭，有時還照相留念。端方兄弟的首級，「白天有軍隊負責，夜間則指定司令部丁振華、周壽世二人看守。」

一九一二年一月二十八日，援川鄂軍回到武昌，帶隊的陳錫藩等人晉見黎元洪，獻上端方首級。在清廷地方大員中，端方並非像趙爾豐那樣手上有血債的酷吏，卻身不由己充當了其部下投向新政權的「投名狀」。

端方不得不死。**革命黨早欲除去端方，因其能力與號召力**，如「使其久督畿輔，則革命事業，不得成矣」。革命黨的筆桿子章太炎曾直言不諱的說，滿人「愈材則忌漢之心愈深，愈智則制漢之術愈狡」，因此「但願滿人多桀紂，不願見堯舜。滿洲果有聖人，革命難矣」。端方之死，成為大清必亡的惡兆。

而那些在「成都血案」中參與殺戮的四川官員，大都不得善終。

路廣鍾，安徽人，原為普通警察，因有功被提升為警務公所提調兼巡警教練所所長。趙爾豐逮捕蒲、羅等九人後，路廣鍾連連製造假案，企圖栽贓陷害保路運動首領。成都發生血案之際，他在聯升巷以及四個城門處縱火，在總督府也點火響應，想趁機燒死蒲、羅等人，毀滅人證。四川獨立後，他順勢變臉，向新都督蒲殿俊表示友善。成都東較場發生兵變時，他率其所屬教練所巡警兩千餘人，手持快槍，高呼「此時不變，更待何時」，煽動兵警附和叛亂。尹昌衡平息叛亂後，在處決趙爾豐的同時，也將路廣鍾押至刑場槍斃，路廣鍾身中三槍未死，之後被砍頭。

章太炎。

營務處總辦田徵葵，湖南人，在「成都血案」中，他是下令開槍的元凶之一，甚至下令對民眾開炮。四川獨立後，田徵葵變服易姓，攜妻帶子，準備私逃湖南老家避難，途中被夏之時的起義軍抓獲，經蜀軍政府審判後斬首示眾，抄獲的幾箱黃金悉數充公。田徵葵的女婿、原彭縣經徵局局長唐豫桐，趁一片混亂中逃脫，不知所蹤。女兒田氏被革命軍活捉，在監獄中關押三個多月，出獄後幾經輾轉，墮入重慶金沙崗一家妓院，終日以淚洗面。

從東南互保到保路運動，短短十年，兩千年不變的「秦制」走到盡頭。當武昌起義槍聲響起，清廷於十一月三日倉促制定《十九信條》，並在宗廟宣誓。

《十九信條》參考英國君主立憲主義的大致原則制定，對各地立憲要求給予最大限度的積極回應：以法律條文限制皇帝權力，皇帝成為統而不治的虛君，確立議會和總理大臣的政治實權，堪稱近代第一部反映西方代議制民主的憲法性文件。此文件若在十年前頒布，一定會贏得舉國歡呼、上下同心。然而，此時此刻，清廷民心盡失，即便拿出這份精美絕倫的文本來，也無法挽回逆轉的人心，更無法拯救自身於滅頂之災。

第二部

「中華民國」是誰發明？誰統一的？

第十一章 「新中國」和「中華民族」——梁啟超悔之莫及的發明

獻身甘作萬矢的，著論求為百世師。
誓起民權移舊俗，更羣（按：音同延）哲理牖（按：音同友）新知。
十年以後當思我，舉國猶狂欲語誰。
世界無窮願無盡，海天寥廓立多時。

——梁啟超《自勵詩》

史學大師余英時知道我長期研究梁啟超，曾經手書梁啟超的這首《自勵詩》送給我。清末民初，最成功由傳統士大夫轉型為現代知識人的典範，無疑是梁啟超。

不會說標準國語，梁啟超沒有被光緒帝重用

從戊戌到辛亥這十幾年間，在「以觀念改變世界」這個意義上，流亡海外的梁啟超是獨

一無二的觀念製造者和觀念推廣者。維基百科上說，梁啟超是詞彙發明者。其實，梁啟超發明的不僅是詞彙（知識），更是觀念，而觀念所蘊含的力量，超過艦船槍炮。

那確實是一個「前無古人，後無來者」的、由梁啟超一人獨領風騷的時代，他以「筆端常帶感情」的文字激勵人心，扭轉乾坤，讓「舉國猶狂」、讓帝國潰敗——從東南互保到保路運動，主事的封疆大吏與士紳領袖，幾乎都是梁啟超忠誠的讀者。

之後的五四時代，五四那一代知識人雖取梁啟超而代之，但他們是以一個群體出現的，胡適、陳獨秀、魯迅、周作人……他們加起來才能與梁啟超抗衡，彼此協力才能造就新的時代氛圍。他們單人的力量誰也比不上梁啟超，而且外部環境也改變了，他們不可能像梁啟超那樣「以一人敵一國」。

梁啟超在清末的影響力，並不因為戊戌變法的失敗，以及他本人流亡日本，「不在現場」，而有絲毫的降低。反之，他到了知識爆炸、言論自由、新聞出版自由的日本，如虎添翼，如同一臺碩大的播種機，加滿油之後，一路向前、一路狂奔。那時，**梁啟超的影響力究竟有多大？**從兩個事例就可看得一清二楚。

一九〇三年，梁啟超到美國旅行，考察美國的共和制度。他對美國的觀察和思考遠不如法國思想家托克維爾（Tocqueville）那麼深刻，但他在美國官方得到的禮遇卻高於托克維爾。

梁啟超來到華盛頓，美國國務卿海約翰（John Hay）特意與他會面兩小時之久。翌日，梁氏又應邀到白宮拜訪西奧多·羅斯福總統（Theodore Roosevelt Jr.），雙方會談半小時，西奧多・羅斯福希望梁領導的維新會成為「轉移中國的勢力」。梁只是一名兩袖清風、手無寸鐵、懷中僅有一支毛筆的流亡文人，卻能受此崇高禮遇，這是之後的革命黨流亡者，以及反共的中國民運人士求之不得的殊榮。

一九〇五年，清廷特派載澤、戴鴻慈、徐世昌、端方、尚其亨等五位大臣，分赴西洋各國考察憲政。考察之後，要寫報告，提出實行君主立憲的具體方案，但五大臣及其幕僚都寫不出像樣的報告。於是，思想開明的**端方特派其下屬熊希齡**，自歐洲考察途中折返日本，**祕密找到梁啟超**，支付重金，請他代擬五大臣出洋考察報告。即便沒有稿費，梁氏也願意寫這份關係清帝國未來命運的報告。

梁氏代為撰寫《東西各國憲政之比較》等奏摺，根據國情提出具體方案：兩院制、司法獨立、責任內閣制、地方自治、制定憲法等。報告呈送上去之後，慈禧太后不知道它出自最痛恨的梁啟超手筆，視之為珍寶，多次召開會議加以討論，同意走日本道路，宣布預備立憲。

戊戌變法期間，梁啟超遭受過一次重大的挫折。一八九八年七月三日，梁啟超受到光緒帝接見。依清朝舊制，舉人被皇帝召見後，通常會被賜予翰林或內閣中書，賞四品銜。然而，以當時梁啟超的聲望，接見後卻只被賜予小小的六品頂戴。原因是**梁啟超說一口廣東口音的「官話」**，把「考」字說成「好」，把「高」字說成「古」，光緒皇帝雖側耳傾聽，還是聽不懂這一口粵語「官話」。君臣對話像雞同鴨講，縱然君王滿腔誠意，臣子滿腹經綸，也只能相顧茫然。

可見，帝國境內，雖然文字統一，語言並不統一。後來，梁啟超被迫接受「官話」的語言霸權地位，向從小在北京城長大的夫人李蕙仙學講官話。這就是中央集權的帝國權力結構對文化多樣性的壓抑——多年之後，中共用國家的力量壓制粵語等方言，梁啟超若地下有知，情何以堪？

慈禧太后恨梁啟超「保中國，不保大清」

戊戌政變後，清廷宣布康黨罪狀，其中一條正是：「又聞該黨建立保國會，**保中國不保大清**，殊堪發指。」滿人大臣、保守派的文悌如此回憶他與康有為的一段談話：「曾令其將忠君愛國合為一事，勿徒欲保中國而置我大清於度外，康有為亦似悔之。」意思是說，他勸說康有為應當既「忠君」也「愛國」，既保「大清」也保「中國」，至於康有為是不是真的「後悔」，反正流亡海外的康有為無法前來對質。

文悌將「中國」與「大清」合二為一，在他看來，大清即中國，中國即大清。但是，以梁啟超為首的維新派，以及後來更激進的革命黨，並不認可這種敘事策略，他們就是要將中國與大清切割開來，甚至將兩者截然對立起來：大清的存在，必然加速中國滅亡；要拯救中國，必須顛覆大清的統治。這是慈禧太后與康梁之間不可調和的矛盾。

庚子事變之後，慈禧太后被迫啟動比戊戌變法還要全面的清末新政，大赦很多戊戌變法時期獲罪的人士，偏偏就是拒絕赦免康梁。

康梁師徒，特別是梁啟超，確實已開始未雨綢繆的思考「清帝國崩潰以後怎麼辦？」的問題。既然「大清」即將魚爛而亡，**「大清」這個名字不能繼續使用，新的國家該取什麼名字？**

自古以來，中華就是完整的「天下」，只有朝代之名而無國號。清末第一代民族主義者急於否定「大清」，卻找不到一個適合的新名字。

一開始，他們無意識撿起日本人稱呼中國的「支那」一詞。甲午戰爭之後，日本人偏好用含有貶義的「支那」一名，表示「支那」是一處腐敗衰弱、不能自拔的「擾亂之區」，與作為現代亞洲國家的日本形成鮮明對照。然而，無論是維新派還是革命派，當時並未意識到「支那」這個名字含有貶義色彩，便興沖沖的拿來「為我所用」。

一九〇二年，章太炎等在日本橫濱舉行「支那亡國二百四十二年紀念會」，亮出反清旗幟。章氏用公共回憶的方式重新想像漢族團體，把明清的改朝換代說成是「亡國」，卻把日本蔑稱清國的「支那」當作本國名稱，透露「民族國家」的確是一個外來觀念。

不久，章氏意識到這個問題，遂改用「中夏」之名，將「中國」與「華夏」合在一起。直到一九三〇年，「支那」一詞的侮辱性已十分明顯，南京政府才向東京提出正名（如同南韓將首都漢城正名為首爾），日本官方遂在公文中改稱「中國」，但日本大眾沿用如故。

就詞語和觀念的發明者這一角色而言，章太炎顯然不如梁啟超。**章太炎發明了「中華民國」**，梁啟超則發明了近代意義上的「中國」、「新中國」和「中華民族」，三比一，梁完勝，正如歷史學者劉仲敬所說：「**梁啟超和中國幾乎就是一回事，因為『中國』這個概念就是他創造的**，創造者和創造物的命運始終難解難分。」

戊戌變法失敗後，清廷下令通緝康梁等人。梁啟超先躲進日本使館，在伊藤博文的幫助下，乘日艦逃往日本。多年後的六四屠殺中，中國自由派知識分子領袖方勵之躲入美國使館，由美國軍機運到美國。歷史不斷會有巧合與重演。

在旅途中，日本艦長將一本日本小說《佳人奇遇》送給梁啟超，供他在途中消磨時光用。據說，梁啟超利用短短數日的船上行程，大致掌握了日文，而這本小說成為他的日文入門讀物。這本《佳人奇遇》是日本政治家、作家柴四郎寫的「政治幻想」小說。書中虛構了留學美國的日本青年東海散士邂逅流亡異國的西班牙將軍的女兒幽蘭、投身愛爾蘭獨立運動的女志士紅蓮，和助其從事復國活動的明末遺臣鼎泰璉的故事。書中有男情女愛，更充滿故國淪亡之悲、志士興國之壯。如此內容，梁啟超當然感同身受。

一八九八年十二月二十三日，梁啟超在橫濱創辦《清議報》。《清議報》從第一期起，開始連載梁啟超翻譯成中文的《佳人奇遇》，並引起巨大反響。

梁啟超一時技癢，在一九〇二年創作了一部「政治幻想」小說《新中國未來記》，這是梁啟超一生中唯一的一次「小說創作」。《新中國未來記》共五回，約九萬字，並未寫完，後來梁啟超忙於其他事務，一生都未能完成此書。

梁啟超在《新中國未來記》中發明了「新中國」這個概念。小說的主旨，是中國應透過改革，而不是革命的方式實現民主共和。

小說從八國聯軍攻克北京後南方各省走向自治（東南互保及其結果）寫起，到了一九一二年，沒有經過革命，國會開設，清帝國成功轉型，實行共和制，國名為「大中華民主國」。皇帝羅在田自動退位，被國會選為大統領（即大總統），「羅在田」指光緒皇帝（光緒帝名為愛新覺羅．載湉）。新的共和國定都南京。透過維新**造就共和國的首功之臣名叫黃克強**，被選為第二任、第三任大統領。「黃克強」本為取「炎黃子孫能自強」之意，不料恰中後來辛亥功臣黃興的字，黃興字「克強」。

小說一直寫到一九六二年。那時，新中國經濟、文化高度發達，成世界超級強國，外國人紛紛學習漢語，上海舉辦「世博會」。梁啟超預見到一九一二年發生的革命——清帝國轉型為「新中國」。一九一二年十月，梁啟超從日本回國，在對報界的一次演講中，特別說起當年的預言：

> 羅在田者，藏清德宗之名，言其遜位也；黃克強者，取黃帝子孫能自強立之意。此文在座諸君想尚多見之，今事實竟多相應，乃至與革命偉人姓字暗合，若符讖然，豈不異哉！

不過，梁啟超並非完全料事如神，他未料到，一九六二年的「新中國」，在毛澤東的暴政之下，剛度過餓死數千萬人的大饑荒，那時的中國「白骨露於野，千里無雞鳴」。入民國後，梁啟超一度放下筆，投身政治事務，卻在殘酷的政治現實中碰得頭破血流。民國內政外交每下愈況，梁氏退回書齋，致力於學術和教育。直到一九二六、一九二七年，在黨軍北伐的槍聲和血腥味中，梁啟超才重新做出關於未來的預言。

從「漢族」到「中華民族」：二十世紀最大騙局

一九〇三年初，來自浙江的留學生魯迅在日本剪掉象徵滿族統治的辮子，並拍了一張「斷髮照」，送給同鄉好友許壽裳，相片背後題了一首詩，有著名的「我以我血薦軒轅」之句。

此時，各地之漢民族主義者有樹立黃帝為共祖之運動。革命黨機關報《民報》第一期刊首印有黃帝像，圖下說明「世界第一之民族主義大偉人黃帝」。為了把「民族國家」的起源推得比明代更遠（超越會黨「反清復明」的理想），他們上溯至近五千年前的黃帝，並用黃帝紀年取代光緒紀年和耶穌紀元（西元紀年），但計算方式並不統一。在符號學的意義上，清朝兩百六十年的「異族統治」遂被五千年的「黃帝統治」所顛覆。

其實，黃帝其人，只是神話傳說，而非確實歷史。更具諷刺性的是，「黃帝熱」的出現，多半與法國學者拉庫伯里（Terriende Lacouperie）的學說傳入日本有關。這位法國學者是泛巴比倫說的提倡者，認為黃帝是兩河流域的君主尼科黃特（Nakhunte），他率領巴克（Bak）民族東徙，途經昆侖山，輾轉來到中土定居，「巴克」亦即「百姓」，乃漢民族之前身。

此說被章太炎、黃節、蔣觀雲、宋教仁等人採納，梁啟超、劉師培等人亦相信黃帝與中國民族緣起於昆侖山。至一九一五年袁世凱政府制定國歌，仍按此說，因此有「華冑從來昆侖巔」的歌詞。

拉庫伯里以黃帝為中國文明奠基者，當本於《史記・五帝本紀》的帝系，與明清易代之際拒承認滿清統治合法性的王夫之所論相一致。王氏所倡黃帝界定中國「種類」畛域之說，在晚清已成漢民族主義者的共識。革命派的黃節說：「衡陽王氏，當有明鼎革，抱種族之痛，發憤著書，乃取軒轅肇紀，推所自出，以一吾族而統吾國。」而梁啟超也以軒轅為本民族肇紀：

黃帝以後，我族滋乳漸多，分布於中原，而其勢不相統合……逮嬴秦興，而中國始統於一。

學者孫隆基指出，中華帝國歷來是一個多民族的世界帝國，在清末被強迫納入誕生於歐陸的近代「民族國家」這件緊身衣。因當時滿漢矛盾的環境，漢族中心思想勢不免成為此轉化機制。這個偏失，在民國成立後曾用「五族共和」的公式補救。

梁啟超比革命黨人更早意識到，**漢族國家之說難以成立**。且不說經過長期的種族融合之後，神州大地上是否還存在血統純正的「漢族」，即便真有如同希特勒所言「純種日爾曼民族」那樣的「純種漢族」，若僅一味彰顯「漢族」之概念，「新中國」就無法繼承滿清帝國的疆域和霸業——那些非漢族的族群必定謀求脫離漢族國家。那麼，如何突破此一困境，有效的

「羈絆」非漢族族群？

一九〇一年，梁啟超發表〈中國史敘論〉一文，首次提出「中國民族」的概念，將中國民族的歷史劃分為三個時代：第一，上世史，自黃帝以迄秦之一統，是為中國之中國，即中國民族自發達、自競爭、自團結之時代；第二，中世史，自秦統一後至清代乾隆之末年，是為亞洲之中國，即中國民族與亞洲各民族交涉、融合、競爭最烈之時代；第三，近世史，自乾隆末年以至今日，是為世界之中國，即中國民族合同全亞洲民族與西人交涉、競爭時代。

在「中國民族」的基礎上，一九〇二年，**梁啟超正式提出「中華民族」這個名稱**。他在〈論中國學術思想變遷之大勢〉一文中，先對「中華」一詞的內涵做了說明：

> 其云：立於五洲中之最大洲而為其洲中之最大國者，誰乎？我中華也；人口居全地球三分之一者，誰乎？我中華也；四千餘年之歷史未嘗一中斷者，誰乎？我中華也。

一九〇五年，梁啟超又寫了〈歷史上中國民族之觀察〉一文，從歷史演變的角度分析中國民族的多元性和混合性，並下結論：「**中華民族自始本非一族，實由多民族混合而成**。」由此，梁啟超真正完成了「中華民族」一詞從形式到內容的革命性創造：**中華民族指中國境內所有民族，漢滿蒙回藏等為一家，是多元混合的**。

由於梁啟超作為「輿論界巨子」的地位和影響，「中華民族」一詞一經提出，就被廣為

據考證，梁啟超是最早提出「中華民族」概念的人。

接受並繼續闡釋。比如，楊度在一九〇七年發表〈金鐵主義說〉一文，對「中華民族」的含義做出進一步闡發。楊度超越民族的血統意識，認為**「中華民族」與其說是一個種族融合體，不如看成是一個文化共同體**。文化的一體性、凝聚性和不可分割性，造就了中華民族這個大家庭。

楊度的解釋堵住了梁啟超的漏洞：如果從現代西方人類學、民族學的角度衡量，中華民族差不多是一個子虛烏有、無法成立的假說，連「想像的共同體」都算不上。楊度從文化角度來定義民族，打破了生物學和生理意義上的藩籬，創造出一個極具彈性的「文化疆域」。但楊度的解釋，又帶來另一個致命的阿基里斯之踵（Achilles' Heel，表示唯一致命的弱點。古希臘神話中的英雄人物阿基里斯〔Achilles〕還是嬰兒時，他的母親為了使他全身刀槍不入，因此抓住他的腳後跟，把他全身浸入斯堤克斯河〔Styx〕，但腳後跟沒有沾到河水，最後成為阿基里斯的弱點），也就是美國學者白魯恂（Lucian Pye）的批評：「**中國只是一個文化，卻偽裝成一個國家。**」

梁啟超想僭越上帝的位階，「無中生有」製造出「中華民族」來，這會有什麼後果？

將魔鬼從潘多拉盒子放出來，就再也無法關回去

梁啟超未曾想到的是，他發明的「新中國」和「中華民族」這兩個新名詞和新觀念，如脫軌的列車奪命狂奔，完全不受控制。此「智慧財產權」相繼被他所痛恨的國民黨和共產黨竊取，**成為兩黨建立威權和極權統治的墊腳石。**

世上真有日耳曼民族，但是希特勒將日耳曼民族打造成高等民族，結果為日耳曼民族帶來空前的災難；世上沒有「中華民族」，但是國民黨和共產黨都用「中華民族」來為其暴政背書——中國人雖愚蠢卑賤，卻足夠自私狹隘，不會輕易相信馬列主義中「全世界無產者聯合起來」的口號，國際主義在中國沒有存身之地，中國人不願出錢出力去拯救別國人，唯有民族主義能在中國發酵，「中華民族」遂成為中國人樂此不疲的精神鴉片。

梁氏盼望打造一個沒有帝制的帝國、仁慈的帝國、沒有王而只有「王道」的「天下」，但不幸的是，一旦魔鬼從潘多拉的盒子裡面跑出來，便再也沒有人能將它重新關進去了。

一九二六年，黨軍北伐，勢如破竹。更可怕的是，梁啟超所有風華正茂、求知若渴的孩子，都被如魔笛般的、國共兩黨從蘇俄那裡學來的左派意識形態深深吸引、如痴如醉。梁啟超早已喪失了引導輿論走向的能力，如今連自己的孩子都很難勸服。他寫了數十封長長的家書給孩子們，勸孩子們懸崖勒馬；孩子們卻沉溺於熱愛「新中國」和熱愛「中華民族」的激情之中，如同不久之後對希特勒行舉手禮的那些「希特勒的孩子」，興高采烈的奔向萬丈深淵。

梁啟超發現，中國的歷史已掌握在蘇俄手中，「共產黨受第三國際訓練，組織力太強了，現在真是無敵於天下」。共產黨的做法是：「握權者都是向來最凶惡陰險齷齪的分子，質言之，強盜、小偷、土棍、流氓之類，個個得意，善良之人都變了刀俎上肉。」

一九二六年一月二日，梁啟超在給孩子的家書中說：「尤其可怕者是利用工人鼓動工潮，現在漢口、九江大大小小鋪子十有九不能開張，車伕要和主人同桌吃飯，結果鬧到中產階級不能自存（我想他們到了北京時，我除了為了黨派觀念所逼不能不亡命外，大約還可以勉強住下去，因為我們家裡的工人老郭、老吳、唐五三位，大約還不至於和我們搗亂。你二叔那邊只怕非二叔親自買菜，二嬸親自煮飯不可了），而正當的工人也全部失業。」

三月二十九日，他在另一封信寫道：「他們最糟的是鼓動工潮，將社會上最壞的地流氓一翻，翻過來做政治上的支配者，安分守己的工人們的飯碗都被那些不做工的流氓打爛了。商業更不用說，現在漢口、武昌的商店，幾乎全部倒閉。」共產黨的邪惡超過梁啟超的預估，如果他活到共產黨統治的時代，即便是老實的「老郭、老吳、唐五」們，也會被共產黨發動起來，對他恩將仇報、落井下石。

梁啟超對黨軍北伐持全然否定態度，**他已發現國民黨成了共產黨的附庸，共產黨成了國民黨的靈魂：**

民國十二、三年間，國民黨已經到日落西山的境遇，孫文東和這個軍閥勾結，西和那個軍閥勾結——如段祺瑞、張作霖等——依然是不能發展。適值俄人在波蘭、土耳其連次失敗，決定「西守東進」方針，傾全力以謀中國，看著這垂死的國民黨，大可利用，於是拿八十萬塊錢和一大票軍火做釣餌。那不擇手段的孫文，日暮途遠（窮），倒行逆施，竟甘心引狼入室。**孫文晚年已整個做了蘇俄傀儡**，沒有絲毫自由……自黃埔軍官成立以來，只有共產黨的活動，哪裡有國民黨的活動？即專以這回北伐而論，從廣東出發到上海占領，哪一役不是靠俄人指揮而成功者？黨中口號皆由第三國際指定，什麼打倒帝國主義，打倒資本階級等等，哪一句不是由莫斯科的喊筒吹出來？除了這些之外，國民黨還有什麼目標來指導民眾？所以從國民黨中把共黨剔去，國民黨簡直是一個沒有靈魂的軀殼了。

此時，梁啟超對「新中國」的未來趨於悲觀，再無世紀之初的樂觀想像。**他認為，「最後的勝利，只怕還是共黨」**，而當共產黨掌權時，「中國全部土地變成沙漠，全部人民變成餓殍罷了」。

一九二九年一月十九日，梁啟超病逝，其長期論敵章太炎寫了〈輓梁任公聯〉：

進退上下，式躍在淵，以師長責言，匡復深心姑屈己；
恢詭譎怪，道通為一，逮梟雄僭制，共和再造賴斯人。

上聯中的「式躍在淵」，即「魚躍於淵」，語出《詩經・大雅・旱麓》：「鳶飛戾天，魚躍於淵。」此句是說梁啟超在政治舞臺上，或進或退、或上或下，像魚在水裡跳躍那樣隨便。「師長責言」，指康、梁恩怨事。張勳復辟事件中，康擁護復辟，梁反對復辟。康有為致書梁啟超，對梁氏民國以來的政治表現大加抨擊，梁氏念師教之恩，以「屈己」的態度一言未發、不作反駁。

下聯則是說梁啟超的言論和觀點反覆無常，如梁自己所言「以今日之我反對昨日自我」，大概也包括梁氏發明的「新中國」和「中華民族」的概念。梁氏在天津與蔡鍔共謀反袁舉義時，曾相約說：「今茲之役若敗，則吾儕死之，絕不亡命；幸而勝，則吾儕退隱，絕不立朝。」此雖為書生議論，但梁氏支持蔡鍔起義和段祺瑞馬廠發兵，確實瓦解了張勳復辟，再造共和。

章太炎對梁啟超有褒有貶，他看到了左派思潮的崛起與梁啟超鼓吹之間的關係。不過，章氏早年身為革命派喉舌，比作為改良派的梁氏更加激進，其晚年由左而右的轉折幅度也比梁氏更大。

梁啟超晚年可謂痛定思痛，但當他醒悟過來之時，中國全面左轉的趨勢已無法扭轉。如他所擔憂的那樣，標榜「帶領全國人民實現中華民族偉大復興」的共產黨，一旦打下天下，立即「殺人如草不聞聲」。

梁啟超的家人與後代自不例外：梁啟超二夫人王桂荃在文革中受迫害，一九六八年在一間陰暗的小屋中病故；梁啟超最常給其寫信討論共產黨的長女梁思順，一九六六年文革爆發時受迫害自殺；長子梁思成為中共設計人民英雄紀念碑，還擔任全國人大常委，仍然在一九七二年被迫害致死；圖書館學家梁思莊文革中被揪鬥，僥倖苟活，卻已如行屍走肉；追隨共產黨、參加新四軍的梁思寧，早在一九四八年就被開除黨籍，原因只是他是梁啟超的兒子……對此，梁思成的兒子梁從誡對表妹、梁思莊的女兒吳荔明總結說：「梁氏家族全軍覆沒。」

梁啟超的長子梁思成。

第十二章 辛亥革命不為人知的黑暗面——對滿人的種族屠殺

自從民元到如今，民族沉怨似海深。
旗族傷殘如草菅，誰敢自言滿族人。

——唐日新（滿人）

有人說，作家老舍未完成的《正紅旗下》是他最好的一部作品，因為《正紅旗下》是老舍為自己和滿族同胞寫的。

「反滿」是中國現代革命敘事的開端

一九五〇年後，老舍才開始公開承認自己是滿人。多年來，老舍家中常常有一些一看就是「低端人口」的客人，大都是年逾花甲的老人，有的還帶著小孩。一見到老舍，就照旗人的規矩打千作揖行禮。老舍說：「這些都是幾十年的老朋友了，當年有給行商當保鏢的，有在天橋賣藝的，也有當過『臭腳巡』（巡警）的。他們就是我的小說《我這一輩子》、《斷魂槍》、《方珍珠》中的模特兒啊！」

為什麼老舍內心有強烈的民族身分認同，卻一直不說出來？因為**辛亥時，西安出現了針對旗人的大屠殺**。老舍有一門親戚是西安的駐防旗人，全家遇難。老舍家人聽說此事，心裡非常恐懼和難受。此後，童年的陰影籠罩老舍的一生。

老舍充滿希望的邁入新中國，卻發現「新社會」對滿人並不友好。在高壓政治之下，老舍創作了宛如天鵝絕唱的《正紅旗下》，卻只能祕而不宣。其原稿「被藏在澡盆裡、鍋爐裡、煤堆裡，由這家轉到那家、由城裡轉到郊區，彷彿被追捕的可憐的小鹿」。

八面玲瓏的老舍，在共產黨統治下謹言慎行，一度表現積極，獲得重用，在文革中仍然難逃被抄家拘押、拳打腳踢之厄運。老舍選擇「寧為玉碎，不為瓦全」，像王國維那樣投湖自盡。文學評論家傅光明在〈老舍之死〉一文中認為，老舍把死亡的歸宿刻意選在太平湖，因為那裡是正紅旗的駐地，是其精神和心靈的故鄉。

暴政不是始於一九四九年，乃是始於一九一一年。既然辛亥革命是一場「革命」，就遠非歷史教科書描述那麼和平與歡樂，必定有某些人的「命」被不由分說的「革」掉。

「反滿」是中國現代革命敘事的起點。美國學者路康樂（Edward J. M. Rhoads）在《滿與漢：清末民初的族群關係與政治權力》一書中指出，十九世紀末二十世紀初，「滿開始從一種職業身分轉化為一個族群」。越來越多文人和官員不再把「國」（country）只是作為文化概念，而開始以「民族—國家」（nationstate）這個政治和地域的範圍來考慮。

梁啟超在此認知上起了重要作用，**他把「中國」的概念從一種文明轉化為一個地域性的國家**。作為這個重新定義的一部分，滿人成為一個「種族集團」（racialgroup）。

根據梁氏對滿漢關係的闡述，正如黃種與白種間生死攸關的種族衝突一樣，這種對立也存在於同屬黃種的兩個亞群（subgroups）之間。路氏認為，梁是以從日本引進的「社會達爾文主義」來定義滿和漢。

雖然「滿族」這個詞在晚清便存在，但很少被使用，這一時期用得最多的詞是「滿人」和「旗人」。在辛亥革命前，由於革命者認為中國是漢人之中國，按《同盟會章程》之宣告，滿人應被「驅逐」，回到其老家滿洲自生自滅。

清末，「排滿」學說有兩大目標：以民族主義感動上流社會、以復仇主義感動下流社會。換言之，「排滿」成為主義、革命學說，在晚清不只構成思潮，而且是動員各階層投入社會運動的有效手段。一九〇七年，楊度在給梁啟超的一封信中，將「排滿革命」稱為「操術」。「排滿」的理由各異其言，有講「報仇」的、有講「爭政權」的、有針對「滿人不能立憲」

中國現代著名小說家老舍，是滿洲正紅旗人。

的，也有以「立憲不利於漢」為由的。「排滿」的口號，應用於社會，「幾成為無理由之宗教」。「革命排滿」，對於爆發革命及其迅速成功，促成現代由帝制到共和的轉型，無疑起過至關重要的作用。胡漢民曾在《自傳》中承認，同盟會從來沒有深植其基礎於民眾，民眾所接受者，僅三民主義中之狹義的民族主義耳：

正惟「排滿」二字之口號，極簡明切要，易於普遍全國。

「排滿主義」在晚清沸沸揚揚，很大程度上是依靠「無理由」的、簡單卻絕決的態度，成為口號，席捲起風暴。「黃種國民應有恨」、「今之革命，復仇其首」、「張九世復仇主義，作十年血戰之期」、「對於以外種族的人，一定是相殘殺」、「念華夷界限，必代春秋，呼冤展腥羶歷史，誓為種族流血」……諸如此類言辭，在辛亥期間的報章雜誌中俯拾皆是。

廣東人謝公惠在《辛亥雜憶錄》中感慨的說，士子們的演講和文章例有驅逐韃虜之類的詞句，成了那個時候的「八股文章」。「排滿」是「政治正確」，在充斥著「復仇」和「血」的義憤當中，沒有理性的容身之地。冷眼旁觀的嚴復感嘆說：各人都在作「洶洶」之論，「當輿論燎原滔天之際，凡諸理勢誠不可以口舌爭」！

武漢：到處都是滿人的屍體

為了捍衛辛亥革命的合法性、純潔性，海峽兩岸官方歷史敘事都有意隱藏武昌起義後，全國各地革命黨人屠殺滿人的真相。歷史從來由勝利者書寫，失敗者的歷史在哪裡？

那場殺戮首先是從武漢三鎮開始。武漢三鎮原本並不是八旗駐防地，隨著清末新政的鋪開，一些滿人（主要是荊州八旗——平三藩之亂後移居荊州之旗人）奉命駐守這個長江中游的重鎮。

從一九〇四年起，在湖廣總督及荊州將軍的安排下，荊州旗兵被輪派到湖北新軍中受訓（十名中有一名是旗兵），這些旗兵主要集中在第八鎮第三十步兵標（團），其中第一營中的兩個隊（每營共四隊，每隊大概一百五十人）和第二、三營的各一個隊，大概一個營的兵力為旗兵構成，他們的統領也是滿人。第三十一標也有一個隊的旗兵，另外大概還有四分之一（大概兩百五十人）旗兵分布在其他部隊或軍事學堂。儘管這些人在當晚的起義中沒有抵抗（或來不及抵抗），但大多數人都被無差別的殺害了。

參與起事的革命士兵呂中秋回憶說，最先發難的工程營，在起事之前公議「禁令十條」，其中，即有「勾結滿人者斬」、「私藏滿人者斬」兩條。

據第三十標的革命士兵魯祖軫回憶說，他們所在標的各棚都有一、兩名旗籍清兵，起義前，已分配同志負責解決。起義時，他和另一位革命士兵劉秉鈞，負責結果（將人殺死）一名叫雙璧的旗兵。當他緊跟在雙璧的後面，伺機動手時，「我棚的正目陳佐黃，見我遲慢，即高舉槍托猛擊雙璧的頭頂，原想結果其性命，不料槍托稍偏左，雙璧順勢滾下樓梯，一溜煙，向第一營的旗兵營跑去」。之後，革命黨人只要捉到旗兵，不是就地殺掉，就是送到軍政府槍斃，很少有旗兵能倖存下來。

革命者曹亞伯聲稱，武昌有四百名旗兵被殺，另有三百名被關押在監獄，大約有一百名在次年春天被釋放。但令人哭笑不得的是，其中有七名旗兵因為過早獲釋，在回荊州途中被殺害。

殺完滿人官兵，革命者又衝入城內的滿人聚集區，繼續殺戮手無寸鐵的滿人平民。武昌城裡，四大滿姓家族（扎、包、鐵、布）不分男女老少，全部被殺害。八旗會館在一夜之間被摧毀。

第二天早上，**當十八星旗飄揚在原總督衙門時，滿人的屍體也堆滿鄰近街道**。路康樂指出，革命黨進入武昌之後，當地旗兵雖沒有抵抗，革命黨仍然把他們全都抓去殺了。革命黨人在街頭隨機把長得像滿人的行人叫住，命令他們念數字「六六六」，若有滿人口音，立刻抓去處決。有的旗兵被捉後，至死不講話，但越是不講話反而越證明是旗兵，難逃殺身之禍。路康樂記載說：

> 一個將要被殺害的滿人婦女可憐的哀求：「我們是無罪的，我們也憎恨我們的祖先，因

為他們虐待漢人。」另一位老夫人哀求：「殺死我們這些沒用的婦女和孩子，你們能得到什麼呢？為什麼不釋放我們以顯示你們的寬宏大量呢？」士兵們雖然有所觸動，但不敢回應，還是將她們殺死了。

許多滿人家族，見到革命軍殺來，知道對方一定不留活口，乾脆全家服毒自殺。在這場風暴中，滿人婦女的境遇十分悲慘，因為她們的頭髮、服飾和漢人女子有較大差別。更要命的是，即使這些可以改扮，但她們有一個致命的缺陷，那就是**滿人女子不纏足**，她們原本引以為自豪的天足，卻成了危險的來源。

她們的一雙大腳馬上會被認出，很快成為被凌辱、綁架與殺害的目標。有的滿人家族趕快把幼小的女孩送去纏足，想要裝成漢人女子的樣子，結果痛得小女孩哇哇大叫。歷史學家周錫瑞評論：「那差不多就是屠殺……如果旗兵被殺是因為他們具有潛在危險的話，那麼殺害婦孺似乎是完全沒有必要的。」

十月十四日，一名英國路透社記者來到武昌，「**發現到處都是滿人屍體**」，他估計有八百人被殺。一名軍政府代表在巡視武昌後估計，有四、五百名滿人在起義後的前三天被殺，由於擔心傳染疾病，受害者的屍體被迅速掩埋。直到首義成功三天之後，軍政府才下達命令，停止捕殺滿人。

武昌起義的領導者之一熊秉坤回憶說，十月十二日，反滿暴力達到頂峰，那天的殺戮如此駭人聽聞，以至於一百多名紳商聯合起來，要求軍政府阻止士兵進入民宅搜索滿人，軍政府以軍事需要為藉口加以拒絕。在中國，民意敵不過槍桿子，這些紳商自己很快成為軍政府敲詐的對象。

極少數革命黨人不贊同對滿人的屠殺。共進會會員郭寄生回憶說：「我曾在街上親見便衣數人，手持雪亮大刀追殺旗籍婦孺事情，力言革命宗旨主要在推翻清廷政權，挽救危亡，若任意殺戮，甚至婦孺不免。此則暴徒行為，不但為國際上所反對，且必定惹起種族仇恨。」那時，到處都是殺紅眼的暴徒，像郭寄生這樣保持理性思考的人寥寥無幾。

若非漢口的十一名外國領事聯袂出面干涉，軍政府不會於十三日下令停止殺戮。儘管軍政府的掌權者心裡並不願意止殺，但出於外交上的考慮，不得不下達命令，以敷衍外國領事。西方列強在這場革命中保持中立是非常重要的，如果西方列強出兵支持清政權，軍政府一天都無法維持下去。西方的使領館和外交官成為野蠻帝國內的「文明飛地」，他們多次出手制止大屠殺——此前，**左宗棠的軍隊在新疆大肆屠殺回民和維吾爾人，也是由俄國使館的官員出面制止**。

這是中國加入條約體系的好處。儘管統治者因受條約之約束不能為所欲為，頗為不爽；但身為刀俎上的魚肉的少數民族、弱勢群體、低端人口，卻從條約體系中分享到一定的人權保障。

西安：他們要麼被殺，要麼自殺

最大規模的屠殺並不在武漢，而在西安。西安是八旗駐防重鎮，有兩萬多滿人，城牆很高，防禦堅固。革命軍攻打一天一夜後，西安滿城被攻破，革命士兵如潮水般從南面和西面湧入，將城內居民視為敵人加以殺戮。當時的情形，加害者不會記述，倖存者則保持沉默，唯有西人的觀察和記載比較可靠——他們並非滿清朝廷的支持者，也不是激動的革命者，他們的超然地位和文化背景可以做到「實話實說」。英國傳教士J・C・凱特描述道：

> 無論長幼，男女，甚至小孩子，都同樣被殺……房子被燒光搶光，那些希望躲過這場風暴的人最終也被迫暴露。革命軍在一堵矮牆後，放了一把無情的大火，把韃靼城焚燒殆盡。那些試圖逃出來進入漢城的人，一出現在大門，就被砍倒在地。兩名新軍的年輕軍官後來回顧時承認：「沒有必要殺死這麼多滿人士兵及其家屬。」

這場殺戮殘酷且澈底。據凱特記錄：「當滿人發現抵抗徒勞無益，他們在大多數情況下都跪在地上，放下手中的武器，請求革命軍放他們一條生路。當他們跪下時，他們就被射死了。有時，整整一排都被射殺。在一個門口，十到二十人的一排滿人就這樣被無情的殺死了。」

三天後，革命軍下令停止屠殺。據凱特估計，滿人死亡人數「**不下萬人，他們為了避免**

更悲慘的命運，要麼被殺死，要麼自殺」。至少有一半的滿人被殺。整個滿城被搶劫一空，存活下來的人中，有錢人被敲詐、小女孩被綁到富人家當婢女、年輕婦女被迫成為窮苦漢人士兵的妻子，其他人被驅逐出西安。

另一名英國傳教士李提摩太在回憶錄《親歷晚清四十五年》中寫道：「一九一一年十月二十二日，陝西首府西安爆發了可怕的流血事件，一萬五千名滿族人（有男人、女人還有孩子）都被屠殺。」陝西革命黨人事後承認，攻破西安滿城後，戰鬥隊伍分成小隊在城內逐巷逐院進行搜索戰，在此其間，一些士兵和領隊官殺死了一些「不必要殺死的旗兵和家屬」。

美國傳教士李佳白的兒子李約翰（John Lea）在《清帝遜位與列強》一書中引用英國外交檔案指出，**這不是戰爭，而是屠殺**。英國駐華公使朱爾典爵士致外相格雷（Edward Grey）爵士函聲稱，「至於西安府的情況，曼勒斯先生證實了我們已經收到的關於在頭兩三天內屠殺滿洲人的報導。他估計普通的滿洲居民有兩萬人，並確證了肖樂克先生所說的大約一萬人被殺一事」、「西安的滿城遭到攻擊，所有的滿洲人除了六名在四川陸軍部隊服役者外，幾乎統統被屠殺」。有八名外國僑民在混亂中被殺。李約翰是庚子年使館之圍中年齡最小的外國避難者，當年的血腥殺戮想必讓他留下深刻印象。他未曾想到，十一年之後又發生了一場同樣慘烈的殺戮。

西安的濫殺無辜，很大程度上是因為西安革命者的主力為會黨。據革命黨人張奚若回憶，革命後的西安被哥老會控制，就算是革命黨出城也須經會黨首領同意。領導陝西革命的分別為會首張雲山及同盟會張鳳翽（按：音同惠），張雲山混跡兵營多年，在新軍中開香堂，吸收上千名新軍士兵，勢力很大。會黨是一群騷動不安而極其凶險的烏合之眾，由其充當主力的革命必然會走向失控的殺戮。

西安的民族矛盾比其他城市複雜。屠殺滿人的，除了漢人還有回民。同治回亂時，西安長時間被回民圍困，雙方死傷慘重。旗人將領多隆阿帶兵平叛，解了西安之圍，西安的漢人、滿人才免於受回族軍隊屠殺。多隆阿帶兵平叛毫不手軟，殺戮回軍無數，但他對西安城內五萬名未曾造反的回民網開一面。然而，到了辛亥革命時，帶頭屠殺滿人的恰恰是多隆阿饒過不殺的西安回民。

西安屠滿是辛亥革命中最血腥、最慘烈的一幕。此後多年，滿城故地一片荒蕪，無有人跡。直到一九四二年，河南飢民逃難西安，在昔日滿城的廢墟上，搭建簡易居所，就此定居。滿城重新聚起人氣，有了人煙。今天的西安東北城，仍然有很多說河南話的居民。

儘管如此，據西安滿人倖存者回憶，有一些漢人百姓冒險救助滿人。在暴徒凶殘的屠殺中，正是有此等良心尚存的人存在，才不至於讓人對人類自身失去希望。

其他地方的大屠殺：「誰敢自言滿族人」

辛亥革命期間，革命黨人以及混水撈魚的黑幫流氓對滿人的屠殺是全國性事件。各大城市，包括西安、荊州、杭州、廣州、南京等地的滿人居住區都遭到種族屠殺。杭州與河南等地的軍民殺滿人，把砍下的人頭扔進井筒子裡，一個個井筒子，填得滿滿的。江寧和荊州等地，「城內旗營多有以火焚其室，舉家而殉者」。

駐防廣州的旗人官兵宣布和清廷脫離關係，這些旗人官兵放下武器、脫掉軍裝、走出軍營。但是，激進的革命黨徒瞬間撕毀雙方簽訂的協議，瘋狂殺害解除武裝的滿人。倖存的滿人紛紛逃離居住兩百多年的家園，到廣東鄉下隱名埋姓、改稱漢族。比如，一些滿人逃亡到順德，自稱關姓漢族，直到一九八〇年代才恢復滿族族籍。**光緒年間，廣州八旗軍民共有三萬人，到辛亥事變之後，戶籍統計只剩下一千五百人**。

即便是促成和平移交權力的滿族高官，也屢屢遭到虐殺。貴林，姓畢嚕氏，滿洲正紅旗人，辛亥時任杭州駐防旗營協領。杭州城起義之後，貴林代表署理杭州將軍德濟赴軍政府談判議降，卻在數日之後因「私藏軍火，陰謀反叛」之名被拘拿槍決。

貴林一向被譽為滿人中的開明派，孫寶瑄稱貴林：「磊落有高志，識超絕，持躬嚴正，旗營中推稱清朝孔夫子。」馬敘倫也說，貴林喜歡結交知名之士，與立憲派關係友好。但貴林是旗營協領，手握重兵，不免成為犧牲品。

一九一二年民國成立後任浙江都督府參議的張雲雷認為，因為「實權都操在他手裡，革命黨人都知道有個貴翰香（貴林），對他很注意，處處提防他，浙江起義的槍聲一響，首先把貴翰香逮住槍殺了」。

歷史學者沈潔在〈從貴林之死看辛壬之際的種族與政治〉一文中指出，時任浙江都督的立憲派領袖湯壽潛，一向主張革命不當囿於種族之成見，革命不應當以殺人立威。革命黨答應了和平解決旗城問題，湯壽潛才允諾出任浙江都督。趙尊岳在《惜陰堂革命記》中記載，湯壽潛上任前警告革命黨，「若輕殺滿人，即日引去」。

貴林之死對湯壽潛產生了莫大激刺，一是讓他覺得失信於人，是為不齒；更重要的，是表明他與革命派之間不可合作。如迎升記述的那樣：「軍人又以浙江革命未殺一人，無赫赫之名，不足以邀大功，忌貴林者而利用之，竟偽託湯名，請貴林、哈楚顯、存炳赴民政司署，商議八旗生計，至則並槍斃之。」貴林死後，湯非常憤怒，「果即卸篆，返告曰：『吾守誓言，慎勿輕責矣。』」

民國四年五月，北洋政府內務部據大總統策令，謂查明浙江已故協領貴林等死事情形並為之平反，但殺人凶手卻未被追究。該文告澄清了事實真相：「辛亥杭州改革時，新軍子彈缺乏，貴林擁有旗營兵械，竟能申明約束，與前浙江都督湯壽潛議立條件，繳械輸誠，全城以定。嗣因人言龐雜，由諮議局邀其會議，該員並其子量海及協領哈楚顯、存炳等同被殘害。」接著褒揚說：

前清浙江駐防正紅旗協領貴林於民國締造之初，贊助共和，保全杭城生命財產，其功實不可沒，策動未及，遽罹慘禍，深堪悼惜。伊子量海與協領哈楚顯、存炳等亦能深明大義，死難甚烈，應均由內務部查照條例酌予褒揚，用闡幽光而彰公道。

革命黨違背協議，以莫須有的罪名殺害貴林等滿人，再次證明中國人缺乏契約精神。

辛亥革命期間，滿人殉難的具體數目已不可考。單就駐防兵丁而言，《辛亥殉難錄》根據姓名可考者作了粗略估計：西安駐防官兵死難兩千兩百四十八人、江寧駐防官兵死難七百零六人、福州駐防官兵死難九十八人、荊州駐防官兵死難四百零三人、京口駐防官兵死難三百二十二人。

全國登記的滿族人口，由**清末的五百萬人減少到中共建政前的一百五十萬人**左右。

多年後，很多滿人才斷斷續續的透露其經歷。油畫大師常書鴻，為杭州駐防旗人之後，辛亥年間尚年幼，對革命軍攻打旗營存有難以泯滅之惶恐記憶，「那時我還是個只有幾歲的孩子，家人把我單獨藏在南高峰上的一所小寺廟，叮囑我有人來切不可承認是旗人，但是我腦袋後邊有一條小辮子，生怕被認出來，那種幼時的恐慌是久久都忘不掉的」。

在臺灣的末代皇孫、小恭王溥偉的弟弟書畫大師溥心畬，別人諷刺他寫些「假唐詩」，他沉痛的對知友說，「百死猶有忠孝在，夜半說與鬼神聽！」家國之痛，從未去心。

毫無疑問，**為了某種政治目的或僅出於狹隘的種族仇恨，而發動一族人對另一族人的屠殺和暴動，不只屬於某一個國家和民族的愚蠢，而是屬於整個人類的恥辱。**

一九一一始於屠殺，一九四九終於屠殺

光復前後報章和街巷中彌散的關於滿人在河井、糕餅菜蔬中投毒的恐怖消息，無論是出自軍政府，還是巡警密探，都只是「據說」、「據傳」之類的傳聞，並沒有見過投毒「滿奸」被抓獲的實證。

倒是魯迅在《謠言世家》中道破了其中的玄機：房屋充公、口糧取消，旗人只好自尋生計，於是賣糕的也有，賣小菜的也有，生意也還不壞，「然而祖傳的謠言起來了，說是旗人所賣的東西，裡面都藏著毒藥，這一下子就使漢人避之惟恐不遠」，旗人的糕餅小菜自然也就沒了生意，「只得在路邊出賣那些不能下毒的家具。家具一完，途窮路絕，就一敗塗地了。這是杭州駐防旗人的收場」。

謠言是魯迅筆下「酷愛和平的人民」其「殺人不見血的武器」，尤其是在革命的語境中，它的威力更無往而不勝，足以使已繳械的旗人「途窮路絕」。

在杭州，針對滿人的搶掠、勒索、流血與兵亂時有發生。僅《申報》刊載的「杭垣革命記事」就有多則關於民軍搶掠旗營的報導：有「三五成群」，「妄稱搜查軍械，擅入旗兵家滋擾，衣飾銀錢任情擄搶，並有波及近營漢民者」。有勒索旗營兵將的事情，「逃居營外之旗眷半多殷富，近被此輩偵悉，指名往探，揚言奉軍政府命令拿封，賄以數十元或數百元不等，甚至奉差調查官署局卡（按：管商稅的機構），亦有將箱籠雜物搬回私宅者」；還有人手持

軍政府封條赴旗營某佐領署，敲詐四百元而去。報載，浙江巡撫增韞被拘後，軍政府曾勒令其繳款六十萬自贖，「增僅允三十萬，故未開釋」。**以民族革命為名趁火打劫者更是比比皆是。**戰事發生後，蒙古族旗人崇朴欲乘船逃往上海。他的一個陳姓漢族同鄉追至船上，要捕殺他。崇朴幸被同船的外國人所救，陳悻悻而去。後來有人向陳問起此事，崇朴在江寧職上，曾營救過許多革命志士，和你又有世誼，何以相逼如此？陳回答，「我要殺一旗人立功！」

革命黨人鼓吹殺滿人不遺餘力。當武昌、荊州和西安都發生大規模屠殺滿人事件，上海各大報紙卻在傳荊州、鎮江駐防旗軍仇殺漢族人民的消息，就連革命黨中的溫和派宋教仁也專門在《民立報》上發表一篇名為〈荊州滿人慘殺漢人感言〉的文章，以「吾同族即不得不殺異族以慰同胞，有仇必報，天演之理如是」的道理自辯。

當共和革命以「排滿」的方式出現的時候，滿人的身分變成了一種原罪，一切針對滿人的謠言、搶掠、勒索，甚至殺戮，都獲得一種正義的外觀。宋教仁以殺人為「天演之理」，但「天演論」的首倡者嚴復卻勸誡說「不可殺人」。前者應者雲集，後者無人傾聽。

由種族推衍革命，雙手沾滿鮮血的勝利者怎麼可能「放下屠刀、立地成佛」，轉而成為「共和」、「自由」的信奉者？當革命者成為掌權者，在敘事上可迅速完成由「驅除韃虜」到「五族共和」的轉變，**但民國肇始於屠殺，也就必然出現如法國大革命那樣「比賽殺人」的惡性循環，一九二七年和一九四九年的兩次「民國之殤」，都基於同樣的暴力邏輯。**

辛亥革命對作為族群的滿人造成的長期心理震懾與恐怖，比直接的屠殺深重得多。一個例子可以說明：一九八三年，學者關紀新在蘇州參加全國清詩討論會，聽聞詞學大家唐圭璋乃南京駐防旗人之後。唐圭璋在辛亥年間還是幼童，待革命軍殺入旗營，駐防將士及其家眷悉數服毒自盡，唐圭璋因服藥較少得以倖存，後被一漢族人家收養。

此後，關紀新編寫《滿族現代文學家藝術家傳略》，致函唐圭璋懇請同意將其傳略編入，隨即收到唐圭璋覆信，對欲收錄其傳略深表謝意，卻又婉辭：「至於所述唐某系滿族云云，就不要再提了罷……。」可見，革命所造成的不是一時一地的暴力，更是延續在歷史中，一個族群卑微的隱沒和靈魂的扭曲。

在謊言和暴力為王的二十世紀中國，反暴力和反殺戮是被嘲笑的「政治不正確」。最早的「社會主義者」江亢虎後來參與汪精衛政權，以「漢奸」罪受審。「漢奸」的觀點和文字，不會被人關注和引用。然而，正是江亢虎其人，在辛亥年間發出警世恆言。

當時，避居上海的江亢虎，寫了一封給武昌革命軍的公開信，信中就「瘡痍滿目，不忍見聞」的「興漢滅滿」種族革命，提出十二點「大不可」的異議，主要意思是：種族革命，有悖於人道，易失民心，與自由平等博愛的民主共和精髓相牴牾；以復仇為義，冤冤相報，本為大謬，容易引起外人干涉，導致瓜分慘禍。

一九一三年，此信收入江亢虎的《洪水集》。江氏特別附記：當時人心狂熱，輿論沸揚，大有暴民專制之勢。上海各報紙，無敢稍持異議。除了《天鐸報》匿其姓氏刊錄，沒有報館敢登出此函。信件發表後，江氏立即收到革命軍駐滬事務所來函痛斥，還有多封匿名警告信，謂其「倡邪說以媚滿奴，疑亂軍心，當膺顯戮」，「漢奸」、「滿奴」稱號一齊擲來，還有人宣稱要用炸彈對付他。

這又是一則頗有餘味的「革命」與「非革命」對峙的故事。多年以後，美國杜克大學的中國女留學生王千源，試圖勸說一群氣勢洶洶「討伐」流亡藏人群體的中國留學生，建議雙方心平氣和的坐下來對話，卻被辱罵為「漢奸」和「賣國賊」。她在國內家人的資訊被人在網上曝光，甚至有人跑到她青島的父母家門口潑糞。醬缸之國，往往是蛆蟲最愛國，百年乃至千年皆不變。

有人說，既然清帝國建立時曾對漢人有過「嘉定三屠」與「揚州十日屠」，那麼用屠滿來滅亡清帝國乃是理所當然。然而，二百六十年前祖先發起屠殺的罪惡，難道應當由兩百六十年後無辜的後代承擔？如果用同樣的邏輯，因為日本軍人在南京屠殺過中國軍民，中國人就可以屠殺今天在和平年代長大的日本人嗎？正如蔡元培所說，如果實踐與主義脫節，就會成為「政略上反動之助力」；又如《聖經》說言，流人血者，自己也會流血。**中華民國，始於屠殺，必然終於屠殺**；始於不義，也必然終於不義。

第十三章 袁世凱才是中華民國的國父

西儒恆言：立憲國重法律，共和國重道德。顧道德為體，而法律為用。今將使吾民一躍而進為共和國民，不得不借法律以輔道德之用。

——袁世凱

中共奪取政權，一半靠武力，一半靠文宣。中共的筆桿子陳伯達以一本《中國四大家族》，讓國民黨執政集團聲名掃地乃至成為全民公敵，更以一本《竊國大盜袁世凱》為袁世凱和北洋政府蓋棺論定。

顛覆了國民政府和北洋政府的統治合法性和真實的歷史地位之後，共產黨就能粉墨登場了。不過，陳伯達不曾料到自己也會迎來「飛鳥盡，良弓藏；狡兔死，走狗烹」的那一天，一生追隨毛澤東、一度高升為中共第四號人物，到頭來卻被毛澤東以「反黨分子」的罪名下獄（一九八八年才獲釋）。自以為歷史是任人打扮的小姑娘，他卻身不由己的成為登上旋轉木馬卻下不來的悲劇人物。

「竊國大盜」是百年之冤

長期以來，「竊國大盜」四個字幾乎成為袁世凱的另一個名字，「賣國賊」、「大獨裁者」、「復辟狂」等惡名緊緊跟上，袁世凱堪稱近代史上的百年罪人。然而，在甘肅從事社會科學研究的學者張永東，冒著巨大的風險和壓力，致力於「替袁世凱翻案」的工作，在北美出版了五十萬字的專著《百年之冤：替袁世凱翻案》。

張永東認為，就個人對中國的貢獻而言，百年來無人趕得上袁世凱。袁世凱是中國近代史上「創造第一最多的人」。在洋務方面，袁世凱創建了第一支新式軍隊、第一支新式警察、第一家近代銀行、第一條自來水、第一家發電廠、第一個電報電話公司、第一個電車電燈公司、第一條環城馬路。

袁世凱也是第一個提出廢除科舉、舉辦新式學堂、建立巡警制度、實現直隸和天津地區民主普選的清帝國高級官員。袁世凱更是第一個提出引進西方憲政制度、第一次和平結束兩千年皇權專制並建立共和制、第一個倡導國會選舉並建立國會制度、第一個建立多黨制度和西方三權分立制度的人，而他自己則成為第一位由國會選舉出來的正式總統——其權力基礎及合法性超過此後所有的總統、主席、委員長和總書記。

作為改革者，袁世凱比李鴻章走得更遠。洋務運動與清末新政在時間上間隔三十年，時代背景有相當差異，李鴻章和被視為其事業傳承人的袁世凱，在知識結構和思維方式上差別甚大。

李鴻章是科舉正途出身，儒家思想是其不言自明的信仰和價值，無論怎樣支持變革，也不願踏過「中體西用」的紅線，就像鄧小平所謂的「理論」，萬變不離其宗，死死抓住「一個中心兩個基本點」（一個中心，指以經濟建設為中心；兩個基本點，指堅持共產黨的領導和社會主義制度等四項基本原則、堅持改革開放），故而其改革的成就有限。

反之，袁世凱雖出身官宦世家，但青年時代屢試不中，憤然將所學儒家經典付之一炬，並表示「大丈夫當效命疆場，安內攘外，豈能齷齪久困筆硯間，自誤光陰」，遂棄文就武，投靠伯父的生死之交、淮軍將領吳長慶，從此開啟嶄新的人生。

正因如此，袁世凱所中的儒家毒素較輕，沒有太過沉重的意識形態包袱，對他來說，包括「祖宗之法」在內，什麼都可以改。他率先推動朝廷廢除沿襲一千多年的科舉制度，引入西式教育體系。又如，他不顧頑固派的反對和滿族親貴的猜忌，不遺餘力的倡言立憲。

清末旅居中國和朝鮮三十年的日本記者佐藤鐵治郎，在為袁世凱所作的傳記中稱讚，西方各國由專制政體而變為立憲，大都是人民顛覆舊政府而成立新政府，幾經挫折，斷幾許頭顱，才可達成目的，若由專制國大臣而倡立憲，考世界各國改革歷史，罕有其倫：

袁世凱處支那專制政體之下，身為大臣，充最重要之機關，握種種之大權，而又系出漢人，竟不畏滿漢之嫌，及其他各種之障害，一意為國家謀生存，為人民增幸福。首倡立憲，以一身為怨府，苦心孤詣，為開明專制之預備。

以此而論，袁世凱才是中國近代政治體制改革的總設計師。他痴迷於憲法，即便後來稱帝，年號也是「洪憲」，也就是「洪揚憲法」之意，依然堅持立憲制。

世人對袁世凱的負面印象，來自於歷史教科書上列出的一連串罪狀：出賣戊戌變法、竊取辛亥革命果實、暗殺宋教仁、簽訂賣國二十一條、復辟帝制等。但「盡信書，不如無書」，張永東窮三十年光陰，爬梳典籍、辨析史料，指出**對袁世凱的種種負面看法是「中國百年最大之冤」**，袁世凱對中國的進步、變革，無論政治、經濟、文化、軍事等各方面，都起過不可替代的作用，袁世凱才是中華民國的真正國父。

袁世凱是清帝遜位和南北和解的第一功臣

武昌起義後，清帝國搖搖欲墜，朝廷不得已起用被罷黜的袁世凱。有人問滿族大臣那桐，起用袁世凱，不是加速清朝滅亡嗎？那桐答道：「大勢今已如此，不用袁指日可亡，如用袁，覆亡尚希稍遲，或不可亡。」

袁世凱當然知道清廷只是利用他作為鎮壓革命黨的工具，便以生病為由拒絕出山。僵持多日，他提出六個條件，除了要求有指揮的全權和充足的軍費外，前面四條全是關於政治改革的：明年即開國會，組織責任內閣，寬容參與此次事件的諸人，解除黨禁（可惜，一百多年後，共產黨一黨獨裁的中國仍未實現解除黨禁）。清廷指揮不動北洋軍，只能答應袁世凱的條件。

以北洋的軍力與占據武漢三鎮的民軍力量對比來看，北洋軍收復武漢三鎮至掃盪南方獨立各省，乃綽綽有餘。袁世凱的下屬、北洋三傑「龍虎狗」中的「狗」馮國璋迅速攻占漢口和漢陽，電請趁勢攻占武昌。**袁世凱電令馮國璋停止進攻，並與民軍展開談判**。

滿清親貴對於袁世凱不乘勝追擊極為不滿。肅親王善耆、恭親王溥偉質問：「從前洪楊革命，十三省都淪陷，而胡林翼、曾國藩都能討平，現在南方革命黨並無大實力，黎元洪、程德全都是朝廷命官，公然叛逆，何不蕩平？」袁回答：「討伐黎元洪、程德全，可以辦到；但張謇、湯化龍、譚延闓都是民選代表，討伐他們，我辦不到。」言下之意是官兵不殺百姓、不殺民意代表。可見，儘管袁世凱在跟滿清朝廷玩弄權術，但他已然具備了一定尊重民權的現代觀念。

當時，全國已呈現鼎沸魚爛之端倪，很多地方陷入無政府狀態，暴力泛濫，大城市中居住於滿城的大量滿族平民遭到血腥屠殺，還有很多匪徒、會黨趁火打劫、殺人越貨。如果南北達不成和談，類似於太平天國那種屠戮婦嬰的慘劇或許會蔓延開來。**袁世凱是促成南北和解、皇帝和平退位、結束二千年帝王專制的關鍵人物**，其創建中華民國的功勛，遠遠大於革命後期才從海外趕回來摘桃子的孫文。

國共兩黨的官方史家都不約而同認為，袁世凱「竊取」了首任中華民國總統的職位和辛亥革命的果實。但事實是：南北雙方有約在先，若袁世凱促成清帝和平退位，則由袁出任總統，袁是唯一南北方、各階層都接受的國家元首，並非袁逼孫文讓位。

而且，南方違背南北和談的約定，單方面成立南京臨時政府，這個政府本身就是非法的。其次，孫文當時審時度勢，承認南方的軍事力量不如北方，而且在英國的運作之下，孫文失去了從日本借款作為軍費繼續「北伐」的可能性，所以只好辭職認輸。表面上，孫文對袁的功績和才能大加稱讚，視袁為當然的總統人選，在致袁的賀電中，孫文承認「民國大定，選舉得人」事實。

一九一二年二月十五日，臨時大總統選舉會召開，南京參議院十七省代表投票，每省一票，袁世凱以全票當選。參議院在致袁的電報中說：「查世界歷史，選舉大總統，滿場一致者，只華盛頓一人。公為再見。同人深幸公為**世界之第二華盛頓**，我中華民國之第一之偉業，共和之幸福，實基此日。」在前一年年末，同一個機構推舉孫文為臨時大總統時，孫文只得到十六票，另有一票投給黃興。袁繼任為大總統，

1912 年 3 月 10 日，袁世凱在北京就任中華民國臨時大總統後，和僚屬在北京外交部合影。

在程序上完全合法，「世界之第二華盛頓」的讚譽不是空穴來風。

退一步講，縱然根據中國古老的政治法則，袁世凱同樣獲得延續清政權的合法性。在宣統帝的退位詔書中，有「即由袁世凱以全權組織臨時共和政府」字樣，某種意義上就是清帝將權力「禪讓」給袁世凱。

袁世凱於 1913 年 10 月 10 日就任中華民國大總統後，各國駐中使節覲見合影。

當時，報導中國問題最具國際影響力的澳洲記者莫理循（George Ernest Morrison）對袁世凱的評價相當正面：「這個領導人具備絕對權威，在世界有影響，以英國式的資本主義政治、經濟、文化、外交為其指導方針，能夠把中國引領向強大、光明的未來。」美國歷史學家史景遷（Jonathan Dermot Spence）指出，在辛亥革命後「社會秩序的恢復，有賴袁世凱將北洋軍與同盟會和南京的革命力量結合在一起，也仰賴袁世凱以立憲程序，將新軍和各省的議會結合成全國性的政體」。

套用曹操的名言，「設使國家無有孤，不知當幾人稱帝，幾人稱王」，袁世凱也有資格可以說——若沒有我袁某，此刻不知會有多少家「家破」，多少人「人亡」。

袁世凱就任中華民國總統後，開放黨禁，保障人權、學術獨立、言論自由，中國政治和思想上出現自春秋以來第二個「百家爭鳴」時期。北京政府確立私有產權制，在經濟上推行自由經濟，使中國經濟出現蓬勃發展的「黃金時代」。

袁世凱不親日，從未簽署《二十一條》

梁啟超為學生蔡鍔的「護國軍」起草討袁檄文時，嚴詞譴責袁世凱簽署《二十一條》的賣國行徑。這是梁對袁的栽贓——早在**戊戌變法失敗**時，康梁就編造譚嗣同游說袁世凱發兵包圍頤和園並軟禁慈禧太后、爾后**袁向慈禧太后告密**的謠言。史家已考證，**此事不可能發生**。

袁世凱乃至整個北洋系都是反日的，甲午之戰就是北洋對抗日本的戰爭。而關於《二十一條》的歷史事實是：從一九一五年二月二日開始、歷時一百零五天，袁世凱政府與日本艱難談判，往返二十五個回合，採取拖延戰術，利用英美各國向日本施壓，也以中國反日民意為支撐，部分遏制了日本獨霸中國的企圖，是弱國外交取得的最大成果。

袁世凱早年出使朝鮮，宛如朝鮮的太上皇，一手主導朝鮮推動近代化改革，但因作風過於強勢，遭致朝鮮朝野的怨恨。在日清甲午戰爭爆發前夕，袁世凱被迫離開朝鮮，眼睜睜看著朝鮮落入日本手中，以及北洋艦隊隨後灰飛煙滅的慘劇。

袁世凱非常痛恨日本，他絕非親日分子。**日本與袁商談《二十一條》，從未拿出支持袁稱帝為條件**。恰恰相反，袁稱帝失敗的一個重要原因，乃是日本的反對。日本學者岡本隆司在為袁世凱所寫的傳記中指出：

最後袁世凱還是回歸到了清帝退位前的「君主立憲」，這也與以日本為模型設計的政體一致。從此一角度來看，《二十一條要求》這個讓袁世凱轉而對抗日本的契機，對於袁世凱的皇帝即位，其實具有意想不到的影響。他在臨終前留下的遺書寫道，「為日本去一大敵，看中國再造共和」，也許暗指了此事吧。

當時，日本駐華公使日置益拿來威脅袁世凱的，居然是流亡日本的革命黨：「中國革命黨與日本在野人士過從甚密，勢力甚大，倘袁總統不表示友好，則日本政府實難控制革命黨不在中國行事。」確實，孫文等流亡者為在反袁上得到日方大力支持，早已向日本提出割讓滿洲和山東的建議（孫文致日本首相大隈重信的信件，成了二十一條的藍本。信件原照片可查網路）。

五月七日，日本發出最後通牒、調兵遣將，在五月九日期限的最後一刻，袁世凱及北洋政府接受了《二十一條》中的十二條，其他關鍵部分被刪除。即便是接受的部分，如有關山東和滿洲的條款，簽訂的條件與原先提出的大為不同，不是「留待日後磋商」，就是加進限制條件。五月二十五日，在簽訂《中日民四條約》後，袁世凱召集政府要員開會，通告此事並告知原因：

我國雖弱，苟侵及我主權，束縛我內政，如第五條所列者，我必誓死力拒。外交部恪守我的指示，堅拒到底，盡了最大之力……如今日人最後通牒已將第五條撤回，凡侵主權及自居優越各條亦盡力修改，並正式聲明將來膠州灣歸還中國。在南滿雖有居住權但須服從警察法令及課稅各條亦與中國人一律。因此，與初案相比已挽回許多……我國國力未充，目前尚難以兵戎相見。故權衡利害而不得不接受日本之最後通牒，是何等痛心，何等恥辱……經此大難之後，大家務必認此次接受日本要求為奇恥大辱，本臥薪嘗膽之精神，做奮發有為之事業。舉凡軍事、政治、外交、財政，力求刷新，預定計畫，定年限，下決心，群策群力，期達目的……希望埋頭十年，與日本抬頭相見。

和孫文主動向日本提出條件超過《二十一條》的賣國協議、毛澤東六次感謝日本發動侵華戰爭幫助共產黨奪取政權相比，袁世凱難道不是真正的愛國者嗎？

根據自始至終參與對日交涉的外交部次長曹汝霖晚年回憶：「日本此次提出《二十一條》，包羅萬象，集眾大成，勢力由東北、內蒙古以至閩、浙，權利由建鐵路、開礦產以至於開商埠、內地雜居，甚至第五項要求政府機關設立日本顧問，兩國用同一軍械，警察由日本訓練，小學用日本教師，日本僧人到內地傳教，凡此苛刻條件，思以雷霆之壓力，一鼓而使我屈服。若使隨其所欲，直可亡國。幸我府院一心，內外協力，得此結果，亦是國家之福。世人不察，混稱《二十一條》辱國條件，一若會議時已全部承認者，不知《二十一條》中之第五項各條不但辱國，且有亡國可能，已堅決撤回不議，而**所議定者不滿十條**。世人對此交涉不究內容，以訛傳訛，盡失真相。」

如果說袁世凱、曹汝霖是當事人，有可能是為自己辯白，那麼後人可以參考在野知識分子對袁世凱外交成敗的評價。新文化運動領袖**胡適評價**：「吾國此次對日交涉，可謂知己知彼，既知持重，又能有所不撓，能柔也能剛，**此乃歷來外交史所未見**。」寫過《袁世凱傳》並對袁基本持負面看法的左傾新聞界人士陶菊隱，對此事也公正的評論：「有一事可為袁世凱呼冤，就是外界傳說他與日本人訂立二十一條另有密約的事情，實在是沒有這回事情啊！」

在對日外交中，袁世凱和北京政府確實做出很多妥協，但妥協不等於賣國，妥協往往是救國的唯一辦法。中國的歷史書寫，往往將主戰派稱之為「民族英雄」，而把主和派稱之為「民族敗類」。

在傳統的史學模式下，歷史研究淪為一種宣傳，忠奸的判斷模式約束著人們的視野和思維。其實，主戰派閉眼不去看中國的現實，被一種狂熱的愛國激情矇蔽，將中國帶往危險的境地。而主和派從中國的實際出發，積極為和平奔走，才換來避免戰爭、生靈塗炭的結局。

袁世凱君主立憲制的失敗嘗試

稱帝之舉堪稱袁氏政治生涯中所犯的最大錯誤。據袁世凱的祕書張一麐（按：音同麟）回憶，一九一六年三月二十二日，**袁世凱在稱帝八十三天後發現此舉不得人心，將張一麐召到總統府，起草撤銷帝制的文告**。袁世凱對張一麐說：「我糊塗，沒能聽你的話，以至於此。」張回答：「這件事你是被小人蒙蔽了。」

袁不愧為敢於承擔責任的領袖，他總結說：「這件事是我自己不好，不能怪罪別人……有國士在前，而不能聽從其諫勸，吾甚恥之……總之，我歷事時多，讀書時少，咎由自取，不必怨人。」和崇禎皇帝諉過他人的「君非亡國之君，臣是亡國之臣」的名言相比，袁世凱顯得光明磊落、謙卑自省。

袁世凱並非獨裁者，其人品也遠高於孫文、蔣介石和毛澤東這些真正的獨裁者。袁稱帝，是看到民國初年政局混亂，認為實行兩千年帝制的中國，驟然引入共和體制未必妥當，或許像英國和日本那樣的君主立憲更適合中國國情。他要當的只是憲政之下的君王，而不是一人獨裁的君主。

人們不能一看到「皇帝」這個名詞就產生厭惡之情，沒有皇帝的政權未必就能實行民主——蔣介石和毛澤東無皇帝之名而有皇帝之實，國民黨政權和共產黨政權對民眾自由與人權保障，比得上袁世凱時代嗎？

袁世凱君主立憲的想法來自於美國顧問古德諾（Frank Johnson Goodnow）。古德諾因提倡君主立憲更適合中國，遭到國共兩黨和左派知識分子百般辱罵。其實，古氏為美國公共行政與市政學的奠基人和權威，著有《政治與行政》等專書，對十九、二十世紀之交美國市政管理體制改革運動有重要影響。

古德諾來華擔任民國政府憲法顧問，經過調研之後指出，中國的當務之急是建立一個強固政府，維持政局穩定，以改良財政、修明法制、釐定政府與人民的法律關係。他認為，中國的國情類似法國而迥異於美國，中國不宜學習美國而應當學習法國，若干年後，「民國如採用法制（法國式內閣制）或較為有益」。

但當下百廢待興，西方現代政治制度及其抽象原則對於中國人來說毫無意義，在中國建立共和制只不過是一場夢，中國實行**總統集權**和負責制會有「更令人滿意的結果」。古德諾給袁世凱上了一篇意見書，建議：**在中國這樣一個毫無代議制經驗的國家裡實踐代議制，短時期內難望有成效**，因此民國國會目前只應作為諮詢機構。

在洪憲帝制的高潮期，古德諾發表長文〈共和與君主論〉，認為君主制最大好處即在於權力交接時不致引起動亂，從而保證政治穩定。文中稱：

> 中國數千年以來受制於君主獨裁之政治，學校闕如，大多數之人民智識不甚高尚，而政府之動作彼輩絕不與聞，故無研究政治之能力。四年以前由專制一變而為共和，此誠太驟之

舉動，難望有良好之結果者也。

古氏的結論是：「中國如用君主制，較共和制為宜，此殆無可疑者也。」古德諾晚年的封筆之作為一九二六年出版的《解析中國》一書。

他並未因袁世凱君主立憲嘗試失敗而放棄自己的觀點。他將近代中國政治變革的挫折，歸罪於戊戌變法及辛亥革命的「激進」，而對晚清「立憲」因辛亥革命而中斷深覺惋惜，稱若非革命，中國到一九一七年就可能建成有限君主制性質的代議政體。最後，他寄希望於中國社會各方面的整體性進步，包括經濟發展、科學普及、家族觀念的淡化等，由此逐步走向憲政，逐步實現共和制度。

古德諾來華服務時間只有一年多時間，但他對袁世凱影響頗大。袁世凱未必具備美國國父華盛頓、富蘭克林、麥迪遜們的崇高品質和清晰理念，但他至少不是草菅人命的暴君，而是宅心仁厚的君子。對於反對者，他從未痛下殺手。孫文、章太炎等人，他可以殺之而不殺；蔡鍔一起兵，他就約束部下，緩解內戰，不願傷及無辜。對照蔣毛之殺人如麻，何止天淵之別？

日本學者岡本隆司指出，讓袁世凱擔任大總統時百般苦惱、並促成失敗的原因，是南北對立。自武昌起義起形成的對立趨勢，在首都為總統府與參議院的對立、在全國則是北京與各省的對立，辛亥革命後雖然改變了形態，卻依舊持續。

表面上是主義、主張的對立，是政府、政局上的紛爭以及軍事上的壓迫與抵抗，本質上卻有更深的歷史脈絡：不論是辛亥革命、「二次革命」還是「三次革命」（護國戰爭），反抗北京並脫離中央形成各省分立的局面，都是如出一轍的，這是從十九世紀末的戊戌變法、東南互保就開始的趨勢。

吊詭的是，如此情勢的開端，袁世凱本人是始作俑者之一。袁世凱培育、掌控了中國最精銳的軍隊，並將其納入自身的資本，這也是依循李鴻章時代以來「督撫權重」的體制才能做到的。當袁世凱取代清廷成為中華民國大總統、執掌中樞之後，由於身分的變化，他**不得不以「今日之袁世凱」（總統、皇帝）反對「昨日之袁世凱」**（很多像擔任直隸總督時代的袁世凱那樣的地方強人）。他以北京、中央的立場來強化體制權力，也因此演變為與地方對峙、北京孤立的情勢。

袁世凱擊敗「二次革命」的孫文一黨，是因為得到外國借款而軍費充沛，以及革命黨力量分散、準備不足，這場虎頭蛇尾的戰爭依然延續了清末以來「洋人的朝廷」結構——藉外國之力來壓迫地方。但**袁世凱被「三次革命」（護國戰爭）擊敗，使得他死後**北京淪為不受地方遵從的中央政府，也就是「失去地方的中央」。此後**數十年的中央政府（無論是北京政府還是南京政府）都處在國內很多省分不受其管轄，僅有外國予以認可的奇妙局面**。

有若干地方省分透過與外國直接的交流而深化了經濟成長，降低了對中央和其他地區的依賴，更足以建立其自給自足的財政、軍事運作。岡本隆司指出，這就是袁世凱的悲劇所在：

袁世凱對於這樣的中央、地方關係之來歷、趨勢、實際情況，究竟了解多少呢？從他的言行來看，似乎是被侷限在西式的立憲制及近代國家概念裡，而無法洞察全貌之結構、動態。不過說穿了，並非只有袁世凱有這樣的問題，當時幾乎所有檯面上的人物，都沒有例外。從這一角度來看，他的施政無法讓中央與地方有效的結合，而是引發了反目與抗爭，也是必然的結果了。

在此意義上，袁世凱的失敗的遺產仍然有參考價值。國民黨和共產黨雖然致力於國家整合（國民黨未能完成而共產黨完成了），但使用的工具卻是共產極權主義意識形態。與之相比，袁世凱的失敗反倒是另一種成功，他至少沒有將中國變成「動物農莊」或「一九八四」。

為袁世凱正名，乃是歸正中國未來之路的第一步，張永東在《百年之冤》一書的結尾提出一個意味深長的問題：「中國未來之路是繼續走中國歷史上的農民革命、農民王朝的道路；還是和平變革，建立一個類似於西方的民主與憲制社會？未來中國需要袁世凱，還是需要孫文？需要理智、冷靜、和平、民主的制度變革，還是需要革命、激情、暴力、專制的權力轉變？」其實，早在一百多年前，佐藤鐵治郎就指出：

支那之立憲，能達其目的與否，姑不具論，惟二十世紀中，專制國斷難生存於世界。由是言之，支那立憲之成與不成，即前途興亡之關鍵也。支那苟亡，袁世凱亦湮沒無聞矣；使支那立憲果成，將來雄長東方，為地球強國，則最近世界進化史中，袁世凱三字亦必能占一特別地位矣。

而今日中國之情形，居然脫離佐藤所設想的兩種可能：中國實現了沒有民主憲政、法西斯式的「大國崛起」，但這種畸形的「大國崛起」無法長久持續，在不久的將來，中國很可能將跌入比清末還要悲慘的全面崩解之中。而**袁世凱這個名字，在中國的民主憲政未實現之時，注定了仍然是被唾罵和羞辱的標本**。

第十四章 誰是暗殺宋教仁的真凶？

以前，我們是革命黨；現在，我們是革命的政黨。以前，我們是祕密的組織；現在，我們是公開的組織。以前，是舊的破壞的時期，現在，是新的建設的時期。以前，對於敵人，是拿出鐵血的精神，同他們奮鬥，現在，對於敵黨，是拿出政治的見解，同他們奮鬥……我們要在國會裡，獲得過半數以上的議席，進而在朝，就可以組成一黨內閣，退而在野，也可以嚴密監督政府，使它有所憚而不敢妄為，該為的，也使它有所憚而不敢不為……。

——宋教仁

一九一三年，中華民國舉行立國後第一次國會大選，宋教仁一手打造的議會式新政黨國民黨大獲全勝。宋教仁欲循歐洲內閣制慣例，以黨魁身分組閣，大總統袁世凱亦電促其赴京。

三月二十日晚二十二時四十五分，宋教仁在諸多國民黨議員陪同下步入上海車站，突遭預伏殺手狙擊，腰部中彈，子彈射入其右肋，斜入腹部。

宋教仁疼痛難忍，趴倒在一張椅子上，用手把于右任的頭拉到胸口，喘息的說：「吾痛甚，殆將不起……。」當時到火車站送行的黃興、于右任、廖仲愷等人，將宋教仁送往滬寧鐵路醫院急救。醫生發現子彈有毒，施救困難。宋教仁自知不起，向于右任告知遺言：

今以三事奉告：一、所有在南京、北京及東京寄存之書籍，悉捐入南京圖書館；二、我本寒家，老母尚在，如我死後，請克強與公及諸故人為我照料；三、諸公皆當勉力進行，勿以我為念，而放棄責任心。我為調和南北事費盡心力，造謠者及一班人民不知原委，每多誤解，我受痛苦也是應當，死亦何悔？

接著，宋教仁口述電文，請黃興代擬電報給袁世凱，電報原文如下：

北京袁大總統鑒：仁本夜乘滬寧車赴京，敬謁鈞座。十時四十五分在車站突被奸人自背後施槍彈，由腰上部入腹下部，勢必至死。竊思仁自受教以來，即束身自愛，雖寡過之未獲，從未結怨於私人。清政不良，起任改革，亦重人道、守公理，不敢有毫權之見存。今國基未固，民福不增，遽爾撒手，死有餘恨。伏冀大總統開誠心、布公道，竭力保障民權；俾國家得確定不拔之憲法，則雖死之日，猶生之年。臨死哀言，尚祈見納。宋教仁。

因為子彈有毒，手術後，宋教仁的情況沒有好轉，大小便中出血嚴重。三月二十一日下午，再次被送進手術室。三月二十二日凌晨四時四十八分，宋教仁不治身亡，噩耗傳出，全國人心鼎沸。

宋教仁死，中華民國憲政亡

宋教仁遇刺為中華民國第一要案，對中華民國國運影響甚大。有宋教仁，與沒有宋教仁，中華民國未來走向天淵之別。若宋不死，則中華民國的共和制可能走向正軌，國民黨能像美國建國初期的聯邦黨那樣保持國會第一大黨地位，袁世凱與宋教仁合作，共同服從憲法和憲政，讓政局得以穩定。

宋遇刺身亡之後，中華民國國無寧日，**國民黨由選舉型的現代政黨再度淪為暴力革命的獨裁黑幫**，袁世凱對憲政共和理念失去信心而一步步走向強人政治，作為宋案最大受益者的孫文，則鹹魚翻身獲得了以暴力手段顛覆中華民國的理由與舞臺。

孫文、黃興未審先判，將袁

宋教仁在上海車站被暗殺。

世凱定罪為暗殺宋教仁的元凶。然而，宋教仁臨終前的表現，卻顯示凶手另有其人。首先，若袁是凶手，宋不可能誠心誠意手發電報給凶手。宋的遺言表明，他已認定袁世凱是可以在憲政道路上同行的友人。宋特別指出，另有反對其「南北調和」的「造謠者」。當時，宋的「南北調和」對袁有利，袁不可能反對並造謠。「南北調和」的第一個反對者和造謠者，乃是孫文，因為「南北調和」意味著孫文的「動亂，暴力革命政治生命」走到盡頭。

耐人尋味的是，在國民黨選舉勝利並有望組織責任內閣的大好形勢下，國民黨名義上的最高領袖孫文對此十分冷淡，他沒有就組閣問題發表任何意見，甚至有意對南下的宋教仁避而不見——或許，在他看來，**此時的國民黨乃是宋教仁的國民黨，而非他自己的國民黨**。

二月十三日，宋教仁自漢口沿江東下，於二月十五日抵達上海，住在黃興家中。孫文於二月十日乘山城丸赴日本考察，他為何不肯稍停留，等待宋教仁來滬商議組閣問題，而非要匆匆趕赴日本進行並不急切的考察？

宋教仁與孫文長期的疏離和對立

在滿洲發動馬賊運動後回到東京，故人宋君就開始來探望鄙人，那是七年前的事了。他經常被警察跟蹤，有時跟鄙人分享同一碗飯，生活清貧。他曾被痴女深情所困惑，非常滑稽。下榻武昌都督府，一邊聽著震動玻璃窗的砲聲，一邊愉快的聽他講述個人的理想和作為。炮

> 彈落在船邊，互相望著蒼白的臉，迅即又為沒有中彈而豪氣干雲。南京城外重逢，同時說出「你還活著嗎」，緊緊擁抱，喜極而泣。橫死前一日，還議論縱橫，且發生爭論——現在想來，後悔不已。你躺在白色床單上的橫死臉容又在我眼前浮現……黃興、于右任君等人痛徹肺腑的哭泣聲在鄙人耳畔久久迴響。踉踉蹌蹌推著棺車，走的是無限思念的長途。在靈前告別，淚流滿面的同時心裡在想：千古奇冤將在何日得雪呢——這一切宛如昨天發生的事。每當思念湧上心頭，亡靈也就不可思議的重新回到鄙人身邊。

這段話，是支持辛亥革命的日本活動家北一輝在《支那革命外史》（中文譯本名為《一個日本人的辛亥革命親歷記》）中對宋教仁的永恆紀念，寥寥三百字，將二人初識、患難、親暱、刎頸之情，歷歷在目的留住。北一輝對宋教仁佩服得五體投地，對孫文則不以為然，「（孫文）身在萬里之外的美國，怎麼可能像支那浪人吹噓那樣，運籌帷幄指揮中國國內的革命運動？」

作為辛亥革命積極襄助者的北一輝，對宋孫二人的評價代表了當時很多人的看法。宋教仁與孫文的齟齬由來已久。在日本外務省政務局關於宋教仁的祕密檔案中，保存有宋對孫的一些負面看法。

一九〇八年十一月二十三日，宋教仁說：「像孫逸仙那樣的野心家做領導人，中國革命要達目的，無論如何也是不可能的。」一九一〇年十二月，宋教仁在與日本朋友串戶真左樹的談話中說：「孫逸仙已是落後於時代的人物，不足以指導革命運動。」宋教仁還對孫文「挾金錢主義，臨時招募烏合之眾，摻雜黨中，冀僥倖以成事」的「邊地武力冒險」持批評態度。

一九〇七年二月，當黃興與孫文就採取何種旗幟發生激烈爭執時，作為原華興會主要成員的宋教仁站在黃興一邊，他在日記中認為，黃興對孫文的不滿由來已久，他本人也無法忍受孫文的獨斷專行：

> 其遠者當另有一種不可推測之惡感情漸積於心，以致借是而發，實則此猶小問題。蓋孫文素日不能開誠布公，虛懷坦誠以待人，做事近乎專橫跋扈，有令人難堪處故也。今既如是，則兩者感情萬難調和，且無益也，遂不勸止之。又思同盟會自成立以來，會員多疑心疑德，余久厭之。今又如是，則將來之不能有所為，或亦意中事。不如另外早自為計，以免「燒炭黨人」之譏。遂決明日即向逸仙辭職，慶午（即黃興）事亦聽之。

此處，宋用「燒炭黨人」典故，是用太平天國（太平天國的很多領袖都是礦工出身）嘲諷同盟會。在其眼中，孫文宛如心胸狹窄、不容異見的洪秀全。當年，洪秀全殺楊秀清、韋昌輝，又欲殺石達開；而此時革命尚未成功，孫文的專橫獨斷就讓宋教仁萌生退意。

武昌起義基本上沿著宋教仁的預測展開，與孫文毫無關係。孫文的故鄉在廣東，他一直推動在廣東發動武裝起義，就可以「近水樓臺先得月」在廣東稱王稱霸。宋教仁則認為，**長江中下游才是清帝國統治的薄弱環節**，應將資源投入到活動武漢和南京的新軍官兵上。

一九一一年七月，宋教仁、譚人鳳等人成立同盟會中部總會，公開表示脫離孫文的控制。武昌起義成功後，宋教仁趕到武漢，協助軍政府的外交部長胡瑛辦理外交，並起草了一份憲政史上至為重要的文件，即《鄂州約法》，這是第一部共和制憲法性文件，《臨時約法》即以此為藍本。之後，宋教仁與黃興沿江而下到上海，協調江浙聯軍於十二月二日攻下南京，扭轉了岌岌可危的革命形勢。在新成立的江蘇都督府中，宋擔任政務廳長，並打算推舉黃興為革命政府新領導人。

對於姍姍來遲、火中取栗的孫文，宋教仁不以為然。據北一輝記載，宋教仁並不歡迎孫文回國，當北一輝從上海到南京勸說他擁護孫文時，宋氣得滿臉通紅：「老兄你也學日本浪人的那一套嗎？你的大元帥主張誤了事，黃興的優柔寡斷又誤了事，孫文的空想再來誤事的話，革命將怎麼辦呢？我決不允許孫派的人踏進城門一步！」

宋教仁從不認為孫文是合格的領袖。一九一三年一月八日，宋教仁在湖南都督譚延闓主持的國民黨湖南支部歡迎會上發表演說，宋談到黃興、譚人鳳、孫武、居正、黎元洪、袁世凱及自己對於辛亥革命的貢獻，對於名聲在外的孫文隻字未提。次日，宋在湖南鐵道協會歡迎會上，更是對孫文「十年十萬里」鐵路計畫予以否定：「前孫先生發表六大幹線，有贊成者，有待籌商者，但是孫先生對於內地經歷尚少，必須考驗測量乃能得其要領。」

宋教仁之死，袁世凱被誣為凶手，但袁與宋之間並無「新仇舊恨」，反倒惺惺相惜。一九〇七年，清日就位於延吉附近的「間島」發生領土爭端。宋氏在日本留學，致力於東北史研究，在日本帝國圖書館發現朝鮮王室編纂的書籍，明確記載間島為清國領土。宋由此編纂一本關於間島問題的書，綜合清日韓各種資料證明間島為中國領土。

有日本學者游說宋氏，求他將書稿賣給日本政府，日本政府補貼其革命費用——既然革命黨與清廷勢不兩立，何必去幫助清廷？宋氏思考再三，決定將書稿郵寄給時任直隸總督的袁世凱。袁得書後大為讚賞，電約宋氏歸國襄助交涉，宋予以婉拒。後清廷以此書為據，取得對日外交勝利。袁氏特電告駐日公使贈送宋氏兩千元，宋不願接受，後來將這筆錢分給生活困難的留學生。**貴為封疆大吏的袁氏，對作為普通留學生的宋氏禮賢下士**、傾心結交。這是袁宋交往的開端。

此時，聽到宋遇刺而死之噩耗，袁泣道：「前亡午橋（端方），後亡遁初（宋教仁），我之大不幸也……**我代人受過多了，從未自辯**，我雖不殺遁初，遁初卻因我而死，又何必辯。若是明白人，就該想到，如果我要殺他，又何必招他來京呢？數次招他來京，卻在他將行之際殺之，這豈不是授人以柄嗎？」政治人物善於做戲，但袁氏此時的傷痛應當是真情流露。

宋教仁與孫文的分歧是價值觀的分歧

宋教仁與孫文的分歧，有性格、地域、知識背景等因素，**最根本的是價值觀上南轅北轍**。

宋教仁獻身革命，目標在「憲法政治」，而非滿漢私怨族仇。宋教仁對憲政體認深刻：「憲法者，共和政體之保障也。中國為共和政體與否，當視諸將來之憲法而定，使制定憲法時為外力所干涉，或為叵測者將他說變更共和精義，以造成不良憲法，則共和政體不能成立。」中國未來的歧途，被他不幸言中。

與之相反，孫文鼓吹反滿革命、民族革命，所謂「驅除韃虜，恢復中華」。**孫文在清帝遜位後**，帶著政府官員前往南京郊外的明孝陵謁陵，**向明朝暴君朱元璋報告打敗明朝取而代之的異族政權（清帝國）已被推翻**，同時表明此番成果都是遵循著朱元璋的功績而行。日本學者岡本隆司評論說：「再也沒有比孫文的這項舉動，更能表現出辛亥革命對革命派的意義了。所謂『革命』，只是對滿人的種族式復仇，只是為了讓漢人奪回政權，為了發揚中華主義罷了。」

對於中國未來之政體，宋教仁有四大主張：第一，單一國制。第二，責任內閣。第三，國務總理由眾議院推出，其他國務員由總理挑選。第四，縮小省域實行省縣兩級制，省縣皆為自治團體，有一定的立法權，其自治行政之範圍則包括地方財政、地方實業、地方交通、地方工程、地方學校、慈善公益事業等。

孫文則主張中央集權、總統集權，國務總理及內閣成員由總統指定，又反對地方自治和保境息民。

在政治理念上，宋教仁主張憲政主義、民主政治、主權在民等英美主流價值，醉心於西方資本主義國家的政黨政治和議會政治。政府要「如民意」，也就是說政府必須尊重民意，人民是國家的主人。他反對蘇俄共產極權模式，認為蘇俄是中國最大的威脅。

孫文則認為，「蘇聯是自由的首領，今後之革命非以俄為師斷無成就」，提出「聯俄容共扶助工農」的「三大政策」，希望國民黨加入「第三國際」。孫文從不尊重民意，視民眾如嬰孩，自命為保母，對人民實行「訓政」，不惜動用武力驅使人民為實現其政治目標服務。

在獲得權力的方式和政治人物的行為準則上，宋教仁主張政黨公開和合法，透過競選執政，選票箱裡出政權，所謂「數人頭勝過砍人頭」。他認為，政治人物上臺時是依憲的行政者，在野時是依憲的監督者。

孫文則不惜靠暴力和欺騙、煽動，透過非法手段、暗殺方式，甚至發動戰爭，消滅政敵、奪取政權。**孫文曾派出林森的警衛劉北海**，於一九一五年十二月十五日，在國外**暗殺揭露孫文出賣滿洲給日本的名記者黃遠生**。直到一九八四年，劉北海去世前才說出此案的真相。在民主國家，暗殺手段為政客所不齒、為法律所不容。孫文的一生，上臺時是獨裁者，在野時是動亂者。

在對國民黨及政黨政治的看法上，宋孫亦雞同鴨講。首先，在黨與國的關係上，宋認為，國家比黨重要，國家利益高於黨的利益；孫則重黨輕國，一心建立「黨國」，為攫取國民黨對人民的統治權，不惜發動戰爭、屠殺人民，更不惜出賣國家土地和利益給日本和蘇聯，以此換取武器和軍事顧問，用武力消滅中華民國。

其次，在「政黨屬於誰」這個問題上，宋教仁認為，對內，黨屬於每一個成員，對外，黨屬於選民，黨是表達選舉權人要求、接受選舉權人監督、服從選舉權人取捨、為選民服務的政治工具；而孫文聲言同盟會是他私人的，國民黨也是他私人的，正如蘇共是列寧的一樣，政黨是達到其領袖政治目的的工具。

第三，在政黨內領袖和成員的關係上，宋主張平等協商，政黨是公開的，是為實現憲政的、自由參加的、民主政治聯盟；孫文則主張領袖與黨員是集權專制關係，令黨員向領袖個人宣誓效忠，「嚴守黨的祕密」、「堅決服從領袖」、「至死不渝」。

在國家領土和民族問題上，宋教仁較早提出「五族共和」觀念，五色旗是在宋教仁、程德全的推動下，由法律確定的中華民國國旗；孫文則是大漢族主義者，歧視滿、蒙等少數民族，提出「驅除韃虜」口號。他主動向日本政界財團提出「滿蒙可任日本取之」，對蘇俄也做出過類似表示。

在公民基本人權上，宋教仁注重人權保障，主張保護人民私有財產，保護人民宗教信仰自由；孫文則動輒在其統治區內「沒收私產」，且從不尊重人民的宗教信仰自由，威脅「封閉寺廟」，他自稱基督徒，卻攻擊西方傳教士「為帝國主義服務」。

在文化觀念的取捨上，宋教仁批判中國兩千年的帝王專制，景仰英美憲政傳統，希望以新文化養成新國民；孫文則崇拜洪秀全式「打天下，坐天下」的人物，雖長年生活、行走在歐美各國，卻滿腦子是儒法互補的帝王專制思想，將辛亥革命看作是「反清復明」的朝代更迭，並以明朝皇帝的正統繼承人自居。

孫文有刺殺宋教仁的動機與證據

一九一二年八月，宋教仁聯合統一共和黨、國民共進會、共和實進會、國民公黨，以及人數最多的同盟會，組成國民黨，建立了一個以實現憲政為目標的公開且合法的政黨。宋為代理事長，孫文是名義上理事長。

一九一二年底，國民黨在選舉中獲勝，宋教仁組閣夢想即將實現。孫文眼看著宋教仁一天天接近內閣總理，一旦全國人心穩定下來，他的三民主義、軍法之治的夢想就會澈底終結。孫文決定除掉宋教仁，他手下有多個暗殺團，他選用對其忠心耿耿的陳其美暗殺團（那時蔣介石還是陳其美的小弟）策劃此事。

在宋教仁北上臨行之前，陳其美、應夔丞等人詢問關於國民黨內閣的組織辦法，宋說：「我只有大公無黨一個辦法！」聽了宋的想法後，應夔丞罵宋是叛黨，並企圖當場殺害宋，但被在場的人勸阻。宋慷慨激昂的說：「死無懼，志不可奪！」於是，車站暗殺勢在必行。

在宋教仁死去十年後，孫文派系的人馬（粵系）仍對原華興會的宋教仁、黃興等人（湘系）耿耿於懷。一九二三年十一月，孫文在廣州的一次演說中，發洩對「宋教仁、黃興等一般舊革命黨人」限制其權力的憤怒。

自命為孫文思想上的接班人的戴季陶，在《三民主義之哲學的基礎》一書中以背叛革命、背叛黨魁的道德罪名對宋教仁實施政治清算：「用丟了革命性和主義的一群政治勢力集團為基礎，去與反革命的官僚妥協，以圖在短時期內掌握政權。公平的批判起來，革命黨的第一個罪人，實在是桃源漁父！」戴季陶此說，並不為大多數國民黨元老認同。國民黨第一屆中央執監委員在北京西山舉行第四次全體會議（反共的西山會議）第十次會議決議：戴季陶書中「歸咎宋遁初及諸先烈為盲從兩點應通知戴同志刪改，並不必用本黨名義發行。」

孫文向來有暗殺政敵的習慣，陶成章、黃遠生、鄧鏗等人都是他派人暗殺的（陶是陳其美派蔣介石下手），陳炯明也險些喪命於孫文派出的刺客之手。每一次刺客都是貼近被害者身體，用手槍從背後打來，而且刺客受周密保護而逃脫。當時，宋教仁一行到檢票口排隊時，順序為「吳仲華先行，依次為拓魯生、黃興、陳勁宣、宋教仁、廖仲愷等」，從宋教仁身上致命的槍傷可以判斷：現場情況應該是，在從「斜刺裡突然竄出一條黑影」的過程中，跟在宋教仁背後的凶手利用這個機會緊靠著宋，朝宋腰上部向下斜打出了帶毒彈的一槍。

宋案發生後，孫文及其派系的一連串表現均十分反常。其一，孫文在刺宋案發後五天，施施然的從日本回到上海，當夜開會。當局尚未開始偵查，孫就一口咬定是袁主謀，力主武力討袁。黃興要求用法律解決，遭到孫系人馬謾罵。孫文發動討袁的「二次革命」，拖了三個多月才發動，原因是軍隊不願開仗。南京的第八師不願為孫打仗，孫竟策動下級軍官，要他們去殺師長。孫文用暴力代替法律，破壞司法偵查，表明其心中有鬼。

其二，當官方調查的方向指向孫文的親信、上海青幫頭目陳其美時，孫文竟然毫不避嫌，偏偏任命已被列為宋案重大嫌疑人的陳其美為「上海討袁軍總司令」，讓旁人對其更有此地無銀三百兩的懷疑。

其三，這段時間，陳其美的軍隊和幫會控制上海的大部分地區，而凶手「應桂馨……在二次革命期間趁亂逃跑」。合理的推斷是，孫文和陳其美故意釋放主犯應桂馨，然後找機會將其謀殺，使得線索中斷。

其四，「二次革命」期間，上海一度落入革命黨手中，上海檢察廳收藏很多關於宋案的原始檔案，都被陳其美的士兵有意搗毀，而其他案卷則原封不動。這是孫文和陳其美作賊心虛，毀滅自己的犯罪證據。

其五，在預審前一天，假凶手武士英突然在陳其美的滬軍第六十一團軍營中遭毒殺（跟刺殺甘迺迪案件中的假凶手李．哈維．奧斯華被人擊斃的下場極為相似）。

此團原叫第五團，暗殺陶成章的蔣介石是該團的團長。在刺宋案中也有蔣的身影。蔣與陳是結拜兄弟，**暗殺陶成章後，蔣從此成為孫文和陳其美身邊的紅人**。而蔣成為國民黨的領袖之後，不忘陳其美的提拔之恩，重用陳其美的侄兒陳立夫、陳果夫兄弟，陳氏兄弟形成國民黨內最大的派系CC系（按：即中央俱樂部組織〔Central Club〕），以致有「蔣家天下陳家黨」之說。

由此，大致可以推測，刺宋案罪犯如下：

• 元凶：孫文，非法的前南京政府臨時大總統、國民黨名義上的理事長、洪門（按：又稱天地會）致公堂大佬。
• 首犯：陳其美，前上海都督、國民黨大佬、青洪幫大佬、上海討袁軍總司令。
• 主犯：應桂馨，前總統府衛隊司令、總統府庶務長、中華民國共進會會長、江蘇駐滬巡查長、青洪幫大佬、陳其美的諜報科長（後來，應桂馨在離開北京的火車上，被京畿軍政執法處偵探長郝占一和另一偵探王雙喜刺死，而郝、王兩殺手亦很快死於非命）。
• 主犯：洪述祖，上海幫會成員、前中華民國內務部祕書、清朝學者洪亮吉曾孫。
• 假凶手：武士英，前雲南新軍七十四標二營管帶（據說他與陳玉生、吳乃文、張漢彪、馮岳君等組成五人刺殺小組）。
• 開槍凶手：至今仍未確認。

孫文以宋案達到「一箭三鵰」之目標：第一，除去宋教仁這名黨內勁敵，將被宋教仁改組的國民黨重新納入自己控制之中，此後仿效蘇聯共產黨模式，將國民黨打造成一個極權主義政黨。當國民黨靠黨軍奪取中華民國政權之後，孫文雖已去世，卻被奉為神格化的「總理」和「國父」。

第二，善於操弄輿論的孫文，雖然拿不出確實的證據，卻成功以輿論的力量，將袁世凱釘在宋案元凶的恥辱柱上，袁世凱的信譽和聲望一落千丈，再也無法跟孫文競爭中華民國「國父」的地位。

第三，孫文以此為藉口，發動反袁的「二次革命」。雖未能推翻北京政權，卻開啟了脫離法治與和平的軌道解決分歧的先例，**此後暴力成為決定什麼是真理的唯一因素**。國民黨以黨軍顛覆北京政府，共產黨以黨軍顛覆南京政府，國民黨在臺灣製造「二二八」慘案，共產黨在北京製造「六四」慘案，均出自同樣的邏輯。

宋教仁墓地在上海閘北，名曰宋園。宋氏建銅像成側思狀，鑿石為座。座之正面陽篆「漁父」二字，為章太炎手書。背面陰刻銘文，為于右任撰書：

先生之死，天下惜之。先生之行，天下知之。吾又何紀，為直筆乎？直筆人戮。為曲筆乎？曲筆天誅。嗟嗟九泉之淚，天下之血，老友之筆，賊人之鐵。勒之空山，期之良史，銘諸心肝，質諸天地，嗚呼！

于右任這段話，在「直筆」和「曲筆」之間隱藏著欲說還休的無窮含義。當時，國民黨人和主要輿論直指袁為凶手，于右任完全可以像黃興為宋寫的輓聯那樣，直接點出袁世凱的名字——「前年殺吳祿貞，去年殺張振武，今年又殺宋教仁；你說是應桂馨，他說是趙秉鈞，我說卻是袁世凱。」這樣說並無生命危險。

然而，于右任為何說「直筆人戮」和「曲筆天誅」？或許，他內心知道，凶手另有其人，而凶手的名字是不能說出來的，一旦說出來，他自己就會跟宋教仁一樣遭到「人戮」；而他也不能昧著良心說凶手是袁世凱，那麼就會遭到「天誅」。於是，在說與不說之間，于右任只能「勒之空山，期之良史，銘諸心肝，質諸天地」。

最具諷刺意義的是，「宋教仁先生之墓」七個大字，係集孫文墨跡而成。孫文本可親筆專門為之題字，偏偏沒有題字，而由他人集字而成。孫文此舉，留給後人無窮的想像空間。

第十五章 陳炯明為中華民國指出一條康莊大道

予主張實行聯省制，有如美國現行之聯邦制。蓋我國版圖遼闊，種族不一，若全恃中央政府直接轄制，深恐再生他項意外。尤可危者，中央政府萬一有不安現象，則各省必受政治的影響而起種種之變化也。

——陳炯明

記得我在唸國中時看的一部電影《非常大總統》，銀幕上的孫文英俊瀟灑，且永遠偉大、光榮、正確；相反的，那個發動叛變、炮轟總統府的陳炯明，則是長相醜陋猥瑣、千夫所指的小軍閥。多年以後，我第一次訪問臺灣，被友人帶到臺北「國父紀念館」參觀，裡面有一個關於孫文生平事跡的展覽，提及陳炯明，赫然是「陳逆炯明」四個字。

陳炯明最早反對一黨專制

有趣的是，儘管從一九二七年後共產黨與國民黨就不共戴天，對辛亥革命之後的歷史敘事基本上是南轅北轍、雞同鴨講，但兩黨對陳炯明的評價卻出奇一致：叛徒，大一統的叛徒；軍閥，破壞中央集權的軍閥。直至今日，在華人世界，大一統仍然是最高信仰和最高價值，不容任何人置疑。一旦誰敢質疑這一「顛撲不破的真理」，誰就被歸入陳炯明同類的行列：叛徒、敗類、國賊。

一九三三年九月二十一日，一位病入膏肓的老者在香港的一家醫院陷入昏迷。氣若游絲之際，家人決定將其接回家中，由親友陪度過最後時刻。夜半時分，老人突然清醒，用清晰的聲音連呼：「共和！共和！」

這位老人名叫陳炯明，他在中國政壇的赫赫威名早已成過眼煙雲。以後，中、港、臺的歷史課本上關於他的描述，定位為極端負面的「叛徒」形象。

陳炯明曾貴為廣東省長、粵軍總司令，但**生前了無積蓄，入殮時用的是沒過世的母親的棺木**。因為家人買不起香港寸地寸金的墓地，由當時的廣東省主席陳濟棠出面，將其遺體運回老家惠州安葬。在眾多輓聯中，昔日與陳炯明併稱「南北兩儒將」的吳佩孚的一聯最令人感傷：

> 世諦本虛無，豈生不逢辰，憂患傷人竟如此；
> 去來大乾淨，看家徒四壁，英雄本色有餘哀。

香港《工商日報》的評價則耐人尋味：「**國民黨死了一個敵人，中國死了一個好人。**」原來，好人與壞人的評價標準，對於國民黨、中國而言，居然是截然相反的。

革命前輩、國學大師章太炎與陳炯明情誼深厚，不拿一分錢潤筆，為陳炯明寫了一篇〈定威將軍陳君墓誌銘〉。章太炎指出，陳氏「遺言以五色旗覆屍，示不忘民國也」。章太炎本人也持守「民國遺民」的立場：中華民國國旗是五色旗，象徵五族共和；後來，國民黨黨國不分，把國旗換成黨旗的變形，陳、章都拒絕效忠於新的青天白日旗。

章太炎不愧為文章大家，在末段自剖為何要寫這篇墓誌銘：「君自覆兩假政府，有驍名，人莫敢近，卒落魄以死，余獨傷其不幸，以惡名見蔑，故平議其而為之銘。」他認為，陳炯明的人品高潔，功勞巨大，卻受到國民黨當局和民間輿論的汙衊，他要出來「平議」，講些公道話。

章太炎說陳炯明顛覆了「兩假政府」，「假政府」究竟何指？一個當然是滿清政府，陳炯明早年參與反清革命，是光復廣東的關鍵人物；另一個「假政府」，無疑是孫文的廣東軍政府。章太炎說廣東軍政府是偽政權、假政權，並非空穴來風，當時國際普遍承認的中國中央政府是北洋政府、北京政府，而非孫文在廣東的割據政權。

一九三一年十月十日，正是中華民國國慶日，陳炯明在給民國元老蔡元培和張繼的一封信中指出：「民國肇建，主權在民，載在約法。五色國徽，垂諸國祀，敢有違反，是謂叛國。」以此而論，叛國的是孫文、蔣介石和國民黨。陳炯明點名國民黨，批評：「今國民黨當國，毀棄約法，變易國徽，厲行一黨專政，違反主權在民，中華民國之名，早已無存。人不亡我，而我先自亡。」

陳炯明認為，日本之所以侵華，是因為國民黨推翻民國、一黨獨裁、禍國殃民。因此，要救中國，就必須認清此病源：「**一黨專政，實與民主政治根本不能相容**，試驗有年，和盤托出，對內則分崩離析，對外並喪地失權。」他倡議儘早取消黨治，甚至國民黨本身停止運動，方能恢復民國，再造共和。然後，對外抵抗暴力，收回國權；對內發展經濟，充實文化，國事才能蒸蒸日上。

陳炯明反對一黨專制。

在一九二〇年代前半期，陳炯明為廣東乃至整個中國指出一條康莊大道，並一度付諸實踐，卻很快被那些迷信獨裁暴政的野心家們陰謀顛覆。即便如此，在避居香港的孤獨寂寞中，陳炯明對國事念念不忘，希望去除中國當下「外力之壓迫，武人之專橫，赤寇之煽禍，黨人之搗亂」的「四大患」，進而實行**「聯治主義」**，也就是「由鄉治聯成區治，由區治聯成縣治，由縣治聯成省區治，**自省區治成一國統治」**——這確實是中華民國的另一種演化可能。

陳炯明在福建和廣東推動地方自治的成就

民國時期，陳炯明被北洋政府封為「定威將軍」，成為地方強人。一九一八年底，他率軍進入閩南，以閩南二十六縣建立「閩南護法區」，在此經營兩年多時間。

陳部駐軍福建期間，蘇俄曾派人送列寧親筆信與之聯繫，並詢問是否有合作可能。那時，蘇俄重點拉攏的對象是吳佩孚和陳炯明，手無一兵一卒的孫文還不在蘇俄考慮之列。雖然陳氏早年受無政府主義思潮影響，卻**斷然拒絕蘇俄給錢、給槍、給顧問的建議**，他毫不客氣的批評蘇俄革命後「治權」侵奪「人權」，又稱中國辛亥革命後國人已對民主有所認識，「民眾懂得有更好的共和政制，即不患再有反革命」，由此婉拒蘇俄「入夥」的建議。

陳炯明經營閩南，時間雖短，成就卻十分顯著。他建設了福建第一座鋼筋水泥橋梁、第一條四車道石板馬路、第一個現代公園、第一個城鄉公路網、第一家銀行，還建設了貧民工藝廠、迎賓大旅館，在公園門口樹立高大的石碑，四面分別篆刻著「博愛、自有、平等、互助」這四大理念。

陳炯明注重教育，在閩南農村設立現代學堂，努力做到「一鄉一校」。他禁絕私塾，設立師範學校、普通中學、工讀學校、平民夜校、婦女家政講習所。一九二〇年，又增辦女子師範講習所、女子工讀學校，設立半夜學校九十餘所。

報紙雜誌也紛紛在閩南地區湧現出來，《閩星》半週刊和《閩星日刊》問世，《閩南新報》、

《閩鋒週刊》、《軍事日報》、《雲中週刊》先後創辦。陳炯明在《閩星》發刊詞裡寫道：「思想一變就會打破舊生活、舊組織，直向進化線上，一起大努力，創造新生活、新組織，達到無國界、無種界、無人我界的境地……。」

一九二〇年，美國駐廈門領事在發給國務院的一份報告中，稱「陳氏……施行各種市政改革，他用的手段，近乎革命；但成效極佳，結果人民都感滿意。這令中國人看到，事可辦成，不需要過度辛勞和重稅」。美國教育家杜威（John Dewey）在中國講學期間，與陳氏會晤，並稱讚：「陳炯明在一個以做官而得享受豪華生活為報酬的國家裡，過著極度儉樸的生活。」

在陳炯明百折不撓、艱苦卓絕的努力之下，漳州成為全國首善之區，**閩南二十六縣成為「模範小中國」**。陳炯明聲名遠播，成為中國的政治明星，也成為廣東百姓翹首盼望的救星。由此，陳炯明於一九二〇年冬回師廣東，在當地民眾的支持下以弱勝強，一舉蕩平廣東全境。

陳炯明主政廣東，前後只有一年半時間，但成就已讓海內外刮目相看。一九二一年九月十六日，美國駐華公使雪曼（Jacob Schurmann）在向國務卿提交的報告中指出：「**南方政府在廣州設立一個極有效率的現代化市政府**，同時積極進行全省地方自治，他們宣布的主義是由聯省自治來建立一個聯邦政府。廣東目前毫無疑問是中國最開明的一個省分，可能也是管理最有效率的省分之一。」

廣東的自治運動不是紙上談兵，而是穩紮穩打：一九二〇年十二月，陳炯明頒布「選舉縣長與縣議會議員的暫行條例」；一九二一年九月，民選縣議會議員完成；一九二一年十一月，民選縣長完成；一九二一年十二月，省議會正式通過《廣東省憲法草案》。

《廣東省憲法草案》是第一部廣東的省級憲法。這部省憲有兩大特點：一是憲法中有專門一章，規定公民的基本權利；二是對省長作為行政權代表的權力有很大限制，例如省長對議會之決議無否決權，議會對省長有彈劾權。陳炯明當時是省長，他卻力主通過這部自我限權的憲法。

有了省憲，各級自治制度便有了基礎。一九二一年，廣東在村一級實行自治，各縣縣長與省議員亦歸人民自己選舉，警察與稅收由人民自辦。民選的縣長是一縣的行政長官，縣長對地方全部事務負有龐大的責任和權力。由此拾級而上，**陳炯明開始在廣東全面實行自治**。

在地方上實行自治，改變了地方主政者的性質，他們由代表上級的官治化身變成代表民眾的民治化身。陳炯明指出：「民選縣長採用民治精神，由縣民直接選舉，當選者方合民治本旨，不必復由省長選擇。」整個廣東儼然是一個小型的複合共和，從村到省，井然有序。

同時，陳炯明創立了中國城市史上第一個建制市——廣州市，並設立財政、公安、工務、教育、公用和衛生局長。廣州開始籌辦市政紀念圖書館、第一公園、公共兒童遊戲場、公共體育場、美術學校，舉行體育運動會和美術展覽，安裝馬路電燈，還建築新式住宅小區。每天有上千名清道夫打掃街道、疏通溝渠、挨家挨戶派發宣傳衛生的小冊子。

這些讓人目不暇給的新政，讓廣東成為全國最開放、最民主的省分。陳炯明的治理天分，得到全國的承認。當時，輿論將陳獨秀、胡適和陳炯明並稱為新文化運動三大領袖，前面兩人都是下筆千言的知識分子，陳炯明則是一名篳路藍縷的實踐者，將新文化運動的思想觀念化為具體政策。這場氣象萬千的地方自治運動，**直到孫文進入廣東才被迫戛然而止**。

陳炯明驅逐孫文不是叛變：「六一六」事變真相

陳炯明與孫文的關係是盟友，陳炯明一開始就是獨立的地方勢力，並非附屬於孫文的下級。陳炯明主政廣東之後，主動邀請孫文到廣東發展，孫文的「非常大總統」地位是靠陳炯明的軍政力量支撐的。所以，陳炯明跟孫文決裂，談不上「叛變」。

陳炯明原先的想法是，憑藉孫文當過中華民國臨時大總統的身分，增強自己在廣東的權力合法性，與北京政府成鼎立之勢。沒有料到，孫文不是一盞省油的燈，孫文雖是文人，卻比任何一個手握軍權的將領都更迷信武力，也更貪戀權力。

孫陳合作後不久，**陳炯明對孫文投靠蘇俄**、仿效共產黨、將國民黨打造成一黨獨裁政黨的想法和做法**不予認同**。陳氏認為，孫文所堅持的所有黨員要在「絕對服從黨魁」的黨章下簽字效忠，本質上與封建社會的君臣關係沒有不同，只是君主換成黨魁。陳氏心目中「真正的革命者」的標準是：

第一犧牲自己，不求私欲之滿足；第二獨立精神，不倚外援之成功；第三酷愛真理，不為偶像之支配，第四為全民求自由，不為一黨樹威福；第五言行必須一致，不為事實之矛盾。

以上五條，陳炯明自己身體力行，而孫文條條都不符合。

陳炯明更認為，孫文聯俄容共之政策無異於與虎謀皮、自找死路。一九二八年，他在香港出書，如先知般看到國民黨的下場：

赤寇之禍國，由於聯俄縱共而來。今日引狼之禍已成，噬及自身，乃知痛癢而絕之。絕之誠是也。但知清黨而不知清共，一任共匪在黨外活動，自懸蘇維埃之旗幟，焚殺各縣之良民，黨軍熟視而無睹，且遮斷其新聞，希圖免受國內之指摘……火已燎原，而猶不思早息兵禍，專事撲滅共匪，以自贖於國民。相率而為地盤之爭，則紛紛向南而自殺，相率而為政權之爭，則紛紛向北而爭奪。坐視赤寇養成，赤地千里。

孫文發現陳炯明不受其控制，便產生殺心。一九二二年三月二十一日，陳炯明的親信、粵軍參謀長鄧鏗從香港處理公事後回省，在廣九車站遇刺，兩天後身亡。國民黨官史一向說鄧鏗是被陳炯明暗殺，親國民黨的文人在《陳炯明叛國史》中，將此事栽贓到陳炯明身上。

但據羅香林記述：「公知凶手所自來，且身中要害，知不能免，急命司車者駛回省署，告陳公（炯明）暨家人親友以後事。」後來陳炯明辭職離開廣州時，「鄧仲元（鏗）夫人及鄧之介弟聞訊，趕至車站送行，陳與之談話甚久，語及鄧仲元身後時局之狀況，相對泣下。」可見鄧本人及其親屬都不認為陳炯明是幕後黑手，陳鄧兩家一直保持著通家之好。鄧鏗遇刺，宛如宋教仁案重演。鄧鏗信任陳炯明，宛如宋教仁信任袁世凱。

四月四日，密切關注局勢發展的美國副領事在報告中說：「關於謀殺鄧鏗的動機，我從外國情報探得兩報告，一說是廣西系所為，另一說是國民黨，以警告陳炯明而下毒手。」英國總領事在四月二十二日也有一份報告說：「國民黨謀殺陳炯明的參謀長鄧鏗，現已為眾所周知的事實。」歷史學家汪榮祖經過多重考證，認為孫文是凶手。

四月中旬，孫文因北伐軍入湘不成功，改道攻贛。在美國國家檔案局於一九四六年公開的機密檔案中，廣州美國領事報告，孫文在梧州的軍事會議席上，說南方有三人（陳炯明、唐繼堯、趙恆惕）都該受到嚴厲處罰。孫文把手槍交給黃大偉，令其刺殺陳炯明。章太炎也記載說，孫文試圖命人毒殺陳炯明。

隨後，陳炯明因沒有為孫文籌措到五百萬元軍費，被免去粵軍總司令、廣東省長、內務總長等職務，被迫離開廣州。為了分化任陳系將領，孫文自以為聰明，任命陳的部下葉舉為粵桂邊督辦。誰知葉舉並不領情，十天後率領粵軍開入省城，成為廣州城的實際控制者。

六月十五日深夜，粵軍高級將領召開緊急會議，決定以武力驅逐孫文下臺。陳炯明當時在惠州，並不支持此行動，還派祕書陳猛蓀持親筆信勸止葉舉。葉舉閱後，當著陳猛蓀的面將信擲落地上，說陳炯明不知軍事，還說：「回東江哪裡找吃的？」叫陳猛蓀回報陳炯明事情已不容不發。陳炯明聞訊，怒不可遏的把茶盅打碎了。

十六日凌晨，葉舉開始行動。國民黨大肆渲染的「炮轟總統府」，實際上粵軍事前通知孫文離開，虛開三砲只是嚇唬守軍，開炮時孫文並不在府中。粵軍的行動並未造成太大的人員傷亡。

孫文登上永豐艦後，即宣布同粵軍開戰。當時，海軍採取軍事行動必須得到海軍司令的命令，由於沒有海軍司令下令，孫文下令放炮後，一時沒有官兵敢動手。孫文氣急之下，索性親自動手發炮，不愧為「孫大炮」。

孫文的艦隊炮擊廣州商店居民繁密之地，造成數百平民傷亡。七月二日，孫文打算再次炮轟廣州市區，因艦長溫樹德堅決反對而作罷。胡適批評：「**遠處失了全國的人心，近處失了廣東的人心**。孫氏還要依靠海軍，用炮擊廣州城的話來威嚇廣州的人們，遂不能免這一次的失敗。」遭到社會輿論的批評後，在軍艦上生活一個多月的孫文，見返回廣州總統府無望，於八月九日乘英國炮艦離開廣州，避入上海法租界。

是要孫文的武力統一，還是要陳炯明的聯省自治？

陳炯明與孫文的分歧是全方位的，陳是秀才，孫是兵，結果「秀才遇到兵，有理說不清」。

陳炯明被描述為軍閥，他確實帶兵，曾是黃花崗起義的敢死隊隊長，但他是前清秀才，法政學堂畢業，又當選諮議局議員，他代表士紳階層的利益。

孫文表面上西裝革履、文質彬彬，且從未擁有自己帶出來的軍隊，但他才是最頑強也最偏執的職業革命家、暴力革命的鼻祖、熱衷於暗殺活動的黑幫大佬。

因此，兩人對於「政治」這一詞彙的理解有根本分歧，用吳佩孚的話來說：「余信政治的要諦在於道德，而孫先生似認為政治是一種技術。」

當然，孫陳決裂的最根本原因，是**孫主張集權，要武力北伐，統一中國；陳炯明主張聯省自治**，仿照美國，建立與其相仿的聯邦政制，以「南北妥協」的和平手段謀求統一。

孫文認為，中華民國四分五裂，需要以「一黨專政」，以及以「軍政」、「訓政」思想重建中央集權。正如學者劉軍寧所說，孫文始終堅持武力征服的道路，事實上放棄了憲政共和轉而尋求獨裁政治。對孫氏而言，軍政是建立中央集權、大一統的手段，訓政是維持中央集權、大一統的手段。好一個「訓」，孫文的自我中心、高高在上、朕即真理、拒絕寬容的本性躍然紙上。

陳炯明不認同孫文武力統一、中央集團、一黨獨裁、個人崇拜的理念。他直言批評孫文自以為民眾保母的看法：「政府把國民當成『無知可憐』的幼兒，那人民就永遠會是長不大的『無知可憐』的幼兒，永遠不可能實現民主政治。」繼而**一語道破孫文訓政之說的虛偽性**和欺騙性：「訓政之說，尤為失當。此屬君政時代之口吻，不圖黨人襲而用之。民主政治，以人民自治為極則，人民不能自治，或不予以自治機會，專靠官僚為之代治，並且為之教訓，此種官僚政治，文告政治，中國行之數千年，而未有長足之進步。」

陳炯明堅信，聯省自治才是中華民國應走的正道。一九二一年二月，他在〈建設方略〉一文中，詳細闡述其政治見解：「近世以來，國家與人民之關係愈密，則政事愈繁，非如古之循吏可以寬簡為治，一切政事皆與人民有直接之利害，不可不使人民自為謀之。若事事受成於中央，與中央愈近，則與人民愈遠，不但使人民永處於被動之地位，民治未由養成，中央即有為人民謀幸福之誠意，亦未由實現也。」**陳氏的「聯省自治」或「自治省聯邦」的思想，與美國的聯邦制相一致：**

> 國人從來沒有組織團體，以表達其「集體意志」（collectivewill）的經驗，但是他們很習慣於鄉村的自治。中國求民主，必須從鄉村的自治傳統演進而成。我們必須採用「由下而上」的辦法，再不能採用「由上而下」的辦法，因為許多年來，中國已曾試用多次「由上而下」的辦法，而每次終於遭到失敗。
>
> 現在廣東在鄉村上實行分區，自治村中，警察和稅收由人民自辦，將來各縣縣長與省議員亦由人民自舉，再由議員共舉省長。廣東鄰近各省人民將見範要求實行同樣的制度，進而遍及全國各省……我們先聯合幾省組織「聯省政府」，他省將可逐日加入，最後便可達到「聯省自治」的目的。

雖然陳炯明沒有像孫文那樣在美國長期生活過（孫文還擁有美國護照），卻比孫文更能洞察美國政治制度的精髓。一九二二年，陳炯明發表文章論述中國「聯省自治」應當以美國聯邦主義為制度藍本的理由：「擬採用美制，使大權配分於全國，不復為少數人掌握，庶人民獲有管理之機會。凡中央許可權一一臚舉，而規定之。地方許可權亦為概括的規定，中央官吏任免操諸政府，地方官吏置易由乎人民，於是官吏任免之際將不復發生爭端，武人既不復能要求位置私人，國庫亦不能擅侵，政府毋事乎陰謀，而政治陰謀以絕，於是合通省人民制定省憲。則各省為全省人民所共管，軍閥亦不復能要求為一已之地盤，而於廢督裁兵，亦能更進一步。」

然而，遠不如孫文及其繼承人蔣介石心狠手辣的陳炯明，沒有當年美國國父建立一個偉大共和國的空間、時間和民意基礎，最終未能成功將中華民國導向聯邦或邦聯的道路。

陳炯明失敗之後，孫文的路線不斷激化，其繼承人蔣介石在一九二七年以黨軍北伐顛覆北京政府，其建立的南京國民政府雖然保存中華民國的國號，但中華民國已名存實亡。又過了二十二年，作為「升級版的國民黨」的共產黨，則以更殘酷的武力，成功顛覆了僅存有中華民國國號的南京政府，而以中華人民共和國取而代之——如今，中共黨魁習近平對臺灣發出的武力威脅，與孫文當年對陳炯明發出的武力威脅，如同從回音壁另一頭傳來的綿長回音。

第十六章 夢斷秋海棠——徐樹錚「收復外蒙」弄巧成拙

砉然長嘯，帶邊氣，孤奏荒茫無拍。坐起徘徊，聲過處，愁數南冠晨夕。夜月吹寒，疏風破曉，斷夢休重覓。雄雞遙動，此時天下將白。

遙想中夜哀歌，唾壺敲缺，剩怨填胸臆。空外流音，才睡濃，胡遽烏烏驚逼。商婦琵琶，陽陶觱篥，萬感真横集。琱戈推枕，問君今日何日？

——徐樹錚《念奴嬌．笳》

在北洋系將領中，徐樹錚是後起之秀，卻是第一狂人。袁世凱之後統領北洋的段祺瑞（「老段」）對「小徐」言聽計從，「小徐」則挾天子以令諸侯，彷彿自己是中華民國的國家元首，擅殺曾任陝西督軍的陸建章，出兵「經略」獨立數年的北蒙古，讓北洋大佬亦為之側目。

徐樹錚殺陸建章可謂心狠手辣，但他不知道陸的姪女婿馮玉祥更是「睚眥之忿，無不報焉」的「猛人」。第二次直奉戰爭中，馮玉祥臨陣倒戈，發動北京政變，致使直系大敗。馮軍入主北京之後，馮的聲望不足以支撐中央政府，故而與奉系聯手，將此前被直系趕下臺的段祺瑞請出來擔任「執政」。

馮玉祥為何要殺徐樹錚?

段祺瑞未經國會選舉，不能稱總統，只能稱「執政」，但畢竟是名義上的國家元首，比昔日作為政府首腦的總理一職似乎升了一級，但**手無一兵一卒的段祺瑞，實際上只是張作霖和馮玉祥的傀儡**。徐樹錚出國考察歸來，赴北京述職，殊不知此時，在馮軍控制下的北京已是一座危城。

執行捕殺徐樹錚任務的，是馮麾下「四大金剛」之一的張之江。張之江的參謀長張鉞，曾口述徐樹錚慘死的經過：

一九二五年十二月，暗殺風聲傳到徐樹錚耳內，徐不得不作離京打算。二十九日下午，命人通知津浦路局代備專車，準備晚間九時離京赴津。有人認為，不如借乘英國使館汽車悄悄出京為佳。徐狂妄自大，不願躲躲藏藏。唯其親信宋子揚對於此行仍覺不甚放心，乃背著徐，私自向英國使館借來一班武裝士兵，隨車保護。晚間九時，徐氏帶著十餘從人，登車東發。

北京到天津，僅兩百四十華里（按：兩華里約等於一公里），徐樹錚乘特備專車，依常理推算，兩小時即可到達。不料沿路被馮軍西行兵車所阻，每到一站都要停留數十分鐘，將近子夜時分，猶未抵達楊村。

夜裡十二點過後，張之江接到鹿鍾麟從北京轉來馮玉祥的命令：「督辦要我轉告你，如果小徐的專車到達廊坊，要你即刻把他槍斃。並請你連夜派人去天津把陸承武（陸建章之子）接到你的司令部。」張之江聽了，囁嚅了半天：「這樣處置法，似乎不妥當吧？小徐現在還是國家的特任官哪！」鹿答道：「這是督辦的意思，又有什麼辦法呢？」張又道：「既是督辦的意思，當然服從。不過，督辦既要派人前來，最好請他下一道手令，叫來人主持辦理。」

三十日凌晨一時，徐樹錚的專車蠕蠕開進廊坊車站。此時車站四周，早已布滿崗哨，站外路軌被拆去數節。火車一停，張鉞進入徐的包廂，恭恭敬敬行了個軍禮，雙手捧上張之江的名片說：「我們都統現在很忙，未能來迎接專使，特命我來請專使下車，到司令部休息一下，待天亮再走。」徐原是斜躺在臥鋪之上，忙坐起來，向張點頭為禮，笑顏相答：「天太晚了，我不下去打攪啦！請你替我謝謝你們都統吧！」張鉞答了聲是，即鞠躬退出。

張鉞剛下車，又上來一名少校軍法官，推開車門毫無禮貌的說：「我們都統有事和你商談，請你即刻隨我下車，同到司令部走一趟！」徐氏察言觀色，料知事情有變，即傲然答道：「你先回去，告訴張都統，請他再仔細看一看馮先生的電報，是否尚有錯誤？」那軍法官回轉身軀向車外招了招手，即時擁進十數名士兵，不由分說，將徐氏拖下臥鋪，架起就走。徐氏要求加穿外衣，亦未被許可，身上只披一件睡衣，在雪地寒夜中，被送上一輛卡車，疾駛而去。車上十七名英國士兵亦同被解除武裝，暫時軟禁於原車廂內，直到天亮，才掛在一列東行客車的尾端，帶往天津。

這時，徐樹錚被單獨幽禁在張之江司令部（英美煙公司）旁邊一所倉庫內。上午八時，陸承武乘卡車匆匆而來，即叫囂著要親自結果徐樹錚，張之江趕緊加以安撫。

直至下午四點，馮玉祥所派的徐姓軍法官乘火車趕到，先把馮氏手令交張看過，再把陸承武叫來，三人密談片刻，張之江即吩咐一名副官帶著四名槍兵，陪同陸、徐二人，去徐樹錚被囚之處，結果徐樹錚之性命。陸承武當晚即返回天津。翌日，天津各報刊出「陸承武替父報仇殺死徐樹錚」的巨幅新聞。

徐樹錚斃命之前，可曾想到他在蒙古大漠「彎弓射大鵰」、曇花一現的「豐功偉業」？後來，國共兩黨一致推崇「開拓疆土」的「民族英雄」，對一度「收復外蒙」卻又死於非命的徐樹錚給予正面評價。

當初，就連作為政敵的孫文，亦熱情洋溢的致電徐氏，譽之為「當代班超」；而輿論也稱讚：「徐樹錚雷厲風行，在二十餘天內實現了外蒙撤治，以一人之力收復外蒙古乃不世之功。」近年來，在華文網路上，「北洋政府武力收復外蒙古」一事獲得極高評價，執行此事的徐樹錚，與孫文並列，被稱為「當

徐樹錚於廊坊車站被馮玉祥部下張之江殺害。

時中國決心要不惜一切代價，收復包括外蒙古在內一切失土的兩個愛國者」。然而，歷史真相果真如此嗎？

大清既亡，非「中華」的北蒙古有權選擇獨立或自治

長久以來，在歐洲中心主義或中國（漢族）中心主義的歷史敘事中，儘管成吉思汗及蒙古帝國橫跨歐亞、所向無敵，卻被貶斥為野蠻殘忍的「黃禍」，是摧毀高階文明的低階文明。然而，日本歷史學家杉山正明在《顛覆世界史的蒙古》一書中指出，蒙古軍並非動輒屠城，整體而言乃是「不戰」的軍隊，重視情報戰和組織戰。其目的不是使他人降伏，而是使之「成為夥伴」。只要成為夥伴，就沒有敵我之分。蒙古令人驚駭的擴展，正是這個彈性自如的、豁達的國家觀使然。

如果擺脫歐洲中心主義的思路，就能發現：「資本主義」、以「銀本位制」為背景的紙幣政策，這些早於近代的經濟樣貌，是在蒙古主導下出現的。蒙古帝國治下，創造出形式統一的施令公文系統，以及負責翻譯不同語言的機構，這是非常具有「近代」性質的事情。

如果擺脫中國（漢族）中心主義的思路，更能發現：蒙古從來就不是中國的一部分，反之，中國曾是蒙古的一部分。就中華地區而言，形成統合的力量幾乎都來自外部：**蒙古人的大元汗國，實現了南北再統合，而之前統合中華地區的是隋唐這兩個鮮卑系游牧國家**。中間幾百

年，則是遼、五代、北宋、金、南宋、西夏等分裂、多級、縮小版的「中國」。

蒙古人創建的固然是大陸型的游牧帝國，但蒙古帝國並不像儒家文化形塑的中國那樣固守大陸、排斥海洋。忽必烈政權擁有史上前所未有的大型艦隊，實行以穆斯林商人為主軸的國際通商和自由經濟政策。十三世紀末，從東海經印度洋到中東的海上絲綢之路，掌握於蒙古人之手。也因為此，才有明初的穆斯林鄭和下西洋。

蒙古人並非毫無文化和缺乏審美的蠻族。杉山正明舉例指出：**青花瓷的鈷藍染料是伊朗特有，瓷器則是中華特產，結合這兩種技術的，是同時控制中華和伊朗的世界帝國蒙古**。深藍和白是蒙古的品味，青花瓷因此在歐亞普及，調和成所謂的「時代的品味」。

作為一名蒙古後裔，我對杉山正明為蒙古「正名」的論述心有戚戚焉：蒙古，是理解世界史的重要元素。一則因蒙古時代本身，乃是世界史上游牧文明的頂點；二則蒙古時代是世界史的分水嶺，它開啟了通往近代史的門扉；最後，蒙古時代在「世界史」上的意義，則是彌補了現有世界史圖像的不足和結構性缺陷。

清帝國建立之後，蒙古各部成為滿人的親密盟友。美國「新清史」代表人物羅友枝（Evelyn S. Rawski）認為，蒙古王公與愛新覺羅氏關係極為密切，這種關係始於十六世紀，一直持續到二十世紀初葉。

蒙古人在清帝國享有特權，是地位優於漢人而與滿人並列的「高等民族」。尤其是蒙古貴族，獲得與滿族親貴通婚的資格，這是晚清執掌實權的漢人大臣曾國藩、左宗棠、李鴻章、袁世凱等從未享有的地位。即使清廷真的懲罰犯有過失的蒙古貴族，也比懲罰皇親國戚寬容得多。多數蒙古貴族得到提升而非降級，雖然世襲爵位依輩分遞減。

投之以桃，報之以李，蒙古人給予滿洲人很有價值的幫助。比如，駐紮在清俄邊界上八十二個要塞中的許多官兵是蒙古人，他們參與了清帝國幾乎每一次對外征伐和內戰——跟太平天國、英法聯軍和捻軍血戰過的僧格林沁是最後一名蒙古悍將，最後死在戰場上。

另一方面，清廷對蒙古有兩種不懷好意的統治手段：首先，清廷對北蒙古和南蒙古採取分為而治之的策略，在行政上北蒙古各旗與南蒙古各旗是分開的，在整個清代都保持著更大的自治權。其次，在清廷的鼓勵下，藏傳佛教寺廟在蒙古地區急速擴張，對蒙古文化產生深遠影響，蒙古的尚武精神被藏傳佛教侵蝕，這成為蒙古經濟和社會發展持續衰落的重要原因之一。

清帝國統治的兩百六十年間，滿蒙之間基本上相安無事——除了準噶爾部挑戰清帝的「天可汗」地位而被剿滅等少數的例外。而且，大部分蒙古部落加入清軍征討同一種族準噶爾部，如同曾國藩等漢人幫助清廷鎮壓同為漢族的太平天國。

辛亥革命之際，革命黨人的口號是「驅除韃虜」，「韃虜」包括滿人和蒙古人。清帝退位後，在北京的蒙古王公大臣紛紛返回蒙古大漠，宣布與新建立的中華民國斷絕關係。儘管後來中華民國標榜「五族共和」，顯示自己繼承清帝國遺產，但蒙古人不以為然。在沙俄支持下，北蒙古的最高統治者哲布尊丹巴活佛宣布成立以自己為皇帝的「大蒙古國」，中華民國則不予承認。

一九一五年，中俄簽署條約，中國獲得對北蒙古名義上的宗主權，冊封哲布尊丹巴活佛；但沙俄獲得在外蒙居住、貿易、司法等諸項特權，實際控制了北蒙古。隨後，**北蒙古撤銷獨立，改稱自治**，中國政府獲許在庫倫（今烏蘭巴托）派駐無實權的「都護使」、「庫倫辦事大員」。

一九一七年，俄國爆發十月革命，舊俄軍隊（白軍）與蘇維埃軍隊（紅軍）在西伯利亞展開激戰，戰事延續到蒙古地區。白俄將軍高爾察克（Aleksandr Vasilyevich Kolchak）屬下的謝苗諾夫（Grigory Mikhaylovich Semyonov），眼見北蒙古實力空虛，認為這是一片可以建功立業的疆土，遂在日本人的支持下，進軍蒙古。

一九一九年二月，謝苗諾夫在大烏里車站召集數百名蒙古首領開會，提出涵蓋南北蒙古、新疆蒙古、布里亞特蒙古以及喀爾喀蒙古的「泛蒙古」概念，並籌組「泛蒙古臨時政府」，以歸化城的內齊呼圖克圖活佛為總統。

然而，北蒙古並不願意接受謝苗諾夫主導的「泛蒙古臨時政府」。謝氏兩千人的軍隊軍紀混亂，蒙古人深以為苦。此前沙俄政府給予北蒙古王公、活佛的資助亦告斷絕，兼之盧布大幅貶值，一度使北蒙古的行政運轉、上層人士生活無以為繼。蒙古王公慼嘆的說：「自治是件非常好的事，可是，如果沒有年金俸祿的話，生活又能像什麼樣子呢？」

於是，一九一九年八月，北蒙古王公向北洋政府的都護使陳毅表示願意「撤治」——取消「自治官府」，恢復前清舊制。在請願書上簽名的有北蒙古自治官府的外交總長公車林多爾濟、司法總長車臣汗那旺那林、陸軍總長曼彥多爾濟郡王（三音諾顏汗部將軍），以及各部次長（外蒙各旗的和碩親王、郡王、貝勒或貝子）。陳毅遂同王公們商定了共有六十三條的《外蒙取消自治後中央待遇及外蒙善後條例》，報呈北京政府。

刀尖上能建立永久的統治嗎？

此時，主持北京政府的是皖系段祺瑞，段祺瑞信賴的「小扇子」徐樹錚看到建功立業、擴充軍隊的機會來了，自告奮勇率兵北上處理蒙古問題。

一九一九年六月十三日，北京政府任命徐樹錚為西北籌邊使及西北邊防軍總司令，並頒布《西北籌邊使署官制》，其位階在駐庫倫的都護使之上。

在徐樹錚動身前，北京國務院一再叮囑他「籌邊使所部軍隊對蒙方並無直接責任，蒙事仍由都護使完全負責」，但徐樹錚不為所動，絲毫不改其囂張跋扈的本性。徐樹錚手握皖系唯一嫡系部隊、配備德式武器的「邊防軍」，很自然的選擇**以武力威懾為主要手段**。當時，邊防軍共有三個師、四個旅的兵力，徐樹錚只向外蒙派出賭其祥所轄第三混成旅（駐宣化）之第七團。積弱多年的北蒙古，實際可用的兵力，不過數百人而已，無法與北洋軍對抗。

果然，徐樹錚一抵達庫倫，就對都護使陳毅百般挑剔，竟擅自下令在都護使衙門外設立崗哨，限制陳毅的人身自由，剝奪其與蒙古談判的主導權。

此前，陳毅與北蒙古當局擬定《外蒙取消自治後中央待遇及外蒙善後條例》草案，並經北京政府核定。只是庫倫當局內部的王公派和喇嘛派就個別條款存有爭議，尚未達成一致意見，雙方正在談判當中。然而，徐樹錚罔顧現實，極力反對《條例》，一意孤行，在沒有請示任何人的情況之下，提出自己擬定的、「刪繁就簡」的八項對蒙新條款，其實質是**將北蒙古「行省化」，實行直接管理**。

一九一九年十一月十三日，徐樹錚帶領手下軍官，來到北蒙古自治政府總理巴特瑪多爾濟家中，下達最後通牒：「外蒙為國家領土，我為外蒙長官，有彈壓地方之責，不能坐視。請往告活佛，明日速應則已，不應當即拿解入京，聽政府發落。」巴特瑪多爾濟驚懼之下，連夜求見哲布尊丹巴活佛，「痛陳厲害，繼之以泣，佛感悟，遂允撤治」。

此日晚上，徐樹錚再次親自帶兵前往巴特瑪多爾濟住處，強迫其簽字確認八條善後條例，要求北蒙古先行撤治，隨後再議具體優待條件。這一次，徐樹錚的通牒更為嚴厲：「禍蒙之罪，不在佛而在喇嘛。寬限一日，夜晚定須解決，否則拿解者不止一佛，執事雖老，亦當隨行。」

十五日，巴特瑪多爾濟召集蒙古王公和喇嘛開會。因畏懼徐樹錚所率的邊防軍，會議同意撤治。

十七日，北蒙古撤治的請願公文遞交到陳毅的都護使衙門，簽名者以巴特瑪多爾濟領頭，北蒙古自治政府各部總長、次長聯名副署。

二十二日，中央政府接到徐樹錚的捷報。段祺瑞正在下圍棋，高興得將棋盤碰倒在地。

同日，北京政府總統徐世昌發布「大總統令」，正式接受外蒙的撤治請求。一九二〇年一月十三日，在庫倫舉行取消北蒙古自治的盛大典禮，徐樹錚以數百名兵力「收復」北蒙古的功勛似乎塵埃落定。

但是，蒙古王公、喇嘛對中國人之背信棄義深惡痛絕，雖忍辱含垢，卻有報仇雪恥之心。中國人對日本強迫中國簽署《二十一條》群情激奮，中國人對待蒙古人的做法不是如出一轍、甚至有過之而無不及嗎？

一時的武力威逼不能贏得蒙古各階層人心。徐樹錚以武力脅迫庫倫當局呈請取消自治，不提保障蒙人權利，使得原本倡議取消自治的蒙古王公轉向北京政府的對立面，如論者所說：

> 自徐樹錚被任為西北籌邊使後，對待蒙人，一主嚴厲，大失外蒙人心，其敦勸外蒙之取消自治也，且以強迫之手段出之，外蒙雖一時懾於徐之兵威，不得不俯首相從，但外蒙活佛王公喇嘛等則多有欲待機而動者。

而且，時人對徐樹錚「貪天工為己有」的做法並不認可。對於外蒙古撤治之功績歸屬，《徐樹錚正傳》一書指出，最具代表性的觀點是「陳毅運動蒙人，取消自治已將成熟」，徐樹錚卻坐收漁利「據為己有」。《安福部之籌邊》一書也認為，「數年他人力征經營之苦功盡為樹錚所攘奪」。

此時，蒙古民族基本上失去了戰鬥力，經濟落後、文化荒蕪，內部四分五裂。要反抗中國，不得不依賴外力。沙俄白軍將領謝苗諾夫及日本方面主導的「泛蒙古政府」，先是議定七項決議，其中一條是派代表到巴黎和會上，爭取同情並要求支持「泛蒙古運動」。然而，西方媒體對「蒙古國體」問題雖有零星報導，但除了日本之外，西方列強對天高皇帝遠的蒙古處境並不在意。

隨即，「泛蒙古運動」內部出現重大分歧。一心復辟清國的宗社黨注意到此運動，認為既然「滿蒙一家」，此股力量或可加以拉攏。宗社黨重要人物、日後出任滿洲國總理的鄭孝胥派人前往蒙古，游說其軍事領導者之一的富升阿支持大清。富升阿深諳「西瓜偎大邊」的生存術，慨然答應南下扶清。稍後，遜清皇帝溥儀冊封富升阿為「扶清北部大將軍」，頒發印信一枚及聖旨一道。

泛蒙古國的總統內齊活佛聞訊，認為富升阿所為已背叛蒙古建國初衷，形同叛變，應予以鏟除。於是，內齊活佛聯合謝苗諾夫，調動軍隊，發動突襲，將富升阿所部數百人全數在睡夢中消滅。但是，「泛蒙古運動」由此元氣大傷，其臨時政府不得不隨謝苗諾夫西遷烏金斯克。

一九二〇年一月，在一戰中被俄國俘虜的奧地利、捷克的數萬官兵取道烏金斯克返回歐洲，與駐守此地的謝苗諾夫部發生衝突。烏金斯克陷入一片火海，內齊活佛僅帥數十騎逃出。內齊活佛不願成為謝苗諾夫與紅軍廝殺之犧牲品，聯絡幫助謝軍守城的四百名精銳蒙古兵，發動譁變，奪取謝部四門大砲、輕重機槍十二挺以及許多輜重物品。然後，內齊活佛等率軍南下，企圖占領恰克圖，甚至奪取庫倫。

誰知，恰克圖已由徐樹錚所部高在田駐守。內齊活佛進退兩難，只好決定先行向高部投降。高在田表示歡迎，談妥收編條件，令其帶隊進入市內。幾天後，高邀請內齊活佛等蒙古官員和將領赴宴，對其部下士兵也發給酒肉犒賞。當蒙古人喝的酩酊大醉之後，高在田命伏兵一擁而入，將他們全部制伏。當日，高在田將身為「泛蒙古國臨時政府總統」的內齊活佛等人予以處決，其他蒙古士兵則押送庫倫，由徐樹錚處置。自此，「泛蒙古運動」暫時落下帷幕。

1925年6月，徐樹錚（中）與考察團攝於義大利。

大國夾縫中蒙古的命運

徐樹錚以中式謀略和西式武器，對付憨直樸實的蒙古人綽綽有餘，但遇到名將吳佩孚時，就一敗塗地了。

一九二〇年，直皖戰爭爆發。吳佩孚指揮若定，一路凱歌。徐樹錚前線吃緊，被迫調動駐守北蒙古的部隊南下增援，仍節節敗退。徐樹錚和段祺瑞先後下野，北蒙古局勢立即出現變數。徐樹錚種下的惡果開始發酵了。

備受「太上皇」徐樹錚凌辱的蒙古王公、喇嘛聽聞徐下臺的消息，提出恢復自治，不惜向日本借款六百萬元，並歡迎謝苗諾夫前部屬、有「血腥男爵」之稱的羅曼．馮．恩琴南下。一九二一年，恩琴率白俄軍隊攻陷庫倫，建立「蒙古獨立政府」，依舊以哲布尊丹巴活佛為最高領袖。

自以為是「蒙古人的救世主」的恩琴，在北蒙古胡作非為，將庫倫富戶輪流關入監獄搾取贖金，並將反對他的人殺死後挖心餵狗。哲布尊丹巴活佛稍稍表示一點不滿，恩琴就輕蔑的將自己的手放在活佛頭頂上——根據藏傳佛教傳統，只有活佛才有資格將手放在別人頭頂上祝福。無奈之下，哲布尊丹巴活佛又寫信要求紅軍出兵，除掉恩琴。

此時，北京政府任命張作霖為蒙疆經略使，負責平定北蒙古。但張作霖志在關內，企圖奪取北洋最高權力，無意出兵蒙古。

由於白俄軍隊威脅到蘇俄在西伯利亞的統治，蘇俄對於蒙古的出兵邀請求之不得。蘇俄向北京政府提議，與中國一同出兵，消滅盤踞北蒙古的白俄餘黨。北京政府加以拒絕，蘇俄逕自以「幫助中國平亂」為藉口，出兵北蒙古，先驅逐退守恰克圖的中國軍隊，又擊敗恩琴的一萬白軍，占領庫倫。**一九二一年七月，蘇俄扶植的「蒙古人民革命政府」宣告成立**（中華民國在一九四五年雅爾達會議後，被迫承認蒙古人民共和國）。

然而，對蒙古人來說，前門驅狼，後門進虎。從此，北蒙古成為蘇聯的「衛星國」和準殖民地。在蘇聯統治時期，蒙古人甚至不能公開紀念先祖成吉思汗，因為成吉思汗殺過很多俄國人。

八世哲布尊丹巴晚年因為嚴重的性病雙眼失明。

邀請紅軍幫忙的蒙古喇嘛集團其下場極慘。一九二四年，蒙古人的宗教領袖、名義上的國家元首哲布尊丹巴活佛突然不明不白的死去，有人說是被蘇聯人毒死的。哲布尊丹巴活佛死後，雖然他的妻子只是普通牧民婦女，早已跟活佛離婚，仍被槍決。活佛的兩個「佛子」，也被祕密處決。隨後，**活佛轉世制度被廢除**。

當一九三〇年代史達林在蘇聯全境展開大清洗時，僅有七十萬人口的蒙古也未能倖免於難。蒙古的低階級喇嘛被集體強行還俗，拒絕還俗的一律槍決。中高級喇嘛則連還俗的機會都沒有，直接被押到野外一起槍決。蒙古總理根登僅因為拖延槍決喇嘛的命令，就被史達林下令槍決。除了首都烏蘭巴托的甘丹寺，全國的喇嘛廟都被搗毀。

一九三九年末，蒙古共產黨領導人喬巴山在筆記本裡記下一段工作總結：「到十一月，共處決喇嘛兩萬三百五十六人，六百名是高級喇嘛、三千一百七十四名是中級喇嘛、一萬三千一百二十名是低級喇嘛，摧毀七百九十七座寺廟。」

對於北蒙古民眾而言，中華民國的統治不如清帝國的統治，蘇聯控制的蒙古共產黨政權則還不如中華民國。直到一九九一年蘇聯解體，北蒙古才得以掙脫共產極權制度，逐漸轉型成為一個獨立、自由、民主的多黨國家，改名蒙古國，也改了國旗國徽。而直到今天，南蒙古仍處在中共的暴政統治之下，不知何時才能自由的與北方同胞組成新的大蒙古國。

頗具諷刺意義的是，很多到臺灣旅行的中國遊客，最喜歡購買的伴手禮是秋海棠形狀的「中華民國全圖」，彷彿只有這張地圖才能滿足他們大而無當的、「大中國」的虛榮心。與之相比，今天的土耳其共和國在面積和人口上都只是中等國家，放棄了昔日鄂圖曼帝國橫跨歐亞非三大洲的版圖，反倒順利轉型為現代民族國家。

為何唯有中國人念念不忘「元帝國」或「清帝國」之巨大版圖？元帝國時代，中國乃是元帝國的殖民地；清帝國時代，中國乃是清帝國的殖民地，哪有被殖民者期盼自己重新成為殖民帝國之一部分的奇特幻想？

未來，若中國不再痴迷於「秋海棠」的版圖、若北蒙古與滿蒙古如東西德那樣走向統一，那麼新的蒙古國，或許能與新作為現代民族國家的中國成為和平友好的兄弟之邦。

第十七章

馮玉祥如何消滅前半個中華民國？

我是不贊成清室保存帝號的，但清室的優待乃是一種國際的信義、條約的關係。條約可以修正、可以廢止，但堂堂的民國，欺人之弱，乘人之喪，以強暴行之，這真是民國史上一件最不名譽的事。

——胡適

漢人從不尊重少數族群，徐樹錚對待北蒙古的哲布尊丹巴活佛是如此，殺死徐樹錚的馮玉祥對待前清遜帝溥儀也是如此。徐樹錚和馮玉祥互相殘殺，但他們殺戮、壓迫少數族群同樣凶狠毒辣。

馮玉祥的北京政變斷送了中國走向英美道路

一九二四年馮玉祥發動的北京政變和一九三六年張學良發動的西安事變，是二十世紀上半葉的中國兩次最為關鍵的歷史轉折點。

一九二〇年代前期，吳佩孚掌管北京政府實權那幾年，是北洋最有希望的時期。名義上的總統曹錕是布販子出身，雖然使用賄選手段謀取國家元首職位，但他畢竟尊重國會的權威，不敢不經選舉而成為總統。而且，在民國的歷屆國家元首和政府首腦當中，曹錕算是宅心仁厚的好人，至少他手上所沾的鮮血較少——很遺憾，殺人多少居然成為判斷民國領袖人品好壞的重要標尺。

吳佩孚則是**北洋系統中最親英美的實權派**，他積極恢復民國的憲政傳統，認同實踐聯省自治。然而，**馮玉祥發動的北京政變，讓直系的這些努力在一夜之間化為水月鏡花**。從此，北京政府每下愈況，再也沒有重整旗鼓的可能。

如果說馮玉祥發動的北京政變終結了北京政府，那麼張學良發動的西安事變則終結了南京政府。**馮玉祥消滅了前半個中華民國，張學良消滅了後半個中華民國**。西安事變唯一的受益者是躲藏在延安苟延殘喘的共產黨。因西安事變，共產黨逃離了滅頂之災，像蟑螂那樣瘋狂繁殖，直到將南京國民政府生吞活剝為止。

同樣是千古罪人、同樣是以基督徒自居的假冒偽善者，比起一九四八年在黑海的輪船上被活活燒死、只活了六十六歲的馮玉祥，張學良居然能在風光如畫的夏威夷安度晚年、活到整整一百歲，讓人不禁感嘆日光確實也照在「歹人」身上。

馮玉祥固執的將北京政變稱為「首都革命」，彷彿他真的是一名大公無私的革命者。發動北京政變不是因為馮玉祥的革命覺悟有多高，而是收取了兩大筆賄賂：一筆是日本人的，日本人由三井銀行透過天津駐屯軍司令交給段祺瑞一百萬日圓，讓其作為策反馮玉祥之用。段氏雖剛愎自用，但在北洋大佬中以刻苦己身、絕不貪財著名，這筆錢他原封不動的交到馮玉祥手上。另外，據張學良晚年透露，他給了馮氏五十萬元，促使其倒戈。

馮玉祥在直系內部長期被邊緣化，被吳佩孚看不起，早已有異心。得到這兩筆巨款，馮氏立即著手發動政變。當吳佩孚還在山海關前線與奉軍鏖戰、眼看就要占上風之際，身為「討逆軍第三路軍總司令」的馮玉祥突然發動兵變，馮部改稱「國民軍」，從前線回師北京，扣押總統曹錕，解散政府，並由馮玉祥、胡景翼、孫岳等人領銜通電主張停戰。**曹錕被囚後，被迫發布命令將吳佩孚免職，然後自己退職**。吳佩孚受奉軍和馮軍前後夾擊，雖是常勝將軍，亦無法挽救兵敗如山倒的局勢。

此次戰爭，英美同情直系，日本支持奉系、皖系和國民軍。北京兵變後，吳佩孚獨木難支，只好率六千官兵乘兵艦三艘及商船十餘艘，由塘沽浮海南下，經南京、漢口，再退到河南洛陽，降級為地方性強人。此前，本是中華民國離英美道路最近的時刻；此後，北京政府走向聯邦共和、法治憲政的契機不復存在。

北京政變使得馮玉祥從一名地方性的二流軍閥一飛衝天，成為全國性的重要人物，對中

馮玉祥在 1924 年發動了北京政變。

國政局走向具有舉足輕重的影響力。國民黨黨軍北伐，馮玉祥再度投機，成為國民黨新軍閥「四巨頭」（蔣介石、馮玉祥、李宗仁、閻錫山）之一。一九二八年七月二日，馮氏被美國《時代》（*Time*）週刊選為封面人物。《時代》週刊關於馮氏的報導，開場白這樣寫道：

他站起來足有六英尺高。他不是纖弱的黃種人，而是個頭魁梧、皮膚古銅色、很和藹，《聖經》拿在手上或者放在口袋裡的虔誠的基督徒、神槍手、世界上最大的私人軍隊的主人。在今天，這樣的人就是中國的一個最強者：馮玉祥元帥。

這是美國誤讀中國、西方誤讀東方的一個最典型的細節。

「民國第一盜賊」馮玉祥關心的不是溥儀，而是清宮珍寶

一九三〇年，蔣馮閻大戰前，孫殿英去洛陽參加馮玉祥的軍事會議，馮握著孫的手說：「殿英老弟，你的革命精神我很佩服！咱們是好同志！在反對滿清這一點，我幹的是活的（指驅逐溥儀出宮），你卻幹的是死的（指挖死人墓盜陵取寶）。」孫後來對人說：「總司令真偉大，他要是叫我賣命，孬種才會含糊。」兩個盜賊相見歡，真是臭味相投。馮氏最大的本事不是打仗，而是用最崇高的革命話語包裝最卑劣的強盜行徑。

馮軍進京之後一週多，馮玉祥以「攝政內閣」的名義，單方面修改清室優待條件，驅趕溥儀的小朝廷出宮。十一月四日，攝政內閣總理、代表孫文勢力的國民黨人黃郛在國務會議中，提出將清室優待條款改為：

一、大清宣統皇帝即日起永遠廢除皇帝尊號。
二、民國政府每年補助清室五十萬元，另撥兩百萬元設立北京貧民工廠，儘先收容旗籍貧民。
三、清室即日移出宮禁，以後可自由選擇住居。
四、清室之宗廟陵寢永遠奉祀，由民國酌設衛兵妥為保護。
五、清室私產歸清室完全享有，民國政府當特別保護，其一切公產應歸民國政府所有。

條款修訂後，由北京警備總司令鹿鍾麟、警察總監張壁會同李煜瀛（李石曾）前往故宮執行。

十一月五日上午九點左右，鹿鍾麟等三人直奔紫禁城。內務府總管紹英前來接待，鹿鍾麟等人說明來意後，將《修正清室優待條款》交給紹英，要求溥儀簽字後即日遷出紫禁城、交出玉璽。紹英聽後，大驚失色，他指著李煜瀛說：「你不是故相李鴻藻的公子嗎？何忍出此？」又指著鹿鍾麟說：「你不是故相鹿傳霖家的嗎？幹嗎這樣逼我們呢？」

李是文人，尚且知恥，沉默不語。鹿是武人，氣勢洶洶的說：「最近攝政內閣成立，各方又紛紛提出懲辦復辟的禍首，群情激憤，想直接採取不利於清室的行動。現在宮內外已布滿軍警，氣勢洶洶，就要動手了。如果不是我勸阻他們稍等片刻，現在就會出亂子了。」紹英聽後無話可說，只好前去回稟溥儀。宮裡的幾個太妃表示，寧死也不肯離宮。而鹿鍾麟等態度更加堅決，表示必須在**三小時內搬離，不然就要用架設在景山上的大炮轟炸**。溥儀六神無主，只好簽字。當時，宮內還有太監四百七十多人、宮女一百多人，所有人都要打包離開，場面極為混亂。

其實，鹿鍾麟只帶了二十名手槍隊，可是他的「開炮轟炸，灰飛煙滅」這句嚇唬人的話非常生效。後來，溥儀在回憶錄《我的前半生》中寫道：「首先是我岳父榮源嚇得跑到御花園，東鑽西藏，找了個躲炮彈的地方，再也不肯出來。我看見王公大臣都嚇成這副模樣，只好趕快答應鹿的要求，決定先到我父親的家裡去。這時國民軍已給我準備好汽車，一共五輛，鹿鍾麟坐頭輛，我坐了第二輛，婉容和文繡、張璧、紹英等人依次上了後面的車。」

1961年，紀念辛亥革命50週年大會期間，鹿鍾麟、溥儀、熊秉坤的合影（自左至右）。（圖片來源：維基共享資源。）

溥儀的回憶錄是在當共產黨的囚徒時寫的，他正處於掙扎求生、追求進步的狀況下，很多場景很可能是出於「事後想像」，尤其是下面這段與鹿鍾麟的對話（三十多年後，兩人在共產黨的政協會議上相見，似乎「相逢一笑泯恩仇」）：

> 車到北府門口，我下車的時候，鹿鍾麟走了過來，這時我才和他見了面。鹿和我握了手，問我：「溥儀先生，你今後是還打算做皇帝，還是要當個平民？」
>
> 「我願意從今天起就當個平民。」
>
> 「好！」鹿鍾麟笑了，說：「那麼我就保護你。」又說，現在既是中華民國，同時又有個皇帝稱號是不合理的，今後應該以公民的身分好好為國效力。
>
> 張璧還說：「既是個公民，就有了選舉權和被選舉權，將來也可能被選做大總統呢！」
>
> 一聽大總統三個字，我心裡特別不自在。這時我早已懂得「韜光養晦」的意義了，便說：「我本來早就想不要那個優待條件，這回把它廢止了，正合我的意思，所以我完全贊成你們的話。當皇帝並不自由，現在我可得到自由了。」
>
> 這段話說完，周圍的國民軍士兵都鼓起掌來。

馮玉祥並不關心溥儀的命運，至於之後溥儀百般無奈投靠日本人、遠走東北、出任滿洲國皇帝，是否是其暴力驅趕所導致的後果，馮氏從來不曾為之後悔。**馮氏關心的是紫禁城中**

堆積如山的無價之寶。

馮玉祥控制北京之後，所做的第一件事是軟禁曹錕，奪取中央權力；第二件事是就是驅逐清室，奪取紫禁城——溥儀一行輕裝簡行的離開，紫禁城頓時變得空空蕩蕩，馮氏立即命令官兵進入盜取皇家寶物，**其貪婪程度不亞於昔日洗劫圓明園的英法聯軍**。

據曹汝霖日後回憶：「他們（鹿鍾麟、張璧等）趁機在紫禁城劫掠寶物，以軍用大卡車運載而出，萬目睽睽，人所共見，無可掩飾。」

曾任吳佩孚幕僚的著名詩人楊圻（楊雲史）在《江山萬里樓詩詞鈔》中，對當時的經過記載得更為詳細：

> 馮玉祥意尤在得皇室財寶，命張璧、鹿鍾麟勒兵入宮，露刃逐清帝后妃下殿，而籍其宮室財貨。於是元明以來，三朝御府珍儲，十代帝后珠玉寶器，以至三代鼎彝圖書，九州百國方物，天府瑯環，宇宙編閟，希世之物，無慮幾千萬萬億，至是盡載以出。荷戈斷行人於道路，六日夜不絕，蓋不知其紀極。

既然長官馮玉祥巧取豪奪，經手者張、鹿等人也不會兩袖清風。據說，張璧在宮中見一桌子上有一個鈞瓷花盆，裡面種著菊花。他想要那個珍貴的花瓶，就對隨行的警衛說：「這菊花是好種，給我帶回去。」

鹿鍾麟看上一個翡翠瓜，故意把帽子蓋在瓜上。隨從會意，捧著翡翠瓜和帽子對鹿說：「您忘了戴軍帽了。」鹿回答：「很熱，我不要戴，你拿著吧。」於是，大量寶貝就這樣被堂而皇之帶出皇宮，落入私人腰包。

李宗仁回憶錄中也曾提到此事：馮玉祥把溥儀趕出紫禁城被譽為「大公德」一件，可坊間傳聞他偷藏了宮中不少寶貝。北伐軍攻入北京之後，馮為了自證清白，安排了一場拙劣的表演。馮在故宮宴請北伐軍高級將領，席間突然將故宮全體雜役人員集合起來，這幫人齊聲高喊「馮將軍是清白的，沒拿故宮一針一線」之類的話。然而，旁人用腳趾頭想都知道，這是馮刻意安排的，當時就引起鬨堂大笑。

最關鍵的證詞是，當事人鹿鍾麟脫離馮軍之後的坦白：一九二六年，馮軍敗退南口，受到重新聯手的直系和奉系軍隊窮追猛打。馮軍打得很頑強，讓原本在武漢坐鎮、防禦北伐軍的吳佩孚親自北上指揮南口之戰，以至南方群龍無首，北伐軍乘虛而入。馮軍本來戰力較弱、裝備很差，此次兵強馬壯、糧草充足，**重要原因就是有了賣掉故宮珍寶所得的一千四百萬元巨款**。

馮玉祥盜竊皇宮珍寶賣作軍費，使南口之戰曠日持久。南口之戰久久不能結束，吳佩孚就難以抽身率精兵南下抵抗北伐軍。等到吳佩孚結束南口之戰，匆匆南下，到武漢布防時，已無力回天。吳佩孚失去富庶的兩湖，從此一蹶不振。作為北洋後期三大集團（吳佩孚、張作霖、孫傳芳）中最強的吳佩孚的失敗，決定了整個北洋政權的覆滅。

北洋的終結，意味著接受蘇俄的主義、武器和訓練的國民黨黨軍成為主導中國的力量，而害怕中國赤化並成為蘇俄反日基地的日本，出於自保的心態，乃加緊對中國的蠶食鯨吞。再接下來，中共取國民黨而代之，中國的百年噩夢接連不斷，至今看不到何時到盡頭。

胡適與溥儀的會面：新與舊的碰撞

對於驅趕清室出宮這一所謂「大快人心」的事件，胡適的反應與眾不同。溥儀出宮當天，胡適寫信給在黃郛內閣中任外交部長的王正廷表示抗議：「先生知道我是一個愛說公道話的人，今天我要向**先生們組織的政府**提出幾句抗議的話。今日下午外界紛紛傳說馮軍包圍清宮，逐去清帝；我初不信，後來打聽，才知道是真事。」顯然，胡適對「先生們組織的政府」的合法性存疑，人人都知道「攝政內閣」是馮玉祥的傀儡。

既然事情已無法挽回，胡適就善後事務舉出應對辦法：

今清帝既已出宮，清宮既已歸馮軍把守，我很盼望先生們組織的政府，對於下列幾項事能有較滿人意的辦法：一、清帝及其眷屬的安全。二、清宮故物應由民國正式接收，仿日本保存古物的辦法，由國家宣告為「國寶」，永遠保存，切不可任軍人政客趁火打劫。三、民國對於此項寶物及其他清室財產，應公平估價，給予代價，指定的款，分年付與，以為清室養贍之資。

胡適當然知道，他的警告對「先生們組織的政府」是對牛彈琴，對馮軍而言則如風過耳，但作為獨立知識人，即便毫無效果的話，他仍然要說出來。

胡適在信的最後說：「我對於此次政變，還不曾說過話；今天感於一時的衝動，不敢不說幾句不中聽的話。倘見著膺白先生（即黃郛，以內閣總理時代行總統職權），我盼望先生把此信給他看看。」

胡適為溥儀仗義執言，首先是因為他此前與溥儀有過一段交往。一九二二年，少年溥儀讀了胡適的《嘗試集》和《胡適文存》後，非常欣賞，很想見見這個三十一歲的新文化領袖，長得什麼樣。當宮內裝上電話後，一時好玩，溥儀撥了一通電話給胡適，約胡適進宮見面。

五月三十日，溥儀派車接胡適進宮。胡適對溥儀行鞠躬禮，稱其為皇上，溥儀則稱胡適為先生。胡適發現，溥儀是個長相清秀的少年，單薄的很，「眼睛近視得比我還厲害」，穿藍袍子、玄色背心、平民打扮。桌

滿洲國時期的溥儀。

上放著《晨報》、英文《快報》等報紙和雜誌，但「大部分都是不好的報」。茶几上放著康白情的新詩集《草兒》等，溥儀還問起康白情和俞平伯及《詩》雜誌，說自己在嘗試寫新詩，也贊成白話。

溥儀最後說：「我們做錯了許多事，到現在還要浪費國家的錢，心裡很不安。我本想獨立生活，但老人都反對，因為我一獨立。他們就沒有了依靠！」他想出國留學，卻不能成行。兩人談了一陣子，胡適答應以後多找一些書給溥儀後就告辭了。

後來，胡適在《宣統與胡適》的短文中寫道：「清宮裡這一位十七歲的少年，處的境地是很寂寞的、很可憐的；他在寂寞之中，想尋一個比較也可以算是一個少年的人來談談，這也是人情上很平常的一件事。」

沒有想到，這短短二十分鐘會見，激起輿論極大反彈——新文化的代表胡適居然見舊傳統的象徵遜帝溥儀，這還了得！很多媒體嘲諷胡適「言論輕薄」、妄想「為帝王師」。生性刻薄的魯迅破口大罵。而溥儀那邊，情形也大致相似：王公大臣們，特別是師傅們，聽說溥儀和胡適這個「新人物」私自見了面，又像炸了油鍋似的背地裡吵鬧起來。可見，此事真有點兩邊不得人心。

五四之後的中國，輿論和知識界日趨激進，任何事情都會被高度政治化，**新舊之間勢不兩立，很少有人留意到胡適對「人情」的珍惜和守護**。胡適與那些左派文人之間，除了觀點的差異之外，亦是「有情」與「無情」之差別。

中華民國應當是法治國

胡適反對馮玉祥驅趕溥儀出宮，除了「人情」的因素，更是為了捍衛法治和契約的尊嚴。溥儀出宮之後，胡適趕到溥儀暫居的王府去看望他，譴責馮玉祥撕毀國家契約、驅逐孤兒寡母的行為是「在歐美國家看來，全是東方的野蠻」。

胡適的安慰和關切，對於落難者來說，想必是溫暖的。這也是胡適特立獨行、講義氣的表現。溥儀後來的回憶，因為時代的關係，沒有將此事說得很近情理，不過他還是婉轉說出胡適那時與一般人的單純慰問不一樣，還多了一層真誠的「關心」：胡適為溥儀今後的出路做出建議，特別是鼓勵「皇上自己下決心」出國留學。

胡適譴責馮玉祥，歷史學者羅志田認為，「這正是胡適最主要的考慮，即中國在洋人那裡的面子問題」。胡適確實注重中國政府的作為，在歐美國家面前的「觀瞻」。當時，駐京外國使節團由荷蘭公使出面召開緊急會議，指稱馮軍驅逐遜帝出宮的行為違反人道主義，並決定於會後向外交部提出警告。民國政府跟清室簽署的文件，如同與歐美國家簽署的條約，既然民國政府可不遵守前者，當然也可不遵守後者，西方各國不能坐視不管。

胡適考慮的不只是中國的「面子」，而是他期望中國在文明世界中成為受尊敬的法治國。美國法學家伯爾曼（Harold J. Berman）說過：「法律必須被信仰，否則它將形同虛設。」胡適正是當時中國極少數將法律當作信仰的現代人。在那個風聲鶴唳的時刻，他敢於公開譴責手握兵權、為所欲為的馮玉祥，這恐怕不僅需要「善良」，更需要「勇氣」。

伯爾曼認為，法律與信仰同時是對方的一個維度。社會對終極超驗（按：超驗主義強調人與上帝之間的直接交流和人性中的神性，其社會目標是建立道德完善的烏托邦式理想社會）目的的信仰，必定會在社會秩序形成的過程中顯現出來。同樣，社會秩序形成的過程，也會在社會的終極目的的意識中顯現出來。事實上，在有些社會，比如古代以色列的法律，也就是《聖經》的「律法書」，即是宗教。即使在那些法律與宗教涇渭分明的社會，兩者也是相輔相成的——法律賦予宗教以社會維度，宗教賦予法律以精神、方向和法律博得尊重所需要的神聖。

可悲的是，**中國在現代轉型的過程中，將法律和宗教兩者同時失落了**，才會出現馮玉祥式的「劫匪將軍」以「基督將軍」的形象大行其道，以及自以為是的文人墨客為其暴政拍手叫好的怪現狀。

胡適譴責馮軍暴行的這封信，後來在《晨報》上發表。溥儀的師傅、英國人莊士敦（Sir Reginald Fleming Johnston）寫信給胡適表示感謝：

今天《晨報》登載的那封信如果真是你的手筆，我要為此向你祝賀。你正是說出了這樣一件正確的事情，並且用正確的方式說了出來。我相信遜帝看到這封信時一定會高興的。至今我仍然被禁止去看他，不過我當然能夠透過別人得到關於他的和他給我的消息。你無疑已經注意到《京報》對我的卑鄙的攻擊了。目前那一類中國報紙的攻擊，正是在我的意料之中的。我不認為馮玉祥已經進入了他用陰謀手段所企圖建立的完全和平的統治。我為你不是一個「基督徒」而感到高興。

莊士敦的最後一句話，辛辣的諷刺馮玉祥以虛假的基督徒身分，贏得西方人好感的拙劣伎倆。這也是另一種「吃教」方式。

不過，胡適的觀點在同胞中很少獲得支持。就連五四那一代知識人中，最熱情鼓吹人道主義的周作人也寫信給胡適，表達不同意見：「在報上看見你致王正廷君信的斷片，知道你很反對這回政府對於清室的處置……這次的事從我們秀才似的迂闊的頭腦去判斷，或者可以說是不甚合於『仁義』，不是紳士的行為，但以經過二十年拖辮子的痛苦的生活，受過革命及復辟的恐怖個人經驗的眼光來看，我覺得這乃是極自然極正當的事，雖然說不上是歷史的榮譽，但也決不是汙點。」多年後，周作人被當成漢奸，「世人皆欲殺」之時，大概會對自己以前這段慷慨激昂的表態感到後悔。

此事還有餘波。次年八月，負責清點故宮古物的李石曾、易培基等一班人，刻意在故宮裡找尋有關胡適和溥儀來往的蛛絲馬跡，甚至說胡適的名字曾出現在遺老金粱（張學良老師）的復辟奏摺之中。他們搜查到所謂「私通宣統」的證據，是胡適給溥儀的一張紙條，上面寫著「我今天上午有課，不能進宮，乞恕」幾個字。他們如獲至寶，將原件裱框配起，作為展覽品公諸於眾，以此羞辱胡適。小人之心，真是難以測度。

這一別有用心的舉動旋即收到效果，有人立馬以「反清大同盟」名義在報上發表宣言，要求將胡適驅逐出京。後來，胡適因為沒有在反對章士釗（教育總長）的運動中為學生說話，上海學生又寫信指責他「浮沉於灰沙窟中，捨指導青年之責而為無聊卑汙之舉，擁護復辟餘孽，嘗試善後會議，諸如此類彰彰較著，近更倒行逆施，與摧殘全國教育、蔑視學生人格之章賊士釗合作」，真是欲加之罪，何患無辭。一場「比左」的競賽在中國社會各個領域陸續展開，誰能倖免於難？

第十八章 為什麼一流的中國人都住在租界裡？

為曉諭事：前於大清道光二十二年（一八四二年）奉到上諭內關：英人請求於廣州、福州、廈門、寧波、上海等五處港口許其通商貿易，並准各國商民人等攜眷居住事，准如所請，但租地架造，須由地方官憲與領事官體察地方民情，審慎議定，以期永久相安……。

——《上海租地章程》

溥儀被馮玉祥趕出紫禁城後，很快就離開北京，住進天津日租界。偌大的中國，他已找不到一處安全的地方，只有在租界，他才享有「免於恐懼的自由」。不僅是溥儀，中國每個領域的一流人物，大都不假思索的，以租界為其首選的居住地。

孫文、魯迅、張愛玲都「旅居」租界

很多「愛國賊」一提及清末至民國的租界，就視為國恥。然而，讓他們倍感尷尬並無法自圓其說的是：租界既然是帝國主義壓迫中國人的地方，為何那麼多中國人對其趨之若鶩？

顧名思義，租界原本不是給中國人住的，而是租給洋人住的，朝廷最初的目的是將中國人與洋人分隔開來。在《上海租地章程》裡明文規定：不准英國人在租界內把房子租給中國人，也就是不准中國人入住租界。後來，小刀會暴動及太平軍叛亂，上海和江南的紳士商人，以及底層農民不顧一切湧進租界躲避戰火，使租界人口暴漲幾十倍。

英國商人看到商機，搭起簡易棚戶，出租給中國難民牟利。英國商人說：「我們來中國，就是為了賺錢！中國人來租界住，我們更好賺錢！」於是，英國領事開始吸引華人入住租界，甚至阻止中國人外流。缺口一旦打開，中國人就向租界蜂擁而進。

晚清、民國時期，中國不計其數的政客、官僚、商賈、革命家、文人、明星，拚了老命都要往租界擠。一九二三年，中華民國總統黎元洪因屢屢遭受掌握實權軍閥的羞辱，在北京的總統府中連基本的人身安全都得不到保障，憤而宣布：中華民國中央政府，遷往天津英國租界辦公！**堂堂一個大國，連它的中央政府，都要往租界裡面擠，這難道不正說明租界是中國最安全、最文明的地方嗎？**

被國民黨奉為中華民國國父的孫文，在國外居住的時間比在中國居住的時間長，在租界居住的時間又比在非租界地區居住的時間長。孫文和妻子宋慶齡非常享受租界文明且安全的生活，租界之外的中國則是野蠻而危險的。從一九一八到一九二五年北上與段祺瑞、張作霖談判，孫文夫婦一直都居住在上海法租界的花園洋房，作為革命家和「國父」，他不覺得這有什麼「違和感」。

在抗日戰爭中，戰死沙場的中華民國最高級別的將領（二級上將）張自忠，曾任察哈爾省省主席與天津市市長，以及代理冀察政務委員會委員長與北平市市長。有趣的是，**張自忠在擔任天津市市長期間，自己選擇住在天津的英租界中**。後來，有人唾罵住在租界的中國人都是無恥的「亡國奴」，那麼這位為國捐軀的上將，為何不以住在租界為恥？

軍人如此，文人也不例外。文人口頭上罵租界，身體卻被租界深深吸引。**被共產黨奉為「民族脊梁」和「民族魂」的魯迅，晚年住在上海日本租界**。一九三三年一月二十六日，魯迅在日記中寫下詩句：「依舊不如租界好，打牌聲裡又新春。」魯迅享受著租界安逸的生活，同時站著說話不腰疼，教導沒有能力到租界生活的同胞，一定要反對帝國主義。

魯迅選擇住在上海日租界，說明他在情感上的民族主義、生存上的現實主義之外，其文化立場是一位世界主義者、現代主義者。當時的北京、天津、武漢、廣州、福建都不能滿足他，不能最大限度成全他的觀察和言論。只有上海，中國第一座具有世界意識與現代規模的大都市，才是最佳選擇。就生活的便利而言，唯有租界的洋房內才有抽水馬桶和大浴缸。一九三六年十月六日，魯迅臨終前不久，在給友人的信中說，他早就想搬家，從日租界搬到法租界——只是因為法租界的生活更舒適。

比魯迅晚一代的張愛玲，是屬於租界的作家。出走中國之前，張愛玲除了在天津租界和香港生活過之外，大部分時間都在上海租界度過：出生在麥根路上的張公館，後來住在赫德路上的愛丁堡公寓、靜安寺路上的重華新邨、派克路上的卡爾登公寓，張愛玲在上海租界生活和寫作如魚得水。她喜歡去的，是白俄開的西餐館、咖啡館，她在〈談吃與畫餅充飢〉一文中回憶道：

離我學校不遠，兆豐公園對過有一家俄國麵包店「老大昌」（Tchakalian），各色小麵包中有一種特別小些，半球型，上面略有點酥皮，下面底上嵌著一隻半寸寬的十字托子，這十字大概麵和得較硬，裡面摻了點乳酪，微鹹，與不大甜的麵包同吃，微妙可口。

身兼作家和畫家的陳丹青感嘆道，中國一九二〇、一九三〇年代的文藝史，可以說就是上海文藝史。上海文藝史，從時間上對照，幾乎密集發生在魯迅來到上海的那十年。那十年，海派文學起來了，譬如實驗小說作者穆時英、戴望舒、施蟄存、劉吶鷗、葉靈鳳等人，加上更早期的鴛鴦蝴蝶派如張恨水，再加上後來左翼的那幫人，構成上海文學一九三〇年代的全景觀。

當魯迅在虹口往來於大陸新村和內山書店時，年紀輕輕的傅雷從巴黎回來了，年紀更輕的張愛玲也從香港讀書回來了。那時魯迅哪裡曉得有個才氣橫溢的小姑娘住在滬西？按年分算，當時只有二十歲上下的張愛玲發表其處女作，領到第一筆小稿費。當她拿著稿費立刻上街去買口紅時，魯迅很可能正在虹口區的馬路上，和西裝筆挺的「四條漢子」（按：魯迅在〈答徐懋庸並關於抗日統一戰線問題〉中，指陽翰笙、田漢、夏衍、周揚）鬧彆扭，或者，正在家裡請蕭紅和蕭軍吃晚飯。

著名的左派新聞人、出版人鄒韜奮，組織激烈反日的社團「全國各界救國聯合會」，天天在媒體上發表鼓動民眾反帝的文章，向政府施加壓力對日作戰。但是，他與其他幾位合稱「七君子」的民間輿論領袖，全都居住在租界裡。**有人說，屁股決定腦袋，他們這群愛國文人則是腦袋與屁股脫節**——屁股享受租界的安逸，腦袋則斥罵租界的「喪權辱國」。

一九三六年，鄒韜奮曾被租界當局短暫逮捕，他在一篇文章中如此描述那段經歷：

在進了待審室後，我和章乃器、史良的手銬被開了鎖，脫了下來。在這待審室裡，我們三個人都可以隨便談話，各人彼此告訴了前一夜被捕的經過。我們三個人都住在法租界，所以都捕到法捕房來。外面傳送的消息，說前一夜在公共租界被捕的沈鈞儒、李公樸、王造時、沙千里四先生，於當日上午十點鐘經高二分院開審後，於當天十二點鐘即由各人的律師保了出來。

租界確實是好地方，**「煽動顛覆國家政權」的「七君子」受到文明對待**。若他們進了國民黨的監獄，下場如何，可想而知。在共產黨統治下，更是「黨讓爾亡，爾不得不亡」，哪有半點法治與文明可言：反右運動中王造時被打成右派，文革初期被以「群眾專政」名義關進上海市第一看守所，在獄中悲慘的死去；反右運動中章乃器也被打為右派，文革初期曾被紅衛兵打得體無完膚、奄奄一息。那時，他們大概無比思念當年租界裡面依法行事的巡捕吧？可惜，此時中國已沒有租界讓他們躲藏了。

還有一個更具諷刺意味的例子：一九三二年，江西的紅軍殺入福建省漳州縣。在此前聽到風聲的廈門人民，已經有好幾千人湧進鼓浪嶼公共租界避難，紅軍殺入漳州之後，又有兩萬五千人湧進鼓浪嶼公共租界避難。當「人民的大救星」臨幸漳州、廈門時，漳州、廈門人民不但不發揚「軍民魚水情」的精神，不但不簞食壺漿喜迎王師，反倒往「帝國主義的懷抱」裡躲避，這些不愛國的愚民，當殺不當殺？

租界不是洋人巧取豪奪，是清廷和北洋自願劃割

一八四二年，中英《南京條約》規定英國人有權居住在五個通商口岸，但並沒有答應給英國人劃出一片特殊的「租界」。

次年，英國領事巴富爾（George Balfour）來滬，與地方官協商租房居住和設立領事館。上海道臺宮慕久藉口城內擁擠，不願給洋人提供城內的房屋居住。巴富爾一怒之下表示要自尋房屋。宮慕久只好安排了一個廣東姚姓商人接近巴富爾，把他的房子出租給巴富爾，藉此把英領館置於監視之下。

當時來華的洋人不多，上海人不像廣州等其他地方的人那樣懼怕高鼻深目、長相迥異於

自己的外國人，他們好奇不已，組團前去參觀。巴富爾一行被沒見過洋人的上海老百姓當作「西洋鏡」，買票參觀了一番——姚姓商人極富商業頭腦，在受命監視洋人的同時發展了副業：參觀洋人。他把這些洋人作為展品，售票參觀。最初幾天，大批居民川流不息的走進這所房子來參觀，「而且都是非常之富於好奇心，對於洋人的吃、喝、剃鬍、洗手、閱書、睡覺都要仔仔細細觀察」。

英國生物學家福鈞（Robert Fortune）在日記裡記載，一八四三年，他到上海考察，幫他撐船的人每走到一個地方，就叫他下船走一圈「給周圍人看看」，以此賺一筆外快。「在上海開埠的時候，上海人對外來人有兩個特點，第一個是好奇，第二個永遠不忘記賺錢的機會。」

英國人不堪其擾，提出強烈抗議。宮慕久害怕中國人和英國人雜處、滋事，影響自己的烏紗帽，就作主將上海縣黃浦江河灘上一塊不毛之地劃給英國人當「租界」。一八四五年，宮慕久和英國人簽訂《上海租地章程》。當時，英國軍隊早就從大清國的土地上撤走，**雙方是平等簽約，並不存在誰強迫誰**。宮慕久想出這個「兩全其美」的辦法，並非出於英國軍隊的脅迫，而是出於皇帝要求「永久相安」的政治壓力。

英國的第一任駐滬領事巴富爾。

其中，《上海租地章程》第六條規定：「商定地價。」也就是說，英國人租用上海灘，不但要付租費，而且費用還是「商定」的，換言之，並非是英國人單方就可決定。

而一八四三年中英《虎門條約》白紙黑字寫得很明白：英國人在中國租地，**租金「以當地市價為準」**。當年十一月二十五日，英國人在廣州租了一塊地，租期二十五年，每年租金六千元洋銀。

原本排外的廣州人，發現英國人出手闊綽，一租就是以高價租一大片地，頓時改變對洋人的態度，喜出望外的把英國人當作「大客戶」看待。一八四六年六月，廣州市民蔡老六，購買廣州沙螺西塱堡內寺岸村安姓園地十六畝，以及其他海旁地若干畝，擬租給英國人謀利。其他人紛紛仿效蔡氏，在洋人定居點附近購買土地，再出租給洋人。愛國熱情短暫燃燒，賺錢理想永遠高揚。

英國人租用現有土地需要向中方交租，連自己填河生成的新土地，也要向中方交租。廣州沙面租界，是英、法兩國花錢從珠江河水中填土新造成的，共花費三十二萬五千墨西哥銀元。其中，英方出資五分之四，法方出資五分之一。他們自己填造而成的土地，仍需要按畝向清廷交納地租，每年每畝一千五百錢。

不僅上海租界是清廷自願劃割的，**從晚清到民國，二十七個外國租界，幾乎都是中方自願劃割的**。比如，廈門鼓浪嶼租界，是清廷自願、主動劃割的。甲午戰爭之後，清政府害怕日本染指福建，故使出「以夷制夷」老招數，把西洋鬼子引入廈門，以此對抗日本勢力。閩浙總督許應騤在給廈門地方官的電報裡說：「引洋人來鼓浪嶼，兼護廈門、東防日本……。」一個「引」字，已經把話說得很明白了，用白話文說，就是勾引洋人充當保護傘。

天津的美租界，是清廷主動「賜予」美國人的。美國人心思單純，沒有英國人那樣大胃口。美國領事受寵若驚，擔心這是燙手山芋，一時不敢接受。舉棋不定之下，拍電報回國請示總統定奪。當時美國總統是林肯，正在忙於南北戰爭，搞不清楚天津在東方的哪個角落，無暇回覆。美國領事不敢貿然放棄，只好暫時接管這片區域。

一八八〇年、一八八九年，美國政府先後兩次向清廷提出歸還天津美租界。清廷如縮頭烏龜，置若罔聞，不做回應。一九〇二年，美國領事無奈之下，將天津美租界轉送給英國，併入英租界。在中國的歷史教科書上，絕對不會出現這樣的史實。帝國主義一個個面目猙獰、貪得無厭、索求無度，哪裡會做這等好事？

很多租界的產生，確實跟「船堅炮利」無關。當時，像比利時、義大利這些軍事上的弱國，不可能派出軍隊到遠東耀武揚威，是大清國主動邀請他們簽約，大方「賞賜」租界給他們。

中華民國成立後，也曾自願給洋人劃過租界。一九一四年四月七日，為了解決「二次革命」時期，革命黨人盤踞在法租界搞顛覆政府活動的難題，袁世凱的北洋政府與法國駐上海領事簽訂了條約。

該條約規定：第一，法國承諾中華民國，法租界不得窩藏革命黨，一有查出，立即逮捕法辦或驅逐出境；第二，中華民國政府同意，法租界面積擴展至一萬五千一百五十畝。

結果，法租界的面積大大擴展了，但法租界警力有限、法律條文吞舟是漏，對革命黨人不構成威脅，革命黨人照樣在法租界自由活動。而以孫文為代表的革命黨人，主動向各國領事開出空頭支票，如果外國支持其顛覆袁世凱政權的「革命」，一旦他們掌權，租界不僅可以擴大面積，還能享有更多特權。幸運的是，並沒有多少外國人將「孫大炮」的話當真。

工部局宛如古希臘的城邦共和國

愛國憤青喜歡咬牙切齒的批判「治外法權」、「會審公廨」（按：清末列強在中國租界內設立的審判機關），國民黨黨軍北伐時提出的口號之一就是廢除「治外法權」，甚至收回全部的租界。

可是，有時候治外法權是互惠的。比如，一八七一年，大清國和日本簽署了《清日修好條規》，文中有如下約定：「兩國指定各口岸，彼此均可設置理事官，約束己國商民，凡交涉財產詞訟案件皆歸審理、各按己國律例核辦。」也就是說，大清國在日本享有治外法權，日本也在大清國享有治外法權，雙方的地位是對等的。

而且，大清國在被西方列強單方面拿走治外法權時，自己也從更弱小國家拿走治外法權。比如，一八八二年，大清國在朝鮮取得治外法權。一八八四年，大清國更是在朝鮮取得「仁川清租界」。此後，大清國還在朝鮮駐軍，小小一名道臺級別的官員袁世凱，被任命為大清國駐朝鮮的「總監督」，如同太上皇一般監督朝鮮國王處理內政外交，還將朝鮮國王李熙的父親大院君（攝政王）李昰應綁架到中國囚禁。

大清國對待朝鮮的方式，可曾比西方列強對待自己仁慈？大清國對朝鮮並不比日本更好，由爭奪朝鮮而起的日清甲午戰爭，大清國毫無正義性可言，難怪近年來南韓拍攝的歷史劇中，對大清國竭盡醜化之能事。

就租界的法庭「會審公廨」而言，其中的正主審官是華人，而不是洋人。上海租界的監獄也不是專門關押中國犯人的，裡面關押的洋人囚犯比華人還多，英國人、日本人、美國人，什麼國籍的犯人都有。

當時，除了極少數「只問立場，不顧事實」的左派以外，大多數華人都承認，租界是大清帝國領土上法治最為清明的地方。**租界的法治清明**，絕不局限於租界這彈丸之地，**它直接促進了大清國推動司法改革**。

主持租界事務的西方官員對清廷的王公大臣說：「只要大清國改善司法公正問題，我們就可以歸還租界。」這句話直接刺激了滿清當局，維新派人士由此啟動了晚清的司法改革，廢除凌遲、梟首等一連串野蠻酷刑，建立大清國的律師制度和人權保護的初步框架。可以說，如果沒有租界，今天的華人說不定還會遭到「殺千刀」（凌遲處死）的刑罰。

租界在制度上最大的創舉，是成立了類似於政府的「**工部局**」。以上海租界為例，位於南京路、廣西路轉角處的一幢紅磚建築物，即為「上海公共租界工部局市政廳」，是統治租界區內中外居民的最高行政機關。它歷來不受中國政府和其他各國政府管轄，自成體系，在中國境內是一個獨立自主的小王國，是大上海市政府中的政府。

上海工部局（Shanghai Municipal Council，簡稱ＳＭＣ）成立於一八五四年七月十一日，依據新修訂後的《上海土地章程》，由「上海租地人會」選舉產生首屆工部局。工部局結束於一九四三年，因汪精衛政府接收上海公共租界而停止存在——一般人或許難以相信，作為日本軍部「傀儡」的汪精衛政府，居然會做出回收租界的「愛國舉動」。但是，問題更在於：收回之後，中國人有管理的能力嗎？沒有工部局，這些租界很快像花朵一般凋零了。

作為自治行政機構的工部局成立之後，開始形成自己的警察、法庭、監獄等一套類似於政府的體系，進行市政建設、治安管理、徵收賦稅等行政管理活動。其後開闢的租界，都仿照上海公共租界的制度來運行。工部局在實質上，擔任了上海公共租界市政府的角色。

在規模最大的上海公共租界，工部局由董事會領導，一八七〇年以後一般有九名董事。董事為無給職，董事互選產生「總董」。英國人占據工部局董事會大多數席位，美國人占據一至兩個席位。一八七三至一九一四年，為德國人保留一個席位，一九一五年以後，這個席位轉給日本人。

工部局設有許多專門委員會，作為董事會的執行機構，如：警備委員會、工務委員會、財務委員會、衛生委員會、銓敘委員會、公用委員會、音樂委員會、交通委員會、學務委員會、圖書委員會、房屋估價委員會等。各委員會高效廉潔、有條不紊的運行，**宛如古希臘雅典等**

自治城邦共和國。

曾長期擔任工部局「華董」的奚玉書撰文介紹說，工部局的組織，由簡而繁，不斷擴大，最高的權力集中於董事會，董事人數最初只有五人，後來陸續增加。具有選舉權的「納稅人代表」，每年舉行會議一次，除了選舉工部局董事外，凡徵收捐稅、預算、決算以及市政設施等，都有權討論、通過或否決。**這是在中國非常罕見的民主決策模式**。

經歷了漫長的爭取過程，華人才取得參政權。一八七三年，上海《申報》以香港華人參政為例，發表「上海租界應設華董」的擬議，並列出三點理由，呼籲租界當局實行。一九〇五年，上海華人籌組上海租界「華商公議會」，爭取華人為董事的權利。工部局為了緩和華人的反抗情緒，同意「華商公議會」舉出代表參政。但次年的「納稅人年會」中，卻否決這項承諾。

進入民國後的一九一五年，北洋政府特派交涉員楊晟與駐滬外國領事團擬訂《擴充租界協定草案》，規定設立「華顧問會」，終因北京公使團不予批准，華顧問會未能設立並運作。經過一九二五年的「五卅慘案」風暴，工部局考慮正式添設華人董事。一九二八年四月，終於有華董三人（貝淞蓀、袁履登、趙晉卿）進入工部局最高權力機關。一九三〇年，華董增至五名，虞洽卿、劉鴻生等人曾當選華董。

當租界消失，最美好的「中國夢」只有移民

在共產主義者眼中，上海是帝國主義國家之間矛盾的集中點和帝國主義在中國的基地。在這裡，帝國主義的統治表現得最為露骨和厚顏無恥。蘇聯人霍多羅夫在其一九二二年所著《世界帝國主義與中國》一書中，如此描繪這座城市：

上海是個處處鋪滿瀝青的大都市，高樓林立，多層旅館富麗堂皇，寬闊的大街上移動著成千上萬五顏六色的人流，無數車輛吼叫著往返疾馳。一段段長街區充斥著賣淫醜行，交易所「經紀人」利用金銀差價賺取暴利，形形色色的中間人乘坐輕便馬車，為追逐利潤而奔走於銀行之間。上海是中國光膀子的工人們拉著四輪大車搬運重物或為外國海船卸貨時發出單調而有節奏的「歌聲」的城市。

然而，這絲毫不影響蘇聯人在上海租界建立最龐大的情報組織，致力於傳播共產主義思想，並扶植中國共產黨在上海租界內成立。周恩來的特務生涯也以上海為開端，他在被逮捕後，以化名「伍豪」發表了一份脫離共產黨的聲明——這成為他被毛澤東捏在手中的把柄。

在美國傳教士約翰．斯圖亞特．湯姆森（John Stuart Thomson）的眼中，上海則堪稱「遠東的巴黎」或「東方的紐約」。他發現，上海有良好的圖書館、美不勝收的俱樂部、劇院、

各個國家的旅館、出租車、電車和人力車，為人們提供各種便利。各個國家的郵局彼此競爭，美國郵局已經把業務拓展到上海，只需要兩分金幣就可以把一封信從上海寄到紐約，這是一個巨大的成功，當然這要感謝中國稅務局能容忍如此激烈的競爭。

湯姆森又發現，上海是中國最現代化的城市，上海有現代化的自來水廠、電氣公司和築路公司，只要政府能募集到足夠的資金，類似的機構很快就可以在中國各地發展起來。包括匯豐銀行在內的所有外國銀行、中國國家銀行和山西銀行，都在上海有分行，華美銀行和輪船公司也都在這裡建立分支機構。這裡還有很多運動的機會，包括賽馬、高爾夫、網球、射擊、遊艇等。

上海租界的保衛者是市政府志願軍，其中包括一部分歐化的中國人。中外的祕密會黨在上海都有自己的基地。上海的英文報紙以其濃厚的知識氣息為世人所知，中文媒體則以愛國、進步聞名。**從一八九八年戊戌變法到一九一一年辛亥革命爆發，上海一直是本土改革報紙的中心，是中國唯一擁有言論自由和新聞自由的城市**。

上海的文化和教育事業在中國處於領先地位。上海的公園和旅館裡有軍樂隊演出，這個殖民地的音樂和文學得到了極大發展。位於河南北路的商務印書館，一年內就為中國的學校翻譯了價值兩百萬美元的書籍，它的老闆是張元濟。上海最優秀的教育機構，是美國聖公會管理的聖約翰大學，它前途光明。學生中的佼佼者，包括已在中國成名的前駐華盛頓公使施肇基和前外交次長顏惠慶（後來出任國務總理），他們都自豪的說自己是聖約翰大學的校友。

上海的知識階層生活非常先進，因為這裡住著許多歐化的中國人和退下政治舞臺的官員。一九一二年一月，南北雙方在上海舉行和談，這表明上海不僅是中國的經濟和文化中心，在政治上也具有舉足輕重的地位。

湯姆森驚奇的發現，上海有許多精美典雅的茶館、古雅的寺院、漂亮的家具店和行會會館。靜安寺路、虹口市場、公共花園和騎手俱樂部廣場的時裝秀非常有名。上海南京路和福州路上有許多非常好的絲綢店，絲綢花樣巧奪天工。上海服飾多樣，他尤其注意到，高個子的錫克人「留著大鬍子，戴著鮮紅的頭巾，徑直走在大街上，從不東張西望，臉上也總是一副嚴肅的表情」。

一九〇九年二月，在美國人勃蘭特牧師的領導下，著名的萬國禁煙大會在上海舉行最值得紀念的會議，禁煙大會在兩年時間裡，從鴉片的魔爪下解救了上億名受害者。這要歸功於美國的無私領導，以及中國、英國和香港在稅收方面做出的巨大犧牲。

然而，隨著民族主義和共產主義思潮在中國興起，租界被左派的媒體和教育機構妖魔化為「帝國主義侵華工具」，以及存在於中國肌體之上的「毒瘤」。

北伐的重要口號之一就是反帝、收回租界和租借地。北伐期間，國民黨以武力為後盾，於一九二七年二月十九日、二十日與英國先後簽署了收回漢口英租界的協定、收回九江英租界的協定；此後，於一九二九年八月三十一日與比利時簽訂收回天津比利時租界協定。同年十月三十一日中英雙方互換收回鎮江英租界照會，一九三〇年四月中英簽訂交收威海衛的專約及協定。

抗戰期間，日本為了打擊歐美同盟國、增強汪精衛政府的合法性，同意由汪精衛政府回收租界。太平洋戰爭爆發之後，日軍進占英美等國在華租界，首先在一九四二年二月將廣州和天津的英美租界還給汪精衛政府。對此，汪精衛政府著實興奮了一陣子，大肆宣傳：「友邦尊重我國主權，於此可見，中國革命成功有待日本之援助，東亞之解放，亦於此得一證明。」

一九四二年十二月十八日，日本發表新的對華政策，其中有對於租界和治外法權應迅速予以撤銷的提法。雙方商定於次年一月十五日實現汪精衛政府對英美宣戰，同時收回在華權益。誰知道事情有變，美國即將審議通過與重慶蔣介石政府的「中美新約」，宣布交還租界和廢除治外法權。

於是，日本和汪精衛政府提前到一九四三年一月九日在南京簽訂《關於交還租界及撤廢治外法權之協定》。三月三十日，杭州、蘇州等七地的日本專管租界行政權移交汪精衛政權。與此同時，日本、義大利、法國維琪政府、西班牙等與汪精衛政權簽約，交出北京公使館的權益。接著廈門鼓浪嶼公共租界、上海公共租界先後由汪精衛政權接手。

這番外交成就，成為汪精衛政權重要的合法性來源，周佛海興奮的說：「所謂不平等條約，大部已由吾輩手中取消矣。和平運動至此始有一交代，居心之苦，謀國之忠，天下後世或可見諒矣！」

抗戰勝利後，重慶國民政府以戰勝國的身分，收回列強在華全部租界以及廢除所有不平等條約。汪精衛政府的外交部長褚民誼在獄中還不忘揶揄兩句：「勝利後，中央（重慶政府）還由外交部提出接收租界條例，經行政院通過施行。本人以為租界早已接收，是不是還要與各關係國舉行一次接收租界典禮或慶祝？那可就鬧笑話了！」問題的關鍵在於，**中國政府有能力收回租界，卻沒有能力管理租界**，並維持租界的繁榮、自由與秩序。

中共建政之後，更是竭力鏟除以上海為代表、各租界中殘存的「帝國主義痕跡」，消滅那些與帝國主義有千絲萬縷聯繫的群體。

毛澤東死掉之後，鄧小平對外開放，帝國主義又回來了。但是，世上再無租界，中國人在極權主義的中國找不到一處自由和安全的地方。**今天，有權有勢的中國人以及「先富起來的」中產階級爭先恐後移民西方**，如同當年的中國人「用腳投票」到租界實現夢想，只能說明「水往低處流，人往高處走」的道理，和人類趨利避害的本能。

第十九章

蘇聯情報機關顛覆中華民國無所不用其極

現代的蘇俄，替統制思想提供了最典型的範例。蘇俄統治人民精神生活之嚴密，亦若其統治人民經濟生活之嚴密。中國共產黨則一步一趨地步其後塵……這簡直是一種新的黑死病！這一種新的黑死病，正順著西伯利亞的寒流，藉著陰謀暴力，蔓延於中國大陸，擴散於西太平洋沿岸。這一新的黑死病來了，無論怎樣健康的人都會由窒息而死亡。越是有知識有頭腦的人，越是受不了，所以，我們必須奮起抵抗，必須加緊防疫。

——殷海光

二十世紀上半葉，對中國歷史走向影響最大的三個國家分別是美國、日本和蘇俄，日本的影響超過美國，蘇俄的影響又超過日本。若非蘇俄赤裸裸的干涉、左右中國內政，中國以自己的歷史慣性發展，斷然不會淪落到如今的「動物農莊」境地。一九九〇年代初，蘇聯已解體，蘇聯和東歐的共產黨統治已崩潰，而今天中國人仍然在共產黨的奴役之下悄無聲息，中國甚至取代蘇聯成為對抗西方的最後一個共產帝國。

干涉他國內政是蘇俄的全球戰略

中華民國被中華人民共和國取而代之，原因很多，**最重要的外力就是蘇俄對中共的資助與扶持**，包括蘇俄情報機關在中國境內無所不用其極的滲透、顛覆活動。

一九二〇年代，蘇聯在中國投入的資源（包括金錢、人員和武器）超過其他任何國家。一九二七年，蔣介石黨軍北伐，推翻北京政府，建立南京國民政府，蘇俄是最大的幫手，卻不料蔣介石突如其來的以暴力手段清共，致使中共出局、蘇俄的力量暫時在遠東收縮；一九四九年，中共成功顛覆蔣介石的南京國民政府，中國全面赤化，中蘇簽訂同盟條約，蘇俄在中國的持續投資終於取得豐厚回報，直到十年後中蘇交惡，中國寧願聯美也要反蘇，一切又回到原點。

中華民國時期蘇聯情報機關在中國的活動，在蘇聯和共產中國長期都是禁忌。直到蘇聯崩潰之後，有關檔案材料逐漸解密，才有學者對此展開研究。俄羅斯的中國問題專家維克托・烏索夫利用大量解密檔案，完成《二十世紀二〇年代蘇聯情報機關在中國》一書，成為該領域的開山之作。該書顯示，當年蘇聯在中國的大使館、在重大城市的領事館、對外貿易局、銀行、通訊社、研究所、商號等官方和民間的機構，幾乎全是間諜機關，「這些機構『只是展開地下活動和情報工作的幌子而已』」。

從一九一九年起，北京政府還未承認蘇聯、兩國尚未建交時，蘇聯就在北京和哈爾濱建立了龐大的間諜網。一九二四年，兩國建交後，加拉罕成為蘇聯第一任駐華大使。在大使館的掩蓋下，蘇聯在華間諜網迅速膨脹，維克托．烏索夫指出：

> 自一九二五年春季起，蘇聯在北京組建了一個協調並領導在華全部工作（顯然也包括情報工作）的「中心」。中國委員會還決定「運送部分武器歸加拉罕同志支配，無償援助中國的將軍們」……這個顛覆「中心」就設在大使館內，實際就是大使館的祕密升級，原大使加拉罕成為「中心」的最高指揮。

在中國積極從事情報工作的，有「克格勃」（KGB，國家政治保安總局，在不同時代有不同名稱）、「工農紅軍情報總局」和「共產國際」三大權力分支，它們彼此獨立、制衡，且有競爭關係，受最高領袖列寧和史達林的親自掌控。尤其是史達林，對蘇聯派駐中國的外交官、情報人員、軍事和政治顧問等各色人等，下達了數以千計的、事無巨細的指令。

其中，共產國際派駐中國的人員比使領館的外交官還多。共產國際又稱為第三國際，是列寧於一九一九年建立、向全球輸出革命的組織。「俄共（布）和共產國際的領導從共產國際作為『世界革命司令部』這種角色出發，開始積極利用『革命合理』的推斷，將那些法律規範和其他規範視為『資產階級的』、『階級異己的』、甚至是敵對的規範，一概予以排斥。」

換言之，在「喚起全球革命」的旗號下，該組織完全漠視世界各國都遵守的國與國間的國際準則，更蔑視其他國家的主權。**「列寧的黨」想推翻哪個國家，就能「合法」的推翻它，**甚至可以解釋成，這是他們的神聖權利，是拯救該國人民的最佳方式。

「共產國際的目標：運用一切手段，甚至拿起武器，展開推翻國際資產階級的鬥爭。」在蘇聯眼中，「顛覆」就是一種放之四海而皆準的普世價值。這樣，蘇俄理直氣壯的派遣各式特務到他國從事顛覆活動，這種做法一直持續到一九九一年蘇聯解體——今天，中國又接過蘇聯未完成的使命，開始對「一帶一路」沿途的各國，做類似的滲透和顛覆之事。

中國共產黨就是蘇聯共產黨的「兒子黨」

蘇俄干涉中國內政，首先是幫助組建並培植中國共產黨，像是莫斯科中山勞動者大學培訓中國幹部，這是一所蘇聯建立專門培養中國反政府人士的學校。以這所特殊的「大學」為中心，蘇俄的其他學校尤其是軍事院校，也先後參與了此項任務。

雖然培訓工作是在蘇俄完成的，但中國學員的篩選是在中國進行，蘇俄情報機構享有挑選學生的決定權。若閱讀蔣經國的傳記就可發現，在國共分裂之前，蔣介石的兒子蔣經國，被蘇俄當作一名重點培養的「革命接班人」，蔣經國受到當時最好的政治、軍事和情報訓練。蔣經國後來執掌國民黨的情治系統，跟這段經歷是分不開的。

國民黨的人才來源蕪雜，僅以具備留洋背景的人士而論，有留日的、有留德的，也有留英和留美的。這必然導致國民黨黨內派系林立、各自為政、缺乏凝聚力。而**中共從一建黨開始，就有計畫的派有潛力的年輕人留蘇**，蘇聯也不惜耗費巨資培養其中國代理人。

當年，鄧小平從法國來到莫斯科，頓時感嘆學員生活優越（食堂有中國廚師專門做中餐，假日還帶中國學生看歌劇），與他們在巴黎靠打工勉強維持溫飽的生涯相比，宛如天壤之別。維克托．烏索夫頗為得意的寫道：「紅軍各部隊相當大一部分團長和團政委以上指揮員與政工幹部，在蘇聯各軍事院校裡受過訓，這是中共武裝力量快速發展的條件之一。他們當中有的是政治委員、政治部主任，有的是大兵團司令部首長，有的是軍事情報機關的組織者，還有一些是中國共產黨和紅軍各領導機關特科（按：中國共產黨中央特別行動科）的負責人。」中共的革命雖以農民為主體，但其軍政人員因有在蘇俄受訓的經歷，故而與傳統的農民起義大不相同。

在中共的最高層領導中，除了毛澤東是「土包子」之外，**黨政軍各系統充斥著蘇聯教育和訓練出來的人才**。僅以軍方為例：「蘇聯各軍事院校的學員中有許多人為中國革命的勝利做出了卓越貢獻。眾所周知，朱德、林彪、賀龍、葉挺、聶榮臻、徐向前、葉劍英、鄧小平等許多軍事首長、中國革命元勛，都曾在蘇聯各軍事院校深造，或同駐華軍事顧問相互協作，深入研究了蘇聯的軍事經驗。」

蘇俄培訓中共人才的方式多種多樣、不拘一格，既有選送到莫斯科長期學習，也有派教師和顧問到中國建立學校，**黃埔軍校即是其中之一**。蔣介石自以為是校長，對黃埔軍校有絕對的控制權，殊不知，**黃埔軍校從武器、經費、教材到意識形態，都是由蘇俄提供的**，蘇聯和中共的影響力比蔣介石和國民黨大——與其說黃埔軍校是國民黨辦的，不如說是蘇俄辦的。此後的國共內戰中，為數眾多的黃埔軍校畢業生，沒有跟著「校長」走，而是跟著「衣食父母」蘇共及中共走。

中共的情報系統，更是全盤照搬自蘇俄。一九二八年五月初，周恩來以古董商的身分當作掩護前往莫斯科，在莫斯科會見蘇聯官員，討論建立紅軍和特別情報處的問題。六月九日，史達林接見瞿秋白、向忠發、周恩來、李立三等中共領袖，面授機宜。中共六大（中國共產黨第六次全國代表大會）在莫斯科舉行，所有代表都由蘇聯在中國的情報人員安排護送出境。從上海轉到哈爾濱工作的蘇聯國家政治保安總局對外局工作人員羅辛，在回憶錄中如此敘述這件事：

一九二八年夏季，我們駐哈爾濱諜報機關領受了中央一項任務：保障中共代表祕密通過蘇中邊境。此任務由我負責，為此我在滿洲里待了兩週。

開往滿洲里車站的每列客車有兩到三名代表。到站前廣場來接人的是一位挑選好的馬車伕，他的特徵和接頭暗語，代表們事先都清楚。交換過暗語之後，車伕要求中國人上馬車各就各位，奔赴離城兩公里的邊境。越過邊境時無論是中國一方，還是蘇聯一方，都能確保暢通無阻。運送行動持續了兩週，沒有發生任何事故。

在中共六大上，中共中央通過決議，按照蘇聯國家政治保安總局的模式建立由向忠發、周恩來和顧順章組成的「反間諜委員會」，此三人都是中共中央政治局委員，顧順章曾任蘇聯駐廣東政府總顧問鮑羅廷的私人警衛。後來，該委員會更名為「特科」，由政治局常委和中央祕書長周恩來兼任特科領導人。

一般人都不知道，溫文爾雅的周恩來是共產黨的「戴笠」，戴笠作為殺人不眨眼的特務頭子形象早已定位，而比戴笠更陰險狠毒的周恩來，在中國大多數民眾心目中仍然是「人民的好總理」。

中共特科由四個科組成。第一科為總部，由周恩來直接指揮；第二科的任務是收集情報以及在國民黨內展開偵察活動，由陳賡（按：音同庚）領導。陳賡為黃埔一期畢業生，曾在蘇聯接受專門訓練。李克農、錢壯飛是陳賡的副手；第三科為特務隊，負責保護地下組織和幹部，暗殺國民黨特務及中共叛徒，其負責人是顧順章。該科下轄負責暗殺的所謂「紅隊」，其人員配備有從蘇聯運來的高級裝備，如自動手槍、催淚瓦斯手榴彈、衝鋒槍、機關槍等武器，還有假牌照的高級轎車、摩托車和自行車等交通工具。顧順章被國民黨逮捕叛變後，周恩來親自指揮「紅隊」，將其一家老小包括保母滅門屠殺。第四科負責傳遞情報，包括進行無線電通訊，領導人為吳鐵錚。該部門先進的通訊器材都來自蘇俄，或由蘇俄出資購買。

挑動中國反日和誘導日本侵華，成功「禍水南引」

在一九二〇年代前半期，蘇俄情報機關在中國的工作重點是收集流亡在中國的白俄反抗組織資料，打擊、瓦解乃至暗殺白俄反蘇維埃人士。當白俄流亡組織和人物逐漸式微之後，其工作重點轉向挑撥中日關係，強化中日的敵對立場。

蘇聯知道，日本軍方內部有「北上派」和「南進派」的分歧：北上派主張從滿洲攻打蘇聯，來一場比一九〇五年的日俄戰爭更擴大化的決戰，一舉殲滅北極熊，免除北邊如泰山壓頂般的威脅。納粹在德國執政後，日本和德國迅速靠攏，對蘇俄構成東西夾擊之勢，這是蘇聯當局最害怕出現的情形。南進派則主張從陸路由滿洲南下，占領全中國；聯合艦隊從海路席捲東南亞，獲取東南亞的石油和橡膠等戰略資源以及龐大的人口。

蘇俄希望日本南下與中國和英美為敵，竭力避免日本北上攻打自己，所以支持南進派、反對北上派。那麼，蘇俄如何影響日本的決策？

一方面，蘇俄不斷向日本提供中國倒向美、英、反對日本的半真半假的情報，加大日本對中國的警惕和擔憂；同時，蘇俄主動討好日本政府，多次派代表去東京，主動要求與日本簽訂互不侵犯條約，即便多次遭日本政府拒絕也不死心，最後終於成功與日本簽訂條約。

針對中國，蘇俄透過間諜機關，向北京政府以及後來的南京國民政府、向統治東北的張作霖，甚至直接向中國的新聞媒體、知識界、學生社團，提供日本要侵略中國的「情報」，大造輿論，製造兩國政府和民間的仇恨，為兩國已有的矛盾雪上加霜。

其中，維克托．烏索夫承認，蘇聯在華情報機關最成功的行動，是策劃所謂《田中奏摺》事件。所謂《田中奏摺》，就是當時中國的媒體報導，日本首相田中義一將討論對中國政策的「東方會議」上，其決策寫成一份給天皇的奏折，其中指出：「欲征服支那，必先征服滿蒙；欲征服世界，必先征服支那。」

雖然維克托．烏索夫在註釋中注明「儘管有些專家認為，這個奏摺是莫斯科製造的偽造文件」，但他仍然竭力證實這份文件確實存在：首先是哈爾濱的蘇俄諜報機關獲得了這份文件，是從日本在滿洲的外交郵件中獲得，「它的獲取是駐哈爾濱諜報機關的『光輝成就』」；幾乎與此同時，一九二七年，擔任蘇聯駐漢城總領事的國家政治保安總局對外局的年輕工作人員奇恰耶夫，也獲得了同一份《田中奏摺》，他招募了一位日本警察，透過此人獲得各種祕密情報，其中就有這份文件。

這兩個細節自相矛盾且荒誕不經：既然是絕密文件，不可能廣泛流傳，以至於出現在普通的外交郵件中，更不可能讓在朝鮮的日本低階級警察接觸到。

維克托．烏索夫又寫道：

一九二九年，正值中國國內反蘇運動猖獗之際，中國雜誌《中國評論家》在俄羅斯特工機關的幫助下，登載了《田中奏摺》。這一奏摺的公布在外交界引起了最廣泛的反響，對那個時期，以及以後多年亞洲和世界其他地區國際關係的發展，產生了巨大的影響。

這段論述中，「在俄羅斯特工機關的幫助下」的定語耐人尋味，暗示中國媒體吞下了蘇聯情報機關製造的魚餌。

而中國方面聲稱，《田中奏摺》是臺灣商人蔡智堪偷偷潛入日本天皇皇居，躲匿書房二日，抄寫翻譯而出，更是如同間諜小說一般離奇。

更不可思議的是，既然《田中奏摺》是一份重要的、高級的戰略情報，任何情機關得到它，只能透過祕密途徑，在高層少數人中傳布。蘇俄卻將它交由中國媒體發表，此後更印刷成廉價小冊子，在中國民眾之中廣為發售，**明顯以宣傳、動員中國民眾為目的**。當《田中奏摺》在中國成為人們口耳相傳的大新聞時，中國民間因中東鐵路事件引發的反蘇浪潮，很快被反日高潮取而代之。

戰後，**各國嚴肅的歷史學者都否認《田中奏摺》的真實性**。這份文件一直以來都只發現中文版本，而不見日語原文。非但原文不存，連傳述版皆無。中文文本漏洞百出，人名、時間、地點及稱呼等常識性的錯誤多達數十處，而且明顯不是翻譯錯誤。在遠東國際軍事法庭，這份文件曾作為「日本圖謀征服世界的證據」被提出，美國籍辯護律師反駁說，「文章的記述矛盾點多」，而且盟軍在繳獲的日本檔案中從未發現該文件的存在。結果，這份文件未被法庭採納。

有趣的是，英國作家弗萊明（Fleming）早在一九三九年就曾模仿《田中奏摺》的故事寫了一部小說，暗示英國人早在那時就知道是這是一份偽作。

直到一九九五年，俄羅斯雜誌《情報與反情報新聞》刊登了一篇由一名資深情報官員撰寫的文章，公開承認《田中奏摺》是蘇聯偽造用來煽動中國和歐美反日傾向的「傑作」。

蘇聯情報機關成功透過偽造《田中奏摺》實現「禍水南引」。由此，中日矛盾進一步激化，中國政府和民間極端反日，反過來刺激軍部加緊侵華步伐，一九三一年的「九一八事變」變得勢在必行。在此意義上，蘇聯取得戰略性勝利，其情報機關功不可沒，站在蘇俄的立場上，這確實是一項「光輝成就」。而帶給中國的，卻是慘烈的戰爭和深重的苦難。

「埋葬你的人的腳，已到門口」

不過，創立「光輝成就」的蘇聯情報人員，並沒有笑到最後。維克托・烏索夫在本書結尾一頁頗為憂傷的寫道：「在中國工作的大部分情報員、諜報站長、共產國際工作人員，**不是犧牲於敵人之手，而是犧牲於蘇聯大清洗時期蘇聯審判和懲罰機關的假指控**。」他寫作此書時，蘇聯作為一個巨大的帝國已不復存在，但他作為一名俄國人，仍對「蘇聯遺產」充滿愛恨交織的複雜感情。

在本書數百條關於主要人物的注釋中，**大部分在中國工作過的高級情報人員，其生命都**

在史達林大清洗期間戛然而止。

比如：越飛，第一個蘇聯政權派到中國的特使，與孫文聯名發表《孫越宣言》，入獄後不堪折磨，以自殺結束生命；加拉罕，蘇聯首任駐中華民國大使、外交部副外長，因拒絕在公開審判中，配合當局裝模作樣的承認子虛烏有的叛國罪名，於一九三七年十二月未經宣判就在克格勃總部被槍決；佩佩爾，共產國際成員和廣州公社三人小組成員，在廣州暴動失敗後逃過一劫，卻在一九三六年於莫斯科被槍決；葉戈羅夫元帥，曾經在蘇聯駐北京使館擔任過武官，被控捲入圖哈切夫斯基元帥一案而被槍決；雅可夫列夫，全俄肅反委員會副主席、全俄中央執行委員會特派員，曾經負責押送沙皇一家，還參與中共的建黨工作，一九三八年在古拉格集中營死去；鮑羅廷，一九二三至一九二七年七月擔任廣州政府、武漢政府的總政治顧問，一度是孫文、蔣介石和汪精衛的「太上皇」，後來死於古拉格集中營，屍骨無存。

蔣介石的軍事顧問加倫將軍（布柳赫爾元帥）的結局尤為悲慘。一九三四年，在聯共（布）十七大上，布柳赫爾當選為中央委員會候補委員。一九三五年十一月，蘇聯實行軍銜制，布柳赫爾與布瓊尼、伏羅希洛夫、葉戈羅夫、圖哈切夫斯基等五人被授予元帥軍銜，成為蘇聯的首批元帥。

一九三八年十月二十二日，蘇聯內務部便衣突然闖進布柳赫爾的別墅進行搜查，然後將只穿著襯衫、軍褲和靴子的布柳赫爾帶走，他的妻子和弟弟也一起被帶走。他們被用火車押送至莫斯科，軟禁在梅特羅波爾旅館。

貝利亞（蘇聯共產黨高級領導人，特務頭子）親自主持對布柳赫爾的審訊，要求他承認參與「軍人法西斯陰謀案」並密謀叛逃日本等罪名。布柳赫爾對這些荒唐的指控堅決予以否認，並當面揭穿被迫前來對質的所謂「證人」的謊言。

為了盡快使布柳赫爾「認罪」，貝利亞及其手下對他進行嚴刑拷打。布柳赫爾的第一任妻子科爾丘金娜．布柳赫爾在與他見面後，對牢房的同室難友說，布柳赫爾已被打得認不出來，幾乎神志不清，「他看起來好像被坦克碾壓過似的」，一顆眼珠子都從眼眶中脫落出來。

經過嚴刑拷打，在戰場上無比英勇的布柳赫爾的身體和精神被徹底打垮，被迫在承認自己有罪的文件上簽字。十一月九日，布柳赫爾在假口供上簽完字之後，便支撐不住，倒在審訊室，從此再也沒能醒來。

次年三月十日，在布柳赫爾死後四個月，蘇聯最高法院軍事廳才以「日本間諜罪」和「參加右傾軍事密謀反蘇組織罪」等罪名判處其死刑。

與布柳赫爾同時被捕的年輕妻子在他死後被判處八年監禁，刑滿後又被流放，受盡折磨。布柳赫爾的兩位**前妻**，**儘管與他離婚多年**，**仍未能倖免**，先後被軍事審判廳判處槍決並沒收財產，罪名是對布柳赫爾的反蘇思想和叛變意圖知情不報，並和他一起從事間諜活動。布柳赫爾的弟弟——空軍大尉、遠東方面軍空軍司令部航空中隊長，也被判處槍決並沒收財產，罪名是參與軍事陰謀活動，為布柳赫爾乘飛機叛逃日本做準備，他的妻子也被判處死刑。布柳赫爾一家人幾乎被斬草除根。

日本政府和軍方大概做夢也沒有料到，史達林居然認為他們在蘇俄內部「發展」了那麼多間諜——就好像當「延安整風」運動中揭發出數以萬計的國民黨特務時，國民黨軍統和中統負責人卻在哀嘆，他們在延安連一個線人都沒有。

自己人殺自己人總是最為愜意。維克托．烏索夫感嘆說：「犧牲在絞肉機之下的名單可以無窮盡的說下去。一九二〇年代在中國工作的許多情報員、軍事顧問和政治顧問，他們當中許多人以化名工作，直到今日也沒有恢復他們的真實姓名。因此我們的責任就是緬懷他們和敘述他們的活動。」

維克托．烏索夫對歷史的反省僅及於史達林時代擴大化的「大清洗」，而不願承認蘇聯政權本身就是極端邪惡的，當然也就不認為蘇聯情報機關在中國為所欲為、侵犯中國主權、破壞中國民主轉型是滔天罪孽。蘇俄及其情報機關禍害中國、讓中國深陷紅色暴政，作為始作俑者的蘇俄情報人員其下場乃是「種瓜得瓜，種豆得豆」，並不值得同情和憐憫。當他們不遺餘力將中國推往血雨腥風的地獄之時，殊不知，「**埋葬你的人的腳，已到門口**」。

第二十章 北伐是蔣介石誓師，卻是蘇俄將軍們打贏

我們已經占據了國民革命各部的好職位。

——季山嘉（古比雪夫）

蔣介石將「北伐成功」與「抗戰勝利」當作他的兩大歷史功勛，但這兩場硬仗都不是他打贏的。北伐期間曾與蔣介石共事的黃埔軍校政治部主任、後來成為中共國務院總理的周恩來，對蔣介石的軍事才能有一番有趣的酷評。

蔣介石是收割榮譽的敗軍之將

一九三六年七月九日，周恩來接受了美國左派記者愛德格．斯諾（Edgar Snow）的訪問。那時，蔣介石在德國軍事顧問的幫助下，將共產黨趕到延安那個鳥不拉屎的地方，共產黨似乎已經山窮水盡。但在那種情形之下，周恩來仍看不起蔣介石。

斯諾問周恩來對蔣介石作為一個軍人，看法如何？周恩來回答：

作為一個戰術家，他是拙劣的外行，而作為一個戰略家則或許好一點。作為一個戰術家，蔣介石採用拿破崙的方法。拿破崙的戰術需要極大的依靠士兵的高昂士氣和戰鬥精神、依靠必勝的意志。而蔣介石正是在這方面老犯錯誤，他過於喜歡把自己想像成一個帶領敢死隊的突擊英雄。只要他帶領一個團或一個師，他總是把他們弄得一團糟。他老是把他的士兵們集中起來，試圖用猛攻來奪取陣地。

一九二七年的武漢戰役中，蔣介石帶領一個師，在別人失敗後進攻那個城市，把全部力量用於進攻敵人的防禦工事，這個師全部被打垮。

在南昌，他又重複了那種錯誤。他襲擊了由孫傳芳防守的那個城市，並拒絕等待增援而用了他的第一師。孫傳芳撤退，讓蔣介石進入部分城區，然後反擊，把蔣軍趕入城牆和河流之間的陷阱。蔣的軍隊被消滅了。蔣介石擁有第一師、第二師和第二十一師三個師，但他只用了第一師。葉劍英（現在是東征的紅軍參謀長）那時統率第二十一師。蔣的愚蠢使葉厭惡，不久就離開了他的指揮部。

在這次陝西戰役中，蔣介石命令陳誠將軍派兩個師進攻紅軍並殲滅他們。陳誠是個比較高明的戰術家，他拒絕這麼做，怕遭伏擊。我們截取到他給蔣介石的覆信。我們實在歡迎這種集中，正是在這種進攻中，我們於去年（一九三五年）十二月把張學良部隊六千人解除了武裝。

蔣介石在北伐中（以及以後的剿共戰爭中）打了很多敗仗（北伐中兩次重要的戰役，攻打南昌和攻打徐州，蔣及其嫡系部隊一敗塗地，蔣把過錯推給其他將領），但這並不妨礙蔣介石透過戰爭攫取權力。

北伐前，國民革命軍有七個軍，構成國民政府在北伐前的軍事武裝基礎，但因各自派系不同，自成一體：第一軍屬黃埔校軍，以蔣介石為首；第二軍屬譚派湘軍，以譚延闓為首；第三軍屬滇軍，以朱培德為首；第四軍屬粵軍，以李濟深為首；第五軍屬福軍，以李福林（廣州人）為首；第六軍屬程派湘軍，以程潛為首；第七軍屬桂軍，以李宗仁為首。

在這七大派軍事力量中，除了蔣介石外，其餘六派首領大都是革命元老，且名望地位極高。蔣介石作為後起之秀，能以黃埔校軍為基礎，成功躋身七派首領之一，已讓人側目。當時所認為的**「中央軍」，更多是指李濟深統帥的粵軍**，蔣介石的部隊多以「校軍」或「黃埔軍」代稱。

北伐之後，蔣介石麻雀變鳳凰，其嫡系部隊有六個師三十六個團十五萬人，在新形成的蔣、馮、閻、李四大集團中，實力遙遙領先。當時擔任六個師師長的分別是劉峙、顧祝同、錢大鈞、蔣鼎文、方鼎英和陳誠，除了方鼎英之後退出軍界外，其餘五人被稱為蔣介石的「五虎上將」。然而，就實際戰功而論，蔣介石以及其五虎上將並非北伐的靈魂人物，**真正的靈**

魂人物是來自遙遠的北方的客人——蘇俄的軍事顧問們。

晚清，朝廷鎮壓太平天國運動，華爾、戈爾的常勝軍在若干戰役中戰功卓著，但西方雇傭軍將領不是整體性、全局性的戰略策劃者；在北伐中，則無論是戰略，還是戰術，都由蘇俄軍事顧問全面主導。北伐的主帥，與其說是名義上的總司令蔣介石，不如說是蔣對其言聽計從的加倫將軍（布柳赫爾元帥）。

加倫將軍力主北伐，制定北伐戰略

在所謂「第一次國共合作」期間，蘇聯情報機關公開在中國南方的活動，尤其是在孫文、蔣介石和國民黨控制的廣東。早在一九二三年六月下旬，莫斯科就選派了第一批軍事顧問來到廣州。

一年後，他們正式在新成立的黃埔軍校擔任軍事教員工作。隨即，由巴甫洛夫將軍率領的第二批多達五十多人的軍事顧問來到廣州，並成立蘇聯軍事顧問團。由於巴甫洛夫不久即意外溺水身亡，一九二四年八月，應孫文要求，蘇聯又派名將加倫將軍來華任軍事總顧問。

加倫為布柳赫爾在中國使用的化名。布柳赫爾早在一戰期間就投身軍旅，戰功纍纍。後來，他在十月革命、蘇聯國內戰爭中，從烏拉山打到西伯利亞，曾經創造了以一個步兵師，打垮配備有坦克、裝甲車的機械化白衛軍的傳奇。蘇聯當局捨得派出這員猛將，可見對中國的重視。

在蘇聯軍事顧問的指導下，黃埔軍校及隨後組成的國民革命軍，完全按照蘇聯紅軍的方式，設立黨代表和政治部，成為現代中國第一支「黨軍」。有了這支「聽黨的話」的軍隊，孫文和國民黨再也不必像過去那樣，惶惶如喪家之犬般周旋於各地方軍閥之間。

加倫將軍當時不到四十歲，年輕俊俏、說話簡潔，曾有工人背景，常常坐著轎車在廣州街頭疾馳，警衛荷槍實彈，站在車子踏板上，可謂人人皆知。在訓練時，他軍紀嚴明、一絲不苟，是一位極為嚴厲的教官。他帶領黃埔軍校的學員們初試身手，時時強調他在俄國發明的基本戰術：運動、奇襲、速進、包圍。

在以加倫為首的蘇聯顧問的幫助和指揮下，黃埔軍人迅速成為華南地區最有戰鬥力的部隊。**蔣介石以黃埔學校學生軍為主力**，發動東征作戰，小試牛刀，接連取得重大勝利。**國民黨的勢力範圍很快從原來的廣州一隅之地，擴大到廣東和廣西的大部分地區**。廣東和廣西兩省的地方軍閥，見勢不妙，不管是否懂得「三民主義」，紛紛歸依到國民黨的旗幟之下。

一九二五年夏天，**廣州國民政府成立，加倫開始策劃北伐事宜**。他提出：「為國民革命運動著想，現在重新提出北伐和進軍長江的主張，不僅是現實的，而且是必要的。」在他看來，「這次北伐於一九二六年下半年初即可開始」。他通盤估計了北伐的可能性和勝利的把握性，按照他的推算，北伐軍不僅能順利進抵長江、占領漢口，而且「有可能向東擴展到上海」，成功「無可爭議」。

然而，國民黨的左右兩派及共產黨，都不看好北伐的構想，他們認為加倫的設想是好高騖遠的天方夜譚。就中國歷史來看，絕大多數時候都是北方征服南方，由南方發動的「北伐」鮮有成功案例。

當國民黨內部鬥爭越演越烈、國共之間的分歧和摩擦日漸增加之際，**蔣介石轉而支持加倫的北伐設想**。身為軍人，只有在戰場上才能累積最多資本，進而問鼎最高權力。否則，軍人將永遠受政客支配——就資歷和威望而言，蔣介石無論如何都趕不上胡漢民和汪精衛。正是在蔣介石的支持下，加倫的北伐才從紙上談兵變成觸手可及的現實。

蔣介石等人制定了一份北伐計畫，加倫對此做了仔細研究。他發現這份計畫在戰略上存在著一個致命缺陷，即同時進攻吳佩孚和孫傳芳兩大軍閥，幾乎平均分配兵力：以四個軍進攻湖南的吳佩孚，以三個軍進攻江西的孫傳芳。他認為，以目前的實力，國民革命軍不足以同時對付兩大軍閥，他主張「江西、湖南兩省要擇其一攻打之，攻克一個省，再迅速廓清另一個省」。他建議先進攻湖南，消滅威脅最大的吳佩孚集團，並將攻占武漢作為首要目標。軍事委員會最終同意了加倫提出的北伐方案。

一九二六年七月九日，國民革命軍的北伐行動正式開始。北伐軍從軍一級到師一級，幾

加倫將軍。

乎都派有蘇聯顧問協助指揮，並嚴格貫徹加倫的作戰計畫。勃拉戈達托夫在《中國革命紀事（一九二五－一九二七）》一書中記載，作為軍事總顧問的加倫不僅親臨前線，而且多次乘飛機飛到敵軍陣地上空了解戰場情況。加倫依靠的是一個全部由蘇聯軍官和專業人員組成的參謀部，以及既負責前線偵察，也直接參與轟炸敵軍的、由蘇聯飛行人員組成的飛行小組。

加倫擊敗北洋第二代強人吳佩孚和孫傳芳

北伐開始後，加倫一直在前線，緊跟進攻部隊前進。在攻打武漢外圍據點汀泗橋時，加倫透過審訊戰俘查明，吳佩孚在汀泗橋附近已集中十二個全員團兵力，而國民革命軍在這個方向上作戰的只有六個團。加倫冷靜分析各種條件後，依然決定進攻汀泗橋，並將作戰計畫報告蔣介石。

蔣介石開始一聲未吭，良久才表示反對：「兵力相差懸殊，我們無力攻占汀泗橋。」加倫堅持說：「我深信，一定能攻下！」蔣介石反問道：「失敗了你能負責？」加倫拍胸脯說：「總司令，我一向不怕承擔責任。我們的部隊一定能夠勝利！」蔣介石只好同意。汀泗橋這場惡戰持續了一天一夜，最後雙方展開短兵相接的白刃戰。狹路相逢勇者，汀泗橋終於被北伐軍突破，北伐軍俘獲五千名敵軍官兵。

吳佩孚急忙將嫡系部隊調往城外剛剛加固的築壘地域。加倫認真研究了地形，找投誠人員和當地居民了解情況，查明城外到處是塹壕和鐵絲網。若是強攻，肯定損失慘重。他向蔣介石建議實施夜間進攻，夜戰可以減少傷亡，甚至可以出奇制勝，這是他在蘇俄慣用的戰術，當時中國的軍隊並不習慣夜戰。

八月三十日凌晨，國民革命軍向敵人陣地進攻。這場突襲性使他們突破敵人的三道防線，打退敵人的四次反衝擊（按：對將失守的陣地中突入陣地之敵實施的衝擊）。拂曉時，國民革命軍開進漢陽和漢口。

吳佩孚不肯輕易投降，利用固若金湯的武昌要塞頑抗。國民革命軍包圍武昌，久攻不克，傷亡慘重。蔣介石看到己方「一鼓作氣，再而衰，三而竭」，在指揮車廂裡，沮喪的對加倫說：「如此損兵折將，看來只好回師廣東……。」

加倫一面設法穩定蔣介石的情緒，一面緊急召集蘇聯其他各兵種顧問商量具體對策。航空兵顧問謝爾蓋耶夫向加倫建議：「我可以去執行轟炸武昌城牆的任務，利用超低空投彈，保證炸準。」加倫同意了他的建議。果然，飛機投彈瓦解了守軍意志，再加上城外另一支吳佩孚的部隊倒戈，彈盡糧絕的武昌城豎起了白旗。

吳佩孚集團覆滅後，加倫揮師東進，集中兵力對付孫傳芳，他興奮的預言：「一週後，我可以進南昌了。」孫傳芳占有東南富庶省分，其軍隊裝備精良，以刻苦善戰著稱，曾打敗南下的奉軍。一開始，國民革命軍在與孫傳芳部的兩次較量中均遭慘敗。加倫反覆研究失敗的教訓，認為各兵團應重視相互的協同作戰，防止以大部隊從正面進攻築壘地域，而要尋求包抄和側翼突擊的戰法。

十月末，國民革命軍開始執行加倫提出的作戰計畫，打開新局面。十一月十五日，加倫電告總部：「孫傳芳部遭到慘敗，從鐵路線向湖內逃竄，被南北合圍，殘部投降。據統計，我軍共繳獲四萬支槍、數十門大炮和大量機槍……九江和南昌地區戰俘遍地，人數多達四萬。」十一月末，國民革命軍攻克安徽重鎮安慶。次年三月二十二日，開進上海；兩天後，攻入南京。**是加倫在用兵，而不是蔣介石，擊敗了北洋第二代戰力最強的吳佩孚和孫傳芳**。就兩軍統帥而論，吳、孫雖善戰，但跟新發於硎（磨刀石）的加倫相比，其軍事知識已經老化：加倫經歷一戰、蘇聯內戰以及對抗協約國干涉軍的作戰，而且更熟悉新一代的戰術和武器，這些素質吳、孫望塵莫及。

蔣介石清共前夕，地位在加倫之上的蘇聯最高顧問鮑羅廷對形勢的評估非常樂觀，認為武漢政府得到唐生智的支持較為穩固，蔣介石則「處於漂泊浪人的境地，東奔西竄，不知所措」。而加倫對局勢有一種比較接近實際的評估：唐並不可靠，威望也不高；沿海大部分省分的軍隊和資本家都支持蔣，蘇聯在中國的勢力搖搖欲墜。

後來，事態發展恰如加倫所料：不是史達林將蔣介石像檸檬一樣擠乾扔掉，而是蔣介石將蘇聯像檸檬一樣擠乾扔掉。史達林的對華政策如竹籃打水一場空，**史達林惱羞成怒，遷怒於鮑羅廷和加倫，由此埋下兩人成為「大清洗」犧牲品的伏筆**。

加倫將軍在北伐中的功勛，被國共兩黨不約而同的貶低和掩埋。對國民黨而言，要將蔣介石神化為「民族救星、國家偉人」，同時就要將加倫描述為蔣身邊可有可無的參謀、助手，而在後來「反共抗俄」的語境中，加倫更是憑空消失。

對共產黨而言，一九五〇年代末中蘇決裂之後，當然不會如實披露北伐是由蘇聯顧問主導的歷史。出於民族主義的考量，中國的歷史書認為北伐是革命的中國共產黨人和國民黨左派聯手打贏的，跟加倫這些「老毛子」關係不大。

一九二七年八月，經過喬裝打扮的加倫，和擔任共產國際特使羅明納茲聯絡員的妻子祕密離開漢口。此前，幾乎所有俄國顧問都已離開，有人要對加倫下毒手的謠言暗地滋長。共產國際代表拉祖莫夫回憶：

當時決定，加倫要祕密離開。加倫和妻子被喬裝打扮一番。之所以必須這樣做，是因為這個城市的人太熟悉他了，他曾經乘汽車或駕摩托車自由自在的跑遍了漢口。

一位蘇聯將軍在當地的一份報紙上刊登了一則公告，說加倫將軍及其司令部定於某月某日乘某艘輪船離開。到了指定的時間，一輛輛汽車開過來，把行李裝上輪船，造成加倫真要動身的熱鬧景象。出發時刻到了，加倫卻不見蹤影。那位蘇聯將軍聲稱加倫病了。船長則說他不能等下去，輪船於是離岸而去。

以上都是掩人耳目，加倫夫婦是在第二天乘日本輪船前往上海——這個細節頗具諷刺意義，蘇俄最大的仇敵是日本，他們在中國掀起轟轟烈烈的革命，但他們在中國偏偏只能乘坐日本的輪船，才能確保自身安全，因為無論哪個陣營的中國軍隊，都不敢輕易攔截和搜查日本輪船。

據蘇俄情報人員巴拉克申記載，當時上海氣氛緊張，但加倫仍然去跟蔣介石正式告別。兩人在過去三年半裡建立了深厚感情，此時雖分屬兩個敵對陣營，但加倫料定蔣介石不會加害於他：

> 蔣介石同加倫關係良好，不同於其他蘇俄顧問如鮑羅廷、季山嘉等人一直關係緊張。蔣介石認為，加倫是傑出的軍人、品質優秀的人，在北伐戰爭中表現出卓越的指揮才能，跟其他的蘇聯顧問完全不同……兩人分別時，加倫情緒不好（他的奮鬥似乎付之東流），蔣介石對他說：「我們還有共事的機會，不必苦惱嘛。」加倫回答：「我希望這不是我們最後一次會面。」

一語成讖，這確實是他們的最後一次會面。抗戰爆發前後，蔣介石重新與蘇聯建立聯繫，從蘇聯獲得人員和武器的援助，他幾度向蘇聯提出希望再請加倫當軍事總顧問。一開始，蘇聯含糊其辭、不置可否，在蔣介石的不斷追問下，最後不得不告知實情：加倫已被處決了。

蘇聯援助馮玉祥，國民軍鹹魚翻身

當加倫、鮑羅廷、季山嘉和其他蘇聯顧問，在中國南方國民黨的中心展開工作時，具有豐富作戰經驗的一些蘇聯軍事首長，也被派到中國北方。莫斯科對剛來訪的北方軍閥馮玉祥寄予厚望，認為馮是一名可以跟蔣介石媲美的強有力的、可以為其所用的軍事首長。北伐的成功，主力是南方的國民革命軍，但也離不開馮玉祥的國民軍從西北南下的配合作戰。

早在發動北京政變以前，馮玉祥便由中共北方局介紹，向蘇聯輸誠。中共早期領導人羅章龍記載說：

馮自稱為泥水匠兒子，傾向共產主義。一九二五年，馮開始向蘇聯取得軍火物資援助，其運輸路線經過庫倫，軍火運輸由駱駝二千四、汽車一百輛組成。自一九二五年四月間起至一九二六年三月止，整整一年間從蘇聯輸入武器，分別交給國民一、二、三軍接收使用。國民軍對蘇聯運來軍械，由馮玉祥實行郊迎大典，並同時迎接蘇俄派來軍事顧問十七人，分駐各軍所在地，協助國民軍改進軍隊素質。計第一軍顧問為烏斯馬斐夫、參謀長西爾哥耶甫．喀爾邊科。孫良誠顧問為賽福林，方振武顧問為安特爾士，弓富魁顧問為洛加等。

馮玉祥是善變之人，有奶便是娘，吃了奶之後便不認娘。羅章龍接著評論：

> **馮玉祥後見大批軍械已到手，於是對蘇俄態度漸變**。馮玉祥對（毛子）顧問採取敬而遠之的態度，平日使其單獨居住，與軍隊隔離。中共派往國民軍工作人員，馮除暗中拉攏一部使為己用外，對於不接受馮拉攏的中共黨員則公然排斥，不令接近國民軍，甚至採取非常手段對付。馮嘗向郭名忠說：「國民軍對中國各政黨都可講合作，惟**西披（即CP，共產黨簡稱）手段毒辣，最難做朋友。」**郭聞言大恐，遂投馮以求自容。

> 一九二六年九月，馮玉祥軍隊共編為七軍，計二十個師，合計十餘萬人，這便是馮玉祥一九二七年聯蔣反共的基本力量，且為蘇聯所供給的精良武器所組成。

馮玉祥的國民軍組成混雜，且避居貧瘠的西北，軍費和軍需嚴重不足，戰力較弱。國民軍能在崩潰的邊緣重獲新生，得益於蘇聯的援助。

一九二五年四月二十日，蘇聯駐華大使加拉罕在向準備派往馮玉祥部隊的蘇聯軍事顧問，說明對馮策略時，明確肯定說：「馮軍為中國北方國民解放運動之柱石，應造成馮軍之戰鬥力使之強固持久。」蘇共中央政治局中國委員會多次討論，進一步向馮玉祥的國民軍提供兩千多萬盧布大規模援助計畫的可能性。其援助速度之快、力度之大，已明顯超過對孫文和國民黨的援助。

原因很簡單，就是加拉罕所說的：「蓋奉張之勝利即守舊派之勝利，亦即帝國主義（尤以日本為最）之勝利，深足為蘇聯之危害。即不將奉張破壞，亦宜削弱之。此時奉張之重要敵人即系馮玉祥。」

鑒於馮玉祥的國民軍，將要與吳佩孚和張作霖的聯軍展開決戰，蘇聯特別派遣在國內戰爭中擔任過西南戰線司令員、有著突出戰績，並在戰後就任蘇聯紅軍總參謀長的葉戈羅夫來華擔任駐華武官，以便就近協助馮玉祥的國民軍。葉戈羅夫與布柳赫爾同為蘇聯早期「五大元帥」之列，一北一南，遙相呼應。儘管此舉並未能使馮軍取勝，**蘇聯政府仍繼續給予馮玉祥大量軍事援助**。

自一九二四至一九二六年八月，蘇聯援助馮的國民軍飛機十架、三英寸口徑炮六十門、炮彈五萬八千發、鐵甲車八輛、機關槍兩百二十七挺、步槍三千五百支、子彈五百一十萬發。

正是在蘇聯的大力援助和在蘇聯顧問的全力幫助下，馮軍五原誓師，從陝西進占河南，直接威脅奉系軍閥控制的河北和山東，並成為國民革命軍最後完成北伐戰爭目標的重要力量。

如果沒有蘇俄強力介入，蔣介石和國民黨不可能打贏北伐之戰。蔣介石的軍事才能不如吳佩孚和孫傳芳，廣東軍隊的素質也不如吳孫的軍隊。**蘇俄幫助國民黨打造了一支中國歷史上從未有過的「黨軍」**，這是國民黨奪取政權的關鍵所在。

加倫將軍是一九二〇年代全球最優秀的陸軍將領之一。在納粹德國的陸軍成形之前，當時最強悍的陸軍無疑是蘇俄陸軍，蘇俄在經濟上遠不如英美和西歐發達，但蘇俄陸軍戰力極強。加倫將軍作為蘇聯陸軍中名列三甲的帥才，當然「打遍中國無敵手」。

然而，北伐的勝利固然是國民黨的成功，卻並非中國的福音。北伐顛覆了有憲法和憲制

（儘管運轉不良）的北京政府，締造了威權主義的、追求大一統的南京政府，**打斷了中國脆弱的民主共和轉型之路，堪稱歷史的大倒退**。

北伐是一八四〇年之後，影響中國政治模式和發展方向最深的一場戰爭，它直接引發了慘烈的中日戰爭以及更慘烈的國共內戰。最後，蔣介石和國民黨敗退臺灣，承接北伐遺產的偏偏是國民黨的仇敵共產黨。孫文種下的苦果，卻由蔣介石來品嘗。

第三部

「民國」原來是黨國、也是軍國

第二十一章 孫文——活著是竊國大盜，死後為赤色皇帝

孫先生代表是我，我是推翻專制、建立共和、首倡而實行之者。如離開我而講共和，講民主，則是南轅而北其轍……我為貫徹革命目的，必須要求同志服從我，老實說一句，你們許多不懂得，見識亦有限，應該盲從我……我是要以一身結束數千年專制人治之陳跡，而開億萬年民主法治之宏基。

——孫文

孫文死後，章太炎前後寫了三副輓聯。第一副是：

舉國盡蘇俄，赤化不如陳獨秀。
滿朝皆義子，碧雲應繼魏忠賢。

章太炎和梁啟超、王國維等人一樣，對孫文「以俄為師」的做法極其不滿，上聯即因此

而發。下聯指出，孫文是一個專制主義思想極強的人，一方面指責北洋軍閥有帝王思想，一方面卻培養兒子孫科為接班人，不僅如此，被孫委以重任的人，如蔣介石輩，都必須自認為孫的義子。

章太炎的三副輓聯道出孫文的真面目

碧雲，指北京香山碧雲寺。明熹宗天啟三年（一六二三年），魏忠賢看中這塊寶地，擴建後準備當作自己死後的墓地。魏忠賢生前權傾朝野，朝中官員紛紛認作魏的義子。一九二五年，孫文在北京去世後，曾在該寺後殿停過靈柩。章太炎認為，孫文與魏忠賢一樣愛認義子，堪稱魏忠賢的繼承人。

其後，章太炎又作第二副輓聯：

孫郎使天下三分，當魏德萌芽，江表豈曾忘襲許；
南國本吾家舊物，怨靈修浩蕩，武關無故入盟秦。

這一副輓聯全用典故，含義深遠。上聯用三國故事，但章對三國的理解不同於俗人所讀的《三國演義》，而是同於司馬光的《資治通鑑》。《通鑑》以魏為正統，章太炎以魏代指段祺瑞等領導的北洋政府，以孫吳政權代指孫文另立於廣州的「軍政府」。章太炎支持北洋政府而不贊成孫文在廣東另立中央，因此用「魏德萌芽」比喻北洋政府所代表的民國百廢待興，用「襲許」暗指孫文建立軍政府興兵北伐，如同孫吳想襲擊魏的首都許昌。

下聯用的是楚懷王的故事。楚懷王聽信秦國間諜張儀的蠱惑，決定進入武關與秦國結盟，結果成為階下囚。屈原反對懷王此舉，「怨靈修之浩蕩兮」是《離騷》中斥責懷王的句子，「靈修」指君主，「浩蕩」即荒唐之意。章太炎用楚、秦關係比喻中國與蘇俄的關係。南國乃楚國，此處指中國，與北面的蘇俄相對而言。意思是中國乃華夏民族故土，為何要白白送給蘇俄？

以上兩副輓聯，當然不被允許在孫文的追悼大會上懸掛。

一九二九年，國民黨政府將孫文靈柩迎到南京，並舉行「奉安大會」。章太炎作第三副輓聯：

> 洪以甲子滅，公以乙丑殂，六十年間成敗異；
> 生襲中山稱，死傍孝陵葬，一匡天下古今同。

這副輓聯被國民黨掛了出來，大概國民黨人以為它是褒揚「總理」的。國民黨人文化水準太低，沒有讀懂章太炎的微言大義。這副輓聯與前面兩副一樣，依然是對孫文冷嘲熱諷。

上聯說洪楊（太平天國）之滅亡與孫文之死相隔一個甲子（六十年）左右，洪楊固然失敗了，但北上與段祺瑞、張作霖談判的孫文也很難說成功了。下聯則質疑「中山」之稱呼，「中山樵」是孫文浪跡日本時使用的日本名字，中山是日文名字中的姓，卻被移花接木成漢文名字中的名，結果「孫中山」這個不倫不類的名字為天下所知；而章太炎顯然不贊同南京政府大興土木修築中山陵，對孫文死後還要當皇帝的心態不以為然。

在章太炎心目中，真正的中華民國國父是黎元洪（袁世凱囚禁過章太炎，章氏不認同袁）。一九二八年六月三日，黎元洪在天津病逝，章太炎「天坼天崩，哀慼何極」，先後作〈祭大總統黎公文〉及〈大總統黎公墓誌銘〉。章又作一聯哀悼黎：

> 繼大明太祖而興，玉步未更，佞冠豈能干正統；
> 與五色國旗俱盡，鼎湖一去，譙周從此是元勳。

此輓聯對黎元洪極盡讚美之辭，認為黎元洪在創建和捍衛民國中的影響在孫文之上。早在一九一一年十一月十六日，章太炎從日本回到上海，即力推黎為全國革命領袖，並以武昌為臨時政府。他認為，孫文「長於議論，此蓋元老之才，不應屈之以任職事」，不贊同選孫文為總統。

在上聯中，章太炎將黎元洪視為如明太祖的人物，顯示其從清末以來一直堅持的民族主義思想，滿漢之分甚於民主與專制的衝突。章也讚美黎為民族英雄、民國象徵：黎「首倡大義」，是中華民國的創建者。繼而述及作為總統的黎元洪，與作為國務總理的段祺瑞發生「府院之爭」，張勳復辟，黎被驅走。黎一去，中華民國正統蕩然無存。換言之，章氏以民國「法統」系於黎元洪一身。

在下聯中，章太炎強調象徵中華民國的五色旗已被國民黨顛覆。「鼎湖」，舊謂黃帝死亡，此指黎元洪。譙周為蜀國老臣，勸說後主投降，被魏封為陽城亭侯。溫庭筠詩云：「象床寶帳無言語，從此譙周是老臣。」章太炎的意思是，**孫文前半生投靠日本，後半生投靠蘇俄**，哪裡有資格自稱革命元勛！

該輓聯下署「中華民國遺民章炳麟哀輓」。章太炎對蔣介石改換國旗，以及以黨治國的行為和政策異常憤慨，在給友人的信中，他說：「今之拔去五色旗，宣言以黨治國者，皆背叛民國之賊也！除五色國旗下之中華民國，更無可與。」、「袁氏帝制，不過叛國，而暴斂害民，邪說亂俗，則尚袁氏所未有也。一奪一與，情所不安，寧作民國遺老耳。」

南京臨時政府無法維持，因為日本借款未能到位

武昌起義之後一個月，南北儼然形成分治局面。**清廷不得已起用袁世凱鎮壓義軍，袁世凱卻主張南北和談**。一開始，武昌軍政府不願談判，等到馮國璋的北洋軍攻陷漢口、漢陽，武昌指日可下之際，黃興、宋教仁等革命黨領袖逃離湖北、沿江而下，軍政府一片混亂，黎

元洪見情勢危急才答應談判。

從十二月十八日起，南北雙方在上海開始和平談判。西方列強支持南北和談，民間輿論也寄予厚望。北方代表唐紹儀和南方代表伍廷芳達成「召開國民會議，公決國體」等三條協議。

然而，孫文從海外歸來後短短數日，南方十七省的革命派代表就單方面撕毀協議，在南京召開非法會議，建立所謂「中華民國南京臨時政府」，推舉孫文為大總統。這些投票給孫文的「南方各省代表」，並非由人民選舉出來的民意代表，他們連清末新政期間各省諮議局議員的合法性都不具備——後者畢竟經過選舉程序產生。

一九一二年元旦，中華民國臨時政府在南京成立，以一九一二年為民國元年。孫文從上海到南京，宣布就職。**然而，該政府並無合法性，也未得到多數西方大國承認。在此意義上，孫文才是竊國大盜**。

對於南方革命派單獨成立政府的行為，北方表示強烈反對。孫文就職當天，馮國璋、段祺瑞等四十八名北洋將領聯名通電，反對成立南京臨時政府。一月四日，袁世凱致電伍廷芳，質問：

> 國體問題由國會解決，業經貴代表承認，現正商議正當辦法，自應以全國人民公決之政體為斷。乃聞南京忽又組織政府，並孫文受任總統之日宣誓驅逐滿清之政府，是顯與前議國會解決問題相背。特詰問貴代表，此次選舉總統是何用意？設國會議決為君主立憲，該政府

及總統是否立即取消？

可見，南京臨時政府成立以及孫文「當選」，乃是背信棄義、瞞天過海的結果，既不合法也不合理。

更具諷刺意味的是，孫文以一名未參加革命的外來者身分當選為「臨時大總統」，並非其德高望重、眾望所歸，**而是因為他被認為最有可能對外籌借巨款，以解燃眉之急**。

當時，無論是武昌的軍政府，還是南京剛成立的臨時政府，都已到了彈盡糧絕的地步。關稅、鹽稅、釐金、田賦都收不到，發行的公債與軍用鈔票又不被市場接受。人們都將孫文當作最後一根救命稻草。

立憲派首領張謇明白表示：「孫中山先生久在外洋，信用素著，又為理財專家，能否於新政府成立後，募集外債一萬萬（按：萬萬為億）兩，或至少五千萬。」這句話似乎是故意將孫文放在炭火上烤——孫文在海外屢次貪汙華僑捐款，早已聲名狼藉；孫文花錢如流水，哪裡是什麼理財專家？果然，孫文在西方各國籌款處處碰壁，不得不告訴中外記者，「予不名一錢也，所帶回者革命之精神耳」。

事態緊急，孫文只好再次向日本救助，為了說服此前拒絕過他的日本，必須拿出「誠意」來。一九一二年元旦過後一週，日本財閥三井物產會社同意借款給南京臨時政府，條件是中日合辦漢冶萍煤礦。根據契約書，三井借款五百萬日圓給中華民國政府，「將來中華民國政府有關中國之礦山、鐵路、電氣等其他事業，若開放給外國人參與，而其他條件相同時，優先許可三井參與其事」。契約訂立後，三井預先將兩百萬日圓交給孫文個人。

臺灣學者洪聖斐在《孫文與三井財閥》一書中指出，在整個簽約及借款過程中，除了臨時政府大總統孫文、陸軍總長黃興等極少數幾個人之外，南京臨時政府的其他首長，如財政總長陳錦濤及實業總長張謇等，大都並未與聞其事，參議院更不知情。**消息洩露後，同盟會機關報《民立報》首先發表反對意見**。張謇以身為實業總長，「事前不能參與，事後不能補救，實屬尸位溺職」，憤而辭職。

日本政府透過三井借款給孫文，最大的企圖是希望取得在東北的權利。日本「現代軍隊之父」山縣有朋提出，趁此機會，與革命黨協議，將東三省劃歸日本所有。一九一二年二月三日，三井上海支店代表森恪，在孫文老友宮崎滔天等人陪同下，到南京拜會孫文。

森恪說：「如閣下能速下決心，捨棄滿洲，一任日本勢力經營，以其代償而得日本之特殊援助，完成革命大業，日本必應閣下的要求，採取必要之手段。」

孫文回答：「為東洋之和平慮，滿洲固最終非保全於東洋人之手不可。」然而，此次舉事之初，「予等嘗乞於日本，將滿洲聽任日本處置以換取對我革命之援助」，卻不被日本接納。如今，形勢已有所變化，孫文雖貴為總統，但外交事務需經「公議」，還要受參議院制約。

不過，孫文向日方提出，如果日本在五日之內向他提供一千五百萬元資金，他「即遂行當初既定排袁計畫，以兵力橫掃南北之異色分子，建立完全共和政體，杜絕他日政爭之源」。

若五日之內拿不到錢，就只好「解散革命政府，南北議和，將政權交給袁世凱，而政權一旦移於袁氏之手，今後再難發難，與日本之密約也將難以實現」。孫文的焦點是錢，「只要手上有錢，便可獲得軍隊之信賴，軍心一旦穩定，一切又可照約定辦理」。只要日本給錢，什麼條件都可以答應。

日方同意了孫文的條件：用一千五百萬元購買滿洲，比當初美國從法國手上買路易斯安那和從俄國手上買阿拉斯加還要划算。但是，英國聽說此事之後，認為日本擁有滿洲會打破東北亞勢力均衡狀態，破壞遠東的「英國和平」，遂竭力加以阻攔。**日本被迫止步，取消借款給孫文的計畫**。隨即，英國推動的南北議和成功：二月十二日，溥儀退位。十三日，孫文向臨時參議院辭臨時大總統職務，而由袁世凱繼任。翌日，臨時參議院決議，政府遷設北京。

孫文的良師益友宮崎滔天在事後接受《大阪朝日新聞》訪問時說：「（孫、黃）既失以漢冶萍和招商局為擔保籌集北伐軍軍費之時機，終至不得已而為南北之妥協。」而日本駐華公使給外相的密電中更指出：

> 孫文等來日本為籌備革命而奔走時，多次說日本若能給革命黨以援助，革命成功之曉即將滿洲讓與日本。我國志士預期，孫等將來縱令不會完全如約拋棄滿洲，至少也會將其完全劃入日本之勢力範圍……然而，奸詐之袁世凱出現後……孫文與日本志士之間所定之約束忽化為一片煙雲。

此前，三井先透過內田良平借給黃興三十萬日圓，森恪擅自作主借給黃興十五萬日圓，以及孫文拿到手的兩百萬日圓，日方的兩百四十五萬日圓借款成了「肉包子打狗，有去無回」。

「非常大總統」是非法選舉的總統

段祺瑞執政後，在北京組織第二屆國會，其成員多為安福系（按：北洋軍閥時期，依附於皖系軍閥的官僚政客）人士。身處廣州的孫文，宣布不承認這個國會的合法性，他認為北京政府違背《中華民國約法》，成為一個不法政府。於是，**孫文打出「護法」的旗號，呼籲原國會議員南下廣州**。

一九一一年四月，兩百多名國會議員南下廣州，組成「非常國會」。依總統選舉法，總統應由兩院聯席選出，出席議員至少達到全部的三分之二即五百八十人，才能舉行總統選舉。此時，廣州舊國會議員只有兩百多人，還不夠原眾議院人數的一半，不能投票選總統。但孫文的總統夢堅不可摧，對一九一二年只當了一個半月「短命總統」而耿耿於懷，堅持要這些議員投票選總統，**且實行記名投票**。

在孫文的壓力下，八月二十五日，在廣州召開「非常國會」，表決通過《中華民國政府組織大綱》，決定成立護法軍政府，以「戡定叛亂，恢復《臨時約法》」為軍政府職責，宣布在「**《臨時約法》之效力未完全恢復以前，中華民國之行政權，由大元帥行之**」。九月一日，選舉孫中山為大元帥，唐繼堯、陸榮廷為元帥，開始護法戰爭。此不倫不類的軍政府和「大元帥」，與遠在北京的北洋政府及其總統相比，有一個致命缺陷：**得不到國際社會的承認**。

為了表示北洋政府不是代表全中國的政府，在清除唐繼堯、陸榮廷等西南軍閥的束縛之後，孫文又決定讓非常國會在廣州選舉大總統，與在北京的總統徐世昌抗衡。由於認識到總統一職的來源不是正規的，孫文在任大總統後，「謙卑」自稱為「非常大總統」——其實，更準確的稱呼是「非法大總統」。

孫文此舉遭到廣東實力派人物陳炯明的強烈反對。陳炯明相信法治精神，質疑：「這和之前北方毀法，又有什麼本質不同？」在北方出現「偽政府」的情況下，又在南方建立「偽政府」，**用一個不符合法理的偽政府去反對另一個同樣不符合法理的偽政府**，這是行不通的。陳炯明反對孫文當非常大總統，拒絕參加就職典禮。

在內外壓力之下，孫文為表明「天下為公」的心跡，同時向國內外發表聲明，並寫公開信給徐世昌表示：如果徐世昌主動辭職，自己也將一同下野。

然而，孫文未曾料到的是，他以為徐世昌不可能辭職，這件不可能的事情居然很快成了事實，由此孫文將自己置於作繭自縛的境況下。

孫文。他自立為「非常大總統」，遭陳炯明強烈反對。

一九二二年，北洋內部出現變局：孫傳芳通電主張徐世昌、孫文「南北兩總統同時退位」，請被張勳逼走的黎元洪復位，召集舊國會制定憲法，得到吳佩孚等人正面回應。六月二日，手上並無軍事實力的徐世昌在壓力下辭職，並同意恢復《臨時約法》。隨即，黎元洪以各督軍解除兵權、還政於政府為出山條件，發出通電：「先行入都，暫行大總統職權，維持秩序，候國會開會，聽候解決。」

由於徐世昌的辭職以及孫文之前對人民公開發表的承諾，社會各界紛紛致電孫文和廣州非常國會：呼籲孫文兌現諾言、辭職下野。出人意料的是：**孫文拒絕辭職。他堅持要組織一支革命軍，打到北京去**，澈底推翻北洋政府。

孫文的食言不僅使得蔡元培、胡適等社會名流感到失望，更使得他與陳炯明的矛盾公開化。陳炯明對此非常反感，他認為，南方革命的原因是北洋軍閥廢掉《臨時約法》，現在既然《臨時約法》已恢復，自然就不必造反了。但孫文置若罔聞，堅持興兵北伐，導致孫陳決裂。

粵軍攻擊孫文的總統府，孫文由總統府逃出後來到軍艦上，成為「軍艦上的總統」。此後，陳炯明幾次派代表與孫文嘗試和解，孫文提出的首要條件是回到總統府、繼續當總統。陳炯明始終不肯答應讓孫文重回總統府的要求：「護法已達目的，總統非可力爭，應請力勸孫公丟去，再從選舉設法。」陳炯明斷絕了孫文的總統之夢，因此孫文一生中最恨的人不是北洋軍閥，而是陳炯明。

中山陵壓倒作為皇帝陵的明孝陵

一九二八年六月，白崇禧、閻錫山率國民革命軍進入北京。至此，全國名義上的統一初告完成，北伐在軍事上基本結束——儘管南京政府實際控制的區域只有東南數省，遠不及南宋的疆域大。

南京國民政府以孫文靈柩尚在北平碧雲寺暫厝，祭典久缺，將移靈安葬視為第一要事。孫文在生前曾說，在他身後，要像「他的朋友」列寧那樣，用科學方法長久保存遺體，將來安置在臨時政府成立之地——南京的紫金山麓。但一九二五年孫文去世時，國民黨並未擁有南京，無法滿足他死後當皇帝的願望。如今，南京成為國民政府首都，當局大興土木修築中山陵，稍後就可以讓孫文安息了。

六月十四日，國民黨中央執行委員會會議決定，在孫文靈柩前舉行「北伐完成祭告典禮」，擬派國民革命軍總司令蔣介石前往主持。七月三日凌晨，蔣介石等人的專車抵達北平，並於下午一點直奔香山碧雲寺，參謁孫文靈柩。參謁後，蔣即留居碧雲寺之含青舍，因「不忍遠離我師之靈體也」。

祭典於七月六日舉行。這一天，蔣介石「未明起床，澄心靜慮，迎接曙光」，顯得非常虔誠。上午八時二十分，祭典開始，由蔣介石主祭，馮玉祥、閻錫山、李宗仁任襄祭。祭典開始，首先奏哀樂，由主祭獻花，全體行三鞠躬禮。接著由商震宣讀國民黨中央執行委員會祭文和蔣介石的祭文。然後司儀宣布主祭偕襄祭恭謁總理遺容，由守靈衛兵揭靈。

蔣介石目睹孫中山遺容，忽然撫棺慟哭，直哭得不能抬頭，馮玉祥、閻錫山也頻頻落淚，全場氣氛非常哀傷，唯獨李宗仁在一旁肅立，沒有掉一滴眼淚。李宗仁後來解釋：蔣「撫棺慟哭」，馮、閻「揮淚相陪」，都是「出於矯情」，而他本人「卻無此表演本領」。蔣介石哭了很久還不停止，馮玉祥走上去如勸孝子一般勸了許久，蔣才止住哭，將儀式完成。

此時，蔣表面上在痛哭，心中卻在竊喜：北伐成功，他功勞最大。他在黨內資歷雖淺，但手握重兵，成為孫文名正言順的接班人。北伐成功，活人中蔣介石是最大的獲益者，死人中孫文是最大的獲益者。

孫文去世時，很少有國人將他視為中華民國的「前總統」，因為他兩次短暫的總統生涯都「名不正、言不順」；當然更少有人將他視為中華民國「國父」——**最早提出「國父」之說的，不是國民黨人，反倒是孫文瞧不起的軍閥、豫軍總司令樊鍾秀**。

孫文去世後，於北京公祭時，樊鍾秀致送巨型素花橫額，當中大書「國父」二字。十四年之後的一九三九年十一月，在抗戰的硝煙中，國民政府為了增強「民族凝聚力」，在國民黨五屆六中全會上，林森等十二人提議尊稱孫文為中華民國國父。一九四〇年三月，國民黨中執會批准該提案，並發表《關於尊稱孫先生為中華民國國父之聲明》，並「函由國民政府通令全國一體遵行」。黨指揮政府，黨的提案成為政府法規，這樣就把「國父」之名在法律上確定下來。由此，孫文從國民黨的「總理」升格為中華民國的「國父」。

孫文生前沒有坐穩總統之位，死後卻「臥穩」了皇帝的名分。中國傳統帝王墓穴有一個專有名詞「陵」，歷史上只有皇帝用「陵」表示其死後，依然享有淩駕於臣民之上的榮光，《說文解字》稱：「陵，大也。」**入民國後，沒有了皇帝，自然就沒有新建「陵」的必要性——除了「中山陵」**。

中山陵實際上是國民黨沿用傳統帝王葬儀，展現孫文無與倫比的政治地位。學者陳蘊茜在《崇拜與記憶：孫中山符號的建構與傳播》一書中指出，國民黨傾力建造中山陵，目的在於將孫文符號神聖化，並向世人展示國民黨作為孫文政治遺產唯一合法繼承者的尊榮地位，以強化孫文和三民主義的宣傳，鞏固國民黨的統治，同時強化對國民黨的中華民國的認同。

中山陵的整個陵區超過五萬畝，甚至**將明孝陵也納入其中，讓朱元璋為孫文「附葬」**，這也算是國民黨的異想天開。而根據《總理陵園小志》記載，環園四十．六華里，東西長二．三華里。陵寢「在紫金山南坡，左鄰明孝陵，右毗靈穀寺。墓室位於五百四十尺高度，高出明孝陵三百餘尺。自墓道口上達墓室平面距離約二千三百尺，高低相差約二百四十尺」。故自下仰望，極為崇高：

> 全部建築採用故呂彥直建築師之圖案，融合中國古代與西方建築之精神，莊嚴簡樸。自大路端上石階，經打石牌坊過一千四百五十尺之水泥墓道，達陵門，越碑亭，上石階，凡二百九十級，達祭堂平臺。祭堂位於平臺之上部，墓室在祭堂之後。

如此龐大的工程自然耗資巨大。中山陵總建築成本為四百多萬元，占南京國民政府歲入的一%左右。蔣介石說，即便不蓋中央部會的辦公樓，也要先修好中山陵。在黨國體制下，黨比國大的事實也展現在中山陵上：**中山陵花的是國家的錢，國民黨卻在中山陵赫然鐫刻「中國國民黨黨葬總理孫先生於此」的紀念碑，這是花國家的錢（更準確的說是全體納稅人的錢）來完成國民黨之「黨葬」**。

國民黨將孫文的「總理」地位寫入黨章，而且是唯一的稱號。之後，蔣介石只能被稱為「總裁」，不能稱「總理」。同時，國民黨賦予孫中山的遺教即「總理遺教」至高無上的法律地位：「全國人民之民族生活與國家生存發展，皆統一於總理之遺教之下。凡我同志及全國國民，均宜恪守勿渝者也。」這樣，孫文就成為中國第一個被現代官方傳媒、現代獨裁政黨和現代極權主義意識形態塑造的魅力型領袖，其對民眾日常生活的滲透和精神控制，遠遠超過帝制時代的皇帝們——當然，跟後來共產黨打造的「毛澤東崇拜」相比，又黯然失色了。

在共產黨的歷史敘事裡，孫文仍保留「資產階級革命先行者」的崇高地位，卻被安置在毛澤東之下；在敗退臺灣的國民黨心目中，孫文仍是不可撼動的「國父」——每逢有國民黨主席、副主席級別的人物訪問中國，首要行程必定是到南京中山陵「謁陵」。而在臺灣的總統府和立法院等權力中樞，孫文的巨幅畫像仍高懸。**太陽花學運時，學生占領立法院議場數日，居然沒有人想過將孫文畫像取下來**——那才是最具象徵性的對偽歷史的解構。

第二十二章 名不副實的抗日英雄如何煉成？

我不能昧著我的良心出來主張作戰。我自己的理智與訓練都不許我主張作戰……這樣無心肝的「我們」牽著無數的好對付、能吃苦、肯服從的「他們」上前線去死——如果這叫做「作戰」，我情願亡國，決不願學著這種壯語主張作戰。

——胡適

「孫文神話」和「抗日神話」是中華民國的兩大神話。而在抗日神話中，又有一連串名不副實的「抗日英雄」。

一九三三年十一月二十日，駐守福建的十九路軍將領陳銘樞、蔡廷鍇、蔣光鼐等宣布脫離國民政府，成立「中華共和國人民革命政府」，以漳州為首都，史稱「閩變」。對此，胡適發表題為〈福建的大變局〉的文章予以譴責，文章中講述了北伐期間武漢政府的左派領袖徐謙的一則往事：

徐謙對蔡元培說：「我本來不想左傾，不過到了演說臺上，偶然說了兩句左傾的話，就有許多人拍巴掌。我不知不覺的就說得更左一點，臺下拍掌的更多更熱烈了。他們越熱烈的拍掌，我就越說越左了。」

講完這個故事之後，胡適頗帶感情的寫道：「一個前清翰林，妄想領導群眾，就這樣被群眾牽了走，世界多少英雄好漢，幾個能逃出那種『拍花』的迷惑。」胡適以此嘲諷十九路軍將領以愛國、抗戰為名，實際上損害國家利益，做出親者痛、仇者快的愚蠢行動。

長期以來，胡適都是一名「主和派」。在全面抗戰爆發後，胡適轉而主戰並出任中華民國駐美大使，由此逃過如汪精衛和周作人被千夫所指的命運。但是，胡適此前「主和」的思想並非一無是處。

胡適一再宣稱自己不是「狹義的民族主義者」，即清醒的察覺「救國不是輕易的事，不但口號標語全無用處，就是血誠、熱淚、單獨的義憤、悲壯的犧牲，都還不是最有效的方法」。他的「非狹義的民族主義」使他成為「少數派」。

主戰派大都是讓別人去死，而不是自己去死

早在一九一五年中日就「二十一條」發生爭執期間，胡適的「不爭」思想與青年留學生普遍的「愛國癲」便形成鮮明對比。九一八事變爆發後，胡適堅信中國國力羸弱，不足以對

抗外敵，力主避戰，鼓吹採用外交手段換取和平。胡適稱這並非妥協論，而是「有代價的交涉」，「目的在於謀得一個喘氣的時間」。

胡適對日本的蠶食鯨吞、步步緊逼反感並譴責，但他又對**當時被輿論吹捧上天的若干「抗日英雄」不以為然**，比如東北的馬占山、從上海移防到福建的十九路軍以及企圖在察哈爾事件中東山再起的馮玉祥等，在其眼中，人品遠不如後來被當作漢奸唾罵的汪精衛和周作人。

這些所謂的「民族英雄」，或許打過幾場仗，由此贏得盛名，但胡適一眼看透其真面目：首先，他們並非訓練有素、裝備精良的政府軍，而是在中華民國全國軍事化且南京政府內部分裂、鞭長莫及的背景下衍生而成的「雜牌軍」，以抗日為名，行反蔣之實，對日軍並不構成太大威脅。

其次，如果說蔣介石的南京政權是軍閥中最大的那一個，那麼包括蔣氏在內的中國大小軍閥及各種勢力，都與日本有著千絲萬縷的聯繫和利益相關性。即便是那些被輿論謳歌的「抗日英雄」，在某個歷史時刻必定充當過「媚日先鋒」之角色。

第三，這些看似大義凜然的「抗日英雄」，**都與中共以及中共背後的蘇聯有實質性勾結，但後來都遭到中共和蘇聯的無情拋棄**——就所謂的「愛國」而言，如果說反日是愛國，按照同樣的邏輯推衍，聯俄當然就是賣國。聯俄反日是自相矛盾的。所以，他們演奏的是一曲既愛國又賣國的「雙重奏」。

馬占山：一字不識的回族，愛哪個國？

馬占山是一名典型不是在戰場上打出來的、而是輿論塑造出來的「抗日英雄」。一九三一年十一月，馬占山在嫩江鐵橋北側大興驛附近，與關東軍以及偽軍張海鵬部發生短暫衝突，加上此後對齊齊哈爾未竟全功的防守，居然陰差陽錯的被稱頌為一名偉大的抵抗者——或許是張學良在九一八事變中一槍不發、不戰而退，將馬占山三心二意的抵抗襯托得光彩奪目。

馬占山在十八歲時加入馬賊，在組織中逐漸累積功勞。「九一八」前夕，他擔任東北邊防軍第三旅旅長兼黑河警備司令，地位並不高。張學良退入關內後，假戲真做的任命其為黑龍江省代理主席。馬占山集結省軍一萬兩千人在齊齊哈爾與日軍對峙，很快撤離戰場。該役日軍戰死人數不多，但因嚴冬作戰造成大量凍傷者，最終統計死傷達一千多人。

一九三一年十二月七日，關東軍參謀板垣征四郎來到馬占山位於中蘇邊境的根據地，勸說其就任將要成立的滿洲國的黑龍江省省長。馬不滿足於這個職位，要求日方先支付大筆軍費，並給他滿洲國內閣國防部長的職位。在老朋友、臺灣人謝介石的說服下，馬占山於次年二月七日宣布歸順關東軍，並於二月十六日飛到奉天。

同日晚，張景惠（黑龍江省省長）、臧式毅（奉天省省長）、熙洽（吉林省省長）和馬占山（此後就任黑龍江省省長）在大和旅館舉行「四巨頭會談」（即「滿洲國建國會議」）。二月十七日，張景惠任委員長的「東北最高行政委員會」成立。十八日，該委員會通電宣布東北地方脫離國民政府。三月一日，該委員會在張景惠家通過「滿洲國建國宣言」，滿洲國從此誕生。馬占山任黑龍江省省長，**並於三月九日如願以償的兼任滿洲國軍政部部長**。

中國人沒有想到馬占山如此迅速的變臉、變節，在中國的商店裡，標有馬占山名字的商品（通常是香菸和肥皂）很快被取下來，被標籤上印有其他「抗日英雄」——如十九路軍將領蔣光鼐和蔡廷鍇——的商品所取代。頗具諷刺意義的是，蔣、蔡的標籤也是曇花一現、很快「過期」換掉。

馬占山的變節大概只是一個策略。他利用軍政部長的身分私下籌措作戰物資。四月一日，馬占山與部分隨員從齊齊哈爾逃出，帶領一支小部隊向日軍開戰。他發出一份長達五千字的長電報，強烈譴責日本。這封電報被送過阿穆爾河（黑龍江），交到在駐蘇聯海蘭泡的中國領事手上，再被發回南京。

四月七日，馬抵達黑河，成立「東北救國抗日聯軍」。由此，他再次成為萬民敬仰的抗日英雄。美國學者柯博文（Parks M. Coble）評論：「對馬的行為的各種敘述是如此的偏頗，以致大概**永遠也不可能正確的評價，在那種背景下，他在每個階段的真實意圖**。當他最初變節時，在他頭腦中很可能並沒有宏大的計畫。」

日本並無歐美的法治傳統，但武士道精神崇尚一諾千金，對於馬及中國人普遍信奉的瞞天過海、暗渡陳倉的「孫子兵法」無法理解。惱羞成怒的日本人派了一支大部隊，向哈爾濱的東北救國抗日聯軍發動攻擊。一九三二年底，東北抗日聯軍大都被日軍殲滅。十二月四日，馬占山在滿洲里市乘火車逃入蘇聯。在蘇俄的幫助下，他於一九三三年六月回到中國。因為不受蔣介石的信任，他隨後避居天津租界——以愛國者自詡的下野北洋巨頭吳佩孚，偏偏就是不踏入租界。

一九三六年，張學良、楊虎城發動「西安事變」，馬占山高調支持張、楊，其曖昧身分倍受質疑。

一九四八年，國共內戰末期，解放軍進攻北平前夕，馬占山推薦其好友，表面上是國軍將領，實際上是中共地下黨的鄧寶珊給傅作義。由鄧牽線，傅作義與中共進行「和平談判」。馬占山以此為「投名狀」，被中共接納，完成人生中最後一次變臉。次年，他在中華人民共和國首都北京去世。

然而，中國的歷史書上從不提及馬占山真實的族群身分。日本學者宮脇淳子指出，馬占山在滿洲興辦新事業、聚集人群，一半是為了維持治安，另一半則是為了自己的利益。

馬占山帶有古典馬賊一般的氣勢，跟許多勢力結盟。他看不懂漢字而常被歧視，但其實他的姓「馬」，來自「穆罕默德」首字的近音，**亦即他是伊斯蘭教徒**，對漢字沒有興趣也是意料之中。而他的名「占山」，正

馬占山曾參與創建滿洲國，之後又率兵對抗日軍。

是其一生的寫照：占山為王即是成功，抗不抗日倒在其次。

十九路軍：「掛羊頭，賣狗肉」的福建事變

一九三二年，「一二八」事變期間，十九路軍在上海奮起抵抗日軍，蔣介石也派出嫡系第五軍參戰，此即「淞滬抗戰」。雖然中國戰敗，而且十九路軍的戰力明顯不如第五軍，十九路軍卻成為聲名大噪的抗日勁旅，陳銘樞、蔡廷鍇、蔣光鼐等被譽為一代名將。胡適在美國和加拿大旅行途中，不論什麼時候走到某家中國人開設的店鋪，即使是最簡陋的洗衣房，也總是有陳、蔡、蔣的畫像。

十九路軍的最前身為粵軍第一師。北伐期間，粵軍第一師改編為國民革命軍第四軍，李濟深為軍長、陳銘樞為第十師師長、蔣光鼐為副師長、蔡廷鍇為屬下團長。

蔣介石從不信任粵軍將領，「一二八」事變之後，他按照與日本達成的停戰協議，將十九路軍從上海撤下，調到福建剿共。因與中共彭德懷的部隊交戰失利，十九路軍轉而與中共合作、共同反蔣。

「閩變」主要是因為陳銘樞與蔣介石關係急劇惡化。雙方關係激變既是陳銘樞思想急劇變化的結果，也跟蔣介石對陳的態度有關。陳銘樞受左翼學者王禮錫發動的「中國社會史論戰」及主張組織「市民抗日政府」等影響，閱讀不少馬克思主義書籍，「逐漸改變了政治傾向，

走向福建政變」。在歐洲旅行期間，陳銘樞思想進一步左傾，一方面破除國民黨「法統」觀念，「反對國民黨，也反對國民政府」；另一方面，與中共合作的思想障礙也得以消除。

就蔣介石對陳的態度而言，在陳銘樞出洋前，曾任其參謀長的鄧世增請蔣介石出面挽留，蔣僅答以「應尊重其自由，不必強勉」。陳銘樞回國前，先透過汪精衛進行試探。蔣介石答覆汪精衛說：「目前內外情況，是否為真如（陳銘樞）回國之最好時機，有無急返必要，請商承林主席（指林森）核定覆之，中（蔣介石自稱）無成見也。」這些表態都無法理解為具有誠意。陳銘樞回國後，對蔣介石長達數月的近十次入京邀請一概置之不理，顯示與蔣決裂的決絕態度。

「一二八」事變後，圍繞著支援十九路軍的問題，陳銘樞與蔣介石的裂痕也急劇擴大。到淞滬戰末期，陳銘樞認為蔣介石有意不讓上官雲相第四十七師參戰，「這是蔣介石破壞抗戰的最後一招，也是我決心同蔣介石決裂的開端」。蔣介石似乎立即察覺，在日記中責罵陳「全無心肝」：

真如（陳銘樞）之愚而庸，則我所知；真如之貪而奸，則我所不知；而真如之能為陳炯明第二，負恩罔上，膽敢異圖，是又我所萬萬不及料者也。知人不易，過在於余。余初聞人言真如不可信用，余不肯聽，以任賢勿貳自認為是，乃致有今日，余誠不明，殊可痛也。嗚呼！真如此次變改常態，乃為第三黨所誘惑，貪於首領之虛名，實蒙傀儡之大辱，而真如乃毫不自知，其為奸惡也，更形其愚庸而已，可嘆！

所謂「閩變」，即十六路軍支持的、由在福州的「生產人民黨」及「第三黨」舉行「中國全國人民臨時代表大會」，決議成立「中華共和國人民革命政府」，更改國旗為上紅下藍，中嵌黃色五角星，推李濟深、陳銘樞、陳友仁、蔣光鼐、蔡廷鍇及黃琪翔等為政府委員。

之後，與江西中央蘇區之「中華蘇維埃共和國臨時中央政府」簽署協定，停止軍事對抗和開始經濟合作。「中華共和國人民革命政府」以李濟深為政府主席、陳友仁為外交部長，改年號為「中華共和國」元年，所部部隊番號亦從國民革命軍改為人民革命軍。

在此前的一九三三年十月，十九路軍代表徐名鴻與中共蘇維埃國代表潘漢年，在瑞金簽訂《中華蘇維埃共和國臨時中央政府及工農紅軍與福建政府及十九路軍反日反蔣的初步協定》。協定中的「反日」是幌子，實質性內容是雙方停止軍事行動，恢復貿易，釋放共產黨員。徐回閩覆命後，蔡廷鍇對協定沒有明確「共同反蔣大計」感到失望，認為中共對十九路軍的意圖不夠了解。蔡不知道，中共談判的立場取決於莫斯科，而史達林看到德國納粹上臺，蘇聯面臨德國和日本兩面夾擊的危險，對華政策從積極反蔣，轉向扶持蔣政權對抗日本。

根據史達林的政策轉變，共產國際表態稱十九路軍鬧獨立的背後**有日本人肢解福建的計畫，稱十九路軍不是「反帝」**。共產國際駐華代表、上海遠東局書記埃韋特指示中共：「不應當與十九路軍進行任何談判」，只有「當他真正開始與國民黨和日本人進行鬥爭時，才有可能建立統一戰線，現在與他們談判會成為陷阱」。共產國際表態後，中共總書記博古改變立場，指「第三黨比國民黨還壞，對民眾帶有更多的欺騙性」，拒絕接見十九路軍代表徐名鴻。

更讓十九路軍沒有想到的是，不僅中共翻臉，他們反蔣和另立政府的舉動在全國招致普遍反對，公開支持者僅有馮玉祥及其留在察哈爾的雜牌軍方振武、吉鴻昌部。十九路軍捨棄了中華民國國號，此一創舉並不被國民黨內反蔣領袖如胡漢民等人接受。胡漢民、李宗仁、白崇禧、蕭佛成、鄒魯等反蔣派，通電譴責事變為背叛分裂、招引外寇、煽動赤禍。

這個短命的「中華共和國人民革命政府」僅存在五十餘天，便為中央軍迅速解決。蔣光鼐、蔡廷鍇、陳銘樞、李濟深等事變主謀者得到日本駐福州領事接應，日方安排船隻讓他們假道臺灣逃到香港。這讓人相信，福建事變與二十年前國民黨的「二次革命」一樣，**具有日本幕後操縱的背景**。這一點，共產國際說對了：日本長期策動福建、西南獨立，陳銘樞、李濟深、胡漢民、桂系李白進行反蔣活動時，**都曾尋求日本支持**。

美國學者易勞逸（Lloyd E. Eastman）對福建兵變失敗的原因做出透徹的分析：反叛者以一個虛弱的基礎發難——福建是一個窮省，不能為軍隊提供充足的收入。苛重的稅收和省際的敵對狀態，使福建人口與大部分廣東軍隊疏遠開來。他們與共產黨的聯合被證明是災難性的，反叛者們堅決拒斥國民黨和孫文的三民主義，使他們孤立於中國其他反蔣勢力，並挫傷了十九路軍的士氣，他們之中的許多人對反叛很冷漠，當中央軍打來時不戰而降。

更嚴重的是，福建的鬧劇對許多尋求抗日的中國人，在心理上是沉重打擊。十九路軍領袖是民眾眼中的民族英雄，但他們選擇的錯誤時間以及對反叛的糟糕構想，損害了其英雄形象——或者說，他們的英雄形象原本就如海市蜃樓一樣靠不住。許多將他們當作救國鬥士的人的希望破滅了。

馮玉祥：裡紅外不紅的「西瓜政策」

在「抗日英雄」群體中，馬占山和十九路軍諸將領雖名不副實，但只不過是企圖維持自身實力的軍閥，算不上大奸大惡；真正的大奸大惡是馮玉祥。馮玉祥一生與蔣介石作對，忠於蔣介石的國民黨史家對其評價不高，共產黨也看不起他。

中共對馮的公開評價頗為正面，至少冠以「抗日將領」之美名，但暗地裡對馮的評價比蔣介石還不堪——在批判彭德懷的廬山會議上，毛澤東、林彪和劉少奇都攻擊彭德懷為「像馮玉祥那樣的偽君子、變色龍、野心家、陰謀家」。可見，如果馮玉祥沒有在回中國投靠共產黨新政權的郵輪上被燒死，真的回到共產黨中國，其下場不會比其他投共的國民黨將領（比如死於文革迫害的蔣光鼐）更好。

馮玉祥一直具有引起公眾注目的本領、凸顯思想信仰的才華，這一點使他也許真的相信自己有別於其他軍事人物。他先成為「基督將軍」，然後成為「紅色將軍」——他在公開場合從來都是穿著簡單的、鄉農式衣裝。

整個抗戰期間，馮玉祥沒有指揮並打勝過一場對日本的重要戰役，但他口頭上的抗日激情從未低落。實際上，馮玉祥跟日本的勾搭源遠流長：早在一九二四年十月，馮氏就獲得日本人對他反對吳佩孚軍事政變的財政支持。日本人樂意借馮玉祥之手，除掉親近英美而反日的吳佩孚。

一九三〇年，中原大戰（按：蔣介石與馮玉祥、閻錫山等人的軍閥戰爭）後，馮軍土崩瓦解。喪失軍隊和地盤的馮玉祥迫切想東山再起。一九三三年夏、秋之間，馮氏以「抗日」為名，在察哈爾揭旗自立，組織「察哈爾民眾抗日同盟軍」，與南京中央抗衡，史稱「察馮事件」。

臺灣學者李君山指出，馮玉祥標榜的「察哈爾抗日」，對中國整體性的國防有害無益。「抗日同盟軍」旗下的「東北義勇軍」，「名義雖正，而貨色不純」，成員除了原東北軍人，還有各處大批的土匪。

很多偽軍與大批的土匪一樣，都曾在「察馮事件」中穿插演出，隨時轉換身分。偽軍多數只是雜軍「認廟不認神」的態度下，接受日、偽主子「雇傭」的結果，其本質仍不脫「雜軍」一貫的行為模式。

華北的「雜軍」問題，不僅在「察馮事件」前後，曾為中央和地方角力的焦點；爾後在外交上，還頻頻形成中日關係中的重要變數。包括抗戰前華北的多次糾紛、乃至全面抗戰後的「偽軍」問題，皆有「雜軍」身影夾側其間。這不僅凸顯著，南京政府對華北控制的薄弱性；

同時也說明中日關係在此一階段的複雜性。因此，蔣介石派何應欽處理「察馮事件」，是南京中央亟欲避免「雜軍」問題造成中、日雙方「擦槍走火」的一種努力，而不是蔣、何破壞或阻攔馮玉祥「抗日」。

馮玉祥的「抗日同盟軍」收復多倫，是其自編自導的鬧劇。那時，中國太需要一場勝利來激勵人心，人人都信以為真。關於此一「大捷」的真相，在抗日戰場上打過多次硬仗的孫元良，在晚年受訪時指出：

> 馮本系倒戈將軍，自中原大戰失敗後，即隱居山西汾陽。民廿二年六月，他不甘寂寞，舉抗日大旗反抗中央，圖東山再起。事值察哈爾省主席宋哲元率部參加喜峰口抗戰，馮乘虛發難，通令察省各縣徵發民兵、勒索銀錢，勾結偽軍劉桂堂進占沽源，大肆搶掠，縱放監犯，商民逃避一空。他封閉張垣黨部，捕押黨務大員，拘禁警務處長，占據省府與各廳，將最有抗日歷史的陸軍九十一師宮旅及張垣駐軍六十三軍馮占海、劉翼飛各部包圍繳械，任用失意軍人、惡霸土豪為軍師旅長，以抗日為名，竭察省民眾血汗為彼個人擴充地盤、進窺中央而啟戰端，勇於內爭，怯於公敵。他暗中透過漢奸李際春向日寇求援，日方則利用馮在北方搗亂，牽制中央。所謂收復多倫事件，系馮與日方訂立密約，叫偽軍劉桂堂部暫時讓出多倫，使馮能以「抗日」為名對抗中央。多倫本無日軍，偽軍撤而復入，馮玉祥兵敗後下野告退。

在「察馮事件」前後，馮玉祥四處聯絡反蔣力量，特別是試圖與中共恢復關係。據中共元老李達的傳記記載：「一九三三年一月，李達接受北平地下黨組織委託，到張家口給馮玉祥講學。有一天飯後，馮故意將自己的日記本丟在李達的房間裡。李達翻開一看，其中有好幾個地方寫有馮要聯合蘇聯的想法，可惜沒人介紹，他想透過中共給他介紹聯合蘇聯。」

當時中共北方局，也想利用馮玉祥在西北軍的舊關係發展華北武裝，雙方不謀而合。馮玉祥向中共承認一九二七年背離中共的「錯誤」之後，雙方很快達成默契、展開合作。在中共的幫助下，馮玉祥聚集了眾多舊部和雜牌軍，成立「抗日同盟軍」。

「抗日同盟軍」建立期間，中共北方特科做了不少工作。中共認為，同盟軍的直接作戰目標是「嚴重打擊蔣和張（學良）的軍隊」，「『抗日』前途只是一句漂亮話」。中共負責聯絡馮部的吳成方回憶說：「我們起初與馮玉祥商定的不提打倒南京政府和其他軍閥，而只提打倒日本帝國主義及其一切走狗。這樣，一些地方雜牌軍人甚至軍閥，看沒提他們，就不會與我們為敵，我們甚至可以逐步爭取他們來抗日。抗日同盟軍在成立時，對外界公布機構，**幾乎都是馮玉祥的舊班底。局外人根本看不出紅色**。這樣做可以先麻痹日本和蔣介石，使他們不摸我們的底細。」**馮玉祥本人很贊同這種策略，稱之為「裡紅外不紅」的「西瓜政策」**。

就在「抗日同盟軍」迅猛發展時，中共對馮玉祥的態度出現逆轉。這種逆轉跟中共對十九路軍的變臉是一樣的，根本原因在於蘇聯對華政策的轉變。

據馮部祕書長、中共祕密黨員高興亞回憶：「馮叫我到天津跑一趟，找蘇聯在天津的總領事談談，試探一下，在械彈方面蘇聯是否可以像北伐時那樣，給我們直接援助或假手外蒙古政府給予支援。」蘇聯駐天津總領事答覆：「除非我們的對外政策，有了兩面作戰的決心，那時才有可能給馮先生以軍火援助。因為馮先生對日作戰，我們若接濟械彈，是給日本帝國主義以口實，助長其北進派的囂張氣焰。您須知道，我們還有西方的法西斯大敵呢！雖然這只是我個人的意見，可完全是衷心的實話，以免馮先生存有一個不現實的幻想，影響他的實際軍事行動。」結果，「抗日同盟軍」剛一成立，蘇聯《真理報》即發表評論，認定馮玉祥是「日本代理人」：

馮玉祥和方振武的行動是反對南京政府，是在為日本人服務的……由日本代理人直接資助並指導的馮玉祥集團採取了反對南京政府（蔣介石）的態度。**馮玉祥表面上當然是反對「日本軍隊」的，而實際上他是日軍的急先鋒**。馮玉祥的活動為日軍指揮部在察哈爾發動新的進攻並占領張家口提供了絕好的藉口。

完全聽命於蘇聯的中共，看到蘇聯對馮玉祥有了結論，立即對其口誅筆伐，將其定位於「北方的親日軍閥」：

日本帝國主義企圖經過馮「伸手到中國北部與進攻蒙古人民共和國」，而馮自己也想勾引日本進攻察、綏，以便在日本支持下建立「變相的第二滿洲國」。

中共臨時中央認為，「馮玉祥始終是我們的階級敵人」，「馮與其他高級軍官是在玩他們的把戲，他們可以每天改變他們的顏色」。

事後，馮玉祥在總結「察哈爾抗戰」失敗的原因時，指責中共說道：

一半固為抗日，而一半仍懷別種企圖。弟吾等又無確定之政治目標，使渠等（指中共）雖居異派之立場，而未能歸吾所利用。吾等在張（張家口）抗日與渠等合作，既未能利用渠等，而吾等反為渠利用。故不能達於最後之抗日目標者，實多因此。

此後，馮玉祥完全喪失軍事實力，中共沒有再與其進行實質性合作。

當時，中國的輿論對馮玉祥「抗日」的說法頗為質疑。學者汪仲芳寫道：「馮總司令目前的舉動不能說是針對日本的侵略，而是針對南京政府……作為一名機會主義者，他以北方停戰為藉口，心中懷有一個陰謀顛覆南京政府的計畫。」《時代公論》發表社論說，在「九一八」事變以來二十個月的抗戰中，馮未動過一根手指，他現在的行為不是抗日，而是抗拒中央權威。更具諷刺意義的是，抗戰中高級將領做「漢奸」最多的，恰恰是原來馮玉祥麾下的國民軍和西北軍系統。在滿洲國的十個集團軍中，有七個集團軍的將領和官兵來自於馮軍。

追隨馮玉祥「察哈爾抗日」、至今在中共的歷史教科書中仍被描述為「抗日英雄」的吉鴻昌，就是一個假抗日、真叛國的典型。孫元良指出：

> 察哈爾警衛司令吉鴻昌與紅軍合組「討賊聯軍」，向冀北的國軍控制地區進攻，還決定十月四日攻打軍委會北平分會所在地。這支「討賊軍」**不討伐日寇，卻專打國軍控制的城鎮**。其烏合之眾不堪一擊，初敗於大青溝，後在小湯山被關麟徵部擊潰。像這樣起兵逮捕中央軍政人員嚴刑拷打、截留國稅的叛逆，是罪在不赦的。光是印製中央銀行假鈔這一擾亂金融重罪，就是古今中外任何國家都列為唯一死罪的。他在喜峰口作戰的宋哲元背後插了一刀。經五十一軍軍法處依法判處死刑，這是罪有應得。

據國民黨特工陳恭澍在其回憶錄《英雄無名》裡記述，國民黨抓捕吉鴻昌的理由，是吉鴻昌從事「顛覆國家」活動。吉鴻昌生前戰友傅二虞在回憶文章〈吉鴻昌所走過的曲折道路〉中透露，吉鴻昌收了蔣介石的錢，蔣命令他剿共，吉不聽指揮，反而倒戈攻擊國軍。吉鴻昌被捕後，在軍事法庭受審，對於國民政府法官指其在天津租界裡做蘇俄代理、組織地下黨的

吉鴻昌在中共的歷史教科書中，被描述為「抗日英雄」。

工作，供認不諱。

還有一個戰友王崇仁在〈回憶吉鴻昌將軍〉一文中披露：一九三二年八月初，吉鴻昌正式加入蘇俄代理組織，八月中旬在湖北東部宋埠發動反蔣暴動，進入鄂豫皖蘇區。其後回天津，按照蘇俄代理組織的指示招兵買馬。一九三四年三月，與蘇俄代理組織人物宣俠父等人密謀制定「中原暴動計畫」。毫無疑問，**吉鴻昌不是因抗日而死，而是因武裝叛國而被國民政府處決**。抗日，抗日，多少罪惡假汝之名而行！

第二十三章

汪精衛——中國寧可日化，也絕不能赤化

空梁曾是營巢處，零落年時侶。天南地北幾經過，到眼殘山剩水已無多。
夜深案牘明鐙火，擱筆淒然我。故人熱血不空流，挽作天河一為洗神州。

——汪精衛《虞美人》

與那些各懷鬼胎、浪得虛名的抗日英雄馬占山、蔡廷鍇、蔣光鼐、陳銘樞、馮玉祥、吉鴻昌們相比，汪精衛的「曲線救國」需要更大的勇氣和智慧。

汪精衛「婦人之仁」，蔣介石「焦土抗戰」

一九三七年七月七日，盧溝橋事變發生。七月十七日，時任國民政府行政院院長兼國民政府軍事委員會委員長的蔣介石，發表了著名的「廬山聲明」，該聲明稱：「如果放棄尺寸土地與主權，便是中華民族的千古罪人！那時便只有拚全民族的生命，求我們最後的勝利。」、

「最後關頭一到，我們只有犧牲到底、抗戰到底。」、「地無分東西南北，年不分男女老幼，皆有守土抗戰之責！」隨後，蔣介石回到南京進行軍事部署。

時任國民黨中央政治會議主席的汪精衛，發表了另一番發人深省的談話：「犧牲兩個字是嚴酷的，我們自己犧牲，我們並且要全國同胞一齊犧牲。因為我們是弱國，我們是弱國之民，我們所謂抵抗，無他內容，其內容只是犧牲。」汪精衛的話遠沒有蔣介石那麼慷慨激昂、振奮人心，但他比蔣介石坦率和誠實，他心裡知道，也告訴民眾：**所謂抵抗，就是犧牲**。

蔣介石的談話聽起來頗有「漢家天子今神武」、「百戰沙場碎鐵衣」的豪邁自信，但仔細一推敲，則漏洞很大：所謂「守土有責」，應當是政府和軍隊的事情，怎麼能要求手無寸鐵的平民百姓、男女老幼「守土有責」？對此，汪精衛私底下對身邊的人說，別看現在全國一致高喊「澈底抗戰，犧牲到底」的口號，實際上真的準備為國家犧牲的人能有多少？大部分人嘴上高喊犧牲，但內心裡犧牲的概念是讓別人去犧牲，並不是自己犧牲。

戰爭打響之後，中國的情形果然如此：大多數文武官員都以保全身家性命為第一目標，真正勇於流血犧牲的人是極少數，真是個「戰士軍前半死生，美人帳下猶歌舞」。

蔣介石高調主戰，受害的是無辜百姓。一九三八年六月九日，國民黨地方政府和軍隊**在沒有預告當地民眾的情況下，突然炸開黃河大堤，氾濫的黃河水並未淹死一個日軍，卻淹死了九十萬名本國民眾**，上百萬人成為無家可歸的流民；不久，國民黨軍隊棄守長沙時，誤以為日軍追了過來，**匆匆放火焚城，千年古城長沙被付之一炬，數萬平民被燒死**。直接責任人、湖南省主席張治中未受任何實質性懲罰，這名蔣介石百般呵護的愛將，日後赴北平談判時毅然決然的投共了。

長沙大火後，汪精衛忍不住批評蔣介石：「如果像長沙一樣把每處每地都焦土化的話，我方抗戰所需的物質又從何而來？如果把淪陷區內的物質全燒光，剩下的只有一大群無食無住的飢民，這些人怎麼處理？帶他們一起跑吧，他們又跑不動；將他們殺了吧，又於心不忍。如果把他們扔給敵人，他們必然要被敵人所用，必然要當漢奸。」這種抗戰比自殺還不如。

汪精衛在某一次演講時說：

從前法國有一個國王，叫做亨利四世（Henry IV），他講過一句很有名的話：「我希望我的人民，在每個週六的晚上，在他家裡的火爐子上面、瓦罐子裡面，都煨著一隻雞。」我們再看看我們中國的老百姓，他們有的連雞毛都沒有見過，還談雞？一生都吃不著一隻，還要說在每個週六？他們從小到老都在勞動，田地和工廠接受了他們的血汗，等到血汗用盡了、生命也完了，就離開了世界。那好比火爐需要柴炭，等柴把精力完全貢獻出來，只剩下灰末、只剩下煤屑的時候，不講情面的鐵鏟就把它們鏟出去！不讓它們再在火爐裡停著……。

汪精衛對百姓比蔣介石更有慈悲心腸，**或許這種「婦人之仁」，就是他在與蔣介石的權力之爭中敗北的主要原因**。

隨著越來越多底層民眾成為戰爭的炮灰，汪精衛對這種建立在人民慘痛犧牲基礎上的「焦土抗戰」方針感到疑惑：抗戰的目的是什麼？法國國王企望人民百姓能有雞吃，中國領導人是否想到過老百姓的疾苦？抗戰的最大犧牲者，不是「肉食者」，而是那些食不果腹、衣不蔽體的平民百姓。中國不惜犧牲四億老百姓的生命，塑造蔣介石作為民族英雄的虛幻形象，值得嗎？所以，汪精衛發誓，「寧為被磔的袁崇煥，不為被迫出戰的哥舒翰」。

史學大師余英時為何同情汪精衛？

就人品而言，汪精衛的人品在國民黨領導層中無人企及。汪精衛身敗名裂，只是因為他主和，與日本人合作，在南京建立傀儡政權。但是，若站在淪陷區民眾的立場，有一個可維持基本秩序的汪精衛政權，總比直接在日本占領當局統治下好得多。平心而論，汪精衛政權並沒有幹過多少禍害百姓的惡行，既沒有像蔣介石，派遣軍隊到臺灣實施二二八屠殺，也沒有像毛澤東搞出土改、大饑荒和文革的慘劇來。

史學大師余英時在其回憶錄中指出，抗戰的真正受益者，不是蔣介石政權，而是共產黨。中共因抗戰而得到大幅擴張的機會，本來被圍困在陝北一個角落的割據政權，在戰爭發生以後竟迅速向全國擴散，至一九四〇年底，中共各根據地所控制的人口已將近一億人。這也正是汪精衛當年的擔憂，余英時對汪氏的立場充滿同情的理解：

汪精衛、周佛海等人一意求和，甚至不計一切，去日本占領區建立傀儡政權，便是因為估計到戰爭持續下去必為中共提供擴展勢力的機會，最後則將中國送進蘇聯的懷抱……汪精衛在寧漢分裂時本是左派領袖，與中共關係最深，周佛海更是一九二一年中共創黨的領袖之一，陳公博也曾一度參加過共產黨。正由於他們對中共的認識很深，憂慮也遠遠超過他人。他們急於求和，以為這是唯一挽救中國陷入蘇聯極權體制的辦法。他們對與日本實現和平的幻想是完全沒有根據的，但對於中共利用戰爭以奪取全國政權的估計卻十分準確。

余英時為汪精衛的詩集寫過一篇長篇序言〈重版汪精衛《雙照樓詩詞藁》序〉。在二十世紀，汪精衛的舊體詩詞可以排到前三名。余英時是古典詩詞愛好者，史學背景又讓余英時具備了如同偵探般，從詩詞中解讀時代背景和作者心境的本領。此前，余英時寫過《陳寅恪晚年詩文釋證》，從陳寅恪的詩作中解讀出「陳寅恪對極權統治是深惡痛絕的」結論。陳寅恪生前讀過余英時〈陳寅恪論再生緣書後〉一文，曾說：「作者知我。」余英時用同樣的方法，從汪精衛的詩詞中探究其隱祕心態。

余英時認為，汪一意求和是建立在一個絕對性預設之上，即當時中國科技遠落在日本之後，全面戰爭一定導致亡國的結局。因此，汪認為**越早謀得和平越好，若到完全潰敗的境地，那就只能聽征服者的宰割了**。這一預設並非汪精衛一人這麼想，而是當時相當普遍的認知。無獨有偶，余英時此前研究過的史學家陳寅恪對中日關係也持類似看法。吳宓在一九三七年七月十四日的日記中說：「晚飯後，與陳寅恪散步。寅恪謂中國之人，下愚而上詐。此次事變，結果必為屈服。華北與中央皆無志抵抗。且抵抗必亡國，屈服乃上策。保全華南，悉心備戰；將來或可逐漸恢復，至少中國尚可偏安苟存。一戰則全局覆沒，而中國永亡矣云云。」同年七月二十一日又記：「惟寅恪仍持前論，一力主和。謂戰則亡國，和可偏安，徐圖恢復。」這是吳、陳兩人在「七七」事變發生後的私下議論，陳氏兩次都堅持同一觀點，可見他對此深信不疑。

余英時指出，陳寅恪的話是許多人心中所共有，但很少人敢公開說出來，因為當時民族激憤高昂，一聽見有人主「和」便群起而攻，視之為「漢奸」。事實上，**和或戰不過是一個民族在危機關頭，如何救亡圖存的兩種不同手段，都可以展現「愛國」的動機**。

同樣的，汪精衛在抗戰初期的主和也應作如是觀。由於確實相信「戰必亡國」，因此他一意求和，不惜以一定程度的委屈與妥協為代價。汪精衛在一九四四年十月口授的遺書中說：「對日交涉，銘嘗稱之為與虎謀皮，然仍以為不能不忍痛交涉……。」汪明知「與虎謀皮」，都仍堅持應「忍痛」為之，這正是其晚年心理長期陷於愁苦狀態的根源所在。

一九四三年重陽，汪精衛作《舟夜》七律，後半段為：「良友漸隨千劫盡，神州重見百年沉。淒然不作零丁嘆，檢點平生未盡心。」這時他出任「國民政府主席」已三、四年，而詞中流露出來的思想和情感竟和亡國詩人元遺山如出一轍。余英時認為，**汪精衛在本質上應該是一位詩人，不幸這位詩人一開始便走上「烈士」道路**，終生陷進權力世界。這樣一來，他個人的悲劇便註定了。

賣國的不是汪精衛，而是張學良

中國的歷史一大半都是善惡錯位、是非顛倒的歷史，近現代史尤其如此。戰後汪精衛的夫人陳璧君以漢奸罪被捕受審。一生強硬的陳氏堅決不服罪。一九四六年四月十六日，江蘇高等法院開庭審訊陳璧君，陳氏在法庭上說：

日寇侵略，國土淪喪，人民遭殃，這是蔣介石的責任，還是汪先生的責任？說汪先生賣國？重慶統治下的地區，由不得汪先生去賣。南京統治下的地區，是日本人的占領區，並無寸土是汪先生斷送的，相反只有從敵人手中奪回權利，還有什麼國可賣？汪先生創導和平運動，赤手收回淪陷區，如今完璧歸還國家，不但無罪而且有功。

法官無言以對。

作為文官的汪精衛沒有出賣和丟失過一寸土地。國民政府時代丟失國土最多的，是國軍總司令的蔣介石，**其次是名義上為國軍副總司令的東北軍閥張學良**。日本關東軍參謀石原莞爾等人冒險策劃「九一八」事變，當時關東軍的兵力只有一萬多人，裝備精良的東北軍則有二十萬之眾。關東軍最初並未妄想一舉鯨吞整個滿洲，張學良命令東北軍不抵抗，全線撤退到關內，關東軍才得以長驅直入。

事變發生時，張學良不在瀋陽，而是躲在北平吸鴉片、玩女人。國民黨元老馬君武憤怒的寫《哀瀋陽》一詩諷刺：

趙四風流朱五狂，翩翩蝴蝶最當行。
溫柔鄉是英雄塚，哪管東師入瀋陽。

此詩堪稱是民國版的《圓圓曲》，而張學良比吳三桂還遠遠不如。

當時，外交官顧維鈞被張學良聘為外交顧問。顧建議張堅守錦州，以保衛華北，如果錦州不守，則華北也難守。顧對張說：「兄為國家計，為兄個人計，自當力排困難，期能防禦。」為國家計，守土殺敵是軍人的本分，更是國軍副總司令的本分，但張學良置若罔聞。

南京政府也要求張學良堅守錦州。蔣介石並未向張下過「不抵抗」命令。蔣介石、汪精

汪精衛是 20 世紀最出色的詩人。

衛、宋子文等人，多次以國家名義和私人名義力勸張暫緩從錦州撤兵。一九三一年十二月八日，蔣介石致電張學良，「錦州軍隊此時切勿撤退。」在一個正常國家，這就是最高領袖的「軍令如山」，若不執行，就是叛國。偏偏中國不是一個正常國家，張學良也沒有軍人最基本的職業倫理，貪生怕死，拒不受命，政府居然拿他毫無辦法。

在歷史書和民間輿論中，張學良這個真正的賣國賊，怪誕的維持了風流倜儻的「少帥」形象。接下來，**他受中共操縱發動「西安事變」**，**於共產黨有救命之恩**，在共產黨的歷史書中他成為「愛國將領」。國民黨方面，因蔣介石、宋美齡恩待張學良，輿論也對其網開一面。歷史學家唐德剛為張整理口述史，亦有意無意的對其加以美化。張有如花美眷陪伴，又享有長命百歲，海內外華人都對其羨慕不已，很多華人教會甚至廣傳其虛偽的信仰見證。中國和臺灣都為之建立故居和紀念館，參觀者絡繹不絕。

反之，華人向來對失敗者缺乏同情。人們讚賞張學良，卻譴責汪精衛，絲毫不知這樣的評價缺乏價值和邏輯的一致性。被中國和臺灣一致定罪為「賣國賊」的汪精衛，「九一八」事變時對張學良和東北軍的不戰而潰嚴加斥責。一九三二年六月，汪精衛率領行政院副院長宋子文、外交部長羅文榦等人，去北平會見國聯調查團團長李頓（Victor Robert Lytton）。汪精衛約時任北平綏靖公署主任的張學良商談東北問題和對日方針，張學良稱病不見，卻又和宋子文一起去北海遊船。

七月十七日，日軍在熱河發起新的軍事進攻。汪精衛以行政院長的名義發表通電，命令張學良立即出兵熱河，收復失地。張學良聲稱汪精衛無權過問軍事，出兵要有軍事委員會委員長蔣介石的命令。汪精衛憤而宣布辭職。

八月六日，汪精衛連發五電，責備張學良「去歲放棄瀋陽，再失錦州，致三千萬人民，數千里土地，陷於敵手，致敵益驕，延及淞滬。今**未聞出一兵，放一矢，卻不斷向中央索要軍款**，乃欲藉抵抗之名，以事聚斂」。汪精衛表示，自己唯有引咎辭職，以謝天下，「望張學良亦辭職，以謝四萬萬國人，無使熱河平津，為東北錦州之續」。

八月八日，汪精衛召開記者會，指出：「張學良轄境中河北、察哈爾各處稅收，迄未有分文解交中央，截留自用，每月至少五百萬元。而一有命令，即向中央要款，實屬忍無可忍……今熱河告急，平津危殆，張學良擁兵不前，民族危亡，指日可待，故救國唯有去軍閥，統一內政。」

汪精衛辭職出國後，日軍繼續進軍，攻占熱河省大片領土。國民黨內部再次出現請汪精衛歸國主持抗戰的呼聲。汪精衛提出條件說，回國主政的前提必須是張學良辭職，以平民憤。此時，蔣介石無法袒護張學良，蔣說服張辭職出國考察。張學良隨即發表通電辭職，汪精衛則回南京復職。

汪精衛在復職後，一方面批評張學良的避戰不抵抗，另一方面又解釋他的「一面抵抗，一面交涉」政策。汪精衛說：「榆關以一日而失，熱河以七日而陷，實不成話。像張學良這些東北軍畏敵如虎，敵必日益驕橫。今後軍隊再不抵抗勢必影響對日外交。須知先有抵抗然後有交涉。今後抵抗愈得力，則交涉愈有希望。」**作為政府首腦，汪精衛想對日作戰而軍隊不聽命令**，他的內心何其痛苦？這是**他由主戰派轉變為主和派的重要原因**。

國民政府與日本簽訂《塘沽協定》，暫時維持和平局面。當時，陳公博與汪精衛有一番推心置腹的對話。陳公博說：「簽了這個協定，先生遭到各界紛紛批評，我真不知道汪先生為什麼要背這個黑鍋？」汪精衛說：「我們要復興中國起碼要三十年，不只我這年紀看不見，恐怕連你也看不見。我已年過半百，無其他報國之道，只要中國不再損失主權與領土，就可告慰平生了。」

陳公博聽後感動的說：「歷代王朝危急之秋總有人站出來背黑鍋的。其實南宋秦檜也是一個大好人，他看南宋已無力與金抗戰，就挺身而出與金講和。我想秦檜是一名狀元出身的有學問的宰相，決不是傻瓜。他當初何嘗沒有想過以後要被世人唾罵？但他還是以犧牲自己來換取南宋日後的中興。李鴻章、袁世凱也都想復興國家，都不想賣國。可是李鴻章死了，袁世凱也死了，中國還是不振，到今日國難愈加沉重。」陳公博繼續說：「現在有人說《上海停戰協定》、《塘沽協定》是賣國，我看與其說是賣國，還不如說是送國。賣國的人還有代價可得，送國卻是沒有代價的。今日要送國的人大有人在，又何必要汪先生去送呢？」

汪聽後說：「別人去送國還不如我汪某去送。別人送國是沒有限度的，而我送國則有限度，不能讓他們把國都送完。」

陳又說：「不過我對於先生這種無代價的犧牲總覺得不值得。」汪說：「說到犧牲，都是無代價的，有代價便不算犧牲，我已五十出頭了，我決意當犧牲品。」

中國對日作戰的結果是化為蘇維埃

一九三八年十二月十九日，汪精衛夫婦、周佛海、陶希聖、曾仲鳴等一行十餘人，飛離昆明，前往越南河內，邁出和平運動的第一步。據說汪精衛在離開重慶前，留下一封長信給蔣介石，信中最後寫道：「君為其易，我任其難。」汪蔣之間是否有過各自承擔歷史一部分責任的默契，後世不得而知。但戰後蔣介石對汪精衛的屍體挫骨揚灰，絕非君子所為。

那時，國人急需一批「漢奸」作為替罪羊，由他們來轉移抗戰期間國人心靈深處的挫敗感和恥辱感，汪精衛不幸成為首當其衝、萬人唾罵的「漢奸」——很多罵他的人是靠他才保全性命的。對死去的汪精衛的羞辱，不是講道理能講得通的，正如陳璧君所說：「蔣介石選擇英美，毛澤東選擇蘇聯，我的丈夫汪精衛選擇日本，這有何不同呢？」

早在一九三二年十月二十二日，汪精衛在一封給胡適的信中分析：如果世界大戰在不久後爆發，我們如何應對？交戰的必定是日本、蘇聯、美國和英國這四大國，中國肯定會被牽扯進去。日本與蘇聯開戰之前，必然首先要求中國表態。中國幫他麼，無此情理；中國不幫他麼，他立即占領華北及海口。日本是預備陸軍三百五十萬人來打仗的，三百萬對付蘇聯，五十萬對付中國。所以，在蘇聯未勝或未敗之前，中國已經一敗塗地。

以日本對付蘇聯，勝負未可知；以日本對付蘇聯、美國、英國，則日本失敗是必然的。但中國很難像一戰時的比利時那樣——雖然被德國占領，但德國失敗後，很快就復興了。因為中國的經濟大勢，百年來是由北移南，通商以來，更移於沿海沿江。如果打仗，就是經濟戰爭。中國軍隊守不住沿海沿江，這些地方被占領，一定會出現無數的傀儡政府；中國軍隊若退入西北內地，則淪為無數的土匪。所以，**這場戰爭無論誰取勝，中國必定成一團糟，除了化為蘇維埃，便是瓜分或共管**。

汪精衛的這番估計，並不完全精準。第一，日本的南下策略壓倒北上策略，日本沒有與蘇聯全面開戰，反倒對英美開戰。第二，日軍果然占領華北和東南沿海，他自己則出面組織傀儡政府，名義上維持對淪陷的半壁江山的統治和秩序。第三，蔣介石政權沒有遁入貧瘠的西北，而是固守西南「大後方」。他準確預見中共在抗戰後的崛起，卻看不到這個悲慘結局，這苦果要由蔣介石來品嘗。

汪精衛在離開重慶後的公開談話中，再次強調共產黨的因素使他做出與日本合作的決定：

共產黨的抗戰是為第三國際而抗戰，不是為中國而抗戰，他們只知有第三國際，不知有中國，只知為第三國際打算，不知為中國打算，一切言論、一切行事，都是由此出發的……我之所以離開重慶，十之八九是為有共產黨人夾雜在裡頭，弄得抗戰的空氣變了質了。這樣抗戰下去，敗則中國實受其禍，成則受其福者不是中國，這樣越抗戰下去，中國亡的越快。

這是我離開重慶的原因。

歷史學者李志毓在《驚弦：汪精衛的政治生涯》一書中指出，恐懼中共趁國民黨被抗戰削弱之際奪取政權，應為汪精衛主和的原因之一。汪精衛的反共，一方面是恐懼中共對國民黨政權取而代之，另一方面也是擔憂共產黨對中國傳統社會結構和文化的顛覆。而以國際關係的視角而論，「反共」的另一面是「反俄」。在整個戰前和戰時的東北亞局勢中，日本都以蘇俄為最大的敵人，日本侵華的很大原因是擔心中國赤化，中國成為蘇聯用來對付日本的基地——結果，日本侵華反倒加速中國赤化，這是日本最大的失策。而中國當時的處境中，聯俄必須反日，親日必須反俄，沒有任何中立的空間。

在北伐期間選擇清共、與蘇俄斷交的蔣介石，為了反日，又轉過頭來乞求蘇俄的援助；而在北伐期間一度左傾聯共、與蘇聯親近的汪精衛，因為看透蘇俄和中共的本質，此刻寧願與日本妥協，也要反共、反俄到底，正如日本歷史學者加藤陽子所說：「**汪精衛彷彿看透事態發展**，認為中國不能同日本進行決定性的戰鬥，若爭鬥，則國民黨將失敗而成共產黨的天下，他抱持著這種預測而選擇與日本妥協的道路。」前後十年間，汪蔣兩人角色的翻轉對立，讓人感慨萬分。

第二十四章 南京潰敗的責任人是蔣介石和唐生智

一九三八年一月十一日，韓復榘到開封出席軍事會議，蔣介石指責韓「不發一槍，從黃河北岸，一再向後撤退，繼而放棄濟南、泰安，使後方動搖」，韓復榘聽了蔣介石的話，毫不客氣的頂上去說：「山東丟失是我應負的責任，南京丟失是誰負的責任呢？」蔣正顏厲色說道：「現在我問的是山東，不是問的南京！南京丟失，自有人負責。」

——王一民〈關於韓復榘統治山東和被捕的見聞〉

汪精衛主和，歷史書說他遺臭萬年；蔣介石主戰，歷史書說他光復山河。然而，我卻認為歷史書顛倒了黑白，因為汪精衛從未像蔣介石那樣以歹毒冷酷之心，如同驅趕羊入虎口一樣，將數十萬無辜民眾交給日本軍隊任意屠殺。

南京政府欺騙數十萬市民留在死亡之地

中日雙方對南京屠殺死難人數存有較大爭議，但日軍攻占南京之後，屠殺大量平民和被俘士兵乃是不容否定的事實。譴責日軍的暴行是中方的權利，但國民政府未能守土、未能及時疏散平民，亦負有不可推卸的責任。

在這一點上，中國當局遠不如被納粹擊敗的法國政府明智：法國政府宣布投降，巴黎為不設防城市（按：戰爭時若一個城市快被奪取，控制該地的組織可能會宣告該城為不設防城市，表示該地自願放棄抵抗，敵方軍隊被認為可能不會攻擊該地。宣告不設防城市的目的是保護當地歷史名勝和人民），避免納粹德國屠城及毀壞巴黎的建築和文物。投降固然屈辱，但保護數十萬計平民的生命更重要。中國的古語「寧為玉碎，不為瓦全」是以理殺人。國民政府不必像法國那樣宣布投降，但至少可以從南京撤軍，宣布南京為不設防城市，這樣可避免屠城慘劇發生。

國民政府在淞滬戰爭爆發之初曾有疏散南京市民的打算，但出於穩定民心的需要，又考慮到南京是中國的首都，「國際觀瞻所繫」，遲遲沒有做出周密的計畫。隨著戰火臨近南京，國民政府倉促西遷，來不及疏散市民及其財產，致使大批市民滯留南京，留下嚴重的居民安全隱患，也為後來南京大屠殺的慘狀埋下伏筆。

一九三七年七月二十九日，最高統帥部從軍事角度出發，討論有關沿江各重鎮居民之疏散，其中特別會商了首都南京的人口疏散計畫。會議強調「南京市百萬餘人口，戰時甚感不便」，提出「可先將婦孺遷移他處」，這樣做「雖不免使人民稍有恐慌，但終久必歸實現，故可著手辦理」；對於機關職員眷屬，「尤宜先祕密移動」，以免妨害公務。

該項計畫中透漏出，國民政府準備疏散南京普通民眾的端倪及其傾向性。但此後軍政部考慮到此事關係重大，認為「應由軍委會召集各院部會開祕密會商討」，等方案擬定妥善，並交蔣介石核示後，再逐漸實施。從後來實際施行情況看，出於穩固民心、防止恐慌、穩定社會秩序的考慮，**疏散計畫並未優先考慮市民，而只是優先疏散機關職員眷屬**。

自全面抗戰爆發以後，蔣介石及國民政府表現出堅決抗戰的姿態，給民眾留下政府堅守南京、堅持抗戰的印象。上海失守當日，《中央日報》發表社論〈告京市民眾〉稱，政府「已設立了南京衛戍司令長官，統帥文武機關及全市民眾作守土自衛的打算……抗戰已到了這個關頭，國力的支持全靠民力作後盾，是我們民眾報國的最好機會……現在，全首都的市民應該把自己感覺到的責任和如何盡責的辦法，做出一個榜樣來，給全國人民看看」。

此後《大公報》、《申報》等相繼報導蔣介石、唐生智等堅守南京、抗戰到底的言論。受此安慰，南京市面又恢復往日的繁榮，蔣介石十月十日的日記中記載說，「下午與妻同乘車視察市中，戶戶掛旗慶祝，為之一慰」。然而，手無寸鐵的民眾如何抗擊敵軍？

十一月二十日，國民政府正式公布遷都重慶。在西遷過程中，首先考慮的是政府大量檔案文件和相關物資及公務人員的輸送，為了保證國民政府各部門的安全遷移，國民政府所統制的全市交通工具，包括六百輛汽車和兩百二十多艘民船，都用在軍事和國民政府西遷上，「國府西遷後，各項交通器材隨之俱行」。

十一月二十六日，馬超俊市長專電交通部，希望「西遷各船抵達後，即續回遷送難民」。

但以當時的交通狀況，至南京淪陷前，這些船隻根本無望返回。因此，儘管江邊「人山人海」、車站「人多如鯽」，但真正有能力離開南京的普通市民為數很少。

在堅守的表象之下，面對日軍的步步緊逼，**對於如何安置和保護南京市民，蔣介石、國民政府及守將唐生智等並沒有詳細的計畫**，南京陷入混亂的無政府狀態之後，十萬敗軍和數十萬百姓滯留城內淪為待宰羔羊，可以說是嚴重失職。

南京大屠殺罹難者中，本來有很多人可以不死於南京。日軍占領南京後，除了在城內外掃蕩敗殘官兵外，並於十二月十四日在安全區內，有系統的搜尋中國官兵。「為了削弱中國的人力與兵源，不惜違反人道和國際法，來進行集體屠殺。」

蔣介石和國民政府上述戰略選擇的失誤，以及唐生智的指揮錯誤，不僅契合了日軍殲滅戰的戰略企圖，也間接擴大了日軍南京暴行中遇難者的規模。他們的錯誤決定，為中國軍民帶來極為慘痛的損失。

蔣介石寄望國際調停，嚴重誤判戰局

隨著淞滬會戰的失敗，國民政府做了兩手準備。一是十一月二十日正式公布遷移政府於重慶，以示持久抗戰。二是緊急制定南京守衛計畫。南京是守是棄，面對多數將領主張放棄，蔣介石一時拿不定主意。十一月十七日，蔣介石在日記中寫道：「本日為南京固守與放棄問題躊躇再四。」最後，蔣還是決定堅守，「南京孤城不能不守，對上、對下，對國、對民，殊難懷也」，「期以三個月乃至一年」。

為了加強南京的防守力量，蔣介石從正向浙、皖、贛邊區轉移的第三戰區部隊中留下九個師，並從武漢調來第七戰區部隊中的兩個師，加上留在南京的守備部隊，總計兵力約十五個師、十餘萬人。蔣介石對南京保衛戰抱有一定幻想，至少希望能像淞滬抗戰那樣堅持數月，以待國際形勢發生有利於中國的轉變。

但接下來的戰事發展，使蔣介石的希望化為泡影。蔣介石在十二月六日的日記分析比較中日兩軍的作戰特點：「敵軍用奇襲與包抄戰術」，而我方卻「士氣不振」、「兵力薄弱」，「本日敵攻句容與醇（淳）化鎮，見我士氣與兵力，彼已熟視無睹矣」。

蔣介石知道雙方軍隊的戰力與士氣存在巨大差距，仍決定固守南京，絕非出於軍事角度。除了因為南京是首都，若不戰而退，有失體面；以及蔣對花十年之功一手締造的首都，充滿難以割捨的感情以外，**更多還是出於外交需要。蔣介石始終沒有放棄尋求列強干預、調停中日衝突的努力**。

唐生智是南京潰敗的直接責任人。

蔣介石選擇固守南京時，布魯塞爾會議正在召開中，蔣介石指示參加《九國公約》會議的中國代表顧維鈞「以坦白告英美法俄代表，以我國之實力如此，若會議無堅決制裁之表示，決無效力」。然而，他很快得到噩耗：「九國公約會議已消極無結果」，「九國公約會議無形停頓」。至十一月二十四日，蔣得知「英美問我需要」、「美已允借款」，他又轉憂為喜，認為「國際形勢轉佳而戰局日壞」，「吳興失陷戰局不受影響」，「欲挽此頽勢以冀轉敗為勝也」。

與此同時，國民政府透過其他管道，探索中日和平的可能。十一月五日，德國駐華大使陶德曼接受日本委託，向蔣提出日本的七項和平條件，被蔣嚴詞拒絕。十一月中旬後，蔣的態度有所改變，在「接德大使轉達敵國要求言和之報」後，「特約其來京面談，為緩兵計，亦不得不如此耳」。十二月二日下午，蔣會見陶德曼，表示接受德國調停。在陶德曼證實「日本最初的條件雖然只是幾條基本原則，但是原則一直沒有變化」之後，他提出中國的四項和談基本原則。

蔣介石一方面聯絡與日和談，另一方面對蘇聯援華也有所期待。十一月二十四日的日記中，蔣提醒蘇聯曾有「待我生死關頭必出兵攻倭之諾言」；二十六日、二十八日、二十九日，他連發三電給時在莫斯科訪問的外交部次長楊杰，令其盡速向蘇求援，並幻想「友邦早日出兵」。二十九日，蔣介石直接致電史達林和伏羅希洛夫，請求蘇俄派兵。三十日，蔣在致龍雲函中稱，「最近期間俄必出兵助我，國際形勢亦將大變，此乃確有把握也」。直到十二月五日，接史達林覆電，蔣才對「蘇俄出兵已絕望」，而「德國調停似亦無望」。

即便如此，蔣介石在同日致李宗仁及閻錫山的電報中聲稱：「南京決守城抗戰，圖挽戰局。一月以後，國際形勢必大變，中國當可轉危為安。」十二月十二日，致電唐生智等人：「我軍仍以在京持久堅守為要。當不惜任何犧牲，以提高我國家與軍隊之地位與聲譽，亦為我革命轉敗為勝惟一之樞機。」他指示：「如南京能多守一日，即民族多加一層光彩。如能再守半月以上，則內外形勢必一大變，而我野戰軍亦可如期策應，不患敵軍之合圍矣。」這裡所說的「大變」，仍指蘇俄出兵。此時顯然是望梅止渴。

可見，蔣介石選擇固守南京，是因為他判斷對日談和與蘇聯出兵雙管齊下，兩者有一條實現，都是局勢的巨大轉折。而這兩條的實現，**都依賴守住南京表現出中國還有相當實力**。固守南京已成贏得國際干預的唯一希望。

蔣介石為何任命唐生智守衛南京？

對於南京保衛戰的態度，國府上層分為兩大派。蔣介石多次召開高級幕僚會議，並個別徵求過一些高級將領意見，研究南京之守與不守問題。在高級官員中，主張不守的呼聲甚眾，李宗仁、徐永昌、白崇禧、陳誠、張群等都持這種主張。其主要理由是：第一，部隊殘破，無力防守。第二，地形不利，易攻難守。第三，免遭破壞，爭取主動。雖然蔣介石出於外交的考慮試圖固守南京，但如果所有高級將領都從軍事角度加以反對，蔣介石未必能堅持守城計畫。

但是，蔣介石在高級將領當中擁有一名支持者——唐生智。

李宗仁如此描述當時的情形：上海會戰失敗後，蔣介石約在京高級將領和德國顧問商討南京應否固守的問題。李宗仁和白崇禧等人都建議放棄南京。但蔣說，南京為國府和國父陵寢所在地，絕對不能不戰而退，他個人主張死守。接著，蔣問總參謀長何應欽和軍令部部長徐永昌，二人皆異口同聲說，他們說沒有意見，一切以委員長的意旨為意旨。詢及德國首席顧問，他竭力主張放棄南京，不做無謂犧牲。最後，蔣問到唐生智：

> 唐忽然起立，大聲疾呼道：「現在敵人已迫近首都，首都是國父陵寢所在地。值此大敵當前，在南京如不犧牲一二員大將，我們不特對不起總理在天之靈，更對不起我們的最高統帥。本人主張死守南京，和敵人拚到底！」唐氏說時，聲色俱厲，大義凜然，大有張睢陽嚼齒流血之慨。
>
> 委員長聞言大喜，說孟瀟兄既有這樣的義憤，我看我們應死守南京，就請孟瀟兄籌畫防務，擔任城防總司令。**唐生智慨然允諾，誓以血肉之軀，與南京城共存亡**。死守南京便這樣決定了。

當唐生智發此豪語時，李宗仁揣測他是靜極思動，想趁此機會掌握一部兵權，所謂與城共存亡的話，不過是空頭支票罷了。會後，李宗仁向唐生智豎起大拇指道：「孟瀟，你了不起啊！」

唐說：「德公，戰事演變至此，我們還不肯幹一下，也太對不起國家了！」唐此時意態鷹揚，滿腹豪氣躍然臉上。

唐生智本人的回憶中卻是一番不同的說法。據唐回憶：蔣介石在軍事會議上提出守南京的問題。蔣問大家：「守不守？」蔣自己回答：「南京一定要守。」接著，蔣問：「哪一個守呢？」沒有一個人作聲，蔣說：「如果沒人守，我自己守。」這時，唐生智挺身出來，報名願守南京。在唐的回憶中，變成蔣介石先確定要守南京，沒人敢挑這個擔子，唐自告奮勇挑重擔。

據首都電話局「軍話專線臺」話務領班王正元回憶，兩位參加會議負責搞作戰計畫的軍官對他說：「唐生智在那次重要會議上精神狀態不太正常，他不是坐在椅子上，而是蹲在椅子上，一會跳下來，一會又蹲上去。」就在這次會上，唐生智承擔了保衛南京的重任。

又據在國民黨軍事委員會警衛執行部工作、任南京衛戍司令長官部參謀處第一科科長，主要「整理戰事會報的意見要領」的譚道平回憶，淞滬會戰尚未結束，唐生智就向蔣介石表示願守南京。十一月十六日和十八日唐生智參加會議，與會者中**持固守主張者唯蔣與唐而已**。在這樣的情況下，**蔣只能責成唐負責南京的城防事宜，捨此無人**。

羅生門式的回憶中，總有比較接近真相的一種。唐生智本人的回憶有自我迴護之嫌。如果不是只有他主動附和並一早就向蔣積極要求守南京，蔣未必能堅持固守南京，而蔣逼迫誰出任南京守將也逼不到唐的頭上。

那麼，蔣介石為何輕信唐生智這個曾經的「反蔣派」，且**長期未執掌兵權的「軍委訓練總監」**，任命其為南京衛戍司令長官？

首先是無人承擔這個不可能完成的任務，只有唐生智自動請纓。對於守衛南京，唐的自我期許很高，斬釘截鐵的向蔣表示，大難當頭，他將做到「臨危不亂，臨難不苟」，「沒有你的命令，我決不撤退」。唐是個自信心很高的人，曾表示守衛南京「六個月是沒有問題的」。

唐生智出任南京衛戍司令後，他對中外記者表示：

> 本人奉命保衛南京，至少有兩件事有把握：第一，即本人及所屬部隊誓與南京共存亡，不惜犧牲於南京保衛戰中；第二，此種犧牲定將使敵人付出莫大之代價。

蔣介石在鐵道部召集守衛南京的高級將領並發表談話，要求各將領服從唐生智指揮，抱著「不成功便成仁」的決心；唐也在現場表示：「本人誓與南京共存亡，希望各伍將領患難與共，同心協力，完成固守南京的光榮任務。」

其次，蔣介石任命唐生智守城，不是用人不當，而是抱著**讓昔日的政敵及若干雜牌軍自生自滅的自私考量**。作為一國元首，在首都保衛戰中仍以派系鬥爭、集團利益為優先，實在不應該。

蔣介石清楚知道兩個事實：第一，國軍已無精銳部隊防守南京。官方宣稱守軍有十五萬人，但實際上只有八萬人，而且大部分是從淞滬戰場撤退下來的部隊，早已傷亡過半、殘破疲憊、對日軍畏懼如虎。由於當時中國並沒有預備役徵兵制度，補充的新兵大都是從農村臨時召集或強行「抓壯丁」而來，沒有接受過基礎的軍事訓練，毫無軍事常識，有的甚至不會開槍射擊。當時在南京衛戍司令長官部參謀處負責調配部隊的第一科科長譚道平說：「我是天天在經手辦理部隊移上前線的工作，在字面上明明是一個師或者是一個軍開上去，可是天曉得哪……兵員只不過一個營地的模樣，同時，沒有大砲，步槍也不整齊，機槍大都喪失了作戰的用處。」

第二，蔣介石對唐生智的軍事指揮能力瞭如指掌。北伐期間，唐生智支持武漢政府，一度率軍「東征」南京政府。蔣介石的軍事顧問加倫將軍告訴鮑羅廷，唐生智志大才疏、不堪一擊。名記者陶菊隱在回憶錄中生動的描述：兩軍剛一接觸，唐部就敗退。「唐老總」發出豪言壯語：「譬如兩個人打架，我們先把拳頭收回來，然後再伸出去，準能一拳把敵人打倒。」然而，還沒有等他把「拳頭伸出去」，手下就紛紛造反，他只好宣布下野出國。

此後，唐生智加入國民政府，再未直接掌控軍隊，更未與日軍交戰，不知日軍的厲害。唐在南京北平西路中英文化協會舉行記者會，《紐約時報》記者弗蘭克．提爾曼．德丁（Frank Tillman Durdin）寫道：「雖然他斷然表示：『死守南京，與南京共存亡』，但我總覺得他不像是個有實力的指揮官。」正如五十一師師長王耀武所說：「**唐生智的長官部是臨時湊合而**

成的，**所指揮的部隊是臨時調撥的，這些部隊他過去沒有指揮過，他不了解這個部隊的情況，也不了解敵人的情況**。他也不曾有過與日軍作戰的經驗，對日方的軍力、作戰特點都欠缺了解。他的全部設想在南京戰役打響前均停留在與蔣百里紙上談兵的階段。不知己也不知彼，這仗如何打的贏？」

而且，唐生智有鴉片癮，身體衰弱，並無指揮大型戰役的體力。國民政府教育部長王世杰在十一月十八日的日記中寫道：「唐年來多病，如此嚴重之守城工作，其體力似不勝任。予今日兩次用電話與商南京市民救濟事宜，彼均在就寢，從可想見。」**大戰在即，主將臥床不起**，簡直就是天大的笑話。

白崇禧回憶說，他與唐同乘汽車到城外視察軍力部署，「兩天之視察，我發現唐之身體衰弱不堪，身著重裘，至平地，猶可下車查看；爬高山，便托我代為偵察。寒風白雪之中，我見他虛弱之身體，不禁為南京防守之擔心，為他自己擔心。」

「守也守不住，退也不知如何退」的廢物

果然，**真正的南京守城作戰只堅持了兩天**。最不能原諒的是：守，誰都守不住；但是唐生智連撤退都不做任何部署，致使數十萬軍隊和民眾一哄而上、奪路而逃，成為日軍刀俎上的魚肉。

據八十七師副師長兼二六一旅旅長陳頤鼎回憶：「上級沒有同我們見過一次面；沒有盡他們應盡的責任，也沒有告訴我們南京保衛戰的一般部署情況，更沒有向我們下達撤退的命令，事後也沒有聽說哪個指揮官因失職受處分。」

十二月十一日上午及同日晚間，唐生智先後兩次接到蔣介石關於棄守南京並渡江向津浦路撤退的電令，內稱：「如情勢不能持久時，可相機撤退，以圖整理而期反攻。」下午五時，戰事極其緊急，唐生智召開師以上將領軍事會議，下達「衛戍作命待字第一號」**分頭突圍的撤退命令**，交與各部長官執行。自此，**成千上萬軍民陷入空前的大崩潰**中：

自行決定由下關渡江的軍、師長大都未按命令規定的時間開始撤退，而是在散會後立即部署部隊撤退。有的單位在接到命令前即已撤走；有的將領只向所屬部隊打撤退電話，或回去安排一下撤退事宜就脫離部隊，先行到達下關。第二旅旅長胡啟儒得知撤退消息較早，不等會議結束，即以奉命去下關與第三十六師聯繫為由，電話通知其第三團團長代行旅長職責，獨自先去下關。

唐生智下完命令之後，自己率先逃命，此前發過的誓言早已拋到九霄雲外。聽聞長官往下關去了，幾萬國軍、無數民眾一起湧向下關。就這樣，抗戰史上最悲慘、最恥辱的一幕開始了。據負責防守挹江門的第七十八軍三十六師工兵營營長蕭兆庚回憶：

當我帶著工兵營撤退經過挹江門時，只見開了一扇門，其餘兩扇門緊閉。因此軍隊和老百姓都從這一孔門裡出去，十分擁擠。當我經過城門時，並不是走出去，而是被擠出去的！有些婦女、小孩被擠得呼大叫媽喊救命。丟掉包袱或貴重東西的，要想彎下腰去撿時，就只有被後面擁上來的人群踐踏、踩死。我當時只顧自己逃命，置之不理！

我逃出城門外百餘米處時，忽聽到轟隆隆的坦克車聲音和淒慘的叫聲與槍聲從城門那邊傳來。隨即見到三輛坦克車在前，一輛汽車跟後，在隊伍兩旁飛馳而過。這時人流中有很多人叫喊：「戰車快停住，壓死人啦！」我這才知道這些**坦克是為了衝出城逃命，不惜壓死很多老百姓和軍人**。當場有位同袍聽其任憲兵團長的同鄉說：「那三輛戰車後面跟著的那輛汽車，就是唐生智逃跑時坐的小汽車。」

唐生智身為主帥，竟然率先逃跑，南京保衛戰的後果可想而知！

當初，唐生智在腦子發熱下，為了表示背水一戰的決心，竟讓交通部長俞鵬飛將下關原有的兩艘大型渡輪撤走，並嚴令守衛浦口的胡宗南第一軍和守衛挹江門的宋希濂第七十八軍三十六師，制止從南京向長江北岸或由城內經挹江門撤往城外的部隊，如不聽從可開槍射擊。

據負責防守挹江門的第七十八軍三十六師上校團長熊新民回憶：「面對一望無際的人潮，上級給我們下死命令，除了指定的部隊、機關人員准到下關渡江之外，其他任何人、任何部隊、機關，都不准通過挹江門到下關……我第一營先是以一個連堵，不行，再加一個連，又增加一個連，直到把整個營都投了上去，也不能解決問題。

「那種殘酷的情景，發展到把整個挹江門所留下的、用以進出的一個側門，也被人流堵死了。先是蠕動著湧進來一部汽車，被人流和壓死的人堵住。結果，汽車也被堵住開不動了。人流便翻越過汽車，往前湧，越集越多；車輛、死人、活人越堆越高，以至高到把整個側門都塞滿了。人們又爬過死人堆上、爬上城牆，然後用梯子、用繩索、用電線、柱子等滑吊下城，擁到下關輪渡碼頭者，萬不及一。」

時任七十八軍軍長兼三十六師師長的宋希濂後來回憶：

長官部召集的會議散了後，唐生智等立即開始渡江，但各部隊均不遵令突圍。教導總隊、第八十七師、第八十八師、第七十四軍及南京警察等，均沿中山路擁向下關，爭先搶過挹江門，互不相讓，並曾一度與守挹江門之第三十六師第二一二團部隊發生衝突，秩序混亂達於極點。隨之下關亦亂，船隻既少，人人爭渡，任意鳴槍。因載重過多，船至江中沉沒者有之。許多官兵拆取店戶門板，製造木筏，行至江中，因水勢洶湧，不善駕駛，慘遭滅頂者數以千百計。哀號呼救之聲，南北兩岸聞之者，莫不嘆傷感泣，真可謂極人世之至慘。

北岸的胡宗南第一軍並不知道唐生智已決定撤退——**唐生智在倉皇之下，居然忘記通知北岸守軍！**遵照原先的命令，胡宗南部奉命向江中船隻射擊，直到少數從槍林彈雨中渡河成功的國軍告知，他們方才知道南京守軍已撤退，但不知已誤殺了多少人。八十七師作戰參謀李文秀後來估計說，渡江過程中被友軍殺死、被日軍炸死和在江中淹死的超過五萬人。**整個南京保衛戰中，中國軍隊自相殘殺的死亡人數，不一定比被日軍殺死的人數少**。

其中一個讓人啼笑皆非的個案，就是南京憲兵由司令部參謀長蕭山令少將，以代理司令名義指揮在京憲兵。唐生智為求憲警協調密切，派蕭山令兼掌警察廳長、戰時南京市長、代理南京警備司令、防空司令等職——反正這些官都當不了幾天了。

城破之後，蕭山令與部屬帶著南京僅存的銀元，跑到鐵道部附近，即遭友軍三十六師阻止。此時，中國潰軍紛沓而來，擁擠不堪，槍聲四起，血肉橫飛，於是隊伍為之散亂，行裝為之全失。蕭山令與三十六師督戰隊交涉，方許通行，至海軍部門前又被所阻。蕭山令本部所屬團營更加混亂，能至下關江邊的南京憲兵為數甚少。此時，江中已無船可渡，蕭山令乃命令手下紮木筏渡江。

依據憲兵特務營營長張法乾回憶，蕭山令以木板渡江，因副官攜帶銀元過重，連同衛兵沉入江中。

戰後，蕭山令被列入警察廳殉難名冊，作戰事蹟中，殉難原因是「堅持大義沉江殉節」。後來，國民政府發表了兩種蕭司令英勇就義的情節：「抵抗日軍騎兵不願被俘受辱，於挹江門飲彈自盡」或

李宗仁。

「遭日本江上汽艇機槍掃射中彈受傷，義不受辱，拔槍以最後一彈自殺殉國」，並追贈其陸軍中將，入祀忠烈祠。

一九八四年，中華人民共和國政府加碼追認蕭山令為革命烈士。二〇一四年九月一日，蕭山令被列入中華人民共和國民政部公布的第一批三百名著名抗日英烈和英雄群體名錄。

中國將領的低素質，自蔣介石以下，唐生智、蕭山令等均是典型的「傻兒將軍」，難怪蔣介石承認，中國的將軍比不上日本的連排長，而他自己何嘗具備日軍師團長的基本素質？

唐生智雖逃出生天，卻已失魂落魄。據駐守徐州五戰區的李宗仁回憶：

> 當南京城郊尚在激戰時，李品仙又來電話說，唐孟公已乘車經蚌埠北上，將過徐州轉隴海路去武漢。我聞訊乃親到徐州車站迎接。見面之下，真使我大吃一驚，唐氏神情沮喪，面色蒼白，狼狽之狀，和在南京開會時判若兩人。我們在徐州列車上傾談二十分鐘，握手欷歔。
>
> 孟瀟說：「德公，這次南京淪陷之速，出乎意外，實在對不起人。」言罷嘆息不已。
>
> 我說：「孟公不必介意，勝敗乃是兵家常事，我們抗戰是長期的，一城一地的得失，無關宏旨。」
>
> 我們談了片刻，唐生智便垂頭喪氣，轉隴海路駛向武漢而去。

唐生智於十二日晚七時渡江，當夜住六合，次晨策車抵滁州。在滁州，唐嘆道：「我打了一輩子仗，從來沒有打過這樣糟的仗，」又說：「我對不起國人，也對不起自己。」這是唐自一九三一年進入蔣介石政府以來最後一次、也是唯一的統兵作戰的經歷。

到達武漢之後，唐生智向蔣介石負荊請罪、自認其咎：「竊職等奉令衛戍南京，既不能為持久之守備，又不克為從容之撤退，以致失我首都，喪我士卒。」蔣介石自己內心亦有愧，遂**對唐生智和其他將領不作任何處分**。而歷史終將把蔣介石和唐生智釘在恥辱柱上。

第二十五章 中國沒有打贏抗日戰爭——豫湘桂大潰敗真相

國民政府已經如同晚清政府一般是一座內部腐爛的危樓了。而國民黨作為國民政府的靈魂對此是負有絕大多數責任的。正如蔣介石自己所說：「軍事和政府部門對過去的失敗都負有責任。但是最主要的責任，這一點不可否認，是因為黨的癱瘓，黨員、黨的組織機構和黨的領導方式問題重重。因此，黨成了行屍走肉，政府和軍隊也就喪魂失魄，結果是軍隊崩敗，社會動亂。」在一九三七至一九四九年間，國民黨內部黨派林立，官僚主義橫行，組織鬆散，黨員爭權，導致了國民黨自身改革建設的舉步維艱，經濟建設和政治改革的無法執行。

——易勞逸《毀滅的種子：戰爭與革命中的國民黨中國》

至今，國民黨和共產黨還在爭奪誰打贏抗日戰爭的桂冠。由中國全國人大代表邢卓主持的《中國民間民情調查》，對三座中等城市六千名二十五歲以上居民，做了十八個問題的問卷調查，其中第一個問題的結果如下：你認為誰是抗日戰爭的中流砥柱？七八%的人答：中國共產黨。問及國民黨在抗戰中起了什麼作用？同樣比例的人回答：搞摩擦；望風而逃；打了幾次敗仗；輔助作用。

國軍已不再是一支能作戰的軍隊

在民主化之後的臺灣，國民黨不再是一個壟斷政權的政黨，無法壟斷新聞媒體、歷史敘事和歷史教科書。臺灣本土意識的興起和對日治時代的懷念，使得國民黨宣揚自身抗戰功勛時落得個「知音少，弦斷有誰聽」的尷尬境地——臺灣人更有興趣追溯太平洋戰爭期間自身所受的傷害，比如當時作為大日本帝國一部分的臺灣，多次遭到從中國空軍基地出發的美國空軍的大轟炸。

中共財大氣粗，逐漸掌握了歷史論述權。二〇一五年，習近平在北京舉行「慶祝世界反法西斯戰爭勝利七十週年」盛大閱兵式，一群中華民國退役高級將領興致勃勃的前去參加，「謙卑」的聆聽習近平指鹿為馬、扭曲歷史的談話——共產黨是抗戰的中流砥柱。這群國軍將領由「反共」到「投共」的變臉，連許多中國民眾都看不下去，紛紛在社交媒體上出言嘲諷。

實際上，不僅共產黨極少對抗日軍，國民黨在正面戰場上也罕有拿得出手的戰績。總而言之，中國並沒有打贏抗日戰爭。日本是被美國打敗的，日本對打敗自己的美國心悅誠服，乖乖接受麥克阿瑟（Douglas MacArthur）主導的戰後重建及民主化改革。反之，日本從未承認是被中國打敗的，自明治維新到今天，日本從未將中國當作一個現代文明國家。

一九四四年，太平洋戰爭結束前一年，如果從一九三一年「九一八」事變算起，中日兩國進入交戰狀態已十三年。從戰爭早期的南京潰敗，到戰爭後期的豫湘桂潰敗，國軍從整體上而言，並未因戰爭的洗禮而英勇善戰。

從一九四三年秋開始，日軍在太平洋戰場上被美國海軍掐住喉嚨，不斷後退。以中國為基地的美國空軍襲擊了日本在臺灣新竹的機場，使日本倍感威脅。面對如此不利形勢，日本擔心本土與南方的海上運輸被切斷，認為有必要在中國擁有更多穩固的立足點，以利進行長期戰爭。為實現這一目的，應打通大陸交通線。

於是，日軍在中國戰場發動「一號作戰」（即**「大陸交通線戰役」**），中國稱為「豫湘桂會戰」。在日軍制定的《指導一號作戰的基本方針》中，將其戰略目標概括為：殲滅中國的空軍基地，阻止美國空軍利用其空襲日本本土；打通粵漢、湘桂以及京漢鐵路南部，實現與南方地區的鐵路聯絡；給予國民黨主力軍重大打擊，粉碎國民政府繼續作戰的企圖。日本將「一號作戰」分為兩個階段：前一階段為京漢作戰，中方稱為豫中會戰（中原會戰）；後一階段為湘桂作戰，中方稱為長衡（長沙、衡陽、湖南會戰）會戰及桂柳（桂州、柳州）會戰。

日軍對於此次戰役十分重視，在發動進攻前的四、五個月，不僅修復鐵路、趕修黃河鐵橋，還將中國派遣軍八〇%的兵力投入此次作戰，使之成為日本陸軍史上投入作戰兵力規模最大的一次作戰——兵力約五十一萬人、馬匹約十萬匹、火炮一千五百五十門、汽車約一萬五千多輛。整場戰役戰線縱貫一千五百公里，日軍在八個月時間裡，先後在河南、湖南、廣西、廣東、福建和貴州發起強大攻勢，在大部分戰場上勢如破竹。

國軍則遭遇武漢會戰（武漢失守，之後雙方形成對峙）後最大的敗績。國軍損失兵力近百萬人，丟失河南、湖南、廣西、廣東等省大部和貴州省的一部，約二十多萬平方公里土地、六千多萬人口、七個空軍基地、三十六個飛機場。蔣介石自稱：「我今年五十八歲了，自省我平生所受的恥辱，以今年為最大。」

日軍摧毀陳納德將軍的空軍基地，**形成穿過中國中部連接瀋陽到河內的一條通路**，然後西進，似乎勢不可擋。中國軍隊被驅趕上去抵擋日軍，卻無法阻止日軍的推進，中國戰區參謀長魏德邁將軍哀嘆，裝備精良的師都「融掉了」，中國官兵「看來缺乏士氣，完全不想守住陣地」。

通往重慶的道路向日軍敞開，蔣

實施「一號作戰」的日軍裝甲部隊。

介石宣布決心留在重慶，在即將到來的重慶保衛戰中，「必要時候殺身成仁」——這種宣言已難以安定人心，因為他在放棄南京和漢口前也發出過類似的誓言。

幸虧日軍已是強弩之末。在軍事實力上，日軍或許可以攻克重慶、瓦解蔣介石政權，但那對解決日本的危局幫助不大，而且將危及日本在南洋的防衛。**日軍大批南下已造成中國北方乃至滿洲兵力空虛**，為一年之後蘇軍輕易擊敗關東軍埋下伏筆。

這場戰役，日軍大獲全勝，但其戰略目標並未達成。日軍如願以償占領桂林、柳州等地的空軍基地，但對中美空軍並未造成致命打擊，仍無法解除本土遭受轟炸的危機。因諸多**鐵路、公路在戰役中遭到破壞，日軍**缺乏維修器械，其控制下的平漢、粵漢、湘桂諸條路線從未恢復有效運作，**物資運輸依然難以維持**。誠如日本的中國派遣軍總司令官畑俊六所哀嘆的那樣，「打通作戰，其利用價值似不太大」。

國軍不是被日軍打敗，是被本國人民打敗

豫湘桂大潰敗首先從河南開始。《劍橋中華民國史》用冷峻的筆調寫道，從政治上看，「一號作戰」對國民黨人是一場災難。不論是在重慶還是在戰場上，不稱職和腐敗被暴露在光天化日之下長達半年之久。沒有比「一號戰役」開始階段的災難更令人觸目驚心的了，當時正遇上一九四四年春季河南的大饑荒。無論重慶政府，還是河南軍政當局，對這場饑荒都毫無

準備，儘管災情的發展已能明顯看出。當饑荒襲來之時，當局沒有提供任何救濟，橫徵暴斂一如既往，投機活動極為普遍。

河南從一九四二年冬就發生大饑荒，許多人吃樹皮、草根和牲畜的飼料，據報導也有人吃人肉。大約有兩、三百萬人死於這場災難；另外有三百萬人逃難到省外。隨後，幾十萬河南農民被國軍趕在一起，讓他們用馬車和手推車把糧食運送到徵糧中心，為軍馬找尋飼草、修築公路，以及開挖一條三百英里長的巨型反坦克壕溝——事後證明是完全無用的。將近一百萬人被徵募去加高沿黃河的堤壩。對於這樣的勞動，農民得不到工錢，甚至還要自備飯食。一九四四年春，他們的不滿逐漸浮現。

在抗戰前，河南就有「水旱蝗蹚」的說法。「蹚」是土匪的意思，「水旱蝗蹚」的特點是連著鬧，水過必旱，旱過必蝗，蝗過必「蹚」。不過，那時「蹚」還只是區域性叫法，豫西叫「刀客」（以搶劫為主），豫北叫「老抬」（以綁票為主），豫東叫「撚子」（撚軍的來歷）。

但在抗戰時，「水旱蝗蹚」被人們置換成「水旱蝗湯」，其中的「湯」指的是湯恩伯和蔣鼎文的隊伍（湯恩伯押韻，便宜了蔣鼎文）。並且，「水旱蝗湯」是屬於全河南的、不分地區的噩夢。湯恩伯曾打贏了臺兒莊戰役，但後來擴軍擴權，所收編隊伍的軍紀是令人髮指的侵略軍水準：一旦出動，所過之處猶如蝗蟲過境，殺人取樂、綁架勒索、搶劫民財、姦淫婦女、倒賣人口……河南民間早就有「寧願敵軍燒殺，不願國軍駐紮之口號，可見國軍軍隊紀律的敗壞，已到天怒人怨的地步。

國軍在河南作惡多端，遠甚於日軍：百姓在路上走，國軍找個藉口捆了，要家人帶錢來換人；國軍隨意出示稅收紙條，貼滿百姓家大門；國軍與土匪勾結，縱容土匪禍害鄉里；國軍為了拉兵，不管任何理由，哪怕病人、殘疾人和未成年人，都會被帶走。

一九四〇至一九四三年這四年中，**河南省駐紮的國軍與日軍一仗也沒打，反而與日軍做走私生意**。一個日軍記者看河南老百姓受的苦，不禁嘆息：「**我第一次發現對待本國人民如此之壞的部隊**。」把本國人民的命革到這個地步，堪稱二戰史上的一大奇觀。

一九四四年四月中旬，日本六萬軍隊對河南這個鬧饑荒的省分發起進攻。日本人花了三週時間，擊潰三十萬中國軍隊，控制了到漢口的鐵路。湯恩伯在三十六天裡丟掉三十七座縣城，簡直就是一日失一城，還損失二十萬軍隊——其中，**有超過一半軍隊是被河南民眾擊潰的**，這也是二戰史上一個讓人瞠目結舌的「世界之最」。

當中國軍隊在日軍的追擊下逃跑時，長期受壓的農民奪取他們的槍支並向他們射擊，然後歡迎日軍。一位中國司令官抱怨：「鄉民偷偷的穿越戰線，把豬、牛肉、大米和酒送給敵人。鄉民情願讓敵人統治，卻不想在自己政府下當自由民。」農民們凶猛的攻擊潰敗的國軍官兵，用農具、匕首和土炮武裝起來，解除了五萬名國軍的武裝，還殺了一些——有時甚至把國軍活埋。

湯恩伯和蔣鼎文的部隊在退往豫西的途中，所遭受的嚴重損失，**大都不是來自日軍，而**

是來自當地鄉民、土匪以及民團的截擊。第十四集團軍總司令部、第三十一集團軍總司令部、第十三軍軍部、第十四軍軍部等，皆遭本國民眾襲擊。規模最大的莫過於澠池縣地方武裝上官子平部的「逆襲」，上官趁著新編第八軍潰敗時，在邸塢山區強行繳該軍兩千餘人的械，就連軍長胡伯翰的配槍也被繳走。

國軍最高層痛切的承認此一事實。陳誠在回憶錄中寫道：

湯副長官不能以身作則，又個性太強，上行下效，往往相率蒙蔽，不敢舉發……特務團隨長官部行動，到處雞犬不留。軍民之間儼如仇敵，戰事進行中，軍隊不能獲得民眾協助，自屬當然。而各地身任鄉鎮保甲長或自衛隊長等之土劣惡霸，且有乘機劫殺零星部隊及予以繳械之事。

一九四四年七月二十一日，蔣介石發表了一篇〈對於整軍會議之訓示：知恥圖強〉的談話，他說：

這一次中原會戰（豫中會戰）的情形是怎麼樣呢？有一些美國和蘇聯的軍官和我們軍隊一同退下來的，據他們所見，我們的軍隊沿途被民眾包圍襲擊，而且繳械！這種情形，簡直和帝俄時代的白俄軍隊一樣，這樣的軍隊當然只有失敗！我們軍隊裡面所有的車輛馬匹，不載武器，不載彈藥，而專載走私的貨物。到了危急的時候，貨物不是被民眾搶掉，就是來不及運走，拋棄道旁，然後把車輛來運家眷，到後來人馬疲乏了，終於不及退出，就被民眾殺死！部隊裡面軍風紀的敗壞，可以說到了極點！在撤退的時候，若干部隊的官兵到處騷擾，甚至於姦淫擄掠，弄得民不聊生！這樣的軍隊，還存在於今日的中國，叫我們怎樣做人？尤其叫我個人怎樣對人；我統帥受到這樣的恥辱，也就是大家的恥辱。

蔣介石說得痛心疾首、聲色俱厲，卻無人當真，因為他賞罰不明、包庇親信。湯恩伯比韓復榘還腐敗無能，湯比韓的罪過更大。韓因為不是蔣的嫡系，被蔣槍斃了；湯因為對蔣忠心耿耿，只受到象徵性的貶職，很快東山再起。

日軍攻克的湯恩伯部倉庫中，僅麵粉就存有一百萬袋，足夠二十萬軍隊一年之用。為什麼不分出一些賑災？美國戰地記者白修德（Theodore Harold White）到河南採訪時，曾經提出這個疑問。一個中國官員告訴他：「如果人民死了，土地還會是中國的；但如果士兵餓死了，日本人就會占領這些土地。」所以，國軍任由災民自生自滅，而軍糧一兩都不能少。

這恐怕也是視軍隊如命根的蔣介石的心聲，但他萬萬沒有想到，**日本人竟然在災區拿出繳獲的軍糧賑災**，導致河南民眾對國民政府更為唾棄。對此，白修德評論：

他們是創造了世界上最偉大文化之一的民族的後代，即使是文盲，也都在珍視傳統節日和倫常禮儀的文化背景中薰陶和成長。這種文化把社會秩序看得高於一切，如果他們不能從自己這裡獲得秩序，就會接受不論什麼人提供的秩序。如果我是一個河南農民，我也會被迫像他們一年後所做的那樣，站在日本人一邊並且幫助日本人對付他們自己的中國軍隊。我也會像他們在一九四八年所做的那樣，站在不斷獲勝的共產黨一邊。

國家存亡之際，國軍還在搞派系

即便到了抗戰後期，國軍仍然不是一支名副其實的、整齊劃一的國防軍。研究抗戰時期國民政府軍隊戰力的學者張瑞德指出，國軍不是一支屬於國家的軍隊——東北軍有東北軍的編制，川、滇、黔、桂軍也各自有其絕不劃一的編制，即便是中央直接統轄的部隊，也因為歷史淵源的不同，而有兩、三種編制。他舉出一個例子加以說明：廣東名將薛岳在湖南擔任第九戰區司令長官時，重要的軍事會議採用粵語進行，不是廣東人根本聽不懂。

國軍內部由人脈和地域產生**不同派系，高級將領意見不一**，各行其是，指揮難以貫徹。第一戰區司令長官蔣鼎文與副司令長官湯恩伯水火不相容，對河南戰事產生很大消極影響。桂柳會戰中，白崇禧在戰前，「先把四十六軍調出桂林，接著又把一八八師拉出來，無非是保存實力及照顧姻親（一七五師長甘成城是白崇禧的姨甥，一八八師長海競強是白崇禧的外甥）的結果」。軍政部長何應欽感慨部隊整理之難，即如近在重慶之九十七軍軍長指揮不動其師長，言下唏噓不已。

中央軍嫡系將領固然驕不受命，地方非嫡系部隊長官或因待遇不平，或出於保存實力的考慮，抗命不遵者常有之。長沙失陷後，蔣介石電令薛岳將第九戰區主力布守湘江以西，以拱衛西南大後方。薛岳拒不從命，聲稱必須固守湘東南，不讓日軍打通粵漢路與通往香港之海道。據軍令部長徐永昌等人揣測，「薛伯陵（薛岳）不欲至鐵道以西，其心叵測，蓋一旦有事，渠頗有劃疆自保之意。」

白崇禧身為軍事委員會副參謀總長，在戰略指導方針上與最高領袖蔣介石始終持有不同看法。鑒於敵我力量懸殊，白崇禧不主張國軍與日軍在正面戰場硬拚，建議將國軍兵力轉向敵後展開游擊，破壞日軍交通和後勤補給，襲擾和消耗日軍。

蔣介石沒有接納白崇禧的建議，明知實力不足，偏要國軍發動正面進攻，造成莫大損失。蔣對桂系的白崇禧和粵系的薛岳等名將並不信任，甚至有借日本之刀殺人的齷齪想法；因此，地方派系的將領不願出全力打這場「蔣介石的戰爭」——就好像當年日清甲午戰爭中，南洋水師不願援助北洋艦隊，認為那是「李鴻章的戰爭」一樣。**中國要轉型為現代國家、中國軍隊要轉型為現代軍隊，長路漫漫。**

在湖南會戰中，除了第九戰區外，蔣介石還從第三、第六戰區抽調兵力。由於參戰系統不一，容易出現**多頭指揮**。除蔣介石喜歡越級指揮外，侍從室主任林蔚也常以蔣的名義發號施令。薛岳作為第九戰區司令長官在其防區內自有調兵遣將之權。李玉堂等集團軍主官也可名正言順的指揮其下屬。

衡陽會戰期間，蔣介石指派軍委會副總參謀長白崇禧前往桂林，協調指揮衡陽一帶戰事。白崇禧在戰略方針上本與軍令部長徐永昌意見不一，薛岳的作戰意圖亦與白崇禧不同。在這種不統一、也不專一的多頭指揮之下，難免前後矛盾，左右失調，令作戰部隊無所適從。在已經轉型為現代國防軍的日軍那裡，不可能出現這種混亂情況。

以第六十二軍為例，該軍屬於余漢謀第七戰區建制。長沙告急後，蔣介石電令余漢謀調第六十二軍擔任衡陽周邊作戰任務，歸第二十七集團軍副總司令李玉堂指揮。據該軍軍長黃濤晚年回憶，該軍在衡陽參戰期間，重慶軍事委員會侍從室主任林蔚常以蔣介石的命令直接指揮；薛岳也以第九戰區司令長官名義來指揮；李玉堂又以第二十七集團軍副總司令名義來指揮。

第六十二軍處於多頭指揮而又命令不一的情況下，只好以軍事委員會蔣介石的命令為行動依據，直接與侍從室主任林蔚密切聯繫；有時故意藉蔣介石的命令抵制第九戰區司令長官薛岳的調遣，薛岳亦無可奈何。

由於參戰系統有別，多頭指揮無所適從、部隊長官驕不從命、地方部隊保存實力等諸多因素，致使參加會戰各部隊之間步調不齊，協同作戰能力差。戰場指揮官缺乏自動與鄰近部隊聯繫策應的習慣。

第十軍苦守衡陽四十餘日，前往解圍的援軍如與城內守軍適時配合，或可收內外夾擊之效，無奈當內圍突出時，外無援應；當周邊進擊時，內徒固守。另一方面，前往解圍的各部隊之間缺乏聯絡，步調不一。各軍逐次前往解圍，此去彼來，未能集中各軍優勢兵力與日軍決戰，結果坐失良機，陷於被日軍各個擊破的敗局。

豫湘桂大潰敗是國民黨失去中國的開端

《劍橋中華民國史》指出：「日本的一號作戰，使國民黨人遭到一次毀滅性的挫敗。它向所有中國人，也向全世界揭示在此前的**七年戰爭中，國民黨軍隊和政府已墮落到何等驚人的地步**……從一九四二年起，大部分國民黨軍隊已喪失了戰鬥意志，它實際上再也不能採取有效的軍事行動了。」顯然，由「一號作戰」暴露出國民黨政府和軍隊的虛弱，是長期複雜的惡化過程的頂點。總體來說，「一號作戰」動搖了國民政府的中央權威以及國際地位。

對內而言，豫湘桂大潰敗顯示蔣介石及重慶政府的極端無能，桂系、粵系、閻錫山等地方實力派，開始重新考慮對重慶中央的效忠。甚至有一群高級將領得到知識界的支持，主動跟美方接觸，籌劃推翻蔣介石的統治，重建一個廉潔、高效、更加西化的中央政府。由於他們彼此之間成見太深，終究未能建立一個牢固的反蔣聯盟，並贏得美國的支持。

而更糟糕的一個結果是，躲在延安袖手旁觀的**毛澤東和共產黨，由此看到蔣介石和國民政府的虛弱**，強化其逐鹿中原的野心。此前，毛澤東對於戰後在短期內擊敗蔣介石並無太大把握，但在看到國軍在豫湘桂大潰敗之後，他在黨內發表的談話和在發給蘇聯主子的電文中，開始有了取國民黨而代之的底氣。毛澤東就像一頭聞到血腥味道的凶惡鯊魚，對傷痕累累的蔣介石不會有絲毫的憐憫。

對外而言，國際輿論對國民政府對日作戰不力發出猛烈抨擊。當時，國際形勢對同盟國一片大好：義大利投降了，盟軍成功在諾曼第登陸，納粹德國已日薄西山，美軍在太平洋上縱橫馳騁，日本的聯合艦隊幾乎不存在了。盟軍在各個戰場上凱歌高奏，唯獨中國在潰敗。**豫湘桂戰役是同盟國在一九四四年最大潰敗**，而且是在由中美空軍掌握制空權的情況下發生的。這次大潰敗極大損害了羅斯福對中國的好感，使他對中國軍隊和國民政府失去了信心。

此前，羅斯福竭力消除邱吉爾對中國的蔑視，努力將中國扶持為四大戰勝國之一。在一九四三年十一月二十三至二十六日的開羅會議上，羅斯福特意向蔣介石示好，希望反攻日本時中國能獨當一面，成為一大主力，可獨自將日軍從中國國土上趕出去，然後與美軍雙管齊下，一起反攻日本本土，以避免蘇聯直接出兵干涉。羅斯福和馬歇爾將軍甚至初步設想，於一九四四年底，將美械裝備的中國駐印軍隊的一個團調往歐洲戰區與納粹德軍作戰，讓中國軍隊在歐戰戰場上揚名立萬——即便只是象徵性的。

然而，**豫湘桂戰役的大潰敗，讓羅斯福對蔣介石和他領導的中國不抱任何希望**。美、英、蘇三國的領袖都看透了蔣介石政府的腐敗無能，再也沒有把中國放在眼裡。一九四五年二月，到決定戰後格局的雅爾達會議時，美、英、蘇三國拋下中國，開會討論戰後勢力範圍的劃分。

羅斯福認為，中國軍隊難堪大用，單憑中國自己無法打敗在中國的日軍，更別談反攻日本本土。為了不讓美軍傷亡過多，**羅斯福與史達林約定：歐戰結束後，由蘇聯出兵滿洲，而交換條件是將滿洲和朝鮮北部劃入蘇聯的勢力範圍。這一決定對國民黨政權的生存而言是致命的，但這是蔣介石及其政府和軍隊咎由自取。**國軍的豫湘桂大潰敗，宣判了國民政府的死刑，只是延緩到五年之後執行。

第二十六章 延安不是抗日燈塔，而是鴉片王國

政治局討論了經濟困難問題，找出了一個相當別出心裁的辦法。政治局批准，加強發展「公營的鴉片生產和貿易」。同時決定，作為緊急措施，要在一年內為中央政府所轄各省的市場（叫做對外市場）至少提供一百二十萬兩鴉片。

——彼得．弗拉基米洛夫《延安日記》

從南京潰敗到豫湘桂潰敗，國軍在抗日戰場上屢戰屢敗，但畢竟在苦撐待變；與國軍相比，共軍則如毛澤東所說，「三分反日，七分反蔣」——其實，連「三分反日」都是假的，那「三分」功夫，被用到栽種、製作和買賣鴉片上。

紅太陽下的罌粟花：中共歷史上的最大機密

在中國，凡是經歷過文革的長者，都知道毛澤東的「老三篇」，那個年代所有人都必須背誦這三篇文章。一篇是讚揚神話人物的〈愚公移山〉、一篇是讚揚國際主義戰士的〈紀念

白求恩〉，還有一篇是讚揚一個士兵的〈為人民服務〉。〈為人民服務〉提到中共中央警衛團戰士張思德，在陝北安塞山中燒炭時因為炭窯崩塌而犧牲，他「為人民利益而死」，他的死重於泰山。

然而，張思德並不像《毛澤東選集》注釋說明的那樣，在燒炭時因塌窯而死，而是在被派到一處大煙（鴉片）加工廠參與燒製大煙時，因煙窯崩塌而被活埋。為什麼這種事要讓中央警衛團的人去幹？不難理解，加工大煙的事情既要保密，又要保證參與這項工作的人不會中飽私囊，必須安排十分可靠、「黨性強」、「紀律性強」的人去幹。事實上，除了張思德，中央警衛團很多幹部、士兵都輪流參加過加工煙土。燒煙英雄居然被立作楷模，讓全國人民學習數十年，這就是中國歷史被謊言充斥的典型例證。

中共在延安所做的最重要的事情，不是抗日，而是種植、製作和輸出鴉片。西北沒有日本軍隊的蹤跡，被國民黨軍隊一路追擊逃到西北的共產黨，所宣揚的「北上抗日」，明顯是一句自欺欺人的謊話，至於有沒有人相信，共產黨已不在乎了。而且，共產黨早已派出潘漢年等人與日本談判達成「互不侵犯」之協議，一九四一年之後，日本從未向以延安為中心的「革命根據地」發動過一次大規模作戰。

日本的飛機頻頻轟炸濃霧繚繞、視線模糊的重慶，偏偏就是不去轟炸晴空萬里、毫無遮掩的延安。難怪戰後的一九七二年九月二十七日，毛澤東會見日本首相田中角榮等來訪日本客人時表示：「我們要感謝日本，沒有日本侵略中國，我們就不可能取得國共合作，我們就不能得到發展，最後取得政權……我們是有你們的幫助，今天才能在北京見你們。」

關於延安政權種植、製作和銷售鴉片的這個「中共歷史上的最大機密」，早已有很多學者做過研究。但由於中共封鎖乃至銷毀了大量檔案資料，使得研究難有突破，直到學者高龍在山西省忻州地區，見到一批當年共產黨在晉西北種植鴉片的原始檔案，才讓世人看到冰山一角：據擁有這批檔案的人士介紹，這批檔案從忻州某縣檔案館流出，以「賣廢紙的價格」賣給文物販子。該人士花高價從文物販子手中購得這批檔案，並妥善保管。

根據檔案所在地和內容，研究者將這批檔案初步命名為「**忻州鴉片檔案**」。「忻州鴉片檔案」的紙張都已泛黃，但裡面的毛筆字工整，訊息量大。「忻州鴉片檔案」數量達兩百多件，內容涉及晉西北鴉片種植、收割、運送、稅制等每個環節，全方位勾勒了**一九四〇年代共產黨統治地區的鴉片經濟**。「忻州鴉片檔案」的面世，將「解放區」鴉片經濟這一重大疑案鐵板釘釘，為這一課題的研究提供全新的文獻支撐。以這些檔案為基礎，高龍寫出〈紅太陽下的罌粟花：一九四〇年代邊區鴉片經濟〉一文。

這篇文章提及，「忻州鴉片檔案」中有一件《腰莊煙畝稅冊》，詳細記錄了腰莊農戶的鴉片種植情況。根據《腰莊煙畝稅冊》，種鴉片的農戶成員多數為貧農，少數為中農，中共只將此「肥缺」賜予值得信賴的階級。檔案顯示，中共的鴉片統購政策是冷酷無情的。農戶種鴉片有具體的任務，屬於「政治攤派」。如果無法完成任務，農戶得自己拿錢買鴉片，然後再上繳。

豐收季節，農戶去煙站出售鴉片，之後換回等價貨物，沿途設有嚴格的稽查崗位，需要有許可證才能放行。「忻州鴉片檔案」中有一件《三十六年交換許可證放行》。這件檔案的日期是「中華民國三十六年九月二十五日」，即一九四七年九月二十五日。這份文件寫著，「茲有寧武縣第四區謝家坪村李喜牛、李金牛等五人攜帶藥品三十六兩到縣上帶換回等價貨物，換布及衣服牲畜，業經批准發給許可證明，希沿途放行，此照。又給安滿蒼收執。縣長王子仁、稅務局長張一心」。

與以往研究者遇到的「特產」、「特貨」等詞彙不同，「忻州鴉片檔案」直接出現「大煙」字樣。其中有一件檔案《煙站致趙應堂煙布價》，文字為：「趙應堂同志：祝您好吧。大煙已收下，毛重二十九．六兩，皮重十三．八兩，淨重十五．八兩，六個煙，共二十五萬八千元……請照數查收為荷。煙站侯成明啟（一九四八年）四月三十日。」

在另外一些情況下，當局用其他隱晦的名稱代指鴉片。「忻州鴉片檔案」中有一件《王子仁統購藥材通知》。該檔案詳細的描述了一九四七年山西省臨武縣統購鴉片的事情。在檔案中，鴉片被隱晦的稱為「藥材」。

中共的教科書對西方帝國主義發動所謂的鴉片戰爭口誅筆伐，並標榜中共建政後消滅鴉片的豐功偉業，卻深深掩埋了中共割據政權以鴉片為經濟支柱、靠鴉片度過難關的歷史真相。「忻州鴉片檔案」堪稱「鐵證如山」，比任何出土文物都更具震撼性，再次證實了一個道理：若要人不知，除非己莫為；凡走過之處，必留下痕跡；天網恢恢，疏而不漏；出來混，總要還的。

莫斯科駐延安特派員眼中的「鴉片王國」

最早公開披露延安鴉片經濟祕密的，是共產國際派駐延安的特派員兼塔斯社隨軍記者彼得．巴菲諾維奇．弗拉基米洛夫。弗氏於一九二七年加入蘇共，一九三一年應徵入伍。他退伍後進入莫斯科納列曼諾夫東方研究院，學習並以優異成績畢業。在派駐延安的數年間，他寫下大量日記，一九七三年以《中國特區：一九四二—一九四五》的書名在蘇聯出版。

當時，中蘇已翻臉，蘇聯出版此書是為了攻擊中共，但書中內容並無偽造。後來，中國將中文譯本作為「黑皮書」（內部讀物）出版，在譯者說明中指責，「蘇聯領導集團出於反華需要，對日記原稿做了『編纂』和『刪節』」，卻不敢指出究竟有哪些「不實之處」。

弗氏在書中對毛澤東、康生和周恩來等人的評價極為負面，並栩栩如生描述了「延安整風」期間的恐怖氣氛。他寫道：「中共領導人不是在志同道合的基礎上建立起紀律，使大家圍繞著一個偉大的目標團結起來，而是在恐怖的基礎上向人們灌輸盲目的奴隸主義。**延安的整個氣氛就是恐懼，除了恐懼，還是恐懼。**」

對此，諾貝爾和平獎得主劉曉波在一篇書評中指出：「曾在史達林統治下生活過的蘇聯人在毛澤東統治下的延安，居然產生了『除了恐懼，還是恐懼』的感覺，可見毛澤東的殘忍和卑鄙遠甚於史達林。之所以如此，大概是因為：史達林整肅政治對手的主要手段是祕密清洗的肉體滅絕，而毛澤東的主要手段不僅是肉體滅絕，**還是發動群眾運動的靈魂清洗和人格羞辱**。所以，這位蘇聯人才會對這種大規模群眾運動式的整人感到恐懼。」

弗氏在其日記中對鴉片問題有詳盡記載。一九四二年八月二日，毛澤東邀請弗氏、尤任等蘇聯記者到其駐地去，教蘇聯客人打麻將。那時，毛急需蘇聯的經濟和武器援助，故而對蘇聯客人竭盡籠絡之能事。在打麻將時，尤任問道：「毛澤東同志，特區的農民往往由於非法買賣鴉片受到懲辦，而現在甚至是共產黨領導的軍隊與機關也在公開的生產鴉片，這到底是怎麼一回事？」毛沒有吭聲。一旁的鄧發（中共特務頭子之一）代毛回答：

從前特區只是把鹽和鹼運往國統區。我們一掛掛大車滿載著鹽出去，帶回來的錢袋卻是癟的，而且還只有一個錢袋。現在，我們送出去一袋鴉片，就能夠帶回滿滿的一車錢。我們就用這些錢向國民黨買武器，回頭再用這些武器來收拾他們！

一九四三年一月二十九日，弗氏在日記中寫道：「解放區出現一片怪現象。**中共的部隊中也同樣出現了這種怪現象。它們都在盡可能的與淪陷區的日軍做生意**。到處在做非法的鴉片交易。例如，在柴陵，遠在後方的步兵一二〇師師部，撥出一間房子來加工原料，製成鴉片後就從這裡運往市場。實際上晉西北各縣都充斥著五花八門的日貨，這些日貨都是由淪陷區日軍倉庫所直接供應的……在一二〇師師部裡，討論的中心不是戰鬥任務、作戰和其他軍事問題，而是怎麼做買賣和賺錢。」

從弗氏的日記來看，鴉片的種植地區除了**陝北外，晉西北**也是很重要的產區，主要是因為這些根據地比較偏僻，**日本人和國民黨很少來打擾，便於進行祕密、成規模的生產**。

一九四三年九月二十二日，弗氏記載，中共五大常委之一的任弼時被任命為「鴉片問題專員」。因為要隱瞞特區鴉片生產的真實規模，是不可能的。鴉片是當地貿易中最重要的一宗商品，所以毛讓蘇聯客人向蘇聯當局傳話解釋，並為這項「買賣」製造理論依據。

任弼時如此轉述毛澤東的話：「毛澤東同志認為，種植、加工和出售鴉片不是件太好的事。可是，毛澤東同志說，在目前形勢下，鴉片要起打先鋒的、革命的作用，忽視這點就錯了。政治局一致支持中共中央主席的看法。」

任弼時告訴弗氏，鴉片的事情，就是說罌粟的種植與加工，大部分將由部隊來做。賀龍的一二〇師所在地是最主要的提供鴉片的地區（這個師已長期做這項生意）。近期中共中央又發布了一項大量進行鴉片貿易的命令。鴉片體積不大，把鴉片運到延安或特區其他指定地點，再從那裡運往中央政府所轄各省，以高價出售，並不困難。

任弼時指點弗氏，使之能「正確」理解中共領導的「鴉片政策」。弗氏說，他會把這個情況告訴「小組同志」並彙報給莫斯科。

一九四三年十二月十九日，弗氏又在日記中提到：「不管怎麼樣封鎖，特區同國民黨各省甚至還同日本占領區進行著活躍的貿易。從特區運出鹽、羊毛、家畜，近年來還有數量不斷增加的鴉片。」

毛澤東「明修棧道，暗渡陳倉」

日本記者波多野乾一在一九四一年寫過《赤色中國的究明》一書，其第六卷為《延安水滸傳》，曾作為「必讀文件」在侵華日軍中發行。他以一百單八將的順序，排列毛澤東（呼保義）所部諸將，並有簡要的人物介紹，給日軍指揮官當參考。在日本人眼裡，以延安為中心、縱橫二十餘縣，人口二百五十萬的「陝甘寧邊區」約等於「紅色梁山泊」。其實，毛澤東等雖被國民黨以「匪」稱呼，但其格局豈是宋江一夥可比？水泊梁山連個壓寨夫人都沒有，天罡、地煞，兄弟相稱，喝酒、吃肉，平均主義。陝甘寧邊區則制度羅列、等級森嚴——黨政軍分系列、按部門，相當完整、儼然國中之國。

毛澤東是包括鴉片經濟在內的共產黨所有重大事務的最高決策者。如果沒有毛澤東的同意和支持，延安不可能變成鴉片王國。

當時，負責財經政策的是中央財政經濟委員會。這個委員會對中共是否大規模栽種和販賣鴉片一事，曾發生激烈爭論。八路軍總司令朱德、前總政治部主任任弼時和中央副祕書長李富春都贊成，而陝甘寧邊區主席林伯渠、陝甘寧邊區政府黨團書記謝覺哉和西北局書記高崗則強烈反對。一九四二年初，林、謝、高三人更聯名寫信給毛澤東，剖析鴉片經濟的利害得失，要求萬萬不能讓邊區罌粟遍地。

中共奪取政權之前，黨內還存有少許發表不同意見的空間和可能。毛、朱、任、李等人代表著黨內主流派的觀點，他們是冷酷的現實主義者和「精緻的利己主義者」，只要能達到目的，不惜採取一切非常手段；林、謝、高則代表黨內少數派的觀點，他們多少還有些道德原則，有些儒家仁政的想法，故而不齒於革命理想被邪惡的鴉片所玷汙。

後來，謝覺哉無可奈何接受鴉片合法化的現實，但私下多次表示不滿。謝在日記中把鴉片隱諱的稱為「特貨」、「某物」、「某貨」——「就是特貨一項得的法幣占政府收入……盡夠支用。」、「特貨多邊幣少，將來不得了。」、「領導機關發動一件事，必須十分考慮周到，常常一小步差錯，在群眾中可鬧出大亂子。『特貨內銷』即其一例。」、「毛說我黨犯過兩次錯誤，一是長征時亂拿人民東西（不拿不得活），二是種某物（不種渡不過難關）——缺乏仁政觀點的人，則認為這是直截有利的辦法，甚至發展到某貨內銷。」

為了堵住林、謝、高之嘴，毛澤東特別召見邊區財政廳長南漢宸，與之商量對策。

南漢宸早在一九二六年即祕密加入中共，是長期潛伏在馮玉祥、楊虎城部的中共間諜。南漢宸做過楊虎城的陝西省政府祕書長，釋放了包括劉志丹在內的大批共產黨囚犯。國民政府通緝南漢宸，楊虎城安排其祕密逃亡。後來，南漢宸來到中共統治區。一九四一年，國民政府停止給延安發軍餉，中共陝甘寧邊區的經濟陷入困境。毛澤東在其住處棗園召見南漢宸，要他擔任邊區財政廳長，解決穿衣等問題，要求他做一個「會做無米之炊的巧媳婦」。

然而，南漢宸再善於理財，也不可能無中生有。南氏焦頭爛額，心生一計，特別向毛彙報說，渡過財政難關的所有棧道都已被全部堵死，「只剩下暗渡陳倉一條小路了，不走陳倉小路，我們就都得憋死、困死、餓死」。毛迅速回答，既然情勢如此嚴重，「**難道我們不會明修棧道，暗渡陳倉嗎？**」毛熟讀史書，對南氏的建議心領神會。

毛告訴南氏，中共只有三條路可走：餓死、散夥和賺錢。賺不到錢，買不到邊區所需的糧食和物質，便只好餓死；要不然就散夥不幹。若不想走這兩條路，就只好老老實實的賺錢。賺錢沒有別的辦法，唯一辦法就是栽植和販賣鴉片。延安地區自然條件惡劣，人民極為貧窮，蔣介石將其當作兵書上的「死地」，卻不料**毛以鴉片經濟絕處逢生**。毛同意發展鴉片經濟，只是在執行層面需要有一些配套方法，並竭力掩人耳目。對此，臺灣歷史學者陳永發分析：

> 本來兩計一明一暗，一虛一實；毛澤東則強調雙管齊下，陰陽互濟：一方面同意暗渡陳倉，即暗中種植和販賣鴉片；另一方面堅持明修棧道，亦即號召大生產運動。在毛澤東看來，組織和動員幹部生產，既可以解決部分財政危機，也可以起到以「合法」掩護「非法」的作用；也就是說，檯面上的明修棧道可以掩護檯面下的暗渡陳倉。暗渡陳倉與明修棧道，乃左右兩個拳頭，更是飛鳥的雙翼，相輔相成，不可缺一；暗渡陳倉固然核心重要，但如果不益以明修棧道，也容易為外界偵知，最終不可能單獨達到目的。

毛是權謀大師，一旦做出決定，立即動用權力運作。鴉片經濟要在中央財政經濟委員會通過，就要將這個部門改組。原先，該委員會有九名成員，林伯渠是唯一的中央委員。既然林在其中地位最高，而林反對鴉片經濟，對其他人影響頗大。於是，毛透過中央政治局會議，對中央財政經濟委員會作出全面改組。

毛不動林伯渠和李富春的位置，以免引起太大反彈；而是讓其他七名成員全部去職，另由朱德、任弼時、高崗等加入。兩個月後，毛又讓財政廳長南漢宸加入。就這樣，透過這些關鍵的人事變動，毛可以完全控制中央財政經濟委員會的決策，林伯渠被孤立和邊緣化，其反對意見在該委員會無法得到多數支持。

一九四二年二月六日，中共中央召開一次由南漢宸報告財經狀況的會議。作家蕭軍雖不是黨員和高幹，也應邀前去旁聽。他在日記中記載：「聽了財政廳長報告邊區經濟狀況，甚至製作鴉片煙膏，我聽了很難過。『為了錢，除開我個人沒有去搶人去以外，幾乎什麼方法全做過了！』他說。」蕭軍在日記中發表了一句意味深長的感嘆：「革命的花朵是從最卑汙的糞壞裡開出來的。」

有了毛的支持，南漢宸放開手腳，**依靠經營「土特產」籌措錢財**，用「土特產」從國民黨統治地區交換過邊區必不可少的軍用和民用物資。一九四二年，鴉片貿易所得占邊區全年歲入的四〇%。以邊區的貨物輸出而論，一九四三年鴉片占出口總值的四六%，一九四四年占七一%，一九四五年更升高到七九%（四十億元幣券）。

南漢宸因扭轉邊區財政狀況，「功」不可沒，得到毛的器重。中共建政後，南漢宸因有此救黨大功，被任命為中國人民銀行首任行長。有一次，毛的夫人江青見到南漢宸的夫人王友蘭，曾拍著她的肩膀，豎起大拇指說：「你的愛人真行，毛主席誇獎他，說他是這個！」不過，這種誇獎並沒有讓南漢宸得以善終。

文革開始後，南漢宸受到殘酷迫害。他的間諜生涯被控為「裡通外國」，他受命經毛澤東拍板主持鴉片經營，被說成是「大煙販子」。從一九六六年夏天起，七十二歲的南漢宸持續受到造反派的辱罵和毆打。一九六七年一月二十七日夜晚，不堪折磨的南漢宸寫信給中共中央，講述自己不堪忍受「叛徒」之汙衊，在請求黨的「諒解」之後，於家中服安眠藥自盡。

執行毛澤東鴉片政策的，大都是冷酷無恥之徒，「渣滓中的渣滓」。比如，晉西北貿易局局長兼銀行行長牛蔭冠負責鴉片統購統銷，早在清華大學當學生時就已加入共產黨。其父親牛友蘭是晚清京師大學堂的畢業生、晉西北的首富，將大部分家產都捐給共產黨，共產黨仍不放過這個「大地主」。

一九四七年，晉綏地區土改時，六十一歲的牛友蘭被反綁著雙手，跪在主席臺上。鬥爭會進入高潮時，兩個農民按住他的頭，將一根鐵絲殘忍的穿進他的鼻孔，又強迫牛蔭冠牽著連著鐵絲的繩子，甚至還用燒紅的鐵鍬烙在牛友蘭的背上，魯順民在〈這一腔心事說與誰〉一文中描述：「牛蔭冠牽著牛友蘭的鼻子開步走的時候，會場上像啞了一樣出現短暫的寂靜，父子倆沒走多遠，群眾中有人打抱不平，當場把牛友蘭的手銬和腳鏈搗掉，大會在一片混亂中不得不宣告結束。」

次日，牛友蘭死在關押他的窯洞中。雖然父親慘死，牛蔭冠既上了賊船，仍鐵心跟著共產黨走。牛氏為薄一波之下屬，後來擔任中共江蘇省副書記、省委常委、瀋陽飛機廠廠長，主持研製（實際上是仿冒俄國戰機）中共第一代殲擊機。

支持和實施鴉片貿易者下場悲慘，反對者更是如此。林伯渠因反對鴉片貿易，被逐出最高決策層，從此只擔任一些名譽性職務。林伯渠於一九六〇年病逝之後，其妻子朱明因寫揭發江青的匿名信而被定為「十八號案件」，次年自殺身亡。

實施鴉片經濟和反對鴉片經濟的人，最終殊途同歸——成為革命絞肉機中的肉屑。

朱德、賀龍和王震都是鴉片販子

一九四一年，中共下達鴉片種植令，轄區農民每戶栽種五至十畝鴉片。對外銷售，對內禁煙，是中共發展鴉片經濟的方針。一九四一年底，邊區成立禁煙督察局，之後改為禁煙督察處，查出轄區內吸食鴉片的民眾。

一九四二年，陝甘寧邊區和晉綏邊區開始大量種植鴉片。兩地氣候適合種植鴉片，在清代、民國都有種植鴉片的歷史。在陝甘寧邊區和晉綏邊區，農戶收割鴉片之後並不能自由銷售，而是由政府設立煙站統購。邊區政府收購鴉片後，在新華化學工廠等處將其加工成熟鴉片，之後售往國統區或日偽占領區。

在中共鴉片種植和貿易中，軍隊參與是典型特徵。中共軍頭朱德、賀龍、王震等都是主事者。

朱德早在雲南任憲兵司令兼昆明警察廳長期間，就致力於走私鴉片賺錢。國民黨將領李文彬當過朱德的部下，晚年在臺灣接受口述史訪問時指出：「朱德喜抽大煙，做鴉片買賣，當我駐阿迷縣時，朱曾來信要我派人護送鴉片至河口，因係老長官，無法推阻；而河口瘴氣甚重，兵士有三人病死。」延安時代，朱德名義上是僅次於毛澤東的中共第二號人物，大權在握，重拾老本行，自不在話下。

賀龍更是積極支持部下的鴉片生意，當軍方與地方政府就此發生利益衝突時，他每次都拚命護短。因為他性情凶暴，地方政府通常敢怒而不敢言。一九四二年八月二十四日下午，邊區政府財政廳副廳長霍維德率領禁煙督察隊到綏德義和鎮「督徵特產兼查緝私貨」，「區政府即向督察隊報告，說龍國華在義和鎮私販煙土」。龍國華為留守兵團供給部管理科長，當時督察隊在其住處（出差住處）搜出鴉片三十兩。

龍國華態度強橫，拒絕接受檢查，與督察隊相持不下，先謾罵進而相互毆打。事後，龍國華在給賀龍等兵團領導遞交的報告中說，督察隊「以殘酷手段對待革命同志，實有違黨中央之政策」。賀龍出面為之脫罪，此事遂不了了之。

王震的三五九旅，在南泥灣最大的功勞，不是種植農作物而是種植鴉片。為了種植鴉片，部隊透過「管理處」，特別向老百姓「調劑」了幾千畝川地。幾千畝川地都是種鴉片的上等田地，如果沒有總司令朱德的明確指示，很難想像三五九旅旅長王震敢擅自在開墾南泥灣的同時，如此大規模涉足鴉片種植。該部隊不僅在一九四二年「自產特產」，其後數年中也一直在販賣鴉片。三五九旅所屬大光商店因販賣鴉片還與子長縣政府發生糾紛，把邊區軍隊、政府最高領導都牽扯進去。

王震飛揚跋扈，地方政府對三五九旅只能睜一隻眼，閉一隻眼。蕭軍在日記中記載，延安召開第一次文藝座談會次日，蕭軍見到王震，王震向其訴說如何自力更生，用「煙土」換老牛吃肉，改善部隊伙食。蕭軍「不免感動」，並對這個鐵路燒火工人出身的高級軍官刮目相看，大讚其聰明過人、切實有為。

數年後，王震奉命鎮守新疆，仿效左宗棠的鐵血手腕，大肆屠殺回族、維吾爾族等少數民族；再數年後（一九八九年），王震力主屠殺天安門廣場的學生和市民，「殺二十萬人，換二十年太平」這句話就出於王震之口。從販賣鴉片到殺人，僅一步之遙。

文革之後，王震成為國家副主席、「八大元老」之一，其子女壟斷中共的軍火貿易，各個富可敵國。父輩販賣鴉片，後人販賣軍火，中共的紅色家族真可謂是「江山代有才人出」。

第二十七章　如果戴笠不死，就能拯救中華民國嗎？

具有諷刺意味的是，國民黨反間諜的成功無意中調節了共產黨內部的權力結構，從而為一九三五年遵義會議後毛澤東上升到至高無上的地位打下了基礎。這是因為，蔣介石的祕密警察切斷了共產國際上海局與莫斯科共產國際常務委員會之間的電信通訊。中共中央委員會完全孤立於外部世界，這對黨在今後的發展造成了不可估量的影響。

——魏斐德（Frederic Evans Wakeman, Jr.）

一九四六年三月十七日上午十一點，國民政府的二二二號專機從青島出發飛往上海。除了機組人員之外，一共有九名乘客，其中一人身分顯赫。

撲朔迷離的戴笠之死

當他們在空中飛行時，沒有雷達的飛行員從無線電中，獲悉上海正值暴雨如注，於是轉飛南京，結果南京也是滂沱大雨、雷電交加。空軍派出四架飛機導航，但雲層太低，無法與專機取得聯繫。下午一點多，專機發出「正在降落」的信號之後，便與地面失去聯繫。

差不多與此同時，在江陰市岱山的丘陵之間，有村民驚恐的發現一架飛機撞在山頂，一聲爆炸巨響後便是萬丈火燄。天氣剛好轉，航空委員會、中國航空和美國海軍一同趕赴現場搜尋，沒有發現一個倖存者。當局壓下了這個消息。直到五天之後，上海《申報》才率先報導噩耗：

> 國家軍事委員會調查統計局局長戴笠將軍，乘飛機從北平途經青島飛往上海，因飛機在南京西南郊外撞到馬鞍山山頭墜毀而死亡。據悉，他燒焦的屍體已被確認。

因為戴笠的特殊身分，各種流言很快流傳開來。有人說他死於國民黨黨內派系鬥爭，有人說是共產黨特務在飛機上安放炸彈，也有人說是蔣介石下手除掉這個權力太大的打手，甚至還有人說戴笠像希特勒那樣設計了一個金蟬脫殼之計，死的是替身，本人躲藏在南美某個國家。

不過，大量證據表明，在飛機殘骸中發現的那個渾身燒焦、失去右手和右腿的遺體，就是戴笠。軍統調查人員根據特別的牙板、羊毛內衣殘片，以及中美合作所美方負責人梅樂斯（Milton E. Miles）四年前在重慶送給戴笠的高級自動手槍，確定了他的身分。就像戴笠的手下沈醉，對與戴笠有深厚友誼的國軍將領胡宗南所說：「經過多方調查，證實沒有什麼人對他進行謀害，的確是由於氣候關係，駕駛員不慎撞在山上失事。」

梟雄的死亡非同尋常、撲朔迷離。二十五年之後，毛澤東欽定接班人林彪元帥也死於一場奇特的墜機事件，林彪之死部分終結了毛澤東的偶像崇拜。而戴笠之死，對國民黨不啻於晴天霹靂。

戴笠的許多擁護者認為，如果「戴老闆」沒有在墜機事件中死去，中國共產黨就不會在內戰中取勝。甚至有傳言說，蔣介石逃到臺灣之後多次哀嘆，「若雨農在，何至於此」——並沒有確鑿的證據表明，蔣氏真的說過這句話。

不過，蔣確實將戴笠倚為左右手，逃到臺灣之後繼續追悼戴笠。**戴笠從未到過臺灣，臺北卻有以他命名的雨農路、雨農國小和雨農紀念館**。然而，四十九歲就死去的戴笠即便長命百歲，也承擔不了中華民國救星和共產黨剋星的歷史使命。

沒有哪個祕密警察頭子可以拯救他的主人和他的帝國，正如無論希姆萊（Heinrich Himmler）屠殺多少納粹的反對派，也不能扭轉二戰的戰局。反之，有些祕密警察頭子卻有可能意外成為「帝國終結者」——蘇聯倒數第二任克格勃主席克留奇科夫，是軟禁戈巴契夫（Mikhail Gorbachev）的「八一九事件」政變的主要策劃者，此次政變不僅沒有拯救蘇聯，反倒提前敲響蘇聯的喪鐘，日後他在獄中寫回憶錄時為此懊悔不已。

東德祕密警察頭子沃爾夫告訴東德共產黨總書記昂納克（Erich Honecker，或譯何內克），他在每五十個東德人中就發展了一個告密者，他的史塔西組織跟柏林牆一樣固若金湯。昂納克相信了他的承諾，誰知柏林牆和史塔西一起無聲無息的倒下。沃爾夫坐了幾年牢，出獄後除了寫回憶錄就是寫俄國美食，他始終不明白史塔西和祖國為何一夜之間就消失了。

同樣的，在一九三〇、四〇年代的中國，戴笠對蔣介石和國民政府的影響被過分誇大，關於戴笠的事跡，包括他領導一個通訊小組破譯了日軍密碼並提供給美方，很多都是加油添醋的演義、虛無縹緲的神話。

美國學者魏斐德在戴笠的傳記《間諜王》中指出，像戴笠這樣一個模糊不清的「異種」，無法用「好人」或「壞人」這樣的簡單語言概括。戴笠一度是法西斯恐怖的象徵、現代警察國家的化身、嚴格的儒家理想的執行者。

在戴笠永不休止的夢想中，他是傳說中的中世紀那些王朝在頹落時，應運而生的戰略家們的一個雄心勃勃繼承人。在這些形象下，戴笠在很大程度上是他所處的複雜時代產物，身居傳統與現代政治鬥爭的頂峰，堅信自己生必逢時，但終究難以擺脫命運的叵測無常。

在此書的後記中，魏斐德自我質疑為什麼會替戴

戴笠因飛機失事身亡。

笠作傳，自嘲說「我自己恐怕是戴笠無意中的獵物之一」。當然，他也鄭重其事的告訴讀者，**歷史學家們常常以時間的間隔，平息他們遙遠的噩夢並壓住以往的驚駭**，但難道我們從此便能高枕無憂了？

戴笠是一名執著於自我實現的「鳳凰男」

戴笠出生於浙江江山縣，少年時代即喪父，母親幫人縫縫補補，含辛茹苦的將他和弟弟養大，其「由小康陷入困頓」的生活境遇跟魯迅頗為相似。戴笠只接受過初級教育，母親希望他以鄉村小學教師的身分安穩過一生。但他忍耐不了小縣城的無邊寂寞，懷著萬丈雄心跑到上海闖天下。

之後的故事幾乎就是青春勵志的經典版本：戴笠結識了上海警備司令楊虎，並經過楊虎攀附上幫會老大杜月笙，三人成了結拜兄弟。楊、杜已是獨當一面的大人物，此時的「戴春風」（戴笠原名）還是名不見經傳的「小癟三」，楊、杜願意與之結拜，顯然是發現他身上有非同一般的潛力。若是一般人，會滿足於在楊、杜的關照下，在魚龍混雜的上海灘有了一席之地；但戴笠不是一般人，他要繼續往上爬，上海這個舞臺太小，整個中國才是他的舞臺。

很快的，戴笠又認識了跟他一樣當過小學教師的胡宗南——他們以對方為鏡子看到鏡中人的模樣：自以為是、野心勃勃、以天下為己任的「流氓知識分子」。

在一九二〇年代的大城市裡，有另外一群受西化教育和五四思潮影響的**大學生和知識分子**，他們比青年戴笠、青年胡宗南高出一個位階。他們**發現理想與現實的巨大落差，滿腹牢騷**，甚至產生幻滅情緒，「**上也上不去，下也下不來**」，如同俄國詩人萊蒙托夫《當代英雄》中那個頹廢派主人公，也如同葉聖陶《倪煥之》中作為「多餘人」的主人公，他們**還沒有投入這場轟轟烈烈的競技中，就自動選擇出局。而戴笠、胡宗南**跟那些矯揉造作的「麥田守望者」不一樣，「小鎮青年」**沒有頹廢與虛無的本錢**，他們對實現權力的渴求更加熾烈，毫不猶豫透過參與革命組織或接受軍事訓練等方法出人頭地。

當孫文在廣州建立一個打著「革命」旗號的割據政權時，北方尤其顯得暮氣沉沉。對於有志青年而言，作為未來有望飛黃騰達的奠基，廣州的黃埔軍校比皇城根下的北京大學更具吸引力。這一年，戴笠剛剛三十歲，聽到「革命朝氣在黃埔」的說法，就自改其名，取晉代周處《風土記》中「卿雖乘車我戴笠，後日相逢下車揖。我雖步行君騎馬，他日相逢君須下」的句子，以「雨地寒士」自我勵志，更名戴笠、字雨農，然後與胡宗南一起到廣州投考黃埔軍校。

胡宗南因為身材矮小差點被拒之於門外，戴笠則有幸考入黃埔第六期騎兵科。更令他喜出望外的是，幾年前在上海灘有過幾面之緣的、曾經同樣落魄的蔣介石，此刻當上了威風凜凜的黃埔軍校校長，更是革命政府中炙手可熱的明日之星。

戴笠不會放過投效蔣介石的機會。根據戴笠後來的說法，蔣介石最初想要將他當作勤務兵。但戴笠想用其他方法使自己成為蔣身邊的紅人。他作為校長和總司令的「犬馬」，成了一塊人工海綿，拚命吸收他認為蔣會感興趣的訊息。每隔幾天，他會以簡單摘要或單子形式寫成情報送到蔣的辦公桌上。蔣慢慢意識到這些資訊的價值，開始命令戴笠在黃埔軍校收集同學的言論。這種「職業學生」的工作，幾年之後鄧小平和蔣經國在莫斯科中山大學重複過，幾十年之後馬英九在美國哈佛大學留學時也做過。

一日為特務，終身為特務，這是一個無法回頭、不能轉行的職業。戴笠以此職業為韋伯所說的「志業」。他把自身的命運與蔣介石緊緊的捆綁在一起，為了蔣介石，肝腦塗地而在所不惜。另一方面，蔣介石也賦予他穿越黨政軍各領域的最大權柄。**戴笠在軍界只有少將軍銜，在黨內甚至沒有資格參加中央全會，在他一手創建的軍統局長期只有副局長的名分**。但是，**黨政軍高層有一個共識：戴笠是僅次於蔣介石的第二號人物**。戴笠不怕雙手沾滿鮮血，所有人都害怕他。戴笠從不接受採訪，從不澄清關於他的可怕傳聞，在其周圍形成讓人恐懼戰兢的磁場。

爬到「一人之下，萬人之上」的位置，戴笠算是成功了，但他的成功又是他的失敗。他為了成功而不擇手段，是文明、自由與法治的敵人。正如作家余世存所論：這是中國文化教育的怪胎，戴笠是中國社會的產物。他知書而不識禮、讀書而不明理。他總是以為亂世可以不循正道，獨裁、專斷可以提高效率，祕密世界、特務工作可以搶奪、控制情報資訊，這些非人性也不合於文明的邏輯，最終使他喪失了人性。

戴笠更像錦衣衛，而不像蓋世太保與克格勃

戴笠意外墜機身亡後，名律師章士釗為他寫了一副意味深長的輓聯：

生為國家，死為國家，平生具俠義風，功罪蓋棺猶未定；
譽滿天下，謗滿天下，亂世行春秋事，是非留等後人評。

這副對聯的弔詭之處在於，章氏揭示出戴笠是一個生活在尷尬時代的尷尬人物，戴笠之所以充滿爭議，不只因為他是祕密警察頭子，更因為他生活在一個歷史學家唐德剛所說的「出三峽」的轉型時代：中國正在從昔日的「天下」轉型為「國家」，中國人也正在從「臣民」、「草民」、「暴民」轉型為「公民」，傳統的「士大夫」也在轉型為現代「知識人」。

這個過程漫長而痛苦。就連留美多年、最西化的胡適都未能完全轉過來，胡適去世時，蔣介石給胡適的輓聯是恰如其分的——「新文化中舊道德的楷模，舊倫理中新思想的師表」；那麼，從未出過國、也不懂外語的戴笠，「轉向現代」的部分更少，章氏說他「平生具俠義風」、「亂世行春秋事」，好像他是從《戰國策》、《史記》、《水滸傳》和《三國演義》裡走出來的人物。

戴笠的同學徐亮回憶：「人稱戴笠是英雄，我以為是怪物。這種人醉心事業，連皮肉痛苦，

都能忘記，非怪物而何？」一位美國軍官這樣描述中等身材、體格魁梧的戴笠：「他走起路來像是脊梁骨上了鋼條，步子大而有力，像是中國戲臺上的英雄人物誇大了的步伐。他那犀利審視的目光，像是要把人的五官和個性記下來以備日後之用。」

戴笠以中國古代的英雄自居，舉手投足刻意模仿戲劇舞臺上的人物，與他接近的文人章君穀形容說：「他勤勉苦學，讀了很多的中國古書，所以他能將儒佛俠精神，兼而有之。」換言之，**戴笠基本上是中國傳統文化的產物**。

在戴笠生前，即有人將他與希特勒的祕密警察頭子希姆萊相提並論。一九四五年四月三日，蔣介石檢閱中美合作所的特工們，那天晚上戴笠舉行了一場奢華的宴會，耗盡了他突破日軍封鎖，從家鄉浙江帶來的兩百斤珍貴黃酒。當歌樂山樂隊在演奏美國南方流行音樂時，戴笠突然打斷聚會，堅持發表一段簡短的演講，他竭力說服美國朋友不要相信關於他的壞話。他透過正式翻譯劉鎮芳語無倫次的說了半天，**無非是想表明「我不是希姆萊」，而只是「總司令的戴笠，僅此而已」**。

戴笠不是希特勒的希姆萊，更不是史達林的貝利亞。希姆萊和貝利亞是真正受過現代極權主義意識形態洗禮的特工頭子，希姆萊和貝利亞所用的社會控制和恐怖手法都是前所未有的，只能在漢娜．鄂蘭（Hannah Arendt）的著作《極權主義的起源》中找到。希姆萊和貝利亞的特務系統只有在已經工業化的、極權政府對社會實現全面控制的國家，才可能形成並有效運作。

相反的，戴笠所處的中國，還是一個前現代社會，蔣介石努力學法西斯卻畫虎不成反類犬，固然有蔣氏無能和缺乏個人魅力的原因，但更重要的是，中國民眾的素質遠未達到法西斯要求，用一句帶有「辱華」色彩的話來說，中國人甚至不配做法西斯。中國人是一盤散沙，即便當特務都三心二意、魂不守舍，不會像德國人和俄國人那樣全身心投入。

以戴笠而論，他是一個沒有政治信仰的人，**只對蔣介石表示效忠，如同明朝的錦衣衛和東廠、西廠的太監頭子，向皇帝表示效忠一樣**。戴笠對三民主義等，「半現代」的國民黨官方意識形態不感興趣，甚至在相當長的一段時間裡沒有加入國民黨。他不是黨和國家的戴笠，而是蔣介石個人的戴笠。魏斐德指出：

那些政治動盪產生了一個由地下社會的殘酷實踐所導致，且飽受即將來臨的震顫的革命想像力刺激的暴力文化。在所有這些歷史的曲折中，戴笠只是他那個被扭曲的時代的一個粗糙反射而已。

既然蔣介石最大的敵人是共產黨，那麼戴笠最大的敵人也是共產黨，他對共產黨毫不留情，共產黨卻像野草一樣野火燒不盡，春風吹又生。在共產黨的歷史敘述裡，戴笠被妖魔化為十惡不赦的壞人；在臺灣日漸凋零的某些老國民黨人心目中，戴笠仍然是忠貞愛國的典範。

讓人頗為驚訝的是，臺灣媒體報導，二〇一八年三月八日，蔡英文總統率領國安會祕書長李大維、國防部長嚴德發與國軍高級將領，前往軍情局主持「戴雨農先生紀念館」重修啟用剪綵。被視為全局精神象徵的「忠烈堂」，位於紀念館二樓，奉祀幾十年來犧牲同志的靈位，有名可稽者共有四千九百零三人。其中包括在一九九五、一九九六臺海危機中，提供大量情報，因而被捕槍決的共軍少將劉連昆、大校邵正宗。

忠烈堂的上首是戴笠、鄭介民、毛人鳳等三位初期領導人的遺像，以及蔣介石親題的「碧血丹心」匾額。國民政府遷臺初期的肅清共諜行動，正是由軍情局前身「保密局」執行。對這段白色恐怖爭議歷史，軍情局向蔡英文總統簡報時，強調過程中恐難免有冤枉案例，但整體而言，保密局成功將中共潛伏在臺情報網徹底摧毀，避免臺灣赤化，確定了後來的安定。

聽了簡報後，蔡英文特別向戴笠銅像致敬，根據身邊的官員透露，「司儀還沒宣布，便主動鞠躬致敬」。這一幕讓人萬分感慨：戴笠陰魂不散，臺灣民主化三十多年後，轉型正義仍未實現。

戴笠是周恩來、康生和陳賡的手下敗將

在人們口耳相傳中鮮活存在的戴笠，成了踏雪無痕、飛簷走壁、百發百中、撒豆成兵的武林高手。但實際上，國民黨的特務系統遠比共產黨遜色，戴笠在生前未能擊敗共產黨特務頭子周恩來、康生和陳賡等人。美國記者白禮博（Richard Bernstein）指出：「戴笠的祕密警

察具有蓋世太保或克格勃的外在屬性，在一處守衛森嚴的辦公場所的陰影中運作，並且只效忠一個有著盛氣凌人的委員長頭銜的人。它的存在是眾所周知的，所以它能激起恐懼，也由於無人知道它究竟在做什麼，它就激發了更多的恐懼。」換言之，戴笠和軍統只具有蓋世太保和克格勃的「外在屬性」，戴笠和軍統並非無所不能、未卜先知的「神盾特工局」，否則國民黨的黨政軍系統就不至於被共產黨全面滲透了。相比之下，**白禮博筆下延安的特務系統更讓人膽寒**：

> 四處發展中的延安政權也有著它的祕密警察及其幽靈似的指揮官——康生，他只對被稱為主席的人負責。然而當時的觀察家們，不論是美國人還是中國人，都似乎從來沒有將戴笠與康生做一比較，這點頗引人注目。中共的安全機構是如此封閉，如此不透明，以至於沒有引起廣泛的公眾注意，由此幾乎不會激發任何懼怕。

戴笠不如康生，是由蔣介石不如毛澤東、國民黨不如共產黨的大背景所決定的，此處的教訓是：「一個被夾在專制獨裁與自由民主兩者之間的政黨，將戰略優勢拱手讓給了堅定的站在其中一個陣營或另一個陣營中的政黨。」

在周恩來以及康生的直接領導下，由陳賡、李克農等人負責的中共情報系統，在國民黨的心臟地帶發展了一批「致命的間諜」。中共特務頭子大都有留蘇經歷，將蘇俄克格勃的運作模式全盤引入，這是讓戴笠和軍統集團望塵莫及的優勢——軍統只是到了抗戰中期才從美國那裡學習一些現代的技術和戰術。

長期以來，國民黨對共產黨毫無祕密可言：在中原大戰時救過蔣介石一命的**韓練成**，被蔣介石稱之為「忠於黨國」的「孤膽英雄」，並**被任命為侍從室高級參謀，但他其實是中共祕密間諜**。由此，國民黨的各種機密作戰情報源源不斷的送到中共手裡，國軍戰神張靈甫在孟良崮全軍覆沒，就是其傑作。潛伏在國民黨中央核心機關十五年的**速記員沈安娜，凡是蔣介石主持的會議，她都是速記的不二人選**。國民黨要員還沒有拿到的會議紀錄，就出現在周恩來的桌子上。

在抗戰和內戰的大部分時期內擔任**國軍參謀次長的劉斐，竟然是中共特工**。劉斐知道國軍將要採取的每一個重大行動，並迅速傳遞給中共，以至於淮海戰役（徐蚌會戰）的國軍最高指揮官劉峙說：「我們軍隊的每一個行動都常常被共產黨所預知。」同時，劉斐還把另一個中共特工郭汝瑰安插到國防部作戰廳廳長的重要崗位上。郭汝瑰後來以國軍二十二兵團司令兼七十二軍軍長的身分，率部在四川投共。

被戴笠取而代之的軍情高官鄧文儀反省說，國民黨的情報工作是形式主義和官僚化的，軍統和中統無法滲透到中共機構裡。毛澤東在延安整風中，借康生之手抓捕數以萬計的「國民黨特務」，沒有一個人真是國民黨特務。反之，中共特工非常成功，從國軍總司令部辦公室到各級指揮部，都被滲透。他們獵取情報並製造假情報，共軍對國軍的情況瞭若指掌，國軍則既不知己更不知彼，自然常常被共軍包圍、俘虜、消滅。

五四學運領袖、後來在國民黨文教系統擔任高官的羅家倫，在一篇口述史中談到一個細節：國共內戰初期，他從東北回南京述職時，到國防部看見劉斐，發現劉斐冷言冷語的，說什麼國軍作戰不力。同行的廖耀湘將軍出了門就罵：「國防部盡是匪諜，作戰計畫還沒傳到手，共產黨就知道了，這樣下去還能打什麼仗！」果然，一代名將廖耀湘很快在東北戰場上成了中共的階下囚。

羅家倫來臺灣之後，有一次在自由之家理髮，旁邊正好是以前在南京國防部當第二廳廳長的鄭介民，來臺後擔任國家安全局局長（戴笠的接班人），聊天時問起劉斐的事。羅說：「當年你在國防部第二廳當廳長時，頂頭上司國防部作戰次長劉斐、第三廳廳長郭汝槐是共產黨，難道你一點也不曉得嗎？」

鄭介民說：「我怎麼不曉得！我在當國防部第二廳副廳長時，廳長楊宣誠（海軍出身）就告訴我說，『劉斐是共產黨，在日本念陸軍大學時加入的，與陳毅、鄧小平屬同一時期。老鄭，你是蔣委員長的學生，說話比較方便，你應該向委員長報告。』我想，要報告也應該由廳長去報告，我又沒有證據，空口報告，豈不會挨一頓臭罵嗎？所以，我們倆誰也沒有去向蔣委員長報告這件事。」

鄭介民又說：「到大陸淪陷時，國防部搬到廣州，再遷香港，後來就分手了。在香港時，國防部的人都住在同一幢旅館裡，後來劉斐住我樓上。有一天深夜，劉斐跑來叫醒我說：『老鄭，你不要到臺灣去了，國民黨沒希望了。我老實告訴你，我是共產黨，你跟我回大陸去，包你有前途。』我這才恍然大悟，確切證實他是共產黨。」

明知劉斐是共產黨，誰也不敢向蔣介石報告，可見國民黨及其情報系統已陷入麻痺、僵化、毫不作為狀態。鄭氏是戴笠的副手，也是蔣介石的「天子門生」，為了保住官位，不顧政權安危，選擇沉默不語。鄭氏如此，戴笠又能好到哪裡去呢？

戴笠及軍統在一九三〇年代在上海租界與中共鬥法，幾番刀光劍影、血肉橫飛的交手，戴笠取得了暫時的勝利：軍統利用中共叛徒顧順章等人供出的訊息，幾乎將中共和共產國際在上海的據點一窩端掉。

然而，戴笠的勝利反倒成就了毛澤東的霸業：上海由留蘇派控制的中共中央覆滅了，**「長征」路上的紅軍跟蘇聯老大哥斷了聯繫，卻使得毛澤東再也不必受「太上皇」的制約，毛成了土生土長的、說一不二的中共領袖，毛的「流寇主義」和「痞子革命」成了中共的主導思想。**在此意義上，沒有戴笠，也就沒有「偉大領袖」毛澤東——這大概是戴笠從未料到的結果。

第二十八章 史迪威為何鄙視蔣介石？

金錢、影響和職位是領導人唯一考慮的事情。陰謀詭計，欺騙出賣，虛假報導。索要他們能得到的任何東西；他們獨一無二的念頭是讓別人打仗；對他們的「英勇鬥爭」做假宣傳；「領袖們」對人民漠不關心。懦弱蔓延，勒索至上，走私漏稅，全然愚蠢無知的參謀機構，無力控制派系爭鬥，繼續壓迫民眾。拯救他們的唯一因素是老百姓的麻木服從。知識分子和富人把他們寶貝的崽子送去美國，農家子弟離家去死——沒有關懷、訓練或領導。而我們則處於這樣一種位置：只能支持這個腐敗的政權並讚美其掛名首腦，那個英明的愛國者和戰士——「花生米」。天啊。

——史迪威（Joseph Warren Stilwell）

一九四六年冬天，南京蔣介石官邸舉行了一場小規模的基督教紀念儀式。客人只有美國大使司徒雷登與另一位美國人。除了蔣介石之外沒有其他中國人出席，事後亦無任何宣傳與報導。紀念的對象是剛在美國患癌症去世的史迪威將軍，而主持儀式正是幾年前將史迪威趕出中國的蔣介石——為了撤換史迪威，蔣介石不惜威脅與美國決裂，迫使美國總統羅斯福忍痛做出撤換史迪威的決定。

國民黨失敗的根本原因，在戰爭爆發前就存在

史迪威在中國的服務半途而廢，當年的常勝軍統領、英國人戈登也是如此。美國漢學家費正清對史迪威評論極高：「史迪威這個帶兵高手，很想教中國那些被徵募來服役的農家子弟們怎樣保衛自己的祖國。他身上展現了我們引以為榮的美國的優點，如民主和主動盡職。他的經歷說明了，一個有天賦又有超人毅力的人能夠取得什麼，以及不能夠取得什麼。」

即使過了二十年的時光，在《史迪威與美國在中國的經驗：一九一一—一九四五》的作者、美國歷史學家巴巴拉．W．塔奇曼（Barbara W. Tuchman）看來，對於一位當時美軍中屈指可數的四星上將，一位在中緬戰場上唯一可以同時指揮中國、美國和英國等多國部隊，並取得驚人戰績的將軍，且「在歷史的長河中，從來沒有出現另一個像他那樣對中國人民忠心耿耿的朋友」，蔣介石官邸中的這種儀式，未免過於卑微並令人傷感，「但是，正是這種不恰當反而表明史迪威對其部隊的想法已經深入人心，這是讓委員長深感不安的」。

史迪威希望為中國訓練出忠於國家而不是忠於個人的新式國防軍，這是蔣介石不能容忍的結果。兩人每次會面都是雞同鴨講，儘管有精通英文和懂得美國人思維方式的宋美齡在旁邊緩頰。當史迪威這個坦蕩的西點老兵，遇到蔣介石這個厚黑學爐火純青的上海灘老流氓，

只能發生火花四濺的「化學反應」。

深藏不露的蔣介石，不會因他痛恨的史迪威去世而公然露出欣喜若狂的神色。那麼，此時此刻，行禮如儀的蔣氏內心會掀起幾多波瀾？內戰的隆隆炮聲隱隱從北方傳來。史迪威親手訓練出來的孫立人，率領新一軍在東北戰場打敗了中共悍將林彪的主力部隊，但南京政府在政治、經濟和軍事等各種危機的衝擊下已然危機重重，蔣介石統治中國的時間只剩下最後兩年多。蔣介石趕走了史迪威，可他自己很快也要被共產黨趕走，報應來得如此之快。

國民黨的潰敗，在史迪威與蔣介石發生爭端之前就已注定，正如塔奇曼所說：「國民黨始於一九一一年那場不完全的革命，尚未立下根基便受到日本的摧殘，結果已經背離初衷的國民黨在二十年中氣數已盡。」國民黨特務頭子戴笠的生與死、蔣經國在上海反貪的「打虎運動」的成與敗，以及國民政府匆匆「行憲」的民主嘗試，無關國民黨潰敗的大局。即便對蔣介石頗有同情的美國華裔歷史學家齊錫生，在《戰時國民黨中國》一書中也承認國民黨政權存在致命弱點：

> 國民黨失敗的根本原因在戰爭爆發之前就存在了……政治的軍國主義化，追求國家主義目標，以消滅國內外政治——軍事對手為宗旨的極端狹窄的革命定義，早在南京的那十年就已堅定的制定為國民黨綱領的特徵了。

蔣介石不是民族救星，而是沒有煉成的希特勒

在二戰結束七十年之際，海峽兩岸的國共兩黨及不同政治立場的海外華人，仍然在為究竟是誰打敗日本而爭論不休。共產黨拍攝的電影《開羅宣言》，公然篡改歷史，將毛澤東從延安的窯洞推上前臺；習近平以法西斯式的盛大大閱兵方式，在北京慶祝由共產黨領導的反法西斯戰爭的勝利，淪為全球笑柄。在抗戰中「成事不足，敗事有餘」的中共，當然沒有資格紀念抗戰勝利。那麼，難道蔣介石和國民黨就如另一些人頌揚的那樣，是抗日英雄和民族救星嗎？

對於那些言必稱「蔣公」的人的觀點，史迪威早在七十多年前就給出否定回答。這位在緬甸戰場上身先士卒、深受各國官兵愛戴的將軍，率領親自訓練一支戰力堪比美軍的中國軍隊，給予盤踞緬甸的日軍精銳師團以毀滅性打擊——在更為廣闊的中國戰場上，從來沒有哪支中國軍隊消滅過整個師團建制的日軍。兩個戰場為什麼會有如此巨大的差異？

史迪威正是那個點石成金、化腐朽為神奇者。在其漫長的駐華經歷中，史迪威見識了普通中國人，如何在城市和鄉村忍耐著從骯髒的塵土到腐敗得無以復加的政府。他在備忘錄中寫道，中國士兵「吃苦耐勞，逆來順受，能夠忍受飢餓，長時間勞作，傷病和無聊，同時對最瑣碎的事情也能開玩笑，在最艱險的情況下也能保持歡快」。此一描述，不僅適用於中國士兵，也適用於幾千年來沉默不語的中國百姓。

史迪威和武官們一致認為，國民黨軍隊的中高級將官，大都不合格，以至浪費了普通士兵的生命，而「**只要有好的將領，他們可以同世界上任何一支部隊抗衡**」。

史迪威對蔣介石的惡感，始於第一次緬甸戰役開打時蔣發來的第一號命令。那道命令是給每四個士兵發放一個西瓜——那時，中英聯軍在緬甸已危在旦夕，蔣懵懂無知，卻聚焦於賞賜西瓜、收買人心。蔣介石經常給前線指揮官發去諸如此類莫名其妙的命令，嚴重干擾前線將領的指揮權。這是史迪威在指揮美軍時從未遇到的情況，美國總統不會越級命令前線將領該怎麼做。

關於跟蔣委員長有關的「西瓜」，就像日後跟毛主席有關的「芒果」一樣，具有某種神聖的象徵意義。在史迪威的日記中，「西瓜」還出現過一次：一九四三年一月二十六日，史迪威和蔣一起進餐，領教了幾乎人人都在蔣的面前唯唯諾諾，大氣也不敢出「那種氣氛」——

很簡單的飯菜，沒有什麼儀式，但是天啊！那種氣氛。**在這個至高無上的人面前沒人敢說一句話或發表一個觀點**。寂默一直延續到一顆智慧之珠落下，或是某個魯莽的外國人詢問西瓜是否出自哈密。你從僵直的姿勢和緊張的表情中可以想見，汗水正從這些傢伙的後背淌下。一旦最終開了腔，這一榮譽的接受者就會低聲恭敬的做出明瞭的回答。沒有爭論，沒有提問：只有毫無表情的臉和冰冷的端莊舉止。

史迪威在日記中，用「花生米」這一蔑稱指代蔣介石。他在給妻子的信中寫道：「我陷入一生中最無聊的謀畫之中，竭力想指導和影響一個頑固、無知、充滿偏見和自大的暴君。」史迪威是一位天生的將軍，而不是精明的外交官。他一到重慶跟自蔣介石以下的國民黨高官顯貴打交道，就如同陷入黑暗的「無物之陣」，渾身不舒服；而一回到緬甸跟在前線浴血奮戰的官兵們朝夕相處，就立刻生龍活虎、精神抖擻。

史迪威進而發現，美國「被迫跟一個在很多方面跟我們的敵人德國相像的政府結盟；這是一黨專制政府統治下的一群法西斯」。在雲霧繚繞的山城重慶，「這裡有對納粹的同情。同樣的政府、同樣的見解、同樣的強盜做法；不同之處在於不夠有力，也不夠有效」。他多次將國民黨與納粹相比、將蔣介石與希特勒相比，「蔣介石從來沒有為中國的進步採取過什麼措施或者做過什麼實事。跟希特勒一樣，**他認為自己永遠正確，而且憑藉『直覺』管理國家」、「兩個政權都是一黨制**，由蓋世太保所支撐（在中國是戴笠的特務組織），而且其**領袖都是受到很少教育的神經質的人」**。

這絕非史迪威故作驚人之語，在相當長一段時間裡，國民黨政權與納粹德國的親密關係超過美國，蔣介石有意識的引入德國經驗，正如美國學者柯偉林（William C. Kirby）在《中華民國與德國》一書中所論，蔣介石和許多國民黨領導人都對德國的成就留下了深刻的印象：是軍事化與工業化造就了德意志帝國。一個精銳和忠誠的軍官團，保證並強化了軍隊作為國家柱石的地位。法西斯主義甚至能夠成為「一個衰落社會的強心劑」。而蔣介石本人的偶像不是民主國家的領袖如羅斯福、邱吉爾，而是希特勒，只是他個人的能力和中國的環境，都無法讓他成為名副其實的「中國的希特勒」。

在抗戰後期的豫湘桂大潰敗中，若非史迪威指揮若定的讓緬甸和雲南戰局獲勝並穩定下來，國民政府說不定就此崩潰——即便如此，親蔣介石的學者居然譴責史迪威，對中國西南的危局見死不救。

當時，史迪威親眼目睹，歷盡千辛萬苦從**滇緬公路和駝峰航線運入中國的戰備物資瞬間被腐敗官僚倒賣**，他對蔣介石的無能深惡痛絕，甚至建議羅斯福除掉蔣介石及其馬屁精，並物色其他中國能幹的人物取而代之——若是由孫立人執掌軍隊、胡適執掌文教、陳光甫執掌財經，國民政府或許能洗心革面，贏得一線生機。

宋美齡竭力調和蔣介石與史迪威的矛盾。

蔣介石從來不是高明的軍事統帥

史迪威最大的願望是幫助中國重建軍隊，特別是淘汰那些不稱職的將領。他的打造現代化的中國軍隊的龐大計畫，從九十個師降到六十個師再縮減到三十個師，直到他被調離中國，這個計畫仍然停留在紙面上。史迪威精心撰寫了一份呈送給蔣介石的備忘錄，宋美齡看了之後說：「那些德國顧問就是這樣向他建議的。」但蔣始終未予回覆。

史迪威多少知道蔣的處境，「蔣介石在中國的軍事體系中面對各種複雜的私人勢力的牽制，其實身不由己」，但他還是百思不得其解：「**這個小傻瓜為什麼意識不到他唯一的希望就在於三十個師計畫，在於另外造就一支配備精良、訓練有素的部隊？**」這就是三十多年前，德國「鐵血宰相」俾斯麥給李鴻章的建議。如果這支軍隊訓練成功，必定可以抵抗共產黨軍隊的攻擊，國民黨不至於丟掉整個中國。

多年之後，塔奇曼對這個不合西方人的邏輯推理的問題給出了回答，可惜「腦袋一根筋」的史迪威看不到了：其實，蔣介石並不想要一支配備精良、訓練有素的部隊，這樣一支部隊對他帶來的威脅要比好處更大；他擔心這三十個訓練有素的師可能由一個新的領袖或者集團管轄，這將會動搖或者威脅到他的控制權。而且，史迪威提議要清除那些忠誠於蔣介石、對蔣介石感恩戴德的人；蔣介石感興趣的並不是一支能打敗日本人的隊伍，而只是能讓他在中國維持權力的部隊。為此，蔣介石認為，只要比共產黨有更多的部隊、大砲和坦克就行了。

在緬甸戰場血腥廝殺時，蔣介石連兵源都不願補充給史迪威，史迪威哀嘆：「他們眼睛都不眨一下就在河南丟掉了三十萬大軍，可是我歷經千辛萬苦才得到一萬人來補充戰鬥傷亡人員。」可笑的是，親蔣的學者卻認為，是史迪威在次要的緬甸戰場上占據了太多的資源，才導致國軍的豫湘桂大潰敗。

蔣介石從來不是高明的軍事統帥。黨國御用史家為之樹碑立傳的資訊——那些勝仗——都大有疑問：以北伐而論，從戰略的制定到前線的指揮，都是由蘇聯的軍事顧問、那些在一戰和蘇俄內戰中身經百戰的名將，如加倫將軍一手包辦；以剿共而論，蔣本人屢戰屢敗，後來是德國軍事顧問馮．塞克特的堡壘戰術和德國先進的武器裝備，幫助其擊敗紅軍；以蔣桂戰爭、中原大戰等軍閥之間的內戰（蔣本人並非合法的中央政府的元首，而只是眾多軍閥中最大的那一個）而論，大多數的勝負不是在戰場上決出的，而是蔣介石用金錢收買對方將領，達到不戰而屈人之兵的目標。**蔣從未有過指揮大兵團作戰並大獲全勝的光榮紀錄**。

蔣介石早年在賭場和股票市場輸得一身精光，靠上海富商虞洽卿的資助才脫困；當上黨國領袖之後，他照樣是一個屢戰屢敗的敗家子。史迪威留下的兩支最有戰鬥力的精銳部隊——孫立人的新一軍和廖耀湘的新六軍（同屬國民黨「五大王牌軍」），一旦落到被美軍諮詢團團長巴爾將軍稱之為「世界上最糟糕的統帥」蔣介石手中，全都遭致灰飛煙滅的厄運。

一路勝仗、功勳卓著的孫立人，因為不是黃埔系，打了勝仗，卻被調離東北戰場，換上蔣介石信任的學生杜聿明，結果東北戰局江河日下、不可收拾。孫立人被派到臺灣訓練新兵，他使用的正是史迪威傳授的那套方法。國共在海上的最後一戰——**金門古寧頭戰役，國軍主力之一正好是孫立人訓練出來的青年軍**，若沒有這支軍隊，那次的勝負猶未可知。如果共軍攻占金門，臺灣也就危險了。

在此意義上，臺灣的穩定，有來自史迪威的一份功勞。可惜，心胸狹窄的蔣介石不會承認這一點，國民黨撰寫的金門戰史中，恬不知恥的將史迪威和孫立人的功績統統刪除。

「將軍百戰聲名裂，縱死猶聞俠骨香」，史迪威回美國之後，不願在閒職上虛度餘生（儘管他剩下的時間只有兩年），他去找老朋友麥克阿瑟要工作，麥帥請他當總參謀長，他偏要去前線作戰，不惜屈就第十集團軍司令，準備進攻日本本土，同時他還夢想著在華南登陸。結果，兩顆原子彈結束了這場曠日持久的戰爭。史迪威鬆了一口氣——至少他的兒子，不會陷入到硫磺島戰役那樣的絞肉機中。

塔奇曼在書中提出一個最具挑戰性的問題：如果史迪威得以改革中國軍隊，並造就一支九十個師的有戰鬥力的部隊，那麼中國的命運可能會有所不同嗎？「天時」、「地利」都已具備，唯一的關卡就是蔣介石的首肯——偏偏「人和」沒有來臨。曾任緬甸戰略情報局游擊隊長的佩爾斯將軍這樣寫道：

> 我自己堅信，如果史迪威將軍裝備、組織並訓練中國地面部隊的計畫得以完成的話，那麼一九四四年日本步兵就無法摧毀華南的空軍基地……而抗戰後中國共產黨的地面部隊也不可能達成他們的目標。

但是，若沒有政治改革和經濟改革，中國能否支撐一支現代化的軍隊，更是一個疑問。

軍事、政治和經濟的改革與現代化，最大阻力就是蔣介石。丟掉中國的罪魁禍首，就是蔣介石自己。

英雄遭貶斥、草包被高升的國度

費正清如此比較史迪威與蔣介石：

這是多麼鮮明的對比！一個是美國的頑強的理想主義者，決心訓練出中國部隊並打垮小日本；另一個則是狡詐的軍事政治家，同樣很有決心，那就是不讓中國繼續打下去，從而保住自己的位置。史迪威與蔣介石的對峙濃縮了美國在中國的戰時目標所遭遇的種種挫折。

由於緬甸戰場在整個二戰戰場中處於邊緣位置，以及蔣介石的牽制和陰謀，史迪威未能像他的同學或好友艾森豪、麥克阿瑟、馬歇爾等人，在二戰中創建更為輝煌的戰績。如果史迪威前往歐洲戰場，會成為另一個巴頓嗎？歷史沒有如果，但歷史的迷人之處，就在於它的開放性與不確定性。中國畢竟為史迪威提供了一個大舞臺，讓他在短短十年時間內，從上校躍升為四星上將。

近年來，國際史學界出現了一種顛覆「史迪威—費正清敘事」的觀點，給予蔣介石政權更多同情的理解，同時貶低史迪威的地位和貢獻。最具代表性的是荷蘭學者方德萬（Hansvande Ven）在《中國的民族主義和戰爭》一書中的觀點：「史迪威算不上什麼重要的軍事領袖，由他負責的行動也無足輕重。對史迪威褒也罷貶也罷，都高估了他對戰爭的意義。」如果單從戰役的規模來說，確實如此；但是，史迪威公路對於堅持抗戰的整個中國，無異於生命線——一九四五年，史迪威被授予卓越服務勛章橡樹葉勛章，以表彰在開闢史迪威公路時其成就之「極端重要性和複雜性」，這是史迪威在中國戰場上，不可取代的重要證據。

史迪威的崇高品質之一是誠實。在第一次緬甸戰役戰敗之後，國民黨媒體用「轉進」這個詞來掩飾，美國媒體也渲染其中某些小型戰鬥的勝利而迴避整個戰役的潰敗，唯有史迪威直率的對媒體說：「我們被狠揍了一頓。我們被趕出緬甸，這是奇恥大辱。我們必須查找原因，並回去重新奪取緬甸。」《紐約時報》在頭條社論中說，能言善辯的邱吉爾和羅斯福「都可以從史迪威這裡學到不少東西」。

史迪威的這句話跟他的名字聯繫在一起，他打算做一件簡單的事情：把真相告訴公眾。這跟擅長瞞騙的拜占庭式東方文化格格不入。

史迪威厭惡華盛頓誇誇其談的政治，在他眼中，華盛頓和重慶一樣，「充滿了糞便的氣味」，有時他忍不住在日記中譏諷羅斯福總統。史迪威也瞧不起那些衣冠楚楚卻每戰必敗的英國將領，他故意用美國牛仔的粗魯挑釁英國貴族的虛偽。

史迪威對中國將領的看法，也趨向黑白分明的兩極。蔣介石將嫡系部隊撤退到後方，讓那些「雜牌軍」上戰場送死。戰死沙場的集團軍司令級別的高級將領，一個是原屬馮玉祥系的張自忠，一個是川軍將領李家鈺。很難說他們是國民黨人——他們接受國民黨政權名義上的領導，只是基於現實因素象徵性的「改旗易幟」，他們並不服膺於國民黨的意識形態和政治體系。抗戰的歷史書寫不能只有國民黨和共產黨兩方的視角，必須增加**既非國民黨亦非共產黨的這些「半獨立」的軍人和政治集團的視角。這也正是史迪威的視角**。

弔詭的是，史迪威欣賞的中國將領，大都不是蔣介石的嫡系，他們大都長於作戰而短於政治，所以命運多舛、晚景淒涼；而史迪威厭惡的中國將領，大都是蔣介石的嫡系，**雖然在戰場上是草包，但在官場上是達人**，各個飛黃騰達，盡享榮華富貴。

在緬甸戰場上與史迪威併肩作戰的孫立人和廖耀湘，都有留洋背景，作風洋派，故而受蔣介石及黃埔系的猜忌。前者捲入一場莫須有的「兵變」冤案，在臺灣被兩蔣父子幾乎終身囚禁，在李登輝時代才獲得平反和自由；後者在國共內戰中得不到友軍的支援，孤軍作戰，兵敗被俘，卻一直拒絕中共在戰俘營中的「思想改造」，特赦之後，在文革中遭受紅衛兵羞辱、毆打而死。

與史迪威有深厚友情的商震，是一位出自北洋保定系的將領，雖才華橫溢卻不受蔣介石信任。國民黨政權在中國潰敗後，商震遷居日本，過怡然自得的平民生活，拒絕蔣介石召他到臺灣的邀請。

在中國戰場上消滅最多日軍的廣東猛將薛岳，也深受史迪威器重。當薛岳死守衡陽之際，蔣介石因薛岳不是其嫡系，不提供援兵和物資，是史迪威強令陳納德將大量軍備繞過中央政府，直接運送給薛岳的部隊。薛岳晚年居住在臺灣嘉義鄉下，閉門不出，蔣介石居然派特務潛入其家中，搜查有無謀反證據。

還有在北伐時率領「鐵軍」的張發奎，長期追隨汪精衛，也被蔣介石冷凍。在抗戰中，張發奎打勝了粵北會戰，在一九四五年的廣西反攻中先後克復南寧、龍州等地，仍有當年之勇。但張氏知道蔣介石容不下他，更不願投靠共產黨，晚年旅居香港，兩袖清風而自由自在。反之，在史迪威眼中如廢物、小丑的那些將領，在抗戰和國共內戰中不斷打敗仗的那些將領，如何應欽，胡宗南、湯恩伯、杜聿明、顧祝同等人，在戰場上丟盔卸甲，在蔣介石心中的地位仍穩如磐石。

史迪威無法理解賞罰不分明甚至顛倒的蔣介石，究竟如何治軍。史迪威不知道的祕密在於：**蔣介石統治的國家，不是一個現代國家；蔣介石治理的軍隊，也不是一支現代軍隊**。蔣介石衡量將領好壞的標準與史迪威截然不同，蔣的標準只有一個：是否對他個人忠誠。那些敗軍之將因為「愛戴校長」，是「天子門生」，而享有不受懲罰的特權。

中國的近現代史是一部不斷退步的歷史。美國將美式民主自由價值引入中國的期待，至今仍懸而未決。身在中美之間巨大誤解漩渦中的史迪威，如同一名過客，「揮一揮手，不帶走一片雲彩」。

塔奇曼畫龍點睛的評論說，一百年來中國人一直努力擺脫其統治的弊端，但是每一次改革或革命的努力，總是蛻變為壓迫和腐敗，就彷彿在魔力的影響下王子又被變回蟾蜍一樣。中國的亂政，與其說是由於專制，倒不如說是由於無效的統治。如果說權力造成腐敗，那麼權力式微就造成更多的腐敗，因為這需要不斷達成交易、不斷賄賂以及不斷有各種通融安排。這不也是今日中國現狀的寫照嗎？

第二十九章 滿洲國憑什麼成為兵家必爭之地？

天地內，有了新滿洲。
新滿洲，便是新天地。
頂天立地，無苦無憂，造成我國家。
只有親愛並無冤仇，
人民三千萬，人民三千萬，
縱加十倍也得自由。
重仁義，尚禮讓，使我身修；
家以齊，國已治，此外何求。
近之則與世界同化，遠之則與天地同流。

——鄭孝胥〈滿洲國建國歌〉

太平洋戰爭末期，當整個中國（關內）都在崩壞的時候，唯有滿洲國（關外）仍然蓬勃發展，前途無量。可惜，隨著日本的戰敗，滿洲國也就失去了生存的國際環境。

居民安居樂業，移民趨之若鶩的國家就是好國家

一九三三年三月一日，日本關東軍策動的「滿洲國」成立，年號大同，定首都於新京（長春），國旗為象徵五族（日、滿、蒙、漢、鮮）的新五色旗；執政溥儀，國務總理鄭孝胥；建國宣言為「建立王道樂土，達成五族協和的目標」。一九三五年，溥儀改稱帝制，年號康德，為立憲君主制，實權握於關東軍之手。

皇帝之下分成四府二院二局，四府為尚書府、宮內府、祭祀府、參議府；二院為立法院、國務院；二局為審計局、各外局。國務院之下又分成各委員會、總務廳及興安局。總務廳為「滿洲國」政務中樞，有軍事部（軍事顧問部）、民生部（禁煙總局）、文教部、外交部、司法部（最高法院、最高檢察廳）、興農部（開拓總局）、交通部（郵政總局）、新京特別市（首都警察廳）、各省公署（各市、縣、旗公署）。

原先只有奉天、吉林、黑龍江三省，一九三四年，熱河省併入「滿洲國」版圖。同年，行政區重新劃分，包括新京特別市在內，劃分為十九省（吉林、龍江、北安、黑河、三江、東安、牡丹江、濱江、間島、通化、安東、奉天、四平、錦州、熱河、興安西、興安南，興安東、興安北）。

滿洲國是當時亞洲乃至世界經濟成長最快的國家。到一九四五年，其**工業規模超過日本本土，居亞洲第一**。滿洲國也是亞洲最多移民移居的國家，由於關內連年內戰，赤貧的中國

人口大量湧向關外，日本人也成群結隊前往滿洲墾殖。

一九三六年一月，滿洲國人口為三千零九十七萬人，到年底猛增到三千七百零一萬人，一九四一年達到四千兩百二十九萬人，其**移民人口的迅速增長**，堪與美利堅合眾國相媲美。

人同此心，心同此理：哪裡有富足、哪裡有安全、哪裡有秩序、哪裡有自由，人就往哪裡去。就像如今中國中產階級爭先恐後移居西方國家一樣，當年「闖關東」（按：中國清代至民國年間，華北地區人口向東北地區遷徙的運動）的中國移民也是懷著如此單純的心思，「用腳投票」，選擇政府和國籍。「愛國」的道德和邏輯，在此是行不通的。人們相信：與其如待宰肥豬般被「祖國」的暴政所侵害、所殺戮，何不去那個宣稱是「王道樂土」的地方試一下運氣？

那塊王道樂土的巨型石碑，豎立在山海關城樓之下，關外、關內，確實是兩個世界。如果滿洲國是被後來的中國歷史書描述得「暗無天日」的日本殖民地，以千萬計的、跑到滿洲討生活的中國人，豈不都是「冤大頭」？

在中國和臺灣的歷史教科書中，關於滿洲一九四五年以前的歷史，講的只是奉系軍閥和關內軍閥壓榨百姓，滿洲國的十三年則只有日本如何奴役中國人，作為被殖民者的中國人生活在水深火熱之中。

但歷史書無法自圓其說的是：**一九四五年日本戰敗、滿洲國解體之後，國共兩黨為何突然那麼熱心於滿洲，不惜拿出血本來爭奪？**滿洲是拿什麼支持國共內戰和赤貧中國的建設？

日本尚未投降，滿洲驚人的財富早已進入美蘇兩國和國共兩黨的視野。中共先期潛入滿洲，當時天下共知：誰擁有滿洲，誰就擁有中國。毛澤東甚至設置預案：若不能進取關內，就先在長春建都。

在太平洋戰爭接近尾聲時，狠毒陰險的蘇聯撕毀與日本簽訂的和平條約，進軍滿洲，奪取戰爭果實。日本和滿洲並未傷害過蘇聯，蘇軍卻在占領滿洲後，肆無忌憚的運走滿洲的工廠、機器、設備和物資。然而，即便蘇軍留下的千瘡百孔的工礦交通和破敗的城市，仍然讓前來接收的國軍咋舌，解放軍更未見過密集的高壓電網和遍地飛馳的火車，留下「將軍全國都走遍，發現工業聚南滿」的驚嘆，還有「火車不是推的」的笑話。

滿洲國全盛時代，從瀋陽到大連的瀋大線兩側工廠煙囪林立，城市連成一片，成為舉世聞名的綿長工業區，瀋陽鐵西區被譽為「東方魯爾」。經過滿洲國十三年的建設，工業總產值占工農業總產值的比重由不到三成增加到六成，中國直到六十多年以後的二〇〇三年才達到五七％。一九三八年，滿洲國共發電十六億三千萬度。一九四三年，豐滿水電站發電，發電能力每年達二十二億度。而到了一九四九年，整個中國的發電量才四十三億度。

1939 年的新京大同大街。

若勉強將滿洲視為中國之一部分，一九四三年時，滿洲以占中國九分之一的土地和十分之一的人口，生產了占全中國四九．四%的煤、八七．七%的生鐵、九三%的鋼材、九三．三%的電、六九%的硫酸、六〇%的蘇打灰、六六%的水泥、九五%的機械，形成龐大的人造石油、特種鋼等領先世界的尖端科技企業。就整個工業產值而言，滿洲占中國的八五%、臺灣占一〇%，「中國本土」只占剩下的五%！

滿人在滿洲復國天經地義

值得懷疑的概念「漢族」，是自認為「純種」的中國人的自我標榜，就像納粹宣揚的「純種日耳曼人」一樣。其實，數千年多民族混居、雜交之後，哪裡還有純正的漢人？而漢人對所謂「異族」、「蠻夷」所建立的王朝一般不予承認，因為「非我族類，其心必異」。只有異族建立的王朝（元帝國、清帝國）比漢族建立的王朝擁有更大疆域時，中國人才喜滋滋的將其列入正統中國王朝的序列，忘記「中土」只是異族王朝殖民地之一部分。

朱元璋起兵反抗元帝國時，發表過一篇慷慨激昂的〈北伐檄文〉，其中指出：

> 古帝王臨御天下，皆中國居內以制夷狄，夷狄居外以奉中國，未聞以夷狄居中國而制天下也……方欲遣兵北逐胡虜，拯生民於塗炭，復漢官之威儀。慮民人未知，反為我仇，挈家

北走，陷溺猶深，故先逾告：兵至，民人勿避。予號令嚴肅，無秋毫之犯，歸我者永安於中華，背我者自竄於塞外。蓋我中國之民，天必命我中國之人以安之，夷狄何得而治哉！予恐中土久汙膻腥，生民擾擾，故率群雄奮力廓清，志在逐胡虜，除暴亂，使民皆得其所，雪中國之恥，爾民等其體之。

朱元璋的這段「漢族中心主義」言辭，讓清末的孫文、黃興、章太炎等革命黨人感到於我心有戚戚焉。於是，「驅除韃虜，恢復中華」變成同盟會的革命綱領。

所謂「驅除韃虜」，「驅」的意思是：為了中土的純化、淨化，將滿族人和蒙古人統統趕回滿洲和蒙古（這些地方原本就是化外之地），滿族人和蒙古人只管回老家自生自滅，因為「你們」從來不是「我們」的一部分；「除」的意思是：如果你們賴著不走，我們就要將你們像蟑螂那樣消滅掉，中原不會有你們的存身之地——可見，**革命黨人對「韃虜」實行「種族滅絕」的念頭，比希特勒早了整整三十年**；等到希特勒後來居上，屠殺猶太人成效卓著，作為孫文「義子」的蔣介石，卻要反過來找納粹「取經」了。

辛亥革命爆發之後，滿人的處境非常嚴峻，在各地遭到虐殺，倖存者只能隱瞞滿人身分，冒充漢人。數百萬滿人被迫放棄其身分認同和文化傳統，為祖先入關時屠殺漢人的「原罪」還債。

其實，漢人對「韃虜」的仇恨，是清末革命黨人塑造的一種仇恨心理學。韃虜的統治並不比漢族的統治差，若以一名平民百姓的經驗而論，清朝的皇帝大都比明朝的皇帝仁慈，清朝政府也比明朝政府的統治更有效。同治中興之後，漢族大臣逐漸掌握實權，清廷的漢化已不可逆轉。但孫文等革命黨人，執意延續祕密會黨在明末清初反清復明的口號，注定了中華民國只能像明朝那樣「苛政猛於虎」。

中華民國建立之後，掌權者為了繼承清帝國之多民族帝國衣鉢，將「驅除韃虜」的口號改為「五族共和」之遠景。然而，經過從日本傳入的民族主義意識形態的侵染和鍛造，種族之成見已深，漢族與其他民族水火不容。

孫文在清室退位後，率領文武百官去明孝陵舉行隆重祭典，**把自己擺在明太祖事業繼承者的地位上**，向「我高皇帝在天之靈」報告「光復漢室」的喜訊。官方史料記載：中華民國元年二月十五日辛酉，臨時大總統孫文，謹昭告於大明太祖開天行道肇基立極大聖至神仁文義武俊德成功高皇帝之靈曰：

嗚呼！國家外患，振古有聞。趙宋末造，代於蒙古，神州陸沉，幾及百年。我高皇帝應時崛起，廓清中土，日月重明，河山再造，光復大義，昭示來茲。不幸季世俶擾，國力疲敝，滿清乘間，入據中夏。嗟我邦人，諸父兄弟，迭起迭踣，至於二百六十有八年。嗚呼！時怨時恫，亦二百六十有八年也。歲在辛亥八月，武漢軍興，建立民國。義聲所播，天下響應。越八十有七日，既光復十有七省，國民公議，立臨時政府於南京。文以薄德，被推為臨時大總統。瞻顧西北，未盡昭蘇，負疚在躬，尚無以對我高皇帝在天之靈。邇者以全國軍人之同心，士大夫之正誼，卒使清室幡然悔悟，於本月十二日宣布退位。從此，中華民國完全統一，邦人諸友享自由之幸福，永永無已。實維我高皇帝光復大義，有以牖啟後人，成茲鴻業。文與全國同胞至於今日，始敢告無罪於我高皇帝。敬於文奉身引退之前，代表國民，貢其歡欣鼓舞之公意，惟我高皇帝實鑑臨之。敬告。

共和國「民選」總統孫文，恭恭敬敬的向五百多年前明帝國暴君朱元璋「報告好消息」，真是千古奇事、千古奇文。

滿族人原本可以在中華民國忍辱負重的生存下來。原來他們領取國家俸祿，如今自力更生；原來生活在天上，如今生活在地下。這倒也罷了。先是軍閥馮玉祥單方面撕毀民國政府與清室簽訂的優待條款，用武力將遜帝溥儀趕出紫禁城，再將宮中的奇珍異寶盜走變賣；然後是軍閥孫殿英調動軍隊炸開清東陵，盜取陵墓中殉葬寶物，乃至玷汙墓中帝后遺體，而南京國民政府自蔣介石、宋美齡、宋子文因得到孫殿英賄賂的無價之寶，對孫網開一面，不做出法律制裁。滿人是可忍，孰不可忍，不願在中華民國充當「二等公民」，決心返回滿洲故土復國當主人。

國民黨和共產黨的歷史敘事，一說起滿洲國，必定在前面加一個「偽」字。道理很簡單，若滿洲國不「偽」，國共自身及國共爭奪東北就喪失了合法性。

然而，歷史真相是：既然孫文等革命黨人號稱「反清復明」，繼承明帝國傳統，而明帝國並未統治滿洲；所以，滿族人回故土滿洲創建滿洲國，有何不可？何「偽」之有？滿洲國是清帝國的後繼國家，可以說是「後清」。

存在十四年的滿洲國，某種意義上類似退出中原的蒙古人，繼續以「北元」的國號存在，與明朝對峙。滿洲國則與漢人建立的中華民國對峙，直到二戰結束，因國際形勢逆轉，而非中國內部力量的變化，才最後消失。被中共接管這塊滿洲舊土，由此變成「中國東北」。

滿洲國先進的工業、經濟、文教和法治

滿洲國只有短短十四年歷史，卻迅速形成以鋼鐵、煤炭為中心的重工業體系和以糧食加工、紡織、食品工業為中心的輕工業體系。

以鐵路而論，一九四五年，滿洲國的鐵路達到一萬一千五百公里，與此同時，關內中國的鐵路總里程僅七千公里；以公路而論，一九四三年，滿洲國公路總里程近六萬公里，與此同

表現滿洲國五族協和的郵票。

時，關內中國的公路總里程僅兩萬公里；以航程而論，一九三〇年代中期，滿洲國航空線總里程一萬五千公里，而到了一九五〇年，中國民用航空線總里程才一萬一千四百公里。一九四〇年，時速一百三十公里的彈丸高速列車由大連機車廠研製成功。一九三四至一九四三年，運營於南滿鐵路新京至大連區間的亞細亞號特快列車，採用大連製造的流線型機車，全封閉式空調車廂，為亞洲最先進的列車。

滿洲國的首都新京（長春）是亞洲唯一一個由專家規畫設計的新城市，享有「城市山林」和「森林之都」的美稱。新京人均占有綠地超過兩千平方公尺，超過華盛頓一倍，是日本大城市人均綠地面積的五倍，為世界大城市之冠。**新京是亞洲第一個全面普及抽水馬桶，以及管道煤氣的城市**。

一九三四年，新京建成亞洲最大的無線電臺——新京無線電臺，擁有亞洲最大的電影公司——滿洲映畫協會。新京也是東亞大陸第一個規畫地鐵的城市，早在一九三八年，新京即規畫有一百二十公里的環城地鐵和有軌電車道路，還有環城高速公路。主要街道的照明和電訊線路採用地下管線，是亞洲第一個實現主幹道電線入地的城市。

除了首都新京，滿洲國詳盡規劃了大大小小一百零九個城市的建設，此種全面、系統的城市規畫前所未有。難怪有中國評論者感嘆：「如果我們是一個有出息、有遠見的民族，只要對照這些城市在一九四五年以後規畫的雜亂無章、長官意志以及建築品質的低劣，就應該從靈魂深處振作起來，改造我們的國民性，這遠比口頭的反日更容易戰勝日本。」

滿洲國的科學研究和文化教育也一日千里。滿洲國重要的科學研究機構及科普機構有：旅順博物館、滿洲資源館、滿洲國國立中央博物館、滿洲國協和會科學技術聯合部會、滿洲國調查機關聯合會、滿洲發明協會、日滿農政研究會滿洲部會、滿洲能率協會、滿洲國大陸科學院、鐵道研究所等，其水準幾乎與日本並駕齊驅。

大學方面，一九三八年，設立新京醫科大學、奉天農業大學、哈爾濱工業大學、吉林師道高等學校、滿洲建國大學（專門培養政府公務員）、中央師道訓練所等。一九三九年，設立新京政法大學、新京國立大學、新京工礦技術院、奉天工礦技術院、新京畜產獸醫大學、哈爾濱農業大學等。軍事院校方面，有「滿洲國的西點軍校」之美譽的**新京陸軍軍官學校**，共有三千多名學生，**韓國前總統朴正熙即畢業於這所學校**。女子學校則有遼陽女子國民高等學校、吉林女子國民高等學校等。

初級和中級教育方面，滿洲國建立了一萬兩千所小學、兩百所中學、一百四十所師道學校（院），以及五十所技術及專業學校（院）和若干軍官學校。

在滿洲國的教育系統中，共有六十萬學生和兩萬五千名教師。另外，還有一千六百所私立學校，一百五十所宗教學校以及哈爾濱地區的二十五所俄語學校。

滿洲國的法律體系和實踐遠遠領先於「一關之隔」的中華民國。致力於滿洲國復國運動的活動人士薩爾達克·阿斯蘭，有專文論述作為滿洲國基本法之一的《人權保障法》。他認為，《人權保障法》在滿洲帝國法系中至關重要，得到滿洲國立法者的充分重視。該法的頒行，在滿洲歷史上有跨時代的意義：

《人權保障法》從大同元年三月九日頒行起，這十三條內容自頒行起，從未有改變……本法以基本法的形式和地位，確定了滿洲國人民的人身自由和私有財產不得侵害、確定了滿洲國人民的法律地位一律平等、確定了滿洲國人民依法參與國家政府和地方自治團體的權利，確定了滿洲國人民依法提起和接受訴訟的權利、確定了滿洲國人民依法請願的權利、確定了滿洲國人民依法組建和參與工會的權利、確定了滿洲國人民的合法經濟權利不受侵害。

滿洲國的《人權保障法》，開明宗義，保障了人民的自由、平等、私有財產不受侵犯這三大基本原則——此三項基本原則，與列強之人權法案別無二致。然後，滿洲國的《人權保障法》，直接了當保障了人民的參政權、為官權和請願權——此三項政治權利與列強之人權法案亦基本相同。之後，滿洲國的《人權保障法》，要求民事訴訟手續、刑事訴訟手續和行政訴訟手續必須合法使用的基本原則……《人權保障法》中重申了民事訴訟手續、刑事訴訟手續和行政訴訟手續必須合法使用的基本原則，以保障滿洲國人民可用滿洲國的法律，保護自己的合法權益。同時，滿洲國的《人權保障法》，保障了人民的合法經濟權利——此一方面是滿洲國王道政治的集中展現。

由此可見，滿洲國無論在有形的實業（工業），還是在無形的文教、法治等方面，都是亞洲先進國家。

滿洲國與日本，猶如美國與英國

不可否認，滿洲國雖然打著「新國家」的旗號，但**掌握其實權的是關東軍首腦及日本人官吏**。滿人和漢人一樣，尚不具備打造並運行現代國家的能力，必須求助於亞洲第一個邁入現代國家的日本。滿人向日本人尋求幫助，並不構成「漢奸罪」，肅親王的女兒川島芳子戰後被國民政府以「漢奸罪」處決，這是極不公正的判決。

日本人主導滿洲國重要事務，當然不是「無償服務」，而是期望透過對滿洲的經營，鞏固日本的國家安全、提升日本的國家實力，特別是防止蘇俄從滿洲南下攻擊日本——遺憾的是，日本最後仍未避免此種恐怖結果。

日本是「殖民時代」的後來者，缺乏歐洲老牌殖民帝國豐富的殖民經驗，卻有超越歐美的企圖心。當日本獲取了對臺灣、朝鮮、滿洲的控制權之後，對三地的殖民方式不盡相同：臺灣是直接作為日本新國土的一部分來悉心經營，朝鮮則是日本的「保護國」，而滿洲國的模式乃是前所未有的——**日本政府並未直接出面，而由關東軍代為經營，並以皇帝溥儀實行象徵性統治**。在滿洲國存在的十四年時間裡，證明這種模式獲得了相當的成功。要是沒有「七七事變」，以及繼之而來的「大東亞戰爭」，滿洲國應該能成為今日南美諸國都比不上的優秀國家，甚至成為像多民族共存的美國一樣的優秀國家。

為了滿洲國的建國，日本付出巨大代價，受到國際聯盟批判，並澈底造成自己在國際社會空前孤立。不過，日本學者駒込武在《殖民地帝國日本的文化統合》一書中指出：

事變當時，英國、美國，甚至連蘇聯都沒有直接干涉的打算。**英國政府還認為，不是軍閥而是由日本政府來統治滿洲，不論是從文明利益或是英國利益的觀點來說都是適當的**。

日本經營滿洲盡心盡力，不比經營日本本土怠慢。日本與滿洲國的關係，有點像英國與美洲十三個殖民地（後來的美國）的關係，雖然彼此間有矛盾衝突，但在精神氣質上卻有最大交集。日本歷史學者宮脇淳子在《這才是真實的滿洲史》一書中指出：「日本人就像開拓北海道一樣，努力開拓滿洲。滿洲是多民族進出的土地，和日本的風土人情完全不同，這可以讓日本人受到很大的刺激。戰後，直接體驗到滿洲生活的人們回到島國日本後，其中情感強烈的人發揮其進取心，在社會中很是活躍。」

與之相呼應，美國學者華樂瑞（Lori Watt）在《當帝國回到家：戰後日本的遣返與重整》一書中也認為，相較於臺灣與韓國，滿洲在本土日本人心中有著深刻的曖昧感受。滿洲被描繪成**充滿機會的國度**，是等待人們前去馴服的開放邊疆，但它也被視為是威脅四伏的地方，與本土的價值觀格格不入。

因此，日本人的滿洲想像具有某種曖昧性——其實，這不足為怪，日本人對自身的想像不也相當曖昧嗎？日本作家大江健三郎在諾貝爾文學獎頒獎典禮上的演講，就是以「我在曖昧的日本」為題目。

滿洲國建立之後，日本政府為緩和日本貧農人口過多的壓力，以及鞏固滿洲國與蘇聯之間的邊界，提出兩項計畫，一項針對十幾歲的青少年，另一項針對農民家庭，鼓勵他們移民滿洲與蒙古。

熱心推動農業墾殖的人士，最終未能達到他們希望的五百萬人目標：終戰之前，到滿洲進行農業開墾的日本農民家庭有二十四萬人，「滿蒙開拓青少年義勇軍」有六萬人。對這些農業開拓者來說，留在家鄉缺乏前景，前往開拓地則有機會擁有自己的土地，因此激勵他們移民滿洲。免服兵役的承諾也讓年輕人趨之若鶩。

有趣的是，**在日本治下的臺灣，有數以千計各階層人士跑到廣闊的滿洲追夢**，最為成功的人士是官拜滿洲國駐日大使、外交總長的謝介石。同樣在滿洲國外交界服務的臺灣人吳左金在〈「滿洲國」外交生涯回憶〉一文中寫到，他當過滿洲國駐朝鮮新義州副領事，薪給為兩百五十元，派任濟南總領事則屬國外（汪精衛國民政府），薪給較多，每月三百五十元，花用不完。很多同事在當地購地買屋，他並無在中國久居的打算，就將多的錢寄回臺灣。沒想到，戰後那些回臺灣把房子賣掉、滿洲國產業又丟了的臺灣人變得一無所有，他寄錢回臺灣置產，反而避免了竹籃打水一場空的結果。

吳左金還提到一個有趣的細節：

當時國民政府在朝鮮亦設一中國領事館，負責當地中國僑民的事務，但中國僑民發生糾紛，多利用「滿洲國」新義州領事館的權勢。因為日本比較偏向「滿洲國」這一方，所以僑民有事都來找我們，通常只要協調一下即通融過去，而中國領事館的作用則不大。在我任內，曾有一兩個中國僑商被日本憲兵抓走，他們跑到領事館求救，我去說情，日本憲兵隨予放行。

戰後，吳左金主持的滿洲國濟南領事館被國民黨官兵洗劫一空，連他身上的西裝都被剝掉。他被以「漢奸罪」關進監獄。他再三聲明自己的國籍是日本，日本人當滿洲國的外交官，跟中國毫無關係，怎麼能說是漢奸？幾經抗爭，他才被釋放。

經過共產黨統治七十年，昔日富庶而先進的滿洲，**由重工業基地的「共和國長子」，淪為中國最貧困、最落後、文化粗俗、民風敗壞的省分**。如果滿洲國一直延續至今，滿洲國的文明程度大約接近於日本和臺灣，必定不會如此不堪。**未來若中國解體，滿洲國得以復國，並與日本重建兄弟之邦交，繼續從日本引入文明與秩序，滿洲國必定能成為亞洲名列前茅的富國、強國、文明國和民主國。**

第三十章 國民黨在一九四五年就注定了要失敗

美國人不應把中國看作幾乎同大英帝國相等的參戰大國，並且帶著偏愛把中國軍隊同俄國軍隊相提並論……把中國作為世界四強之一是場絕對的滑稽劇。

——邱吉爾

一九四五年十一月中旬，在河北唐山的煤田和秦皇島港口之間，一條鐵路主幹線上一個名為古冶的村鎮，爆發了一場小規模的戰鬥。那時，日本投降幾個月了，太平洋戰爭的硝煙已經慢慢散去，這場軍事史書籍上不曾記載的戰鬥顯得異乎尋常。

東亞的冷戰在華北打響第一槍

美軍的四星將軍佩克（Peck）與他同行的部隊，一隊海軍陸戰隊衛隊，受到一支共產黨軍隊的襲擊。海軍陸戰隊的一個飛行中隊被叫來增援，這時攻擊的共軍迅速溜走了。美國學者、記者、《時代》雜誌駐北京辦事處第一位主任白禮博在《中國一九四五》一書，詳細描述了這場只造成少數人員傷亡的戰鬥，並評論：

當時，誰也不曾意識到，這是發生在美國軍隊和一種新的敵人之間的第一次此類對抗，這種對抗將在接下來的幾十年裡變得越來越熟悉。在越戰戰場上，以及在更後面的伊拉克和阿富汗戰場上，這種對抗產生了一種新名詞，叫做「不對稱戰爭」。敵對的游擊隊突然在無名的村莊裡出現，開火襲擊，當美國戰鬥機出現在天空時，他們又消失得無影無蹤，這成為後來美國在亞洲的戰爭模式。**在中國河北省鐵路沿線發生的這些衝突的背景，是即將到來的冷戰**。

從某種意義上說，這一場小規模的武裝衝突，甚至比同一年年初國民黨軍隊，在雲南畹町擊敗日本軍隊的那場難得勝仗更加重要——雲南邊境的戰鬥顯示，經過美軍訓練和美式武器裝備的少部分國民黨軍隊，已擁有擊敗走向衰敗的日軍的實力；河北的戰鬥則預示著，在中國八年抗戰中像野草一樣滋長的中共割據勢力，不會臣服於國民黨政權的統治，甚至也不忌憚直接挑戰美軍，在一九四五年所發生諸多類似事件，說明國民黨的統治已岌岌可危，這些事件不僅澈底改變中美之間的關係，也永遠改變東西方關係的走向。

白禮博挑戰了此前人們熟悉的現代中美關係起源的既有觀點。他認為，以下兩種看法都是錯誤的：第一種看法是，如果當時美國給予蔣介石政府更多支持，就能避免其垮臺並建立一個親美國的中國政府，進而避免之後發生朝鮮戰爭和越南戰爭；第二種看法是，如果美國更早放棄對蔣介石政權的支持，轉而與共產黨人合作，就能避免中國一邊倒向蘇聯，不必等到尼克森時代才姍姍來遲敲開中國的大門。

第一種觀點很容易駁斥：蔣介石政府是不可救藥的，一直支持蔣介石就如同往無底洞中扔填充物。如果這樣做，甚至派兵干涉，美國將面臨比越南戰爭更可怕的困境，「把自己束縛在亞洲大陸上，無法打贏的一場代價高昂的消耗戰之中」。

最終，美國將無可奈何的發現：「共產黨太根深蒂固、太強大，獲得蘇聯支持太穩定，隨著冷戰在世界各地展開，蘇聯人將非常高興看到美國人在中國流血和死亡。」而且，這種做法必將危及美國在冷戰中承擔更重要的任務：在歐洲抵禦蘇聯的大肆擴張。在整個冷戰時代，美國的戰略重點都在歐洲；冷戰結束後，因為反恐戰爭的緣故，則轉向中東地區；直到最近幾年，才轉向東亞以遏制中國的崛起。

第二種觀點也很容易駁斥：決定未來中美關係的，不是美國對蔣介石的支持，而是**毛澤東與史達林在意識形態上的親近，以及毛澤東對蘇聯幫助的強烈需求**。蘇聯與中國接壤，而美國離中國太遠。

「毛澤東所需要的，來自強大和更近的俄國人的支持和善意，遠遠超過了他所需要的、來自矛盾和遙遠的美國的支持和善意。」與中國斷絕外交關係，美方不是主導者。駐美大使司徒雷登（John Leighton Stuart）向中共拋出橄欖枝，希望與中共保持某種溝通管道，但中共置之不理。隨即，毛澤東發表文章〈論人民民主專政〉，宣告新中國的外交原則，完全倒向以蘇聯為首的社會主義陣營一邊，美國國務院遂放棄了與中共建交的努力。

另外一個例子是，左派知識分子組織「民盟」的重要人物張東蓀，曾經促成北平傅作義部接受中共之「和平改編」，對中共立下汗馬功勞。中共建政後，**張東蓀鍥而不捨的建議新政權應當與美國保持友好關係，卻被毛澤東冠以美國間諜的罪名**，投入秦城監獄關押至死。

另一方面，在以史達林為盟主的社會主義陣營裡，首鼠兩端的「中立」是不被允許的，新中國必須加入以蘇聯為首的共產主義陣營，才能得到老大哥的照顧和保護。作為史達林的小弟的毛澤東，也不想採取中間立場，「在布爾什維克革命所帶來的衝擊波式的影響下，毛深深的浸透在這種以激進和暴力的方式，改變世界的共產文化之中」，最能說明毛澤東這個立場的決策是，毛澤東對派兵參與韓戰比史達林更積極和主動。

所以，白禮博得出結論，美國並非可以拯救中國的上帝：「決定中國未來結局的絕不是美國政策，而是存在於中國這片土地上自身的力量，並且，擁有巨大但並非無限的實力的美國，從來就沒有對中國實施決定性的控制。」不過，美國仍須反省為何在中國失敗——一半是因為太傲慢，一半是因為太天真。

在美國，對蔣介石和國民黨的評價呈現兩極化。《時代》週刊創辦人亨利・魯斯（Henry Robinson Luce）出生於在山東傳教的一個美國傳教士家庭，他和若干美國在華基督教傳教士，都認為蔣介石是騎白馬的「中國救星」。但在抗戰後期，國民黨軍隊在戰場上一敗塗地，讓這種觀點受到不斷增大的質疑——對蔣和國民黨的負面看法開始占上風，批評蔣和國民黨的人，並不都是左派或受共產黨宣傳之欺騙，他們即便不像史迪威對蔣全盤否定，至少也是像史迪威的繼任者魏德邁（Albert Coady Wedemeyer），對蔣及國民黨政權給予相當嚴峻的評價：魏德邁在給馬歇爾（George Catlett Marshall, Jr.）的電報中說，「蔣委員長和他的追隨者意識到情況的嚴重性，但他們都無能為力，驚慌失措。他們缺乏組織、裝備和現代戰爭訓練」。他說得很客氣，卻也很客觀。

但是，**美國一時之間找不到可以替代蔣介石的支持對象**：中國需要軍事強人，胡適、吳國楨這樣受過美國學術訓練和民主薰陶的現代知識分子，無力操縱中國這艘過於龐大的破船穿越驚濤駭浪；而李宗仁、龍雲等軍人，即便人品比蔣介石更好，也只是地方性人物，缺乏全國性威望。美國只能接受和縱容蔣介石，甚至不惜以撤換史迪威換取其合作。美國與蔣介石的關係，如同羅斯福對尼加拉瓜獨裁者索摩查的評價，「他可能是一個混蛋，但他是我們的混蛋」。

蔣介石為什麼是一個扶不起來的劉阿斗？

蔣介石是一個尚未跨入現代世界的傳統人物，儘管他從俄國人和德國人那裡學到列寧主義和法西斯主義的末流，也從妻子宋美齡那裡得到表面上的基督教信仰，但他骨子裡還是王陽明、曾國藩、孫子兵法和法家權術的那一套。蔣的門徒、藍衣社頭目賀衷寒評價其主子：

> 蔣先生**暴則有之，昏則完全不然**。他的統馭術絕頂高明。**他一向抓得很緊的是軍隊、特務和財政這三個命根子**。他這三個命根子各有一套他最親信的人替他看守；同時他又讓這三種力量互相依賴互相牽制，而只聽命於他一人。這三個方面的每一方面，又都各有三個鼎足並峙的力量，使其互相牽制。軍隊方面是陳誠、湯恩伯和胡宗南；特務方面是戴笠、徐曾恩和毛慶祥；財政方面是孔祥熙、宋子文和陳氏兄弟。他們之中誰也不敢有所挾持而無所顧忌。

蔣的權力運作，使他超越汪精衛、胡漢民等黨內德高望重的前輩而後來居上，並戰勝馮玉祥、李宗仁等擁兵自重的軍頭，但不足以讓他擊敗從中國專制傳統和蘇聯極權模式中，學到更多錦囊妙計的毛澤東。

蔣介石對中國傳統文化的信仰，反倒成為他領導中國邁向現代社會的阻礙，以及與毛澤東爭霸時的包袱。歷史學家許倬雲指出，在大動盪的時代，在價值經常變動的世代，不遵守任何尺度的毛澤東，用毛自己的話是「無法無天」，可以毫無顧忌。相對而言，蔣被其文化背景約束，也被其知識領域的限度約束，舉動都束手縛腳，既想作聖賢，又常常不免權謀，兩頭不著地。

在北伐以後，蔣介石的民族主義，可以號召都市社會中上層，共同建設國家。抗戰期間，中國精華地區的城市，幾乎全部淪陷。都市社會中上層也已殘敗凋零，蔣氏失去了憑藉。八年苦撐，民窮財盡，兵變師疲；蔣已無法在內戰中，與毛澤東公平競爭。

作為西亞和東亞的兩大傳統帝國，土耳其與中國轉型路徑截然不同。蔣的西化熱情不如土耳其國父凱末爾，而毛的專制獨裁則讓凱末爾望塵莫及。作為「西亞病夫」的土耳其，在凱末爾的帶領下放棄鄂圖曼帝國的包袱，成為伊斯蘭世界中最西化的世俗國家，儘管威權統治的陰影仍舊揮之不去。而作為「東亞病夫」的中國，因為更左的共產黨戰勝次左的國民黨，在一九四九年之後深陷於極權主義的泥沼之中，至今無法自拔。

即便不是「白左」失去中國，他們至少誤判中共

一九四五年，德國和日本相繼投降，美國成為二戰中最大的勝利者，蘇聯緊跟其後。羅斯福有意扶持蔣介石政府成為名不副實的戰後「四強」之一。然而，國民政府從勝利的顛峰跌落到失敗的低谷居然如此迅速，羅斯福和蔣介石都不曾想到——之後不到四年時間，蔣介石失去了對中國的統治，而美國失去了中國這個在太平洋戰爭中並肩作戰的盟友；之後長達三十年的時間裡，美國一直在尋找「失去中國」的責任人，卻眾說紛紜、未有定論。

蔣介石被共產黨趕到孤島臺灣，驚魂未定，苟延殘喘。次年，韓戰爆發，美國重新制定東亞政策，既然要出兵朝鮮，就必定要援助臺灣，臺灣這才轉危為安。否則，憑蔣介石自身

的力量，「敗軍之將，不可以言勇」，不可能守住這個小小的島嶼。

決定中國鹿死誰手的年分，不是一九四九年，而是一九四五年。一九四五年是非常關鍵的一年，美國打敗了日本，卻失去了中國：「日本被光榮的打敗了，但是在太平洋贏得的這個勝利，終究只是走向巨大且前所未有的失敗途中的一個中轉站，即一個對美國完全封閉的中國興起了，在價值觀上與其完全相左，在利益上與其極度敵對，卻與蘇聯這個最惡的對手緊密結盟。」這對美國來說確實有點得不償失。

這一結果的出現，那群深懷理想主義、過於天真的「白左」（按：源自中國的網路貶義詞，用來稱呼某類西方左派）們要負一定的責任，即便不是他們故意丟失了中國，但他們在相當一段時間內，被毛澤東和共產黨玩弄於股掌之上。一九四〇年代，他們在美國駐中國使館中形成一個小圈子，並且繞開大使直接向國務院彙報，讓律師出身的駐華大使赫利爾（Patrick Jay Hurley）氣壞了。

這群自以為是的「中國通」應邀興致勃勃的訪問延安。一九四四年，這群美國外交官乘坐一架破舊的螺旋槳飛機，降落在延安的一條凹凸不平的跑道上。他們的任務，是對把中國北方這座城市變成游擊根據地的毛澤東進行評估，並判斷美國是否應該支持他。

這個代表團的成員包括國務院的中國專家謝偉思（John Stewart Service）和范宣德（John Carter Vincent），以及美國軍官、使團負責人包瑞德上校（Col. David D. Barrett）——一名能說中文的前武官。他們與毛澤東、周恩來等中共領袖直接接觸，並為他們的氣度與觀點所折服。這些美國人把自己在延安的住所稱作「休養農場」，據同樣出生於美國傳教士家庭的戴維斯（John Paton Davies, Jr.）在回憶錄《中國通》中的描繪，它的八個房間都是泥土地面，每個房間裡擺有兩張鋪著秸稈床墊的床。取暖靠的是碳火盆，照明靠的是煤油燈。

他們得出的結論是，毛澤東得到人民的支持，在和蔣介石不可避免的內戰中會占上風，美國應該把寶押在毛身上。多年以後，經歷了麥卡錫主義時代衝擊的戴維斯，才若有所思的感慨：「我顯然低估了中國共產主義執政黨，當時在意識形態上的堅持，以及毛澤東和他的同伴們的靈巧手腕。」

當時，赫利爾大使猛烈指責其手下及其國務院有關人士通中共，卻查無實據。後來，謝偉思、戴維斯等人被國會追究和譴責，失去了外交官的職業生涯。

但他們的觀點（亦是美國國務院的觀點）仍長期主導著美國的對華政策，甚至一直延續到今天。**國務院的職業外交官們、「中國通」們天真到愚蠢的地步，對古老中國的浪漫想像，遮蔽了他們對現實中的中共政權邪惡本質的認識。**

他們未必是叛國者，未必像季辛吉（Henry Alfred Kissinger）那樣，從中國得到巨大的商業利益，他們只是「人一左，腦就殘」。即便經過毛澤東「反右」運動、大饑荒和「文革」，鄧小平時代的「六四」屠殺，仍然有一群「白左」頑固的相信，中國會感激美國的善意和幫助，並按照美國的引導，成為比日本更加模範的「亞洲的美國」。

在一九四五年令人眼花撩亂的那盤棋局中，延安的中共比起重慶的國民政府來，明顯棋高一著。「中共的目的是盡可能延長中國的抗戰……希望在遠東製造普遍的混亂狀態以便奪取中國的政權，作為邁向世界革命的一塊踏腳石。」在延安的美國人所未曾看穿或理解的，就是共產黨在中國奪取全部權力之後，變得非常明顯的毛氏統治構成元素，其實在這一切還未發生之前幾年就已存在，其中包括對二十世紀極權主義方法，尤其是蘇聯模式的採納。

美國的訪客們被延安的秧歌和交誼舞所打動，卻不知道逃奔延安的北大畢業生、翻譯家王實味僅寫了幾篇雜文，就被用大刀砍殺的悲慘遭遇，和八路軍三五九旅在南泥灣種植鴉片的祕密。**美國人的天真很難理解一個古老帝國，上千年堆積的複雜性以及共產黨高明的騙術**——顯而易見的，「整風運動」是個人集權和剷除異己的肅反實驗活動，甚至可藉此窺探此後三十年的脈絡，不同的只是範圍更大，危害更甚，手段更為嫻熟。以此而論，中共不是在一九四九年或一九四五年之後才變壞的，中共在一九二一年建黨時就壞透了，在根子上就爛透了。

不是毛澤東打敗蔣介石，而是史達林騙了羅斯福

一九四五年，天平從國民黨倒向共產黨，其原因**不是毛澤東比蔣介石聰明，而是史達林成功欺騙了羅斯福**。真正幫助中共走向勝利的，不是那些權力有限的美國左傾外交官，而是美國總統羅斯福與蘇聯獨裁者史達林的合謀。

第二次世界大戰自始至終都涉及一個巨大的道德妥協：與獨裁者史達林合作，以便打敗另一個獨裁者希特勒。歷史證明，蘇聯對世界的禍害，一點也不比納粹德國小。然而，對於美國歷史上思想意識最左的總統羅斯福（歐巴馬出現之前）來說，史達林不是敵人，而是朋友。

羅斯福直到臨終前都對史達林保持著樂天派的看法——他柔情蜜意的稱呼史達林為「約瑟夫大叔」。他猜測史達林早年得到的東正教神學院訓練有一些必定還留在心中，「我認為有某種東西進入他的性格中，其方式應該是一位基督徒紳士的那種做派」。

因此，羅斯福對古拉格群島的悲慘事實（其規模遠遠大於納粹集中營）視而不見。對此，美國歷史學家托馬斯・伍茲（Thomas E. Woods）嚴厲批評，羅斯福的政策核心一直是讓史達林放心，他面對史達林時澈底無知，在說蘇聯好話時爽快的撒謊——他相信史達林是可靠的，戰後世界和平的大廈，必須有史達林這個根基。這導致美國在冷戰最初二十年裡居於下風。

一九四五年二月的雅爾達會議，決定了歐洲和亞洲很多國家成為蘇聯附庸國的悲劇性命運。首先，史達林得到他在東歐為所欲為的權力。美國學者羅伯特・尼斯貝特（Robert Nisbet）在《羅斯福與史達林》一書中論證說，**雅爾達會議和《歐洲解放宣言》為史達林把東歐各國弄成自家的戰利品，提供了道義上的合法性**。

羅斯福的助手霍普金斯（Harry Lloyd Hopkins）對總統彙報說：「俄國人在這次會議上已經給了我們這麼多，我認為我們不應該讓他們失望。」俄國人給的東西是什麼？僅是放棄原計畫中在聯合國擁有十六票的要求，減少為三票。史達林看到羅斯福將聯合國當作其精神遺產，正如威爾遜將國聯當成自己的孩子一樣，精準的估計到羅斯福一定會接受蘇聯在聯合國問題上虛擬的讓步，以此給予蘇聯更大的實際利益。

果然不出史達林所料，**羅斯福默許了蘇聯擁有半個歐洲**。美國在聯合國沒有得到有價值的東西，即便蘇聯不怎麼出手，不久之後，美國打造的聯合國變成了美國的敵人——七十年之後，中共接替蘇聯在聯合國的角色，在一切問題上反對美國。川普總統終於誠實的告訴美國人民一個真相：聯合國毫無公義可言，只是一個「流氓國家俱樂部」。

在中國問題上，這種妥協更大、也更無恥。甚至可以說，**雅爾達密約簽字之日，就是蔣介石和國民政府的末日**。雅爾達會議是對國民黨政權的死刑判決，它確立蘇聯對廣闊而富饒的滿洲的控制，中國並無代表在場簽字同意——就像慕尼黑會議確立德國對捷克的肢解，捷克並不在場一樣。

雅爾達會議並不比慕尼黑會議更文明和公正。如果說美國在中國的失敗，最大的責任人是羅斯福；與之相反，蘇聯在中國的勝利，最大的推手就是史達林。**塑造中國和中國未來關係的主導力量不是美國的選擇，而是蘇聯和毛澤東的本質和行動**。

一九四五年八月，蘇聯出兵中國東北，使國共再次合作建立聯合政府的可能性完全喪失。一旦史達林派出一百多萬士兵占領東北，中國的內戰就在所難免，因為毛澤東明白，蘇聯會將東北的控制權轉交給他，而國民政府不再具有消滅他的軍事能力。當然，極具諷刺意味的是，正是羅斯福在雅爾達與史達林會晤時，懇請蘇聯派兵進攻中國東北，而且蘇聯的進攻也得到了美國根據租借法案提供的物資支持。

或許美國只是順水推舟，在太平洋戰場上筋疲力盡、傷亡慘重的美國似乎無力阻擋即將氣勢洶洶的南下的蘇聯軍隊。正如美國駐蘇聯大使哈里曼（William Averell Harriman）及其助手——冷戰時代美國的國際戰略大師喬治．肯南（George Frost Kennan）——當時就看穿的那樣，**不論美國是否要求史達林出兵，史達林肯定要派出他十一個軍的兵力**，由冷酷無情的將領馬利諾夫斯基率領。

在此意義上，「中國可能喪失在蔣介石手中，但更主要的是史達林和毛澤東贏得了勝利」。美國歷史學家潘佐夫（Alexander V. Pantsov）、梁思文（Steven I. Levine）在為毛澤東所寫的傳記中，根據俄國最新開放的大量文件得出結論：蘇俄對中國內政的干預超過任何國家——所以，當史達林還在世時，狂傲的毛澤東在其面前像是一頭溫順的小綿羊。

今天的中美關係又走到一個新的轉折點上。一九四五年的前車之鑑應當被牢記，美國不能再犯同樣的錯誤。有一個關於二十多年前，雷根總統接見年輕川普的段子是這樣說的：雷根對川普說：「小伙子，現在由我來搞垮蘇聯，以後由你來搞垮中共。」不管雷根是否說過這句話，川普似乎真有這樣的願景——當然，**更重要的是中國人民自己要有擺脫奴性、追求自由的決心和勇氣，否則沒有人能將自由當作禮物強塞到中國人手中**。

如果中共政權冰山消融，尚未被終結的雅爾達體系，也將迎來完全壽終正寢的那一天。

參考書目

第一部

- 費正清（John King Fairbank）主編《劍橋中國晚清史》，（北京）中國社會科學出版社，1985 年出版
- 費正清（John King Fairbank）主編《劍橋中華民國史》，（北京）中國社會科學出版社，1994 年出版
- 趙爾巽等《清史稿》，（北京）中華書局，1998 年出版
- 羅威廉（William Rowe）《中國最後的帝國：大清帝國》，（臺北）臺灣大學出版中心，2013 年出版
- 張玉法《中華民國史稿》，（臺北）聯經出版，1998 年出版
- 馬士（Hosea Ballou Morse）《中華帝國對外關係史》，（上海）上海書店，2000 年出版
- 佩雷菲特《停滯的帝國：兩個世界的撞擊》，（北京）三聯書店，2007 年出版
- 郭廷以《近代中國的變局》，（臺北）聯經出版，1987 年出版
- 羅友枝（Evelyn S. Rawski）《最後的皇族：滿洲統治者視角下的清宮廷》，（臺北）八旗文化，2017 年出版
- 李劍農《中國近百年政治史（1840 － 1926）》，（上海）復旦大學出版社，2007 年出版
- 藍詩玲（Julia Lovell）《鴉片戰爭：毒品，夢想與中國建構》，（臺北）八旗文化，2016 年出版
- 茅海建《天朝的崩潰》，（北京）三聯書店，1995 年出版
- 裴士鋒（Stephen R. Platt）《天國之秋》，（北京）社會科學文獻出版社，2014 年出版
- 盧瑞鍾《太平天國的神權思想》，（臺北）時英出版社，1985 年出版
- 中國社會科學院近代史研究所近代史資料編譯室編《太平天國資料》，（北京）知識財產權出版社，2013 年出版
- 潘旭瀾《太平雜說》，（天津）百花文藝出版社，2000 年出版
- 伯納特・M・艾倫（Bernard. M. Allen）《戈登在中國》，（上海）上海古籍出版社，1995 年出版
- R・J・史密斯（Richard Joseph Smith）《十九世紀中國的常勝軍：外國雇傭兵與清帝國官員》，（北京）中國社會科學出版社，2003 年出版
- 劉廣京、朱昌峻《李鴻章評傳：中國近代化的起始》，（上海）上海古籍出版社，1995 年出版

- 羅伯特．道格拉斯（Robert Douglas）《李鴻章傳：一位晚清在華外交官筆下的帝國「裱糊匠」》，（杭州）浙江大學出版社，2013 年出版
- 李鴻章《李鴻章全集》，（合肥）安徽教育出版社，2007 年出版
- K.E 福爾索姆（Kenneth E. Folsom）《朋友．客人．同事：晚清的幕府制度》，（臺北）雲龍出版公司，2003 年出版
- 維特《維特伯爵回憶錄》，（北京）中國法制出版社，2011 年出版
- 西德尼．哈凱夫（Sidney Harcave）《維特伯爵：俄國現代化之父》，（上海）上海遠東出版社，2013 年出版
- 奧托．馮．俾斯麥《思考與回憶：俾斯麥回憶錄》，（北京）三聯書店，2006 年出版
- 茅海建《苦命天子：咸豐皇帝奕詝》，（北京）三聯書店，2006 年出版
- 左宗棠《左宗棠全集》，（長沙）嶽麓書社，2009 年出版
- 朱孔彰《中興將帥別傳》，（長沙）嶽麓書社，2008 年出版
- 邱濤《咸同年間清廷與湘淮集團權力格局之變遷》，（北京）北京師範大學出版社，2010 年出版
- 霍爾．唐日塔格《東突厥斯坦：維吾爾人的真實世界》，（臺北）前衛出版，2016 年出版
- 葛劍雄《中國人口史》，（上海）復旦大學出版社，2005 年出版
- 艾志瑞（Kathryn）《鐵淚圖：19 世紀中國對於饑饉的文化反應》，（南京）江蘇人民出版社，2011 年出版
- 楊國強《衰世與西法：晚清中國的舊邦新命和社會脫榫》，（北京）中華書局，2014 年出版
- 楊國強《晚清的士人與世相》，（北京）三聯書店，2008 年出版
- 鄭麒來《中國古代的食人：人吃人行為透視》，（北京）中國社會科學出版社，1994 年出版
- 文浩（Felix Wemheuer）《饑荒政治：毛時代中國與蘇聯的比較研究》，（香港）香港中文大學出版社，2017 年出版
- 依娃《尋找人吃人見證》，（紐約）明鏡出版社，2016 年出版
- 達飛聲（James W. Davidson）《福爾摩沙島的過去與現在》，（臺北）臺灣歷史博物館，2014 年出版
- 高陽《翁同龢傳》，（北京）中國友誼出版公司，1998 年出版
- 翁同龢《翁同龢日記》，（北京）中華書局，2006 年出版
- 張蔭桓《張蔭桓日記》，（北京）中華書局，2015 年出版
- 蘇同炳《中國近代史上的關鍵人物》，（臺北）要有光出版社，2014 年出版

參考書目

- 孔祥吉《罕為人知的中日結盟及其他》，（成都）巴蜀書社，2004 年出版
- 王鼎傑《復盤甲午：重走近代中日對抗十五局》，（上海）上海人民出版社，2015 年出版
- 周育民《晚清財政與社會變遷》，（上海）上海人民出版社，2000 年出版
- 徐珂《清稗類鈔》，（北京）中華書局，2010 年出版
- 佐藤慎一《近代中國的知識分子與文明》，（南京）江蘇人民出版社，2011 年出版
- 柯文（Paul A. Cohen）《歷史三調：作為事件、經歷和神話的義和團》，（南京）江蘇人民出版社，2005 年出版
- 張之洞《張之洞全集》，（武漢）武漢出版社，2008 年出版
- 劉偉《晚清督撫政治：中央與地方關係研究》，（武漢）湖北教育出版社，2003 年出版
- 李細珠《地方督撫與清末新政：晚清權力格局再研究》，（北京）社會科學文獻出版社，2012 年出版
- 李細珠《新政、立憲與革命：清末民初政治轉型研究》，（北京）北京師範大學出版社，2018 年出版
- 董叢林、徐建平《清季北洋勢力崛起與直隸社會變動》，（北京）科學出版社，2011 年出版
- 夏維奇《晚清電報建設與社會變遷：以有線電報為考察中心》，（北京）人民出版社，2012 年出版
- 戴執禮《四川保路運動史料彙纂》，（臺北）中央研究院，1994 年出版
- 夏東元《盛宣懷年譜長編》，（上海）上海交通大學出版社，2004 年出版
- 陳旭麓、顧廷龍、汪熙主編《盛宣懷檔案資料》，（上海）上海人民出版社，2016 年出版
- 吉爾伯特・羅茲曼（Gilbert Rozman）《中國的現代化》，（南京）江蘇人民出版社，2010 年出版
- 秦暉《走出帝制：從晚清到民國的歷史回望》，（北京）群言出版社，2015 年出版
- 陳永發編《明清帝國及其近現代轉型》，（臺北）允晨文化，2011 年出版
- 桑兵《清末新知識界的社團與活動》，（北京）北京師範大學出版社，2014 年出版
- 侯宜傑《清末國會請願風雲》，（北京）北京師範大學出版社，2015 年出版
- 馬建標《權力與媒介：近代中國的政治與傳播》，（北京）北京師範大學出版社，2018 年出版
- 尾形勇《中國古代的「家」與國家》，（北京）中華書局，2010 年出版
- 黃克武《近代中國的思潮與人物》，（北京）九州出版社，2013 年出版
- 鄭曦原編《帝國的回憶：〈紐約時報〉晚清觀察記》，（北京）三聯書店，2001 年出版

- E.A. 羅斯《病痛時代：19 － 20 世紀之交的中國》，（北京）中央編譯出版社，2005 年出版
- 高全喜《立憲時刻：論清帝遜位詔書》，（桂林）廣西師範大學出版社，2011 年出版
- 黃興濤、朱滸主編《清帝遜位與民國肇建》，（北京）社會科學文獻出版社，2016 年出版

第二部

- 丁文江、趙豐田《梁啟超年譜長編》，（上海）上海人民出版社，2009 年出版
- 梁啟超《梁啟超全集》，（北京）北京出版社，1999 年出版
- 張崑將等《東亞視域中的「中華」意識》，（臺北）臺灣大學出版中心，2017 年出版
- 袁詠紅《梁啟超對日本的認識與態度》，（北京）中國社會科學出版社，2011 年出版
- 狹間直樹《梁啟超‧明治日本‧西方》，（北京）社會科學文獻出版社，2001 年出版
- 李約翰（John Lea）《清帝遜位與列強》，（南京）江蘇教育出版社，2006 年出版
- 老舍《老舍自述》，（北京）現代出版社，2018 年出版
- 老舍《正紅旗下》，（北京）人民文學出版社，1980 年出版
- 路康樂（Edward J. M. Rhoads）《滿與漢：清末民初的族群關係與政治權力（1861—1928）》，（北京）中國人民大學出版社，2010 年出版
- 蔣夢麟《西潮 ‧ 新潮》，（長沙）嶽麓書社，2000 年出版
- 胡漢民《胡漢民自傳》，（北京）中華書局，2016 年出版
- 沈曉敏《處常與求變：清末民初的浙江諮議局和省議會》，（北京）三聯書店，2005 年出版
- 李提摩太（Timothy Richard）《親歷晚清四十五年：李提摩太在華回憶錄》，（天津）天津人民出版社，2005 年出版
- 戴迎華《清末民初旗民生存狀態研究》，（北京）人民出版社，2010 年出版
- 張永東《百年之冤：替袁世凱翻案》，（紐約）明鏡出版，2006 年出版
- 岡本隆司《袁世凱》，（臺北）八旗文化，2016 年出版
- 史景遷（Jonathan Dermot Spence）《追尋現代中國》，（臺北）時報文化，2001 年出版
- 彼得‧湯普森（Peter Thompson）、羅伯特‧麥克林（Robert Macklin）《中國的莫理循》，（福州）福建教育出版社，2007 年出版
- 佐藤鐵治郎《一個日本記者筆下的袁世凱》，（天津）天津古籍出版社，2005 年出版
- 張一麐《古紅梅閣筆記》，（臺北）新銳文創，2019 年出版
- 古德諾（Frank Johnson Goodnow）《解析中國》，（北京）國際文化出版公司，2005 年出版

參考書目

- 張朋園《中國民主政治的困境：晚清以來歷屆議會選舉述論（1909 － 1949）》，（長春）吉林出版集團，2008 年出版
- 章太炎《章太炎全集》，（上海）上海人民出版社，2014 年出版
- 亞瑟．賈德森．布朗《辛亥革命》，（臺北）黎明文化，2015 年出版
- 約翰．斯圖亞特．湯姆森（John Stuart Thomson）《北洋之始》，（濟南）山東畫報出版社，2008 年出版
- 吳相湘《宋教仁傳》，（北京）中國大百科全書出版社，2010 年出版
- 莫永明《陳其美傳》，（上海）上海社會科學院出版社，1985 年出版
- 馮自由《革命逸史》，（北京）新星出版社，2009 年出版
- 戴季陶《戴季陶集》，（上海）華中師範大學出版社，1990 年出版
- 黃自進《北一輝的革命情結：在中日兩國從事革命的歷程》，（臺北）中央研究院近代史研究所，2001 年出版
- 北一輝《一個日本人的辛亥革命親歷記》，（香港）又有文化，2015 年出版
- 宮崎滔天《三十三年之夢》，（臺北）水牛文化，1989 年出版
- 陳炯明《陳炯明集》，（廣州）中山大學出版社，2007 年出版
- 段雲章等編《歷有爭議的陳炯明》，（廣州）中山大學出版社，2006 年出版
- 段雲章等編《孫文與陳炯明史事編年》，（廣州）廣東人民出版社，2003 年出版
- 葉曙明《山河國運：近代中國的地方博弈》，（北京）九州出版社，2014 年出版
- 胡春惠《民初的地方主義與聯省自治》，（北京）中國社會科學出版社，2011 年出版
- 謝從高《聯省自治思潮研究》，（北京）中國社會科學出版社，2009 年出版
- 李達嘉《民國初年的聯省自治運動》，（臺北）弘文館出版社，1986 年出版
- 張皓《派系集團之爭與民國政治走向》，（北京）社會科學文獻出版社，2012 年出版
- 俞辛焞、王振鎖《孫中山在日活動密錄：日本外務省檔案》，（天津）南開大學出版社，1990 年出版
- 李玉貞《孫中山與共產國際》，（臺北）中央研究院近代史研究所，1996 年出版
- 李玉貞《國民黨與共產國際：1919 － 1927》，（北京）人民出版社，2012 年出版
- 楊天宏《革故鼎新：民國前期的法律與政治》，（北京）三聯書店，2018 年出版
- 楊天宏《政黨建置與民國政制走向》，（北京）社會科學文獻出版社，2008 年出版
- 中共中央黨史研究室第一研究部《聯共（布）、共產國際與中國國民革命運動（1920 － 1925）》，（北京）北京圖書館出版社，1997 年出版
- 劉景泉《北京民國政府議會政治研究》，（天津）天津教育出版社，2006 年出版
- 張玉法《民國初年的政黨》，（臺北）中央研究院近代史研究所，1985 年出版
- 徐道鄰編述《徐樹錚先生文集年譜合刊》，（臺北）商務印書館，1989 年出版

- 劉學銚《泛蒙古運動與內蒙古獨立：1919 － 2010）》，（臺北）唐山出版社，2017 年出版
- 杉山正明《顛覆世界史的蒙古》，（臺北）八旗文化，2014 年出版
- 南海胤子《安福禍國記》，（北京）中華書局，2007 年出版
- 劉曉原《邊疆中國：二十世紀周邊暨民族關係史述》，（香港）香港中文大學出版社，2016 年出版
- 費成康《中國租界史》，（上海）上海社會科學院出版社，1991 年出版
- 史梅定《上海租界志》，（上海）上海社會科學院出版社，2001 年出版
- 傑羅姆・B・格里德爾（J. B. Grieder）《知識分子與現代中國》，（天津）南開大學出版社，2002 年出版
- 傑羅姆・B・格里德（J. B. Grieder）《胡適與中國的文藝復興》，（北京）中信出版集團，2018 年出版
- 董德福《梁啟超與胡適：兩代知識分子學思歷程的比較研究》，（長春）吉林人民出版社，2004 年出版
- 舒衡哲（Vera Schwarcz）《中國啟蒙運動：知識分子與五四遺產》，（北京）新星出版社，2007 年出版
- 周策縱《五四運動：現代中國的思想革命》，（南京）江蘇人民出版社，2005 年出版
- 張灝《梁啟超與中國思想的過渡》，（南京）江蘇人民出版社，1995 年出版
- 約瑟夫・阿・勒文森（Joseph R. Levenson）《梁啟超與中國近代思想》，（成都）四川人民出版社，1986 年出版
- 王汎森《章太炎的思想：兼論其對儒學思想的衝擊》，（上海）上海人民出版社，2012 年出版
- 維克托・烏索夫《20 世紀 20 年代蘇聯情報機關在中國》，（北京）解放軍出版社，2007 年出版
- A.B. 勃拉戈達托夫《中國革命紀事（1925 － 1927）》，（北京）人民出版社，2018 年出版
- 克里斯多夫・安德魯、奧列格・戈爾季耶夫斯基《克格勃全史》，（哈爾濱）黑龍江人民出版社，1998 年出版
- 馮玉祥《馮玉祥回憶錄》，（北京）東方出版社，2011 年出版
- 溥儀《我的前半生》，（北京）群眾出版社，2003 年出版
- 鄭孝胥《鄭孝胥日記》，（北京）中華書局，1993 年出版
- 楊雲史《江山萬里樓詩詞鈔》，（上海）上海古籍出版社，2003 年出版
- 唐德剛《胡適口述自傳》，（桂林）廣西師範大學出版社，2009 年出版

參考書目

- 羅志田《再造文明的嘗試：胡適傳》，（北京）中華書局，2006 年出版。
- 史景遷（Jonathan Dermot Spence）《改變中國：在中國的西方顧問》，（桂林）廣西師範大學出版社，2014 年出版
- 徐勇《近代中國軍政關係與「軍閥」話語研究》，（北京）中華書局，2009 年出版
- 楊天石《蔣介石崛起與北伐》，（臺北）風雲時代，2009 年出版
- 陳志讓《軍紳政權：近代中國的軍閥時期》，（桂林）廣西師範大學出版社，2008 年出版
- 羅志田《亂世潛流：民族主義與民國政治》，（北京）中國人民大學出版社，2013 年出版
- 羅志田《道出於二：過渡時代的新舊之爭》，（北京）北京師範大學出版社，2014 年出版
- 金觀濤、劉青峰《觀念史研究：中國現代重要政治術語的形成》，（北京）法律出版社，2009 年出版
- 郭恆鈺《共產國際與中國革命：第一次國共合作》，（臺北）東大圖書公司，1991 年出版

第三部

- 孫中山《孫中山全集》，（北京）中華書局，2011 年出版
- 陳蘊茜《崇拜與記憶：孫中山符號的建構與傳播》，（南京）南京大學出版社，2009 年出版
- 陳錫祺《孫中山年譜長編》，（北京）中華書局，2003 年出版
- 史扶鄰（Harold Zvi-Schifferin）《孫中山與中國革命》，（太原）山西人民出版社，2010 年出版
- 黃宇和《孫文革命：聖經和易經》，（香港）中華書局，2015 年出版
- 洪聖斐《孫文與三井財閥》，（臺北）文英堂，1998 年出版
- 蔣永敬、楊奎松《中山先生與莫斯科》，（臺北）臺灣書店，2001 年出版
- 橫山宏章《素顏的孫文：遊走東亞的獨裁者與職業革命家》，（臺北）八旗文化，2016 年出版
- 白吉爾（Marie-Claire Bergere）《孫逸仙》，（臺北）時報文化，2010 年出版
- 費約翰（John Fitzgerald）《喚醒中國》，（北京）三聯書店，2004 年出版
- 盧張濱《吉鴻昌傳》，（臺北）麥禾陽光文化出版社，2019 年出版
- 馬志偉《馬占山將軍傳》，（北京）中國文史出版社，2005 年出版
- 蔡廷鍇《蔡廷鍇自傳》，（哈爾濱）黑龍江人民出版社，1982 年出版

- 中國第二歷史檔案館編《蔣介石年譜：1887 － 1926》，（北京）九州出版社，2012 年出版
- 吳景平《民國人物的再研究與再評價》，（上海）復旦大學出版社，2013 年出版
- 磯野富士子《蔣介石的美國顧問：歐文·拉鐵摩爾回憶錄》，（上海）復旦大學出版社，1997 年出版
- 魯衛東《民國中央官僚的群體結構與社會關係（1912 － 1949）》，（北京）中國社會科學出版社，2017 年出版
- 中國國民黨革命委員會福建省委員會等編《福建事變圖志》，（福州）鷺江出版社，2013 年出版
- 王順生、楊大緯《福建事變：1933 年福建人民政府始末》，（福州）福建人民出版社，1983 年出版
- 朱宗震、汪朝光《鐵軍名將陳銘樞》，（蘭州）蘭州大學出版社，1996 年出版
- 吳明剛《1933：福建事變始末》，（武漢）湖北人民出版社，2006 年出版
- 李達嘉《商人與共產革命：1919 － 1927》，（臺北）中央研究院近代史研究所，2015 年出版
- 楊奎松《國民黨的「聯共」與「反共」》，（北京）社會科學文獻出版社，2008 年出版
- 楊奎松《「中間地帶」的革命：國際大背景下看中共成功之道》，（太原）山西人民出版社，2010 年出版
- 劉季倫《現代中國的思想與人物》，（臺北）政大出版社，2014 年出版
- 王兆剛《國民黨訓政體制研究》，（北京）中國社會科學出版社，2004 年出版
- 李志毓《驚弦：汪精衛的政治生涯》，（香港）牛津大學出版社，2014 年出版
- 汪精衛《雙照樓詩詞藁》，（香港）天地圖書，2012 年出版
- 陳公博《陳公博回憶錄》，（香港）哈耶出版社，2013 年出版
- 宮脇淳子《這才是真實的滿洲史》，（臺北）八旗文化，2015 年出版
- 陶菊隱《陶菊隱回憶錄》，（臺北）漢京文化，1988 年出版
- 張瑞德《山河動：抗戰時期國民政府的軍隊戰力》，（北京）社會科學文獻出版社，2015 年出版
- 戴鴻超《槍桿、筆桿和權術：蔣介石與毛澤東的治國之道》，（臺北）時報文化，2015 年出版
- 鄺智文《民國乎？軍國乎？：第二次中日戰爭前的民國知識軍人、軍學與軍事變革（1914 － 1937）》，（香港）中華書局，2017 年出版
- 加藤陽子《日本人為何選擇了戰爭》，（臺北）廣場出版，2016 年出版
- 馮學榮《日本為什麼侵華：從甲午戰爭到七七事變》，（北京）金城出版社，2014 年出

參考書目

版
- 柯博文（Parks M. Coble）《走向「最後關頭」：中國民族國家構建中的日本因素》，（北京）社會科學文獻出版社，2004 年出版
- 李宗仁《李宗仁回憶錄》，（桂林）廣西師範大學出版社，2005 年出版
- 白崇禧《白崇禧口述自傳》，（北京）中國大百科全書出版社，2009 年出版
- 木山英雄《北京苦住庵記：日中戰爭時代的周作人》，（北京）三聯書店，2008 年出版
- 沙培德（Peter Zarrow）《戰爭與革命交織的近代中國：1895 － 1949》，（北京）中國人民大學出版社，2016 年出版
- 易勞逸（Lloyd E. Eastman）《流產的革命：1927 － 1937 國民黨統治下的中國》，（北京）中國青年出版社，1992 年出版
- 易勞逸（Lloyd E. Eastman）《毀滅的種子：戰爭與革命中的國民黨中國》，（南京）江蘇人民出版社，2009 年出版
- 鄧野《聯合政府與一黨訓政：1944 － 1946 年間國共政爭》，（北京）社會科學文獻出版社，2011 年出版
- 沈志華《無奈的選擇：冷戰與中蘇同盟的命運》，（北京）社會科學文獻出版社，2013 年出版
- 石島紀之《中國抗日戰爭史》，（長春）吉林教育出版社，1990 年出版
- 石島紀之《抗日戰爭時期的中國民眾：飢餓、社會改革和民族主義》，（北京）中國社會科學出版社，2016 年出版
- 笹川裕史、奥村哲《抗戰時期中國的後方社會》，（北京）社會科學文獻出版社，2013 年出版
- 秦孝儀等編《中華民國重要史料初編》，（臺北）中國國民黨中央委員會黨史委員會，1981 年出版
- 彼得．弗拉基米洛夫《延安日記》，（北京）東方出版社，2004 年出版
- 方德萬（Hans J. van de Ven）《中國的民族主義和戰爭：1925 － 1945》，（北京）三聯書店，2007 年出版
- 巴巴拉．W．塔奇曼（Barbara W. Tuchman）《逆風沙：史迪威與美國在中國的經驗（1911 － 1945），（北京）新星出版社，2007 年出版
- 約瑟夫．W．史迪威（Joseph Warren Stilwell）《史迪威日記》，（北京）世界知識出版社，1992 年出版
- 約翰．帕頓．戴維斯（Paton Davies, Jr.）《抓住龍尾：戴維斯在華回憶錄》，（北京）商務印書館，1996 年出版
- 琳．喬伊納（Lynne Joiner）《為中國蒙難：美國外交官謝偉思傳》，（北京）當代中國

出版社，2014 年出版
- 張發奎《蔣介石與我：張發奎上將回憶錄》，（香港）文化藝術出版社，2008 年出版
- 駒込武《殖民地帝國日本的文化統合》，（臺北）臺灣大學出版中心，2017 年
- 王奇生《黨員、黨權與黨爭：1924 － 1949 年國民黨的組織形態》，（北京）華文出版社，2010 年出版
- 高華《紅太陽是怎樣升起的：延安整風運動的來龍去脈》，（香港）香港中文大學出版社，2001 年出版
- 魏斐德（Frederic Wakeman, Jr.）《間諜王：戴笠與中國特工》，（南京）江蘇人民出版社，2007 年出版
- 干國勳等《藍衣社．復興社．力行社》，（北京）中華書局，2014 年出版
- 沈醉《沈醉回憶錄》，（北京）中國文史出版社，2010 年出版
- 郭汝瑰《郭汝瑰回憶錄》，（北京）中共黨史出版社，2009 年出版
- 王蒲臣《一代奇人戴笠將軍》，（臺北）東大圖書，2003 年出版
- 理查德．伯恩斯坦（Richard Bernstein）《中國 1945：中國革命與美國的抉擇》，（北京）社會科學文獻出版社，2017 年出版
- 陳永發《共產革命七十年》，（臺北）聯經出版，2001 年出版
- 潘佐夫（Alexander V. Pantsov）、梁思文（Steven I. Levine）《毛澤東：真實的故事》，（臺北）聯經出版，2015 年

國家圖書館出版品預行編目（CIP）資料

顛倒的民國：臺灣和中國都不提起的近現代史／余杰著.
-- 初版. -- 臺北市：大是文化，2019.07
512 面；17×23 公分 . --（TELL；20）
ISBN 978-957-9654-14-2（平裝）

1. 近代史　2.中國史

627.6　　108007495

TELL 020

顛倒的民國

臺灣和中國都不提起的近現代史

作　　者／余　杰
責任編輯／馬祥芬
校對編輯／蕭麗娟
美術編輯／張皓婷
副總編輯／顏惠君
總 編 輯／吳依瑋
發 行 人／徐仲秋
會　　計／許鳳雪、陳嬅娟
版權經理／郝麗珍
行銷企劃／徐千晴、周以婷
業務助理／王德渝
業務專員／馬絮盈、留婉茹
業務經理／林裕安
總 經 理／陳絜吾

出 版 者／大是文化有限公司
臺北市 100 衡陽路 7 號 8 樓
編輯部電話：（02）23757911
購書相關諮詢請洽：（02）23757911 分機122
24小時讀者服務傳真：（02）23756999
讀者服務E-mail：haom@ms28.hinet.net
郵政劃撥帳號／19983366　　戶名／大是文化有限公司

法律顧問／永然聯合法律事務所
香港發行／豐達出版發行有限公司 Rich Publishing & Distribution Ltd
香港柴灣永泰道70號柴灣工業城第2期1805室
Unit 1805, Ph.2, Chai Wan Ind City, 70 Wing Tai Rd, Chai Wan, Hong Kong
Tel: 2172-6513　Fax: 2172-4355
E-mail: cary@subseasy.com.hk

封面設計／林雯瑛
內頁排版／吳思融
印　　刷／鴻霖印刷傳媒股份有限公司

出版日期／2019 年 7 月初版
2021 年 1 月 26 日初版 9 刷
定　　價／499元（缺頁或裝訂錯誤的書，請寄回更換）
ISBN 978-957-9654-14-2